普通高等教育汽车类专业系列教材

汽车动力原理

主　编　阎春利
参　编　谢春丽　陈　萌　张希栋

机械工业出版社

汽车产业的发展推动了汽车动力系统的多元化。目前汽车动力系统主要包括发动机系统、电机驱动系统和混合动力系统。本书围绕发动机动力和电机驱动动力的工作原理进行介绍，重点阐述了工程热力学基础、发动机循环与性能指标、发动机的换气过程、燃料与动力电池技术、发动机混合气形成和燃烧、发动机特性、发动机排放污染与噪声、电动汽车驱动电机、电动汽车驱动电机特性以及汽车动力系统与整车性能的匹配等内容。本书体系完整，适应汽车技术发展对人才培养的需求，各章开头以"内容及要点"作为学习导向，各章结尾以"复习思考题"来加强读者对知识的理解和掌握。

本书可作为高等院校车辆工程、汽车服务工程以及动力机械工程等专业教材以及相关技术管理人员的专业参考书。

图书在版编目（CIP）数据

汽车动力原理 / 阎春利主编. -- 北京：机械工业出版社，2025. 1. --（普通高等教育汽车类专业系列教材）. -- ISBN 978-7-111-77974-2

Ⅰ. U463

中国国家版本馆 CIP 数据核字第 2025C2P454 号

机械工业出版社（北京市百万庄大街 22 号　邮政编码 100037）
策划编辑：王　婕　　　　　　　　责任编辑：王　婕
责任校对：甘慧彤　李可意　景　飞　　封面设计：张　静
责任印制：单爱军
保定市中画美凯印刷有限公司印刷
2025 年 6 月第 1 版第 1 次印刷
184mm×260mm · 21 印张 · 492 千字
标准书号：ISBN 978-7-111-77974-2
定价：69.90 元

电话服务　　　　　　　　网络服务
客服电话：010-88361066　机 工 官 网：www.cmpbook.com
　　　　　010-88379833　机 工 官 博：weibo.com/cmp1952
　　　　　010-68326294　金 书 网：www.golden-book.com
封底无防伪标均为盗版　机工教育服务网：www.cmpedu.com

前　言

随着汽车技术与生态环境发展的需求，汽车的动力系统已经从发动机"一统天下"发展到发动机、发动机与电动机组合以及纯电动机"三分天下"的时代。为适应科技的发展以及本科教学改革的需要，迫切需要适合车辆工程本科专业学生的相关教材，本书《汽车动力原理》应运而生。

本书可作为高等院校车辆工程、汽车服务工程以及动力机械工程等专业的教材，以及相关技术管理人员的专业参考书。全书共分为 10 章，包括发动机原理和电机原理的相关知识，其主要内容包括：工程热力学基础、发动机的循环与性能指标、发动机的换气过程、燃料与动力电池技术、发动机混合气形成和燃烧、发动机的特性、发动机排放污染与噪声、电动汽车驱动电机、电动汽车的驱动电机特性以及汽车动力系统与整车性能的匹配等。每章均设置内容及要点，提供课后复习思考题供读者参考。

全书由东北林业大学老师编写，参加编写的有阎春利（第 2、3、5、6 章）、谢春丽（第 8、9 章）、陈萌（第 4、7 章）、张希栋（第 1、10 章）。由谢春丽老师负责复习思考题的编写工作。本书的教学参考学时为 40~48 学时。

在本书的编写过程中，我们参阅了许多相关的文献资料，对文献的作者及为我们提供资料的朋友和同仁在此一并表示感谢。

由于编者水平有限，书中难免出现纰漏、不足及错误，诚请广大读者批评指正。

编　者
2024 年 7 月于哈尔滨

目　录

第1章 工程热力学基础

【内容及要点】

本章主要介绍工程热力学中涉及发动机燃烧的一些基本概念，定容、定压、定温、绝热四种特殊热力过程参数间的关系及计算，热力学第一定律以及热力学第二定律。

教学目的要求掌握热力学基本概念和基本热力过程，理解热力学第一定律和第二定律。

热力学是研究热能性质及其转换规律的科学。工程热力学是热力学的一个分支，它着重研究与热力工程有关的热能和机械能相互转换的规律，在阐明两条基本定律的基础上，分析有关热力过程及热力循环，从理论上研究提高热功转换的有效途径。

本章仅就工程热力学基础知识作简要阐述，为学习汽车动力原理提供必要的理论基础和分析计算方法。

1.1 热功转换的基础知识

1.1.1 基本概念

1. 热力系统

热力学中研究热功转换时，总是研究固定的一些物体或固定空间中的一些物质在热功转换过程中的行为和它们的变化。热力学中把主要研究对象的物体总称为热力系统；把热力系统外面和热功转换过程有关的其他物体称为外界；热力系统和外界的分界面称为边界；通常把实现热功转换的工作物质称为工质；把供给工质热量的高温物质称为高温热源；而把吸收工质放出热量的冷却介质或环境称为低温热源。热力系统通常就是由热力设备中的工质组成，而高温热源、低温热源和其他物体等则组成外界。

若一个热力系统和外界只可能有能量（热能、机械功等）交换而无物质交换，称为闭口系统。若一个热力系统和外界既可能有能量交换，同时又有物质交换，称为开口系统。

2. 气体的热力状态及其状态参数

热力学中把工质所处的宏观状态称为工质的热力状态。工质的状态常用物理量来描述，这些物理量称为状态参数。常用的状态参数有 6 个，即压力 p、温度 T、比体积 v、热

力学能 U、焓 H、熵 S。其中 p、T、v 三个可以测量的物理量称为基本状态参数。

（1）压力 p　气体对单位面积容器壁施加的垂直作用力称为压力 p。按照分子运动论，气体的压力是大量分子向容器壁面撞击的统计量。压力的单位为 Pa，工程上常用 kPa 与 MPa。

容器内气体压力的大小有两种不同的表示方法：一种是指明气体施于器壁上压力的实际数值，叫绝对压力，符号为 p；另一种是测量时压力计的读数，叫表压力，符号为 p_g。如图 1-1 所示，表压力是绝对压力高出当时当地大气压力 p_a 的数值。其关系式为

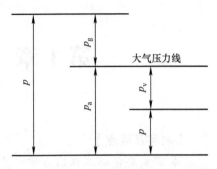

图 1-1　表压力、真空度与绝对压力的关系

$$p = p_a + p_g \tag{1-1}$$

如果容器内气体的绝对压力低于外界大气压力时，表压力为负值，仅取其数值，称为真空度，记作 p_v，即

$$p = p_a - p_v \tag{1-2}$$

真空度的数值越大，说明越接近绝对真空。

表压力、真空度都只是相对于当时当地的大气压力而言的。显然，只有绝对压力才是真正说明气体状态的状态参数。

（2）温度 T　温度表示气体冷热的程度。按照分子运动论，气体的温度是气体内部分子不规则运动激烈程度的量度，是与气体分子平均速度有关的一个统计量。气体的温度越高，表明气体分子的平均动能越大。

热力学温度 T 的单位为 K，是国际单位制（SI）中的基本单位。选取水的三相点温度为基本定点温度，规定其温度为 273.16K，1K 等于水的三相点热力学温度的 1/273.16。国际单位制（SI）容许使用摄氏温度 t，并定义

$$t = T - T_0 \tag{1-3}$$

$$T_0 = 273.15K$$

在一般工程计算中，把 T_0 取作 273K 已足够精确。摄氏温度每一度间隔与热力学温度每一度间隔相等，但摄氏温度的零点比热力学温度的零点高 273.15K。热力学温度不可能有负值。必须指出，只有热力学温度才是状态参数。

（3）比体积 v　比体积是单位质量的物质所占有的容积，单位为 m³/kg，即

$$v = \frac{V}{m} \quad V = mv \tag{1-4}$$

式中　v——比体积；

　　　V——容积；

　　　m——质量。

比体积的倒数称为密度 ρ。密度是指单位容积的物质所具有的质量，单位为 kg/m^3，即

$$\rho = \frac{m}{V} \tag{1-5}$$

3. 平衡状态

描述热力系统的状态时，如果整个系统的状态均匀一致，在系统内到处有相同的温度和相同的压力，且不随时间而变化，这样的状态称为热力学平衡状态，简称平衡状态。处于平衡状态时，气体的所有状态参数都有确定的数值。如果外界条件不变，系统的状态始终保持不变。如果受到外界作用，引起系统内温度和压力的变化，破坏了系统平衡状态，则当外界作用停止后，系统将自发地发生机械和热作用，最后系统达到新的平衡状态。

热力系统从一个状态向另一个状态变化时，所经历的全部状态的总和，称为热力过程。

热力系统从一个平衡（均匀）状态，连续经历一系列（无数个）平衡的中间状态，过渡到另一个平衡状态，这样的过程称为内平衡过程。否则便是内不平衡过程。

在热力学中，常用两个彼此独立的状态参数构成坐标图，例如以 p 为纵坐标、v 为横坐标组成的坐标图，简称为压容图，用压容图来进行热力学分析。如图 1-2 所示，1、2 两点分别代表 p_1、v_1 和 p_2、v_2 两个独立的状态参数所确定的两个平衡状态；1、2 两点间曲线代表一个内平衡过程。如果工质由状态 1′ 变化到状态 2′ 所经历的不是一个内平衡过程，则该过程无法在 p-v 图上表示，仅可标出 1′、2′ 两个平衡状态，其过程用虚线表示。

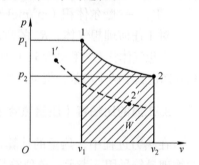

图 1-2　内平衡过程在 p-v 图上的表示

在图 1-2 中，假设系统经历平衡过程，由状态 1 变化到状态 2，并对外作膨胀功 W，如果外界给以同样大小的压缩功 W，使系统从状态 2 反向循着原来的过程曲线，经历完全相同的中间状态，恢复到原来的状态 1，外界也恢复到原来的状态，既没有得到功，也没有消耗功，这样的平衡过程称为可逆过程。

只有无摩擦、无温差的平衡过程才有可逆性，即可逆过程就是无摩擦、无温差的平衡过程。

可逆过程是没有任何损失的理想过程，实际的热力过程既不可能是绝对的平衡过程，又不可避免地会有摩擦。因此，可逆过程是实际过程的理想极限。

4. 理想气体状态方程式

所谓理想气体，就是假设在气体内部，其分子不占体积，分子间又没有吸引力的气体。在热力计算和分析中，常常把空气、燃气、烟气等气体都近似地看作理想气体。因为气体分子之间的平均距离通常要比液体和固体的大得多，所以，气体分子本身的体积比气体所占的容积小得多，气体之间的吸引力也很小。通常把实际气体近似地看作理想气体来

进行各种热力计算，其结果极其相似。所以，对理想气体性质的研究，在理论上和实际上都是很重要的。

根据分子运动论和对理想气体的假定，结合实验所得的一些气体定律，并综合表示成理想气体状态方程式（或称克拉贝隆方程式）。对于 1kg 理想气体，其状态方程为

$$pv = RT \tag{1-6a}$$

对于 m kg 理想气体，总容积 $V = mv$，其状态方程为

$$pv = mRT \tag{1-6b}$$

式中　R——某种气体常数 [J/（kg·K）]，它的数值取决于气体的种类。

对于摩尔质量的理想气体，其状态方程为

$$R_\mathrm{m} = \frac{pV_\mathrm{m}}{T} \tag{1-7}$$

式中　R_m——摩尔气体常数 [J/（mol·K）]；

　　　V_m——摩尔体积（m³/mol）。

对于任何理想气体，R_m 的数值都相同，并称为普通比例常数。

理想气体状态方程式反映了理想气体三个基本状态参数间的内在联系，即 $F(p, v, T) = 0$，只要知道其中两个参数，就可以通过该方程求出第三个参数。

5. 工质的比热容（质量热容）

在热力过程中，热量的计算常利用比热容。工质的比热容就是热容除以质量。比热容的物理量符号用 c 表示，单位符号为 J/（kg·K）。按定义

$$c = \frac{\mathrm{d}q}{\mathrm{d}T} \tag{1-8}$$

式中　$\mathrm{d}q$——某工质在某一状态下温度变化 $\mathrm{d}T$ 时所吸收或放出的热量（J）。

比热容是物质的一个重要的热力学性质。气体比热容数值与气体的性质、热力过程的性质和加热的状态等有关。

（1）单位工质的热容与物理量单位的关系　因为单位工质可用 kg、mol、m³ 表示，因此单位工质的热容有如下三种：

1）比热容（质量热容）c，单位为 J/（kg·K）。

2）摩尔热容 C_m，单位为 J/（mol·K）。

3）标准状态下的体积热容 C_V，单位为 J/（m³·K）。

（2）比定压热容和比定容热容　气体在压力不变或容积不变的条件下被加热时的比热容，分别叫作比定压热容和比定容热容，通常用脚标 p 和 V 来识别。定义比热比 $\gamma = c_p/c_V$。

气体在定压下受热时，由于在温度升高的同时，还要克服外界抵抗力而膨胀作功，所以同样升高 1℃，比在定容下受热时需要更多的热量。实验表明，理想气体的比定压热容和比定容热容的差是一个常数，即

$$c_p - c_V = R \text{（梅耶公式）} \tag{1-9a}$$

对于理想气体，等熵指数 κ 为

$$\kappa = \gamma = \frac{c_p}{c_V}$$

等熵指数在工程热力学中有很重要的作用。如果以 κ 和 R 来表示 c_p 和 c_V，由梅耶公式可得

$$c_V = \frac{1}{\kappa - 1} R$$

$$c_p = \frac{\kappa}{\kappa - 1} R \tag{1-9b}$$

（3）常量比热容　在实际应用中，当温度变化不大或不要求很精确的计算时，常忽略温度的影响，把理想气体的比热容当作常量，只按理想气体的原子数确定比热容，称为定比热容，见表 1-1。

表 1-1　理想气体的定比热容

理想气体原子数	摩尔定容热容 $C_{V, \text{m}}/[\text{J}/(\text{mol} \cdot \text{K})]$	摩尔定压热容 $C_{p, \text{m}}/[\text{J}/(\text{mol} \cdot \text{K})]$
单原子气体	3×4.1868	5×4.1868
双原子气体	5×4.1868	7×4.1868
多原子气体	7×4.1868	9×4.1868

1.1.2　功和热量

1. 功

力学中把物体所受到的力 F 和物体在力的作用方向上的位移 x 两者的乘积，定义为力所做的功，并用符号 W 表示，即

$$W = Fx$$

热力学中，功就是当系统和外界之间存在压差时，系统通过边界和外界之间相互传递的能量。

图 1-3 所示为 1kg 工质封闭在气缸内，进行一个可逆过程的膨胀做功情况。设活塞截面积为 $A(\text{m}^2)$，工质作用在活塞上的压力为 p，活塞被推进一微小距离 $\text{d}x$，在这期间，工质的膨胀极小，工质的压力近乎不变，因而工质对活塞做的功为

$$\text{d}W = pA\text{d}x = p\text{d}V = mp\text{d}v \tag{1-10}$$

对可逆过程，单位工质由状态 1 膨胀到状态 2 所做的膨胀功为

$$w = \int_{v_1}^{v_2} p\mathrm{d}v \qquad\qquad (1-11)$$

如果已知工质的初、终态参数，以及由状态 1 膨胀到状态 2 的可逆过程的函数关系为 $p = f(v)$，则可求得单位工质的膨胀功 w，其数值等于图 1-3 上点 1 到点 2 的曲线下面所包围的面积。因此，图 1-3 也叫示功图。膨胀功不仅与状态的改变有关，而且与状态变化所经历的过程有关。

若气缸中的工质为 m kg，其总容积为 $V = m\,v$，膨胀功为

$$W = mw = m\int_{v_1}^{v_2} p\mathrm{d}v = \int_{V_1}^{V_2} p\mathrm{d}V \qquad\qquad (1-12)$$

当工质不是膨胀，而是受到外界压缩时，则是外界对工质做功。这时 $\mathrm{d}v$ 为负值，由式（1-12）算出的 W 也是负值，负的膨胀功实际上表明工质接受了外界的压缩功。

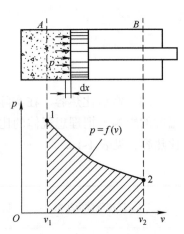

图 1-3 可逆过程的膨胀

2. 热量

热量是由温度的不同，系统和外界间穿越边界而传递的能量。热量和功一样不是热力状态的参数，而是工质状态改变时对外的效应，但热量不可能把它的全部能量表现为使物体改变宏观运动的状态。

热量和功的根本区别在于：功是两物体间通过宏观运动发生相互作用而传递的能量；热量则是两物体间通过微观的分子运动发生相互作用而传递的能量。

按习惯，规定外界加给系统的热量为正，而系统传给外界的热量为负。国际单位制规定功 W 和热量 Q 的单位都用焦耳（J）。

3. 熵

功和热量都是工质与外界间传递的能量，故两者具有许多共同的特征。功是工质与外界发生机械作用时传递的能量。工质的压力 p 是工质对外界做功的推动力。比体积 v 的变化则是衡量工质对外界做功与否的标志。用类比的方法，既然热量是工质与外界发生热交换时起推动"力"的作用，于是作为衡量工质对外界做功与否的标志，必然也应是工质的某种状态参数的变化。这种状态参数就是熵，用符号 S 表示，单位为 J/K。1kg 工质的熵称为比熵，符号为 s，单位为 J/(kg·K)。类比于功的关系式，可以得到

$$\mathrm{d}q = T\mathrm{d}s \qquad\qquad (1-13)$$

比熵的定义式为

$$\mathrm{d}s = \frac{\mathrm{d}q}{T} \qquad\qquad (1-14)$$

式中　$\mathrm{d}q$——可逆过程中系统与外界交换的微元热量；

　　　　T——可逆过程的温度（可逆过程系统与外界的温度随时保持相等）。

熵的增量等于系统在可逆过程中交换的热量除以传热时的绝对温度所得商。熵是工质的一个状态参数。对于工质的每个给定的状态，熵有确定的数值。

同功量的图示相似，也可用每个独立的状态参数 T、s 构成的状态图来表示热量。在 T-s 图上的一点表示一个平衡状态，一条曲线表示一个可逆过程。图 1-4 所示为可逆过程的 p-v 图和 T-s 图。

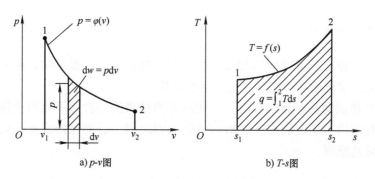

图 1-4 可逆过程的 p-v 图和 T-s 图

因此 T-s 图上点 1 到点 2 的曲线下的面积，表示该过程中的传热量 q 的大小，故 T-s 图又称为"示热图"，它在热工计算中有重要的功用。

对于 m kg 工质的热量 Q，可按下式计算

$$Q = m \int_1^2 T\mathrm{d}s = \int_1^2 T\mathrm{d}S \tag{1-15}$$

从表 1-2 的对比中，可以清楚地看到熵与比体积是相互对应的一个状态参数。

表 1-2 热力学的功与热

	功量	热量
表达式	$\mathrm{d}w = p\mathrm{d}v, w = \int_1^2 p\mathrm{d}v$	$\mathrm{d}q = t\mathrm{d}s, q = \int_1^2 T\mathrm{d}s$
动力	p	T
能力传递方式	$\mathrm{d}v > 0$，$\mathrm{d}w > 0$ 对外做功 $\mathrm{d}v = 0$，$\mathrm{d}w = 0$ 不做功 $\mathrm{d}v < 0$，$\mathrm{d}w < 0$ 对内做功	$\mathrm{d}s > 0$，$\mathrm{d}q > 0$ 工质吸热 $\mathrm{d}s = 0$，$\mathrm{d}q = 0$ 绝热 $\mathrm{d}s < 0$，$\mathrm{d}q < 0$ 工质放热
图示	p-v 图	T-s 图

熵有如下性质：

1）熵是一个状态参数，如已知系统两个独立的状态参数，即可求出熵的值。

2）只有在平衡状态下，熵才有确定的值。

3）通常只需求熵的变化量 ΔS，而不必求熵的绝对值。

4）熵是可加性的量，m kg 工质的熵是 1kg 工质熵的 m 倍，$S = ms$。

5）在可逆过程中，从熵的变化中可以判断热量的传递方向：$\mathrm{d}s > 0$ 系统吸热；$\mathrm{d}s = 0$ 系统绝热；$\mathrm{d}s < 0$ 系统放热。

1.2　热力学第一定律

热力学第一定律是能量转换与守恒定律在热力学中的一种表述。根据热力学第一定律，建立了闭口系统和开口系统的能量方程式，它们是进行热力分析和热力计算的主要基础。

1.2.1　热力学第一定律

热力学第一定律：热和功可以相互转换，为了要获得一定量的功，必须消耗一定量的热；反之，消耗一定量的功，必会产生一定量的热。

工质经历受热做功的热力过程时，工质从外界接收的热量、工质因受热膨胀而对外所做出的功、同时间内工质所储存或付出的能量三者之间，必须保持收支上的平衡，否则就不符合能量守恒的原则。

1.2.2　工质的热力学能

工质内部所具有的各种能量，总称为工质的热力学能（内能）。由于工程热力学主要讨论热能和机械能之间的相互转换，不考虑化学能变化和原子核反应的热力过程，故可以认为这两部分能量保持不变，认为工质热力学能是分子热运动的动能和克服分子间作用力的分子位能的总和。分子动能是由分子直线运动动能、旋转运动动能、分子内原子振动能、原子内的电子振动能等组成。由于工质内的动能与位能都与热能有关，故也称作工质内部的热能。分子热运动动能是温度 T 的函数，分子间的位能是比体积 v 的函数。因此，工质的热力学能取决于工质的温度和比体积，即与工质的热力状态有关。一旦工质的状态发生变化，热力学能也就跟着改变。单位质量工质的热力学能（比热力学能）u 也是一个状态参数，其单位是 J/kg 或 kJ/kg。m kg 工质的总热力学能 $U = mu$，单位是 J 或 kJ。

工质热力学能变化值 $\Delta U = U_2 - U_1$，只与工质的初、终状态有关，而与工质由状态 1 到状态 2 所经历的过程无关。在热工计算中，通常只需计算热力学能变化值，对热力学能在某一状态下的值不感兴趣。

对于理想气体，因假设其分子间没有引力，故理想气体分子间的位能为零，其比热力学能 u 仅是温度的单值函数。

1.2.3　闭口系统能量方程

热力学第一定律应用到不同热力系统的能量转换过程中去，可得到不同的能量平衡方程式。现在讨论最简单的封闭系统的能量转换情况。

封闭在气缸中的定量工质，可作为封闭系统的典型例子。假定气缸中有 1kg 工质，根据热力学第一定律其热量可以表达为

$$q = \Delta u + w \tag{1-16a}$$

式中　q——外界加给每 1kg 工质的热量（J/kg）；

　　　w——每 1kg 工质对外界所作的功（J/kg）；

　　　Δu——每 1kg 工质热力学能的增加（J/kg）。

对于 m kg 工质来说，则其总热量 Q 为

$$Q = \Delta U + W \qquad\qquad (1\text{-}16\text{b})$$

式（1-16）叫做热力学第一定律解析式或封闭系统能量方程式。式中各项可以是正数、零或负数。若 q 为负，表明工质对外界传出热量；w 为负，表明工质接收了外界的压缩功；Δu 为负，表明工质的热力学能减少。

以上公式是从热力学第一定律直接用于闭口系统而导出的，所以它们对任何工质和任何过程都是适用的。

式（1-16）清楚地表明热量和功的转换要通过工质来完成。如果让热机工质定期回到它的初状态，周而复始，循环不息，就可不断地使热量转换为功。此时每完成一个闭合的热力过程（热力循环），工质的热力学能不变，即 $\oint \mathrm{d}v = 0$。根据式（1-16），在该周期内，工质实际所得到的热量，将全部转变为当量的功。这正是热机工作的根本原理。由此可见，不消耗热量或少消耗热量而连续做出超额机械功的热机是不存在的。热力学第一定律直接否定了这种创造能量的"第一类永动机"。

由闭口系统能量方程，还可以证明理想气体的熵是状态参数。证明过程如下：

$$\mathrm{d}s = \frac{\mathrm{d}q}{T}$$

1kg 理想气体在可逆过程中的能量平衡为 $\mathrm{d}q = \mathrm{d}u + \mathrm{d}\omega$，因为 $\mathrm{d}u = c_V \mathrm{d}T$；$\mathrm{d}\omega = p\mathrm{d}v$ 所以 $\mathrm{d}q = c_V \mathrm{d}T + p\mathrm{d}v$

又　　　　　　　　　　　　　　　$pv = RT$

则

$$\mathrm{d}s = \frac{\mathrm{d}q}{T} = \frac{c_V \mathrm{d}T + p\mathrm{d}v}{T} = \frac{c_V \mathrm{d}T}{T} + \frac{R\mathrm{d}v}{v}$$

当理想气体由状态 1（p_1，v_1，T_1，s_1）经历可逆过程变化到状态 2（p_2，v_2，T_2，s_2）时，积分上式得

$$\Delta s_{1\text{-}2} = s_1 - s_2 = \int_{T_1}^{T_2} c_V \frac{\mathrm{d}T}{T} + R \ln \frac{v_2}{v_1}$$

其中，第二项只与初、终状态的比体积 v_1、v_2 有关，而与过程无关；第一项中 c_V 是温度的函数，故该项积分也仅与初终状态的温度 T_1、T_2 有关，而与过程性质无关。

如取 c_V 为比定容热容，则上式更简化为

$$\Delta s = s_1 - s_2 = c_V \ln \frac{T_2}{T_1} R \ln \frac{v_2}{v_1} \qquad\qquad (1\text{-}17)$$

既然参数 s 从状态 1 到状态 2 的变化只与初态 1 和终态 2 有关，而与中间所经历的过程无关，这就说明 s 是状态参数。

在所讨论的封闭系统的能量平衡方程中，如果系统经历的是比体积不变的定容过程，由式（1-11）得 $\mathrm{d}w = p\mathrm{d}v = 0$；由式（1-16）得 $\mathrm{d}q = \mathrm{d}u + \mathrm{d}w = \mathrm{d}u$。即工质在定容过程中的加热或放热量，全部变为工质热力学能的增加或减少。

同时根据比定容热容的定义

$$\mathrm{d}q = c_V \mathrm{d}T$$

故
$$\mathrm{d}q = c_V \mathrm{d}T = \mathrm{d}u$$

即证明了对于理想气体，比热力学能 u 仅是温度的单值函数。

1.2.4 开口系统稳定流动能量方程式

实际上，许多热机工作时，工质通常都不是永远被封闭在热机中，而是连续地（汽轮机、燃气轮机）或周期地（发动机、蒸汽机）将已做功的工质排出，并重新吸入新工质，工质的热力循环要在整个动力装置内完成。对于有工质流入流出的热力设备，作为开口系统分析研究比较方便。

工质在开口系统中的流动，又可分为稳定流动和不稳定流动。对工程上常见的各种热力设备来说，在正常运行（稳定工况）时，工质的连续流动情况将不随时间变化，表现为流动工质在各个截面上的状态和对热量和功量的交换都不随时间变动，并且同时期内流过任何截面上的工质流量均保持相同。此工况就叫稳定流动。严格地讲，工质出入发动机的气缸并不是连续的，而是重复着循环变化，每一循环周期出入气缸的工质数量相同，也可以按稳定流动的情况分析。

如图 1-5 所示，1kg 工质在开口系统中做稳定流动，假设系统在过程中从外界吸取热量 q，并对外输出可被利用的机械功 w_{sh}（技术功）。由图 1-5 可知：1kg 工质流进界面 I—I 所携带进去的能量为动能 $\dfrac{c_1^2}{2}$（c_1 为流速）、位能 gZ_1（Z_1 为高度）、比热力学能 u_1、流动功 p_1v_1。系统从外界吸入的热量为 q。

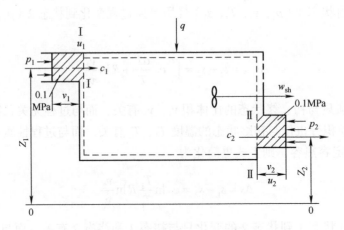

图 1-5　开口系统工质流过进、出口时的情况

1kg 工质流出界面 Ⅱ—Ⅱ 所携带的能量为 $\dfrac{c_2^2}{2}$、gZ_2、u_2、p_2v_2，对外输出的功 w_{sh}。

根据能量转换与守恒定律，输入能量等于输出能量，即

$$q + gZ_1 + \frac{c_1^2}{2} + u_1 + p_1v_1 = w_{sh} + gZ_2 + \frac{c_2^2}{2} + u_2 + p_2v_2$$

经整理后得

$$q = (u_2 + p_2v_2) - (u_1 + p_1v_1) + \frac{1}{2}(c_2^2 - c_1^2) + q(Z_2 - Z_1) + w_{sh} \qquad (1\text{-}18)$$

或

$$q = \Delta u + \Delta(pv) + \frac{1}{2}(\Delta c)^2 + g\Delta Z + w_{sh}$$

式（1-18）就是开口系统稳定流动能量方程式，它广泛应用于汽轮机、燃气轮机、喷管、锅炉、泵、压缩机以及节流装置等热力设备的热工计算中。

由于单位流动工质除了自身比热力学能 u 之外，总随带推进功 pv 一起转移，热力学中令两者之和为比焓 h（J/kg），即

$$h = u + pv \qquad (1\text{-}19a)$$

m kg 工质的焓用 H（J）表示，即

$$H = U + pV \qquad (1\text{-}19b)$$

既然 p、v、u 都是工质的状态参数，因此，由 p、v、u 所决定的比焓 h 也是工质的状态参数。比焓被称为复合状态参数。将式（1-19）代入式（1-18），得

$$q = h_2 - h_1 + \frac{1}{2}(c_2^2 - c_1^2) + g(Z_2 - Z_1) + w_{sh}$$

$$= \Delta h + \frac{1}{2}\Delta c^2 + g\Delta Z + w_{sh}$$

由于热力设备的进出口标高相差很小，$g\Delta Z$ 可忽略不计；工质流速在 50m/s 以下时，$\dfrac{1}{2}\Delta c^2 <$ 1.25kJ/kg，也可忽略不计。则得简化后的开口系统能量方程式为

$$q = \Delta h + w_{sh} \qquad (1\text{-}20)$$

1.3 理想气体的热力过程

工程热力学中，把热机的工作循环概括为工质的热力循环，把整个热力循环分成几个典型的热力过程，并对热力过程进行分析，确定过程中气体状态参数的变化规律，揭示出热力过程能量转换的特性。在这个基础上，总结出整个热力循环的热功转换规律。

分析过程的方法是首先研究理想气体的可逆过程，导出过程方程式，利用过程方程式和理想气体状态方程式，求出过程的初、终态参数的变化关系，按热力学第一定律研究热

力过程中气体吸收或放出的热量、热力学能的变化，以及对外所做的功；然后将这种可逆过程的分析结果，换算成实际气体的不可逆过程，并引进各种有关的经验修正系数。

本节先讨论理想气体的基本热力过程，然后讨论理想气体的一般过程，即多变过程。为了分析计算方便，假定工质是 1kg 理想气体，其比热容视为定值，即不随温度而变化。

1.3.1　定容过程

图 1-6 所示为定容加热过程，其中活塞不动。

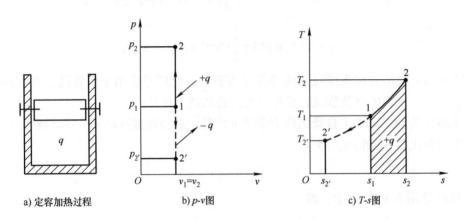

a) 定容加热过程　　　b) p-v图　　　c) T-s图

图 1-6　定容加热过程 p-v 图和 T-s 图

1. 定容过程方程式

定容过程中，工质的容积不变，即比体积 v 保持不变，其过程方程式为

$$v = 常数$$

气体由状态 1 变化到状态 2 的过程曲线 1—2（或 1—2′），在 p-v 图上是一条垂直于 v 轴的铅垂线，在 T-s 图上是一条对数曲线。

2. 气体状态参数的变化

根据气体状态方程 $pv = RT$，气体由状态 1 变化到状态 2 时，初、终状态参数之间的关系为

$$v_1 = v_2 \qquad \frac{p_2}{p_1} = \frac{T_1}{T_2} \tag{1-21}$$

即在定容过程中，气体的绝对压力与温度成正比。

3. 能量变化

定容过程的膨胀功 $\omega = \int_{v_1}^{v_2} p\mathrm{d}v$，因为 $\mathrm{d}v = 0$，所以 $\omega = 0$。

根据比热容的定义 $c_V = \dfrac{\mathrm{d}q}{\mathrm{d}T}$，可得 $q = \int_{T_1}^{T_2} c_V \mathrm{d}T$，若假定 c_V 为定值，故定容过程中工质吸入（或放出）的热量为

$$q = \int_{T_1}^{T_2} c_V \mathrm{d}T = c_V(T_2 - T_1) \tag{1-22}$$

根据式（1-16a），可求得定容过程中比热力学能的变量为

$$q = \Delta u = u_2 - u_1 = c_V(T_2 - T_1) \tag{1-23}$$

即定容过程中工质吸入（或放出）热量，全部转变为工质比热力学能的增加（或减少）。

4. 熵的变化

根据熵的定义式 $\mathrm{d}s = \dfrac{\mathrm{d}q}{T}$，又 c_V 为定值，故熵的变量 Δs 为

$$\Delta s = \int_1^2 \frac{\mathrm{d}q}{T} = \int_1^2 \frac{c_V \mathrm{d}T}{T} = c_V \ln \frac{T_2}{T_1}$$

在图 1-6c 的 T-s 图上，过程 1—2 或 1—2′ 为一条对数曲线。

1.3.2 定压过程

图 1-7a 所示为定压加热过程，活塞上的载重量 mg 保持不变。

1. 定压过程方程式

在定压过程中，压力 p 保持不变，其过程方程式为

$$p = 常数$$

过程曲线为一条平行于 v 轴的水平线（见图 1-7b）。

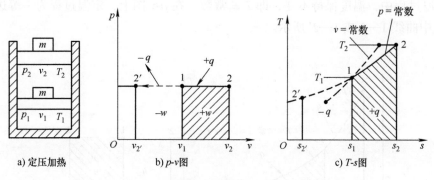

a) 定压加热　　　b) p-v图　　　c) T-s图

图 1-7　定压加热过程 p-v 图和 T-s 图

2. 气体状态参数的变化

根据状态方程 $pv = RT$，定压过程初、终态参数关系为

$$p_1 = p_2 \quad \frac{v_2}{v_1} = \frac{T_2}{T_1} \tag{1-24}$$

即在定压过程中，气体的比体积与温度成正比。

3. 能量变化

定压过程中气体做的膨胀功为

$$\omega = \int_{v_1}^{v_2} p\,dv = p(v_2 - v_1) \tag{1-25}$$

在 p-v 图上，1—2 直线下的面积即为气体所做的膨胀功。同理，直线 1—2′ 下的面积为压缩功。

根据比热容的定义 $c_p = \dfrac{dq}{dT}$ 及 c_p= 常数，可求得定压过程中的热量为

$$q = \int_{T_1}^{T_2} c_p\,dT = c_p(T_2 - T_1) \tag{1-26}$$

4. 熵的变化

根据熵的定义式 $ds = \dfrac{dq}{T}$ 及 c_p = 常数，则熵的变量 Δs 为

$$\Delta s = \int_1^2 \frac{dq}{T} = \int_1^2 \frac{c_p\,dT}{T} = c_p \ln \frac{T_2}{T_1}$$

因为 $c_p > c_V$，故在 T-s 图上，定压过程曲线与定容过程曲线相比较，它是一条较为平坦的对数曲线。

1.3.3 定温过程

在定温过程中，温度保持不变，即 T = 常数。在 p-v 图上，定温过程为一等边双曲线，如图 1-8a 中曲线 1—2 或 1—2′ 所示。

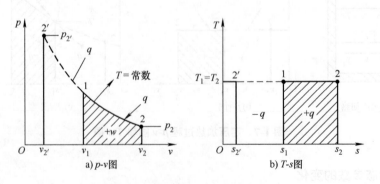

图 1-8 定温过程 p-v 图和 T-s 图

1. 定温过程方程式

按照状态方程，可得定温过程方程式为

$$pv = 常数$$

2. 气体状态参数的变化

在定温过程中，气体初、终状态参数的关系为

$$T_1 = T_2, \quad \frac{p_1}{p_2} = \frac{v_2}{v_1} \tag{1-27}$$

即在定温过程中，气体的绝对压力与比体积互成反比。

3. 能量变化

定温过程中气体所做的膨胀功为

$$w = \int_1^2 pdv = \int_1^2 \frac{RT}{v} \, dv = RT \ln \frac{v_2}{v_1} = RT \ln \frac{p_1}{p_2} \tag{1-28}$$

定温过程中，因为 $\Delta u = c_V(T_2 - T_1) = 0$；$\Delta h = c_p(T_2 - T_1) = 0$，所以比热力学能和比焓 h 不变。定温过程中的热量，根据能量平衡方程可得

$$q = \Delta u + w = w = \int_1^2 pdv = \int_1^2 \frac{RT}{v}dv = RT \ln \frac{v_2}{v_1} = RT \ln \frac{p_1}{p_2} \tag{1-29}$$

可见，在定温过程中，外界加给工质的热量全部转变为工质对外所做的膨胀功；反之，外界对工质所做的压缩功，全部转换为热量放给外界。

4. 熵的变化

根据熵的定义式 $ds = \dfrac{dq}{T}$ 及 $T = 常数$，则定温过程中气体比熵的变化为

$$\Delta s = \int_1^2 \frac{dq}{T} = \frac{1}{T} \int_1^2 dq = \frac{1}{T} RT \ln \frac{v_2}{v_1} = R \ln \frac{v_2}{v_1} = R \ln \frac{p_1}{p_2}$$

在 $T\text{-}s$ 图上，定温过程为一条水平线，图 1-7c 中曲线 1—2 下的面积，表示了定温过程中气体所接受的热量。

1.3.4 绝热过程

在绝热过程中的每一时刻，工质与外界均不发生热交换，即 $dq = 0$。

1. 绝热过程方程式

根据热力学第一定律解析式和理想气体的性质，可以导出绝热过程方程式为

$$dq = du + dw = c_V dT + p dv = 0$$

对理想气体状态方程取全微分，则

$$p dv + v dp = R dT$$

把这个结果代入上式，整理后得

$$(c_V + R) p dv + c_V v dp = 0$$

因为 $c_V + R = c_p$，故 $v dp + \dfrac{c_p}{c_V} p dv = 0$。理想气体 $\kappa = \gamma = c_p / c_V$，对上式积分，得

$$pv^{\kappa} = 常数 或 p_1 v_1^{\kappa} = p_2 v_2^{\kappa}$$

$$\ln(pv^{\kappa}) = 常数 \tag{1-30}$$

式（1-30）即为绝热过程方程式。κ 为等熵指数，其数值随气体的种类和温度而变。当 c_p、c_V 取为常数时，κ 也是定值。对于空气和燃气，$\kappa = 1.4$。

绝热过程曲线在 $p\text{-}v$ 图上是一条比定温曲线斜率稍大的不等边双曲线（高次双曲线），如图 1-9a 所示。

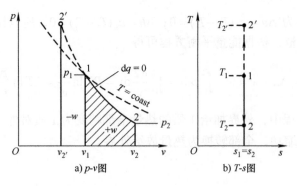

图 1-9　绝热过程 $p\text{-}v$ 图和 $T\text{-}s$ 图

2. 气体状态参数的变化

由绝热过程方程式和理想气体状态方程式，可以得到绝热过程中，气体初、终状态参数的关系式如下：

$$\frac{p_1}{p_2} = \left(\frac{v_2}{v_1}\right)^{\kappa} \tag{1-31a}$$

$$\frac{T_1}{T_2} = \left(\frac{v_2}{v_1}\right)^{\kappa-1} \tag{1-31b}$$

$$\frac{T_1}{T_2} = \left(\frac{p_1}{p_2}\right)^{\frac{\kappa-1}{\kappa}} \tag{1-31c}$$

3. 能量的变化

绝热过程中，气体对外功量交换，对于闭口系统，根据过程方程式（1-30），则

$p = \dfrac{p_1 v_1^{\kappa}}{v^{\kappa}}$，代入式（1-11），得

$$
\begin{aligned}
w = \int_{v_1}^{v_2} p\,\mathrm{d}v &= p_1 v_1^{\kappa} \int_{v_1}^{v_2} v^{-\kappa}\,\mathrm{d}v = p_1 v_1^{\kappa}\left[\frac{v^{1-\kappa}}{1-\kappa}\right]_{v_1}^{v_2} \\
&= p_1 v_1^{\kappa}\left(\frac{v_2^{1-\kappa}-v_1^{1-\kappa}}{1-\kappa}\right) = \frac{1}{1-\kappa}\left(p_2 v_2^{\kappa} v_2^{1-\kappa} - p_1 v_1^{\kappa} v_1^{1-\kappa}\right) \qquad (1\text{-}32\mathrm{a})\\
&= \frac{1}{1-\kappa}(p_2 v_2 - p_1 v_1)
\end{aligned}
$$

由于 $pv=RT$，功量公式（1-32）还可写成

$$
w = \frac{R}{\kappa-1}(T_1 - T_2) \qquad (1\text{-}32\mathrm{b})
$$

$$
w = \frac{1}{\kappa-1}(p_1 v_1 - p_2 v_2) \qquad (1\text{-}32\mathrm{c})
$$

在 p-v 图上，绝热过程的膨胀功可用曲线 1—2 下面的面积表示。绝热过程中气体比热力学能的变化为 $\Delta u = c_V \Delta T$。绝热过程中工质与外界没有热交换（$\mathrm{d}q = 0$）。

4. 熵的变化

绝热过程比熵的变化量为 $\mathrm{d}s = \dfrac{\mathrm{d}q}{T} = 0$，即绝热过程是比熵不变的过程，也称为定熵过程。因此在图 1-8b 的 T-s 图上绝热过程线是一条平行于 T 轴的垂直线。

1.3.5　多变过程

实际热机中，工质所进行的各种热力过程通常可表示为

$$
pv^n = p_1 v_1^n = \text{常数} \qquad (1\text{-}33)
$$

式中　n——多变指数。

在某一多变过程中，n 为一定值，但不同多变过程的 n 值各不相同。前述的四种基本热力过程都是多变过程的特例。例如，当 $n=0$ 时，$pv^0 = p =$ 常数，为定压过程；当 $n = 1$ 时，$pv =$ 常数，为定温过程；当 $n = \kappa$ 时，$pv^{\kappa} =$ 常数，为绝热过程；当 $n = \infty$ 时，$pv^{\infty} =$ 常数，$v_1 = v_2$ 为定容过程。当 n 等于 0、1、κ、∞ 以外的某一数值时，它表示了上述四种基本过程之外的热力过程。n 的数值可以根据实际过程的具体条件来确定。

将式（1-30）中的 κ 换成 n，即变成式（1-33）。因此，上面讨论的绝热过程初、终状态之间的关系式，以及计算对外功量交换的关系式，都将直接适用于多变过程。表 1-3 列出了经替换指数后的有关公式。

表 1-3　理想气体的各种热力过程

过程	过程方程	初终状态参数关系	功量交 $w/(\,J/kg\,)$	热交换 $q/(\,J/kg\,)$	多变指数 n	比热容 $c/[J/(\,kg\cdot K\,)]$
定容	$v=$ 常数	$v_{1=}\,v_2$ $T_1/T_2=p_2/p_1$	0	$c_V(T_2-T_1)$	$\pm\infty$	c_V
定压	$p=$ 常数	$p_1=p_2$ $T_2/T_1=v_2/v_1$	$p(v_2-v_1)$ $R(T_2-T_1)$	$c_p(T_2-T_1)$ h_2-h_1	0	c_p
定温	$pv=$ 常数	$T_1=T_2$ $p_1v_1=p_2v_2$	$RT\ln(v_2/v_1)$ $RT\ln(p_1/p_2)$ $p_1v_1\ln(v_2/v_1)$	W	1	∞
绝热	$\ln(pv^\kappa)=$ 常数	$p_1/p_2=(v_2/v_1)^\kappa$ $T_1/T_2=(v_2/v_1)^{\kappa-1}$ $T_1/T_2=(p_1/p_2)^{(\kappa-1)/\kappa}$	$1/(\kappa-1)(p_1v_1-p_2v_2)$ 或 $R/(\kappa-1)(T_1-T_2)$	0	κ	0
多变	$pv^n=$ 常数	$p_2/p_1=(v_1/v_2)^n$ $T_2/T_1=(v_1/v_2)^{n-1}$ $T_2/T_1=(p_2/p_1)^{(n-1)/n}$	$1/(n-1)(p_1v_1-p_2v_2)$ 或 $R/(n-1)(T_1-T_2)$	$(n-\kappa)/(n-1)\cdot$ $c_V(T_2-T_1)$	n	$(n-\kappa)/$ $(n-1)c_V$

多变过程对外热交换与绝热过程有所不同。根据式（1-16a），$q=\Delta u+w$，既然多变过程的外功为

$$w=\frac{R}{n-1}(T_1-T_2)$$

同时

$$\Delta u=c_V(T_2-T_1)$$

则

$$q=\left(c_V-\frac{R}{n-1}\right)(T_2-T_1) \tag{1-34}$$

如果用 c_n 来表示多变过程定比热容，则

$$q=c_n(T_2-T_1)=\left(c_V-\frac{R}{n-1}\right)(T_2-T_1)$$

故

$$c_n=c_V-\frac{R}{n-1} \tag{1-35a}$$

由式（1-35a）、$c_p-c_V=R$ 和 $c_p/c_V=\kappa$，可得

$$c_n=c_V-c_V\frac{\kappa-1}{n-1}=c_V\frac{n-\kappa}{n-1} \tag{1-35b}$$

上式说明多变过程比热容 c_n 的数值不仅取决于气体本身（c_V、κ 值），还与过程性质（n）有关。

图 1-10 所示为将四种基本热力过程曲线画在同一个 p-v 图和 T-s 图上的情况。由图 1-10 可见，多变过程曲线在图上都依照指数 n 的大小，按顺时针方向排列。如果初态相同，压力降低或容积增加也相同，则过程指数 n 越小，所能获得的膨胀功就越大；同时，随着 n

从 ∞ 降到 κ，气体对外传出的热量也将减小到零。然后，随着 n 的继续减小而需要从外界吸取愈来愈多的热量。

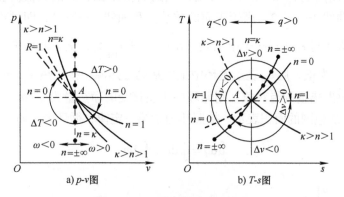

图 1-10　气体的多变过程曲线

从 p-v 图上还可以看出，以定容线为分界线，右边的各过程线膨胀功为正，即 $w>0$；左边的各过程线 $w<0$。从 T-s 图上可以看出，以定温线为分界线，上方的各过程线内能增加，即 $\Delta u>0$；下方的各过程线 $\Delta u<0$。从 T-s 图上还可以看出，以绝热线为分界线，右边各过程线热量为正，即 $q>0$，外界对系统加热；左边的各过程线 $q<0$，系统对外界放热。

研究气体的多变过程具有实际意义。例如，气体在压气机中的压缩过程，就是 $n=1\sim\kappa$ 之间的某一多变过程。过程指数越小，所需消耗的外功也越小。为了节省压气功量，就应该设法加强气缸壁的冷却。

1.4　热力学第二定律

热力学第一定律确定了热功转换之间的数量关系。热力学第二定律则指明了实现热功转换的条件、限度，以及自发过程进行的方向性。

1.4.1　热力循环与热效率

1. 热力循环

通过工质的热力状态变化过程，可以把热能转化为机械能而做功。但仅仅依靠任何一个过程，都不可能连续不断地做功。为了连续不断地将热转换为功，必须在工质膨胀做功以后，经过某种压缩过程，使它恢复到初始状态，以便重新膨胀做功。这种使工质经过一系列变化，又回到初始状态的全部过程，称为热力循环（简称循环）。

热力循环可分为正向循环和逆向循环。把热能转变为机械功的循环叫正向循环（或热机循环）；依靠消耗机械功而将热量从低温热源传向高温热源的循环，叫逆向循环（或热泵循环）。

如图 1-11 所示，设 1kg 工质进行一个可逆的正向循环。在 p-v 图上可看出，膨胀过程线 1—a—2 曲线，高于压缩过程 2—b—1 曲线，即过程 1—a—2 所做的膨胀功，大于过程

2—b—1 所消耗的压缩功，整个循环中工质作出的净功 $\oint \mathrm{d}w$ 为正。用 w_0 表示净功的绝对值，在 p-v 图上封闭曲线 1—a—2—b—1 所包围的面积即表示 w_0 的数值。在 T-s 图上可看出，工质的吸热过程曲线 1—a—2，高于工质的放热过程曲线 2—b—1，即过程 1—a—2 中工质的吸热量 $\int_{1a2} \mathrm{d}q$ 大于过程 2—b—1 中工质放出的热量 $\int_{2b1} \mathrm{d}q$，整个循环中工质从高温热源中接受的净热量 $\oint \mathrm{d}q$ 为正。用 q_1 表示循环中工质从高温热源中接受热量的绝对值，用 q_2 表示工质向低温热源放出热量的绝对值，则循环中工质接受的净热量为 q_1-q_2，它可用 T-s 图上曲线 1—a—2—b—1 所包围的面积表示。按照热力学第一定律，循环中工质所接受的净功为

$$\oint \mathrm{d}q = \oint \mathrm{d}u + \oint \mathrm{d}\omega$$

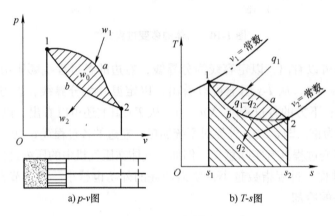

a) p-v图　　　　b) T-s图

图 1-11　正向循环

因为 $\oint \mathrm{d}u = 0$，所以循环净功等于循环净热，即

$$q_1 - q_2 = w_0$$

说明热力循环中，工质从高温热源所接受的热量 q_1，只有一部分变成循环净功 w_0，而另一部分热量 q_2 放出给低温热源。

2. 热效率

为了评价热力循环在能源利用方面的经济性，通常采用热力循环的净功 w_0 与工质从高温热源接受的热量 q_1 的比值作为指标，称为循环热效率，用 η_t 表示，即

$$\eta_t = \frac{w_0}{q_1} = \frac{q_1 - q_2}{q_1} = 1 - \frac{q_2}{q_1} \qquad (1\text{-}36)$$

热效率是衡量热机性能的重要指标之一，它说明工质从高温热源吸收的热量，有多少转换为功。从式（1-36）可以看出，q_2 越小，则 η_t 越大，但因 $q_2 \neq 0$，所以 η_t 总小于 1。

1.4.2　热力学第二定律

热力学第二定律有很多种表达方式，其实质都完全一致，即都是说明实现某些具体热

功转换过程的必要条件。以下两种说法具有普遍意义：

1）开尔文 – 普朗克说法：不可能建造一种循环工作的机器，其作用只是从单一热源取热并全部转变为功。根据长期制造热机的经验总结出：不可能只利用一个高温热源，连续地从它取得热量而全部转变为机械功。为了连续地获得机械功，至少必须有两个热源：高温热源和低温热源。从高温热源取得热量，把其中一部分转变为机械功，把另一部分热量传给低温热源。从单一热源（如以海洋、大气或大地作为单一热源）不断吸取热量而将它全部转变为机械功的热机，称为第二类永动机。因此，又可以表述为第二类永动机是不可能制成的。

2）克劳修斯说法：热量不可能从低温物体传向高温物体而不引起其他变化。根据长期制造制冷机的经验得出：不管利用什么机器，都不可能不付代价地实现把热量从低温物体转移到高温物体。即低温热源向高温热源传热，不可能自发地进行。

1.4.3 卡诺循环与卡诺定理

根据热力学第二定律的论述，热机循环的热效率不可能达到100%。为了确定给定条件下热机循环效率可能达到的限度，卡诺在1924年提出了理想热机工作方案，即著名的卡诺循环。

1. 卡诺循环

如图 1-12 所示，卡诺循环是由两个可逆定温过程和两个可逆绝热过程交错组成的可逆循环。其中 ab 为在温度较高的恒温热源温度 T_1 下定温膨胀，吸热量 q_1；bc 为绝热膨胀；cd 为在温度较低的恒温冷源温度 T_2 下定温压缩，放热量 q_2；da 为绝热压缩。卡诺循环的热效率为

$$\eta_{\mathrm{tk}} = 1 - \frac{q_2}{q_1} = 1 - \frac{T_2(s_b - s_a)}{T_1(s_b - s_a)} = 1 - \frac{T_2}{T_1} \qquad (1\text{-}37)$$

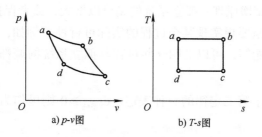

a) p-v图 b) T-s图

图 1-12　正向卡诺循环

由上式可知：

1）卡诺循环的热效率仅决定于高温热源和低温热源的温度。提高 T_1 及降低 T_2，可以提高卡诺循环的热效率。

2）由于 T_1 不可能为无限大，T_2 不可能为零，所以卡诺循环的热效率不可能达到1。

3）当 $T_1 = T_2$ 时，卡诺循环的热效率为零，即不可能由单一热源循环作功。

4）无论采用什么工质和什么循环，也无论将不可逆损失减小到何种程度，在一定的温度范围 $T_1 \sim T_2$ 之间，不能期望制造出热效率超过（$1-\dfrac{T_2}{T_1}$）的热机，最高热效率也只能接近（$1-\dfrac{T_2}{T_1}$）。

2. 卡诺定理

卡诺定理的内容：工作在两个恒温热源（T_1 和 T_2）之间的循环，不管采用什么工质，如果是可逆的，其热效率为（$1-\dfrac{T_2}{T_1}$）；如果是不可逆的，其热效率恒小于（$1-\dfrac{T_2}{T_1}$），即以卡诺循环的热效率为最高。

卡诺定理告诉我们，两个给定热源之间的所有循环中，卡诺循环的热效率为最高。一切实际的循环都是不可逆循环，因此，实际循环的热效率必小于相同热源条件下的卡诺循环的热效率。所以，提高热效率的途径是尽量减少过程的不可逆性，使实际循环尽量接近卡诺循环。卡诺定理还指出了两个给定热源之间，所有的卡诺循环的热效率均相等，与工质的性质无关，因此影响热效率的基本因素仅仅是热源的温度。提高热效率的基本途径是提高高温热源的温度 T_1 和降低低温热源的温度 T_2。

1.4.4 孤立系统的熵增原理

热力学第二定律是有关熵的规律，熵是判断热力过程进行方向的参数。对于一个与外界既无质量交换，又无物质交换的孤立系统来说，系统的热力过程总是朝着系统的熵有所增加的方向进行，不可能出现使系统熵的总量减少的情况，在理想的可逆过程中可以使系统熵的总量保持不变，即

$$\mathrm{d}s_{系统} \geqslant 0 \qquad\qquad (1\text{-}38)$$

这就是孤立系统的熵增原理：孤立系统的熵可以增大，或者保持不变，但不可能减少。

熵增原理可用来判断要想实现某个过程的实际可行性。例如，热量自高温物体传到低温物体，机械能变为热能等，可以证明这些过程其孤立系统的熵都是增加的，因此可以自发地进行。

熵增原理也是热力学第二定律的一种表述。$\mathrm{d}s_{系统} \geqslant 0$ 则可作为热力学第二定律的数学表达式。

复习思考题

一、填空题

1. 热力学第一定律可以描述为：热能和机械能可以相互转换，且在相互转换过程中，能量的总量_____。

2. 工质从初态出发，经过一系列变化又回到初态的封闭过程，称为_____。

3. 卡诺循环是由两个可逆的_____过程和两个可逆的绝热过程交错组成的可逆循环。

4. 卡诺定理告诉我们，两个给定热源之间的所有循环中，_____的热效率为最高。

二、选择题

1. 在可逆过程中，从熵的变化中可以判断热量的传递方向，$ds > 0$ 表示系统（　　）。

A. 吸热　　　　　　　B. 放热　　　　　　　C. 绝热　　　　　　　D. 散热

2. 下列热力过程中属于定容过程的是（　　）。

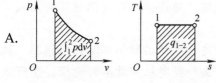　　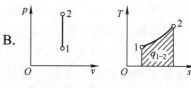

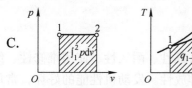　　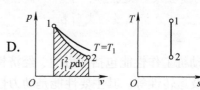

3. 绝对压力 p，真空度 p_v，环境压力 p_a 间的关系为（　　）。

A. $p + p_v + p_a = 0$　　B. $p + p_a - p_v = 0$　　C. $p - p_a - p_v = 0$　　D. $p_a - p_v - p = 0$

4. 闭口系统能量方程为（　　）。

A. $Q + \Delta U + W = 0$　　B. $Q + \Delta U - W = 0$　　C. $Q - \Delta U + W = 0$　　D. $Q - \Delta U - W = 0$

三、简答题

1. 如何理解工质的概念？什么是工质的热力状态及状态参数？

2. 什么是工质的比体积、热力学能、功、热量和比热容？

3. 什么是理想气体？理想气体状态方程式有几种表达形式？

4. 什么是热力系统、边界、外界？什么是热力过程和平衡态？在 p-v 图上如何表达？

5. 功、热量、热力学能有什么相同之处？有什么不同之处？

6. 热力学第一定律的基本内容是什么？封闭系统和开口系统稳定流动能量方程式有什么异同点？

7. 什么是比熵和比焓？为什么说它们是状态参数？

8. 能量方程 $dq = du + pdv$ 与比焓的微分式 $dh = du + d(pv)$ 很相像，为什么热量 q 不是状态参数，而比焓是状态参数？

9. 指出 p-v 图及 T-s 图的物理意义。

10. 什么是热力循环和热效率？

11. 简述热力学第二定律的几种表述及其意义。

12. 什么是卡诺循环和卡诺定理？

13. 为什么说卡诺循环热效率最高？

14. 简述孤力系统的熵增原理及其意义。

第 2 章　发动机的循环与性能指标

【内容及要点】

　　本章主要内容包括发动机理论循环、实际循环，理论循环与实际循环的比较，发动机的性能指标，机械效率，发动机热平衡等。

　　教学目的要求掌握发动机理论循环、四冲程发动机的实际循环及评定指标、机械损失的途径及评定指标，了解机械损失的测定方法和提高机械效率的途径；了解热平衡的概念，分析热量损失所在。

　　发动机工作性能包括动力性、经济性、排放性、可靠性、耐久性、使用维修性、结构工艺性及运转性等。其主要性能是动力性、经济性和排放性。发动机性能的好坏，常用性能指标来衡量。

　　发动机的实际循环是基于理论循环的基础上，但与理论循环比较，其全部假设的理想条件已被诸多实际因素所替代。在实际循环中，存在着不可避免的损失，不可能达到理论循环的效率和平均压力值。研究实际循环与理论循环的差异和引起各种损失的原因，目的是不断改善实际循环，缩小与理论循环的差距，促进发动机的改进与发展。

2.1　发动机的理论循环

　　发动机的工作过程十分复杂，为了便于研究，在工程热力学中通常将发动机实际工作循环加以抽象和简化，概括为由几个基本热力过程所组成的理论循环。研究这些理论循环，可以指明提高发动机动力性、经济性的方向。

2.1.1　发动机实际工作循环的简化与评价

1. 发动机实际循环的简化

最简单的理论循环是空气标准循环，通常按以下条件简化：

1）假设工质所在的系统为闭口系统，不考虑进、排气过程，并忽略气流阻力的影响。

2）假设压缩与膨胀过程是绝热过程，忽略气缸壁传热、摩擦及漏气等热损失。

3）假设以等容过程、等压过程等向工质加热代替燃烧过程；工质的放热过程则视为等容过程。

4）假设工质为理想气体，其比热视为定值。

5）忽略实际过程中各种损失，并假设循环的每一过程为可逆过程。

2. 理论循环评定指标

1）循环的热效率 η_t：

$$\eta_t = \frac{W}{Q_1} = 1 - \frac{Q_2}{Q_1}$$

式中　　W——工质的循环净功（J）；

Q_1——工质的循环中吸收的热量（J）；

Q_2——工质的循环中放出的热量（J）。

热效率 η_t 可以用来评定循环的经济性。

2）循环的平均压力 p_t：

$$p_t = \frac{W}{V_s}$$

式中　　V_s——气缸工作容积（m³）。

热效率可用来评定循环的经济性，循环平均压力表示单位气缸工作容积所做的循环功，用来评定循环的动力性。

2.1.2　发动机的理论循环

1. 混合加热循环（萨巴德循环）

混合加热循环由五个可逆过程组成，如图 2-1 所示：1—2 为绝热压缩过程；2—3 为定容加热过程，吸热量为 Q_{1v}；3—4 为定压加热过程，吸热量为 Q_{1p}；4—5 为绝热膨胀过程；5—1 为定容放热过程，放热量为 Q_2，循环净功为 W。

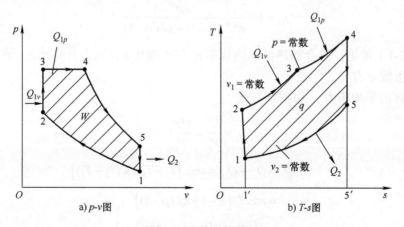

a) p-v图　　　　　　　b) T-s图

图 2-1　混合加热循环

（1）混合加热循环热效率　循环特性参数如下：

1）压缩比 $\varepsilon = \dfrac{V_1}{V_2}$。

2）压力升高比 $\lambda = \dfrac{p_3}{p_2}$。

3）预膨胀比 $\rho = \dfrac{V_4}{V_3}$，表示绝热膨胀过程前气体膨胀程度。

根据定义
$$\eta_{\mathrm{t}} = \frac{W}{Q_1} = 1 - \frac{Q_2}{Q_1}$$

因为
$$Q_1 = Q_{1v} + Q_{1p}$$

$$Q_{1v} = mc_V(T_3 - T_2)$$

$$Q_{1p} = mc_p(T_4 - T_3)$$

式中　Q_{1v}——沿定容过程线 2—3 加入的热量；

　　　Q_{1p}——沿定压过程线 3—4 加入的热量；

　　　c_V、c_p——工质的比定容热容、比定压热容。

循环中放出的热量 Q_2 是在定容放热过程 5—1 中产生的。

$$Q_2 = mc_V(T_5 - T_1)$$

令 $\kappa = \dfrac{c_p}{c_V}$（等熵指数），将各个温度都以压缩点 T_1 的温度来表示，则

$$T_2 = T_1\varepsilon^{\kappa-1} \qquad T_3 = T_1\lambda\varepsilon^{\kappa-1}$$

$$T_4 = T_1\lambda\rho\varepsilon^{\kappa-1} \qquad T_5 = T_1\lambda\rho^{\kappa}$$

将以上各式代入（1-36）得

$$\eta_{\mathrm{t}} = 1 - \frac{1}{\varepsilon^{\kappa-1}} \frac{\lambda\rho^{\kappa} - 1}{(\lambda-1) + \kappa\lambda(\rho-1)} \tag{2-1}$$

由式（2-1）可见，混合加热循环热效率 η_{t} 与压缩比 ε、压力升高比 λ、预胀比 ρ 以及工质的等熵指数 κ 有关。

（2）循环的平均压力　根据定义式

$$p_{\mathrm{t}} = \frac{W}{V_{\mathrm{s}}} = \frac{Q_1\eta_{\mathrm{t}}}{V_{\mathrm{s}}}$$

因为
$$Q_1 = Q_{1v} + Q_{1p} = mc_V\left[T_3 - T_2 + \kappa(T_4 - T_3)\right]$$

$$= mc_V T_2\left[\lambda - 1 + \kappa\lambda(\rho-1)\right]$$

$$= mc_V T_1\varepsilon^{\kappa-1}\left[\lambda - 1 + \kappa\lambda(\rho-1)\right]$$

$$V_{\mathrm{s}} = V_1 - V_2 = V_1\frac{\varepsilon-1}{\varepsilon}$$

所以
$$p_t = \frac{\varepsilon^\kappa}{\varepsilon-1} \frac{p_1}{\kappa-1}[(\lambda-1)+\kappa\lambda(\rho-1)]\eta_t \quad (2-2)$$

由式（2-2）可见，混合加热循环平均压力 p_t 随压缩始点压力 p_1、压缩比 ε、压力升高比 λ、预胀比 ρ 和等熵指数 κ 的增大而增大。

2. 定容加热循环

定容加热循环是将燃烧过程假想为在容积不变的情况下对工质加热的循环。如图 2-2 所示，它可以看作是混合加热循环在 $\rho=1$ 时的特例。图 2-2 中，1—2 为绝热压缩过程；2—3 为定容加热过程；3—4 为绝热膨胀过程；4—1 为定容放热过程。

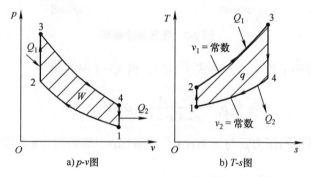

a) p-v图　　　　b) T-s图

图 2-2　定容加热循环

（1）定容加热循环热效率　由式（2-1），当 $\rho=1$ 时，得
$$\eta_t = 1 - \frac{1}{\varepsilon^{\kappa-1}} \quad (2-3)$$

可见，定容加热循环的热效率 η_t 与压缩比 ε 和工质的等熵指数 κ 有关。

（2）定容加热循环平均压力　由式（2-2），当 $\rho=1$ 时，得
$$p_t = \frac{\varepsilon^\kappa}{\varepsilon-1} \frac{p_1}{\kappa-1}(\lambda-1)\eta_t \quad (2-4)$$

可见，定容加热循环的平均压力 p_t 与压缩比 ε、压力升高比 λ、进气终点（压缩始点）压力 p_1 及等熵指数 κ 有关。

3. 定压加热循环（狄赛尔循环）

定压加热循环是将燃烧过程假想为在压力一定的条件下对工质加热的循环。如图 2-3 所示，它可以看成是混合加热循环在 $\lambda=1$ 时的特例。图 2-3 中，1—2 为绝热压缩过程；2—3 为定压加热过程；3—4 为绝热膨胀过程；4—1 为定容放热过程。

（1）定压加热循环的热效率　根据式（2-1），当 $\lambda=1$ 时，得
$$\eta_t = 1 - \frac{1}{\varepsilon^{\kappa-1}} \frac{\rho^\kappa-1}{\kappa(\rho-1)} \quad (2-5)$$

可见，定压加热循环热效率 η_t 与压缩比 ε、预胀比 ρ 和等熵指数 κ 有关。

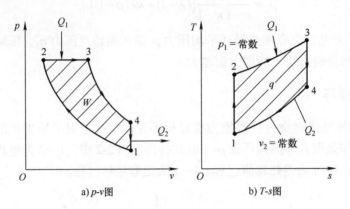

a) p-v图　　　　　　　b) T-s图

图 2-3　定压加热循环

（2）定压加热循环平均压力　由式（2-2），当 $\lambda = 1$ 时，得

$$p_t = \frac{\varepsilon^\kappa}{\varepsilon - 1}\frac{\rho_1}{\kappa - 1}\kappa(\rho - 1)\eta_t \tag{2-6}$$

可见，定压加热循环平均压力 p_t 与压缩比 ε、预胀比 ρ、等熵指数 κ、进气终点压力 p_1 有关。

2.1.3　理论循环的影响因素分析

1. 压缩比 ε

随着压缩比 ε 增大，三种循环的 η_t 都提高。提高压缩比 ε，可以提高循环的平均吸热温度，降低循环平均放热温度，扩大循环温差，增大膨胀比。如图 2-4 所示，假设两循环最高温度相同，则 ε 高的循环 1—2′—3′—4′—1 比 ε 低的循环 1—2—3—4—1 具有较大的平均吸热温度和较低的平均放热温度，所以前者 η_t 较高。

图 2-5 表示定容加热循环热效率 η_t 随压缩比 ε 变化的情况。由图 2-5 可见，ε 较低时，随 ε 的提高 η_t 增长很快，但在 ε 较大时，再提高 ε 则效果就很小了。

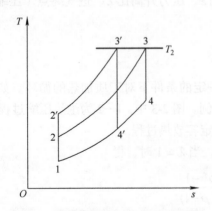

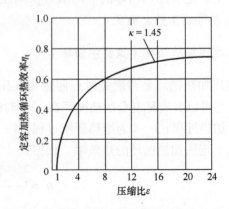

图 2-4　最高温度相同时压缩比的影响　　图 2-5　定容加热循环热效率与压缩比的关系

2. 压力升高比 λ

对定容加热循环来说，λ 值与加热量成正比关系。当 Q_1 增加时，λ 增大。由式（2-3）和式（2-4）可见，当 ε 不变，则 η_t 不变，而 p_t 增大。

这是因为 Q_1 是在定容条件下加入的，视比热容为定值，则所加入的每一部分热量都使工质温度同样升高，并且得到每一部分热量的工质都具有同样的膨胀比。所以 η_t 不变，而 p_t 则增大。

3. 预膨胀比 ρ

在混合加热循环中，当 ε、κ、Q_1 保持不变时，ρ 值增大，意味着定压加热部分 Q_{1p} 值增大，则定容加热部分 Q_{1v} 将相应减少。从混合加热循环公式（2-1）可知，η_t 将降低。这是因为 ρ 值的增大，意味着定压加热 Q_{1p} 值增大，而 Q_{1p} 是在工质膨胀比不断下降的过程中加入的，其做功的机会相应减少，因而热效率 η_t 降低。随着 η_t 的降低，在 Q_1 不变的情况下，循环功 W 将减少，因而循环的平均压力 p_t 也将下降。

在定压加热循环中，当 ε、κ 保持不变时，ρ 值与 Q_1 值有顺变关系。当 Q_1 增加时，ρ 值增大。由定压加热循环 η_t 公式和 p_t 公式可知，η_t 将降低，p_t 有所增加。

4. 等熵指数 κ

等熵指数 κ 对热效率 η_t 的影响，随着 κ 值增大，η_t 将提高。κ 值取决于工质的性质，不同工质有不同的 κ 值。一般取空气 $\kappa=1.4$。当燃料与空气的混合气加浓时，即混合气中燃料蒸气较多，κ 值将降低，因而 η_t 也将降低。反之当混合气变稀时，κ 值将增大，η_t 将提高。

理论循环中比热容视为定值，则 κ 也为定值，不随温度变化，实际循环中则受变比热容的影响。

2.2　四冲程发动机的实际循环与热损失

在发动机的实际工作中，燃料燃烧的热能通过工质的膨胀转化为机械功，这种连续不断地把热能转变为机械功的循环，称为发动机的实际循环。

四冲程发动机的实际循环是由进气、压缩、燃烧、膨胀、排气 5 个过程组成。通常用气缸内的气体压力 p 随比体积 v（或曲轴转角 θ）而变化的图形，来表示工质在气缸中的实际工作情况，如图 2-6 所示。

2.2.1　发动机的实际循环过程

1. 进气过程

进气过程是指充量进入气缸的过程（图 2-6a 中 r—r'—a 线）。在进气过程中：进气门开启、排气门关闭，活塞由上止点向下止点移动。

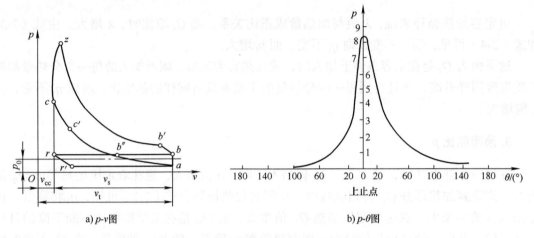

a) p-v图　　　　　　　　　　　　b) p-θ图

图2-6　四冲程发动机 p-v 图和 p-θ 图

由于上一循环的残余废气，排气终了时气缸内压力 p_r 高于大气压力 p_0，随着活塞下行，首先是残余废气膨胀，压力由 p_r 下降到低于大气压力的 p_0。在压力差的作用下，新鲜气体被吸入气缸，直到活塞到达下止点后进气门关闭为止。由于进气系统有阻力，进气终了的压力 p_a，仍低于大气压力 p_0。进气终了气体因受到高温零件和残余废气的加热，其温度 T_a 总是高于大气温度 T_0。

2. 压缩过程

活塞在气缸内压缩工质的过程，即为压缩过程（图2-6a 的 a—c′—c 线）。压缩过程中，进、排气门均关闭，活塞从下止点向上止点移动，缸内工质受压后温度和压力不断上升。压缩过程的目的是增大工作过程的温差，使工质获得最大限度的膨胀比，提高循环热效率，为着火燃烧创造有利条件。

工质被压缩的程度用压缩比 ε 表示：

$$\varepsilon = \frac{V_t}{V_{cc}} = 1 + \frac{V_s}{V_{cc}}$$

式中　V_t——气缸最大容积；

　　　V_{cc}——燃烧室容积（气缸余隙容积）；

　　　V_s——气缸工作容积（活塞排量）。

发动机的实际压缩过程，是一个复杂的多变过程。压缩开始，新鲜工质温度较低，受缸壁加热，多变指数 n 大于等熵指数 κ；随着工质温度升高，到某一瞬时与缸壁温度相等，多变指数 n 等于等熵指数 κ（热交换为零）；此后，随着工质温度升高而高于气缸壁，向缸壁散热，多变指数 n 小于等熵指数 κ。

3. 燃烧过程

此时进排气门均关闭，活塞处在上止点前后。

燃烧过程（图 2-6a 中的 c'—z 线）的作用是将燃料的化学能转变为热能，使工质的压力、温度升高。燃烧过程放出的热量越多，放热时越靠近上止点，则热效率越高。

由于燃料燃烧不是瞬时完成的，因此在汽油机中，当活塞压缩到上止点前（图 2-7b 中 c' 点），由电火花点燃混合气，火焰迅速传遍整个燃烧室，使工质的压力及温度急剧上升，其压力在极短的时间内达到最高值，从而接近定容加热，如图 2-7b 中 c—z 段所示。

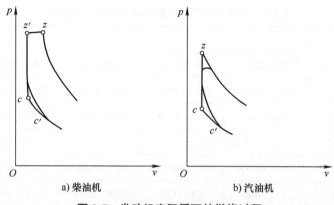

a) 柴油机   b) 汽油机

图 2-7 发动机实际循环的燃烧过程

在柴油机中，同样应在上止点前开始喷油（图 2-7a 中的 c' 点），柴油微粒迅速蒸发并与空气混合，借助于空气的热量自燃。燃烧开始时，燃烧速度很快，而气缸容积变化很小，工质温度、压力剧增，接近定容加热（图 2-7a 中 c—z' 段）。随后是边喷油边燃烧，燃烧速度慢，且随着活塞下移，气缸容积增大，气缸压力升高不大，而温度继续升高，接近定压加热（图 2-7a 中 z'—z 段）。

在实际燃烧过程中，不仅有散热损失、燃烧不完全损失，而且由于燃烧不是瞬时完成的，需要一定时间，因此还存在非瞬时燃烧损失。

4. 膨胀过程

膨胀过程是燃烧后的高温、高压气体在气缸内膨胀，推动活塞由上止点向下止点移动而做功的过程。图 2-6a 所示中 z—b 线为膨胀曲线。随着气缸容积增大，气体的压力、温度迅速下降。

在膨胀过程中，与压缩过程中情况相似，并非绝热过程，不仅有散热损失、漏气损失，还有补燃和高温热分解。因此，实际膨胀过程也是多变指数变化的多变过程。在膨胀开始时，由于存在继续燃烧现象，工质被加热，多变指数 n 小于 κ；到某一瞬时，工质的加热量与工质向缸壁的放热量相等，多变指数 n 等于 κ；随后工质向缸壁散热，则多变指数 n 大于 κ。

为简便起见，通常在计算中，用一个不变的平均多变指数来代替变化的多变指数。压缩过程的平均多变指数为 n_1，膨胀过程的平均多变指数为 n_2。

5. 排气过程

在膨胀过程末期，活塞接近下止点（图 2-6a 中的 b' 点）时排气门开启，废气高速排出。当活塞由下止点向上止点移动时，缸内废气继续排出，直到排气门关闭，排气过程结束。图 2-6a 中 $b'—b—r$ 线表示排气过程。

排气终了时的温度常作为检查发动机工作状态的技术指标。如发动机工作过程不良，热功转换效率低，则排气终了温度偏高。

各过程的状态参数变化见表 2-1。

表 2-1 四冲程发动机实际循环各阶段参数变化

机型	参数	状态				
		进气终了	压缩终了	燃烧终了	做功终了	排气终了
柴油机	压力	$0.85 \sim 0.95 p_0$	$3000 \sim 5500\text{kPa}$	$4500 \sim 9000\text{kPa}$	$200 \sim 500\text{kPa}$	$1.05 \sim 1.2\, p_0$
	温度 /K	$300 \sim 340$	$970 \sim 1170$	$1800 \sim 2200$	$1000 \sim 1200$	$700 \sim 900$
	多变指数	$1.38 \sim 1.40$		$1.15 \sim 1.28$		
汽油机	压力	$0.80 \sim 0.90\, p_0$	$1500 \sim 2500\text{kPa}$	$3000 \sim 6500\text{kPa}$	$300 \sim 600\text{kPa}$	$1.05 \sim 1.2\, p_0$
	温度 /K	$340 \sim 380$	$670 \sim 870$	$2200 \sim 2800$	$1200 \sim 1500$	$900 \sim 1100$
	多变指数	$1.32 \sim 1.38$		$1.23 \sim 1.28$		

2.2.2 实际循环的热损失

由于诸多因素的影响，发动机不可能以理论循环工作。研究实际循环与理论循环的差异，就可找出实际循环的热量损失所在。分析差异的原因，可探求提高热量的有效利用途径。

图 2-8 所示给出了四冲程非增压发动机实际循环示功图与理论循环的比较，其差别主要是由以下几项损失引起的。

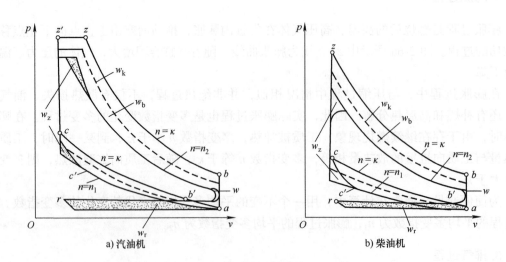

a) 汽油机 b) 柴油机

图 2-8 四冲程非增压发动机实际循环与理论循环差别

1. 工质的影响引起的损失 w_k

理论循环中假设工质比热容是定值，而实际循环中工质的成分及数量都是变化的，比热容也随温度上升而增大，且燃烧后生成 CO_2、H_2O 等气体，这些多原子气体的比热容又大于空气，所以循环的最高温度降低。加之实际循环还存在泄漏，使工质数量减少。图 2-8 中的 w_k 即为实际循环由工质影响引起的损失功。

2. 换气损失（$w_r + w$）

实际循环必须更换工质，由此而消耗的功称为换气损失功，如图 2-8 中面积 w_r 所示。其中因工质流动需要克服进、排气系统阻力所消耗的功，称为泵气损失功，如图 2-8 中 r—a—b'—r 曲线所包围的面积所示。因排气门在下止点前提前开启而产生的损失，如图 2-8 中面积 w 所示。

3. 传热、流动损失 w_b

实际循环由于工质与气缸壁（包括气缸套、气缸盖、活塞、活塞环、气门、喷油器等）和工质之间自始至终存在着热交换，因此压缩过程与膨胀过程都不是绝热的，所产生的损失称为传热损失，如图 2-8 中面积 w_b 所示。

4. 燃烧损失 w_z

实际循环中燃料燃烧需要一定时间，所以喷油或点火在上止点前，并且燃烧还会延续到膨胀行程，由此产生了非瞬时燃烧损失和补燃损失，如图 2-8 中面积 w_z 所示。

实际循环中还有部分燃料由于缺氧产生不完全燃烧损失。

同时，在高温下部分燃烧产物发生分解而吸热，使实际循环的最高压力和最高温度下降，膨胀功减少。高温燃烧产物分解包括

$$2CO_2 + 热量 \longrightarrow 2CO + O_2$$

$$2H_2O + 热量 \longrightarrow 2H_2 + O_2$$

由于上述各项损失的存在，使实际循环热效率低于理论循环。表 2-2 给出了热量分配的大致情况。

表 2-2 热量分配的大致情况

名 称	汽油机	柴油机
理论循环热效率	0.54～0.58	0.64～0.67
指示热效率	0.30～0.40	0.40～0.45
工质比热容变化	0.1～0.12	0.09～0.1
燃烧不完全及热分解	0.08～0.1	0.06～0.09
传热损失	0.03～0.05	0.04～0.01
提前排气	0.01	0.01

减少各项损失、提高实际循环热效率是发动机性能研究的目的。由表 2-2 可以看出：

1）汽油机理论循环热效率低于柴油机的主要原因是由压缩比小造成的，所以提高压缩比一直是提高汽油机热效率的主要研究方向。

2）实际工质比热容变化引起的损失占有较大的比例。汽油机因相对空气量少，混合气较浓，缸内燃烧温度较高，故此项损失较柴油机大。对于汽油机不完全燃烧损失主要是因为采用浓混合气造成的，所以应用稀混合气是汽油机减少损失的途径之一。

3）对于柴油机，不完全燃烧主要是混合气形成及燃烧组织不完善引起的，是柴油机应改善的主要问题。

2.3 发动机的热平衡

供给发动机的燃料完全燃烧后，其热能只有 20% ~ 45% 转变为有效功，而其余的热量将随着废气、冷却介质等从发动机中排出。按照热能表现为有效和各种损失的数量分配，来研究燃料中总热量的利用情况，称为发动机的热平衡。发动机的热平衡通常按下列方式由试验确定。

2.3.1 发动机燃料燃烧发出的热量 Q_T

在发动机中，热量是由燃料燃烧而产生的，若测得发动机每小时耗油量为 B（kg/h），设燃料完全燃烧，则每小时所放出的热量 Q_T（kJ/h）为

$$Q_T = BH_u$$

式中　H_u——燃料低热值（kJ/kg）。

2.3.2 转化为有效功的热量 Q_E

若测得发动机有效功率 P_e，则因为

$$1kW \cdot h = 3.6 \times 10^3 kJ$$

所以

$$Q_E = 3.6 \times 10^3 P_e$$

显然，Q_E 值越大，转变为有效功的热量越多，发动机的热效率越高。

2.3.3 传给冷却介质的热量 Q_S

传给冷却介质的热量主要有：工质向气缸壁及燃烧室散出的热量、废气在排气管道内散失的热量、摩擦发热所散失的热量、从润滑油散失的热量等。

$$Q_S = G_S c_S (t_2 - t_1)$$

式中　G_S——通过发动机冷却介质每小时的流量（kg/h）；

　　　c_S——冷却介质的比热容 [kJ/（kg·℃）]

t_1、t_2——冷却介质的入口和出口温度（℃）。

2.3.4 废气带走的热量 Q_R

废气排出时，温度仍然很高，会带走相当大一部分未曾被利用的热量。

$$Q_R = (B + G_K)(c_{pr}t_2 - c_{pK}t_1)$$

式中　B、G_K——每小时消耗的燃料量和空气量（kg/h）；

$\quad$ c_{pr}、c_{pK}——废气和空气的定压比热容 [kJ/（kg·℃）]；

$\quad\quad$ t_2——靠近排气门处的废气的温度（℃）；

$\quad\quad$ t_1——进气管入口处的工质的温度（℃）。

2.3.5 燃料不完全燃烧的热损失 Q_B

在汽油机中，由于空气量不足形成的浓混合气，以及在柴油机中，由于空气和燃料混合不均匀，都会产生不完全燃烧。近似计算为

$$Q_B = Q_T(1 - \eta_r)$$

式中　η_r——燃烧效率。

2.3.6 其他热量损失 Q_L

其他热量损失包括所有未计及的损失。从 Q_T 中除去上述四项热量损失外，都属于其他热量损失。由于不能分别给予它们准确的估计，一般只根据下式确定：

$$Q_L = Q_T - (Q_E + Q_S + Q_R + Q_B) \tag{2-7}$$

$$Q_i = Q_e + Q_s + Q_r + Q_L$$

为使不同发动机热平衡的各组成部分之间可以相互比较，并估计各部分的相对值，热平衡方程常以燃料总热量的百分比表示。即

$$q_e = \frac{Q_E}{Q_T} \times 100\% \quad q_s = \frac{Q_S}{Q_T} \times 100\% \quad q_r = \frac{Q_R}{Q_T} \times 100\%$$

$$q_b = \frac{Q_B}{Q_T} \times 100\% \quad q_i = \frac{Q_L}{Q_T} \times 100\%$$

则　　　　　　　　　　　　$$q_e + q_s + q_r + q_b + q_i = 100\% \tag{2-8}$$

图 2-9 所示为发动机的热平衡图，由图可以直观地看到发动机中热量流动情况。

热平衡中各项热量参数大致数值范围见表 2-3。

从表 2-3 可以看出，在燃料燃烧产生的总热量中，仅有 25%～45% 的热量转变为有效功，其余 55%～75% 都成为热损失。其中，主要由废气带走，其次传给冷却液，在某些汽油机中不完全燃烧损失的热量所占比例也不小。

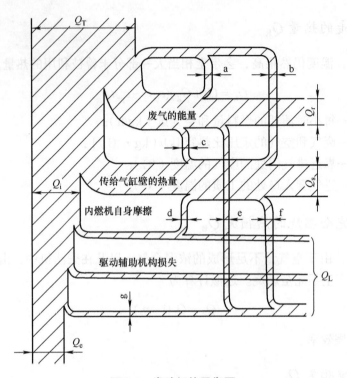

图 2-9　发动机热平衡图

a—从残余废气和排气中回收的热量　b—气缸壁传给进气的热量
c—排出的废气传给冷却液的热量　d—摩擦热传给冷却液的热量　e—排气系统辐射的热量；
f—从冷却系和水套壁辐射的热量　g—从曲轴箱壁和其他不冷却部分辐射的热量

表 2-3　热平衡中各项热量参数数值范围

热平衡方程式中各项组成比例 %	汽油机	柴油机	增压柴油机
转变为有效功的热量 q_e	25～30	30～40	35～45
废气带走的热量 q_r	30～50	25～45	25～40
冷却介质带走的热量 q_s	12～27	15～35	10～25
燃料不完全燃烧的热量 q_b	0～45	0～5	0～5
其他热量损失 q_i	3～10	2～5	2～5

　　冷却介质带走的热量占总热量的 10%～35%，其中一部分是排气道中废气传给冷却液的热，一部分是由摩擦产生的热，真正由燃烧、膨胀过程散出的热大约占冷却损失的 15%，若将这部分损失回收，指示功可以提高 3%～5%。

　　废气带走的热量占总热量的 25%～50%。回收这部分热量一直是研究者极为关注的问题，其中最成功的应用是发动机废气涡轮增压技术，该技术使发动机的热效率提高到一个新的水平。

2.4　发动机性能指标

发动机性能指标包括指示指标、有效指标、强化指标以及环境指标等。

2.4.1　指示指标

指示指标用来评定发动机实际工作循环进行的质量好坏,它以工质在气缸内对活塞做功为基础,用平均指示压力及指示功率评定循环的动力性,用指示热效率及指示燃油消耗率评定循环的经济性。

1. 平均指示压力 p_{mi}

一个实际循环工质对活塞所做的有用功称为指示功,用 $W_i(kJ)$ 表示。指示功可根据实测发动机循环示功图计算求得,用式(2-9)计算出指示功的真实值。图 2-10 所示为发动机循环示功图的示意图。

$$W_i = (F_1 \pm F_2)ab \qquad (2\text{-}9)$$

式中　$F_1 \pm F_2$——示功图面积,如图 2-10 所示,在非增压发动机中为减法,在增压发动机中为加法;

　　　a——示功图纵坐标比例尺;

　　　b——示功图横坐标比例尺。

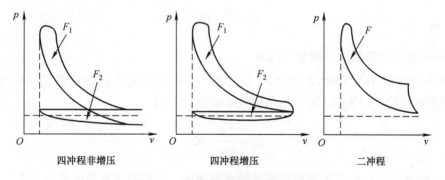

四冲程非增压　　　　　　四冲程增压　　　　　　二冲程

图 2-10　发动机循环示功图示意图

为了比较不同大小气缸的做功能力,引入平均指示压力的概念。平均指示压力是指单位气缸工作容积的指示功,即

$$p_{mi} = \frac{W_i}{V_s} \qquad (2\text{-}10)$$

式中　W_i——指示功(kJ);

　　　V_s——气缸工作容积(L)。

用活塞单位面积上所受假想不变的压力表示。显然,平均指示压力 p_{mi} 越大,表示发动机工作循环进行得越好,气缸工作容积利用程度越高。

2. 指示功率 P_i

发动机在单位时间内所做的指示功，称为发动机的指示功率。

设发动机的气缸数为 i，缸径为 D(cm)，行程为 S(cm)，每缸工作容积为 V_s(L)，转速为 n(r/min)，平均指示压力为 p_{mi}(MPa)，则每缸、每循环工质所做的指示功（kJ）为

$$W_i = p_{mi}V_s = p_{mi}\frac{\pi D^2}{4}S \times 10^{-3}$$

发动机指示功率（kW）（每秒所做的指示功）为

$$P_i = W_i\frac{n}{60}\frac{2}{\tau}i = \frac{p_{mi}V_s in}{30\tau} \tag{2-11}$$

式中　τ——发动机冲程数，四冲程 $\tau = 4$，二冲程 $\tau = 2$。

3. 指示热效率 η_i 和指示燃油消耗率 b_i

指示热效率 η_i 是发动机实际循环的指示功与所消耗燃料的热量之比，即

$$\eta_i = \frac{W_i}{Q_1} \tag{2-12}$$

式中　Q_1——得到指示功 W_i 所消耗的燃料的热量（kJ）。

指示燃油消耗率 b_i（或称指示比油耗）是指单位指示功所消耗的燃油量，通常以每千瓦小时的耗油量来表示，单位为 g/(kW·h)。

$$b_i = \frac{B}{P_i} \times 10^3 \tag{2-13}$$

式中　B——每小时消耗的燃油量（kg/h）。

按照热功当量 1kW·h=3.6×10³kJ，而 1kW·h 的功需要消耗的热量是 $b_i h_\mu / 1000$(kJ)，h_μ 为燃料的低热值（kJ/kg），按照指示热效率的定义，得

$$\eta_i = \frac{3.6}{b_i h_\mu} \times 10^6 \tag{2-14}$$

b_i、η_i 是评定发动机实际循环经济性的重要指标。它们的大致范围见表2-4。

表2-4　η_i 和 b_i 的取值范围

	η_i	$b_i/[\text{g}/(\text{kW·h})]$
汽油机	0.25 ~ 0.40	205 ~ 320
柴油机	0.40 ~ 0.50	170 ~ 205

2.4.2　有效指标

发动机的经济性和动力性指标是以发动机曲轴对外输出的功率为基础的，用来评定发动机整机性能的好坏，称之为有效指标。

1. 有效功率 P_e

发动机曲轴对外输出的净功率称为发动机的有效功率。

发动机的指示功率不能完全对外输出，它在发动机内部传递过程中不可避免地存在损失。这些损失大致包括内部运动件的摩擦损失、驱动附属设备（如配气机构、水泵、机油泵、喷油泵、扫气泵等）的损失、泵气损失等。这些损失消耗的功率称为机械损失功率，用 P_m 表示。指示功率减去机械损失功率是发动机对外输出的功率，被称为有效功率 P_e（kW），即

$$P_e = P_i - P_m \qquad (2\text{-}15)$$

发动机的有效功率由试验测得。

2. 有效转矩 T_{tq}

有效转矩是指发动机曲轴对外输出的转矩，用 T_{tq} 表示。它与有效功率 P_e、转速 n 之间有下列关系

$$P_e = T_{tq} \frac{2n\pi}{60} \times 10^{-3} = \frac{T_{tq}n}{9550} \qquad (2\text{-}16)$$

$$T_{tq} = 9550 \frac{P_e}{n} \qquad (2\text{-}17)$$

3. 平均有效压力 p_{me}

平均有效压力 p_{me}（kPa）是指发动机单位气缸工作容积所输出的有效功，即

$$p_{me} = \frac{W_e}{V_s} \qquad (2\text{-}18)$$

式中　W_e——输出轴输出的有效功。

由于不同机型的发动机所带的附件不同，因此，必须根据发动机测试的国家标准，按规定安装所要求的附件见表 2-5，从而测得输出轴输出的有效功。

表 2-5　各国及国际组织 ISO 标准规定的大气状态及试验所带附件

国家及国际组织	标准代号	标准大气状况			试验时所带附件						
		大气压力 p_0/kPa	大气温度 t_o/℃	相对湿度 φ（%）	空气滤清器	消声器	发电机	风扇	散热器	水泵	空压机
中国	GB	101.3	20①	60	无	无	有	无	无	有	无
美国	SAE	99.52	29.4	—	无	无	无	无	无	无	无
德国	DIN	101.3	20	—	有	有	有	有	无	有	无
英国	BS	99.86	29.4	—	A	A	有	B	无	有	无
日本	JIS	101.3	15	—	有	无	有	无	无	有	无
前苏联	ГОСТ	101.3	27	—	无	无	无	无	无	有	无
国际标准化组织	ISO	101.3	27	60	有	有	无	无	无	有	无

注：A—进气压力降和排气背压，均与装有空气滤清器和消声器时相同；

　　B—仅风冷内燃机装风扇。

① 船用 t_o=30℃。

平均有效压力与有效功率之间的关系还可以通过式（2-19）来计算。

$$P_e = \frac{p_{me}V_s in}{30\tau} \times 10^{-3}$$（2-19）

由式（2-17）和式（2-19）得

$$p_{me} = 3.14\frac{T_{tq}\tau}{iV_s}$$（2-20）

即工作容积一定的发动机，$p_{me} \propto T_{tq}$。

p_{me} 值大，说明单位气缸工作容积对外输出的功多，做功能力强。它是评定发动机动力性的重要指标。

p_{me} 的一般范围是：汽油机，p_{me}=650 ~ 1200kPa；柴油机，p_{me}=600 ~ 950kPa；汽车用增压柴油机 p_{me}=900 ~ 1300kPa。

4. 转速 n 和活塞平均速度 C_m

提高发动机的额定转速意味着发动机将经常处在较高的工作转速下运转，是性能设计上的一种强化措施。转速升高意味着单位时间内作功的次数增多，使得在气缸尺寸相同的情况下发出的功率增大，或在发出相同功率的情况下发动机体积和质量减小。

转速 n 增加，活塞平均速度 C_m 也增加，n 和 C_m（m/s）的关系为

$$C_m = \frac{Sn}{30}$$

式中 S——活塞行程（m）。

C_m 增大，活塞组的热负荷和曲轴连杆机构的惯性力均增大，磨损加剧，寿命下降。所以 C_m 成为表征发动机强化程度的参数。一般汽油机的 C_m 值不超过 18m/s，柴油机的 C_m 值不超过 13m/s。

为了提高转速而又不至于使 C_m 过大，可以减小行程 S，即对于高速发动机，在结构上宜采用较小的行程缸径比（S/D）。但 S/D 值小，传热损失将相应增大。$S/D < 1$ 时常称为短行程。

n、C_m 和 S/D 值的大致范围见表 2-6。

表 2-6 n、C_m 和 S/D 值的取值范围

	n/（r/min）	C_m/（m/s）	S/D
小客车汽油机	5000 ~ 8000	12 ~ 18	0.7 ~ 1.0
载货车汽油机	3600 ~ 4500	10 ~ 15	0.8 ~ 1.2
汽车柴油机	2000 ~ 5000	9 ~ 15	0.75 ~ 1.2
增压柴油机	1500 ~ 4000	8 ~ 12	0.9 ~ 1.3

5. 有效热效率 η_e

有效热效率 η_e 是实际循环有效功与所消耗的燃料热量的比值，即

$$\eta_e = \frac{W_e}{Q_1} = \frac{W_i \eta_m}{Q_1} = \eta_i \eta_m \qquad (2\text{-}21)$$

式中　η_m——机械效率，$\eta_m = P_e / P_i$。

有效热效率 η_e 是表示燃油发出的热量转变为有效功的程度，是评定发动机经济性的指标。

6. 有效燃油消耗率 b_e

有效燃油消耗率 b_e 是单位有效功的燃油量，简称油耗率，通常以每千瓦小时的耗油量来表示，单位为 g/（kw·h）。

$$b_e = \frac{B}{P_e} \times 10^3 \qquad (2\text{-}22)$$

有效燃油消耗率是评定发动机经济性的重要指标，b_e 越小，表示发动机经济性越好。

与前述 η_i 推导方式相同，有

$$\eta_e = \frac{3.6}{b_e h_\mu} \times 10^6 \qquad (2\text{-}23)$$

b_e、η_e 用来评定发动机的经济性。b_e 是根据实测的 P_e 和 B 计算而得，更有实际意义。它们的大致范围见表 2-7。

表 2-7　η_e 和 b_e 的取值范围

	η_e	b_e/[g/（kW·h）]
汽油机	0.25 ~ 0.30	270 ~ 325
柴油机	0.30 ~ 0.45	190 ~ 285

2.4.3　强化指标

1. 升功率 P_L

升功率 P_L（kW/L）是发动机每升气缸工作总容积所发出的有效功率。

$$P_L = \frac{P_e}{iV_s} = \frac{p_{me}V_s in}{30\tau V_s i} = \frac{p_{me}n}{30\tau} \qquad (2\text{-}24)$$

提高 P_L 的措施是提高 p_{me} 和 n。通常用升功率来衡量发动机排量的利用程度。汽车发动机的发展方向之一是继续提高升功率。

2. 质量功率比 G_e

质量功率比 G_e 是指发动机净质量 m 与所给出的标定功率的比值。它表征发动机质量的利用程度和结构的紧凑性。

$$m_e = \frac{m}{P_e} \qquad (2\text{-}25)$$

式中　m——发动机净质量（kg）；

　　　P_e——发动机标定功率（kW）。

3. 强化系数 $p_{me}C_m$

平均有效压力 p_{me} 与活塞平均速度 C_m 的乘积称为强化系数，写成 $p_{me}C_m$。它与活塞单位面积功率成正比。这个值越大，发动机的热负荷和机械负荷越高。由于发动机发展趋势是强化程度不断提高，故 $p_{me}C_m$ 值增大是技术进步的一个标志。

2.5　机械效率

2.5.1　机械效率

机械效率是曲轴输出的有效功率与指示功率的比值，用 η_m 表示，即

$$\eta_m = \frac{P_e}{P_i} = 1 - \frac{P_m}{P_i} = 1 - \frac{p_m}{p_i} \qquad (2\text{-}26)$$

η_m 值可用来比较不同发动机机械损失的大小。η_m 值越高，说明机械损失越小，发动机的性能越好。所以，为了提高发动机性能，应尽量减少机械损失，提高机械效率。

2.5.2　机械损失及其测定

发动机的机械损失主要有活塞环与气缸壁、轴承与轴、传动机构等运动零件之间的摩擦损失，还有驱动配气机构、点火装置、喷油泵、风扇和冷却泵等驱动附件损失，以及泵气损失等。各部分损失占机械损失的比例见表2-8。

表2-8　各种损失占机械损失的比例

分类	占总机械损失（%）	占指示功率（%）
摩擦损失	60～75	8～20
驱动附件损失	10～20	1～5
泵气损失	10～20	1～5

机械损失功率是通过对实际发动机台架试验测定。

1. 单缸熄火法

此法仅适用于多缸发动机。试验时，先将发动机调定在标定工况下稳定运转，然后轮流停止一缸工作，并随即降低负荷，使转速迅速恢复到标定转速，测量其有效功率。由于有一个气缸不工作，单缸熄火后测出的有效功率，要比标定工况下的有效功率小，两者之

差即为单缸熄火法的指示功率。于是可求得各缸的指示功率为

$$P_{ij} = P_e - P_{ej}$$

式中　P_{ij}——第 j 缸熄火后的指示功率，$j = 1,2,\cdots,n$；

　　　P_{ej}——第 j 缸熄火后测得对应的有效功率；

　　　j——发动机缸数。

$$P_i = P_{i1} + P_{i2} + \cdots = iP_e - (P_{e1} + P_{e2} + \cdots)$$

则整机的机械损失功率为

$$P_m = (i-1)P_e - (P_{e1} + P_{e2} + \cdots)$$

则机械效率按照式（2-26）计算得到。

　　用单缸熄火法测量机械损失，对于柴油机误差可达 5%，但对于汽油机，因停缸使进气情况改变，往往得不到正确的结果。同样对废气涡轮增压机和单缸机也不能适用。这一方法适用于低速发动机。但目前汽车发动机已发展到高速大负荷的程度，如果这时一缸熄火，必然会破坏发动机的平衡，故现在一般不采用此法。

2. 油耗线延长法

　　油耗线延长法即 Williams 法，也称负荷法，只适用于柴油机。在做负荷特性试验时，可将低负荷时燃油消耗量适当地多测几点，在绘制负荷特性曲线时，将油耗线延长与功率坐标相交，如图 2-11 所示，这时交点到坐标 O 点间的负值即为摩擦损失功率。

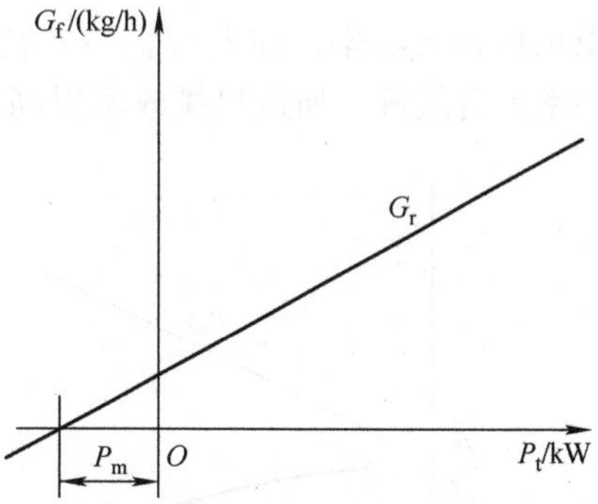

3. 电力测功机拖动法

　　电力测功机拖动法是由电力测功机拖动发动机运转，测功机所测出的功率即为发动机的摩擦损失功率。在实际测量时，先使发动机带负荷运转，使发动机的机油温度和水温达到正常状态后，将节气门全开，或供油泵齿条位置处于最大位置；然后切断供油油路，待燃油消耗完（若是汽油机还需断开点火电源），立即用电力测功机拖动发动机运转，测功机测出的功率即为摩擦功率。

　　这种方法的测试精度高，方法简便，但需昂贵的电力测功机。试验时一定要保证机油的温度和水温，以免造成摩擦功率的变化。

　　用这种方法的另一个好处是可以分解发动机，测量每一对摩擦副的摩擦损失功率，为了解发动机摩擦损失的根源和降低摩擦损失提供依据。这对提高发动机性能是必要的，但这时必须增加一些保持水温和油温的加热辅助设备。

　　采用电力测功机拖动法，由于发动机不燃烧做功，因此测试结果与实际情况有较大的差异，误差也比较大，但是通过此法可以测量各部分损失。

图 2-11　油耗线延长法

2.5.3 影响机械效率的主要因素

1. 发动机转速

发动机转速提高后，各摩擦表面间的相对运动速度加大，摩擦损失增加。同时因转速上升，引起运动件惯性力加大，致使活塞侧压力和轴承负荷增加，也增加了机械摩擦损失。此外，转速提高，还会使泵气损失及驱动附件的机械损失增加。所以转速提高后，机械损失功率增加，使机械效率下降。机械损失功率与转速的二次方近似成正比。因此随转速升高，机械效率下降较快。η_m 与 n 的关系如图 2-12 所示。

2. 发动机负荷

发动机的机械损失主要来自摩擦损失。摩擦损失又取决于机件的相对运动速度与比压。所以当发动机转速一定，负荷减小时，必须根据发动机阻力矩的变化，相应减小汽油机的节气门开度和柴油机喷油泵齿条位置。因此，气缸内指示功率将减小，但机械损失功率变化不大，故使机械效率下降。

根据公式 $\eta_m = 1 - \dfrac{P_m}{P_i}$ 可知，怠速时，负荷为零，有效功率 $P_e=0$，指示功率全部用来克服机械损失功率，即 $P_i=P_m$，故 $\eta_m=0$。负荷由小变大时，指示功率迅速上升，而机械损失功率上升缓慢，所以机械效率提高，但在大负荷时机械效率上升缓慢，如图 2-13 所示。

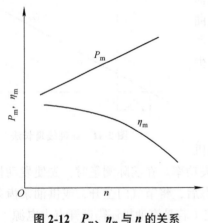

图 2-12　P_m、η_m 与 n 的关系

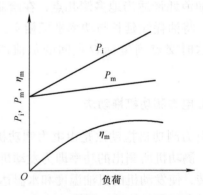

图 2-13　P_m、P_i、η_m 与负荷的关系

3. 润滑油品质和冷却介质温度

润滑油的品质影响到运动副的摩擦损失。润滑油的黏度对摩擦损失大小有重要影响。黏度大，承载能力强，易于保持润滑状态，但润滑油的流动性差，摩擦损失增加。因此，选用润滑油的原则，是在可靠的润滑前提下，尽量选用黏度小的润滑油，以减少摩擦损失，改善起动性能。

冷却介质的温度影响润滑油的温度，继而影响黏度和机械损失。

冷却介质温度低时，润滑油黏度大，摩擦损失增加，机械效率下降。如果冷却介质温度过高，会使润滑油的黏度变小，油膜不能支持表面上的压力而破裂，失去润滑作用，引起摩擦损失增加，机械效率降低。通常应保持冷却介质温度为 80～90℃。

4. 发动机技术状况

发动机使用技术状况好坏，对机械效率影响较大。例如：活塞环与气缸壁磨损后，间隙变大，漏气增多，指示功率下降；漏气还会稀释润滑油，使润滑条件变差，摩擦损失增加，从而导致机械效率下降。

复习思考题

一、填空题

1. 按照热能表现为有效和各种损失的数量分配来研究燃料中总热量的利用情况称为发动机的_____。

2. 在最高燃烧压力和燃烧温度相同时，_____循环的热效率最高。

3. 在压缩比和加热量相同时，_____循环的热效率最高。

4. 四冲程发动机的实际循环包括进气、压缩、燃烧、_____和排气 5 个过程。

5. 根据加热方式不同，发动机有_____、_____、_____三种标准循环方式。

二、选择题

1. 实际发动机的膨胀过程是一个多变过程，在膨胀过程中，工质（　　）。

A. 又吸热又放热　　　B. 先吸热后放热　　　C. 先放热后吸热　　　D. 不吸热不放热

2. 通常认为汽油机的理论循环为（　　）。

A. 定容加热循环　　　B. 等压加热循环　　　C. 混合加热循环　　　D. 多变加热循环

3. 发动机的压缩比是（　　）和燃烧室容积之比。

A. 气缸工作容积　　　　　　　　　B. 活塞行程扫过的容积

C. 活塞上方容积　　　　　　　　　D. 气缸最大容积

4. 发动机工作循环的完善程度用指示指标表示，因为指示指标以（　　）。

A. 燃料具有的热量为基础　　　　　B. 燃料放出的热量为基础

C. 气体对活塞的做功为基础　　　　D. 曲轴输出的功率为基础

5. 在混合加热理想循环中，如果压缩比与总热量为定值，若压力升高比增加，热效率（　　）。

A. 增高　　　　　B. 降低　　　　　C. 不变　　　　　D. 不能确定

三、简答题

1. 什么是发动机的实际循环？什么是发动机的理论循环？理论循环简化条件是什么？

2. 画出四冲程发动机实际循环示功图。

3. 什么叫混合加热循环、定容加热循环、定压加热循环？评定循环质和量的指标有哪些？

4. 在加热量与压缩比相同情况下，定容加热循环与等压加热循环哪个循环热效率高？为什么？实际应用的汽油机与柴油机哪个热效率高？为什么？

5. 何谓指示指标？何谓有效指标？

6. 什么是机械效率？它受哪些因素影响？

7. 发动机的机械损失主要包括哪些？为何随着转速的升高，机械效率会下降？

8. 已知一四冲程6缸柴油机，单缸排量为0.4L，燃料热值为44100kJ/kg，计算当转速为1500r/min，机械效率为0.8，有效功率为88.5kW，油耗量为20.3kg/h时的指示功率、转矩、平均指示压力和有效压力、有效燃油消耗率和有效热效率。

第3章 发动机的换气过程

【内容及要点】

本章主要内容包括四冲程发动机的换气过程、发动机的充量和充气效率、影响充气效率的因素、提高充气效率的措施、废气涡轮增压技术、进气管的动态效应以及发动机的可变技术等。

教学目的要求会分析四冲程发动机的换气过程，掌握充气效率的概念及其影响因素，掌握提高充气效率的措施，了解废气涡轮增压技术和发动机可变技术。

发动机的排气过程和进气过程的总和，统称为换气过程。换气过程的任务是将缸内的废气排净，吸入尽可能多的新鲜工质。

3.1 四冲程发动机的换气过程

3.1.1 换气过程

发动机运行时，在如此短的换气时间内，要使排气干净、进气充足是比较困难的。为了增加气门开启时间，充分利用气流的流动惯性以及减少换气损失，改善换气过程，提高发动机性能，进、排气门一般都提前开启，迟后关闭，不受活塞行程的限制。整个换气过程超过两个冲程，约占曲轴转角 410°～490°。

根据气体流动特点和进排气门运动规律，换气过程分为自由排气、强制排气和进气过程三个主要阶段，如图 3-1 所示。

1. 自由排气阶段

从排气门在下止点前开始开启，到气缸内压力接近于排气管压力这个时期，称为自由排气阶段。

如图 3-1a 中 b' 点所示，气门开启时，气缸内压力较高（大于排气管压力 2 倍以上），可利用废气自身的压力自行排出。此时，排气流处于超临界状态，流过排气门处的气体流速，等于在该处气体状态下的声速。其流量只取决于气门开启面积，并和气体状态有关，与排气门前后的压差无关。

随着活塞的推移，缸内压力不断下降，当缸内压力与排气管压力之比为 1.9 以下时，排气流进入亚临界状态，排气量由气缸压力和排气管内的压力差来决定，压力差越大，排出的废气量越大。当到某一时刻，气缸内压力与排气管内压力相等时，自由排气阶段结束，一般在下止点后 10°～30° 曲轴转角。此阶段虽然历程较短，但废气流速很高，排出的废气量可达 60% 以上。

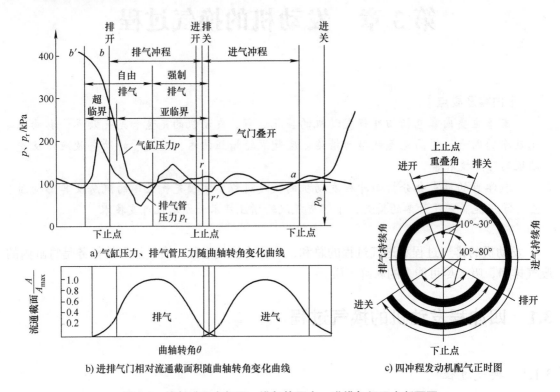

a) 气缸压力、排气管压力随曲轴转角变化曲线

b) 进排气门相对流通截面积随曲轴转角变化曲线

c) 四冲程发动机配气正时图

图3-1 换气过程中气压、排气管压力、进排气门开启断面图

2. 强制排气阶段

强制排气阶段是由上行的活塞强制将废气推出。此时流速取决于气缸内外的压力差。压差越大，气流速度越大，但耗功也越多。

排气门一般在上止点后 10°～35° 曲轴转角才关闭，这主要是因为在上止点附近，废气尚有一定流动能量，可利用气流惯性进一步排气，减少缸内残余废气量，同时还可以减少排气阻力。

3. 进气过程

为了使新鲜空气充量更顺利地进入气缸，尽可能保证在活塞下行时有足够大的进气截面积，减小进气阻力，进气门一般在上止点前 0°～40° 曲轴转角打开。为了利用高速气流的惯性，进气门通常在下止点后 40°～70° 曲轴转角才关闭，以增加进气量。

4. 气门叠开

排气门的迟后关闭和进气门的提前开启，使得在上止点附近一定的曲轴转角范围内，存在着进、排气门同时开启的现象，称为气门叠开。气门叠开角一般为 20° ～ 60° 曲轴转角。适当的气门叠开角，不但可以增加新鲜空气充量，而且可以利用新气帮助清除废气，从而减少气缸中的废气量。如果叠开角过大，可能使废气倒流入进气管中。

3.1.2 换气损失

换气过程的损失包括排气损失和进气损失，如图 3-2 所示。

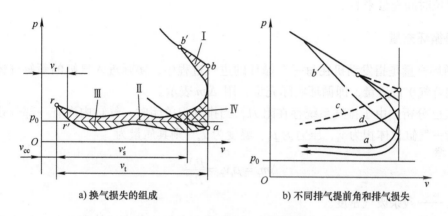

a) 换气损失的组成　　　　　b) 不同排气提前角和排气损失

图 3-2　四冲程发动机换气损失

Ⅰ—自由排气损失　Ⅱ—强制排气损失　Ⅲ—进气损失　Ⅱ+Ⅲ−Ⅳ—泵气损失

1. 排气损失

排气损失是从排气门提前打开，直到进气行程开始，气缸内压力到达大气压力之前，循环功的损失。排气损失可分为以下两种：

1）自由排气损失。自由排气损失（图 3-2a 中面积Ⅰ），是由于排气门提前打开而引起的膨胀功的减少。

2）强制排气损失。强制排气损失（图 3-2a 中面积Ⅱ），是活塞上行强制推出废气所消耗的功。

随着排气提前角增大，自由排气损失面积Ⅰ增加，强制排气损失面积Ⅱ减小，如图 3-2b 所示。如排气提前角减少，则强制排气损失面积增加。所以最有利的排气提前角应使面积（Ⅰ + Ⅱ）之和为最小。

减少排气损失的主要措施是减小排气系统阻力和排气门处的流动损失。

2. 进气损失

进气损失主要是指进气过程中，因进气系统的阻力而引起的功的损失。如图 3-2a 中面积Ⅲ所示。它与排气损失相比相对较小。排气损失与进气损失之和，称为换气损失，即图 3-2a 中面积（Ⅰ + Ⅱ + Ⅲ），在实际循环示功图中，把面积（Ⅱ + Ⅲ − Ⅳ）相当的负功，称为泵气损失。这部分损失放在机械损失中加以考虑。

3.2 充量与充气效率

充量和充气效率是发动机换气过程的主要评定指标。

3.2.1 充量

充量即充气量，是指在进气过程中，充入气缸的新鲜空气或可燃混合气，常用每循环充量和单位时间充量来表示。

1. 每循环充量

每循环充量是指发动机在每一个循环的进气过程中，实际进入气缸的新鲜气体（空气或可燃混合气）的质量，即循环实际充量，用 Δm 表示。

前文已分析，由于排气系统存在阻力，当排气门关闭时，气缸内尚有一部分残余废气存在，所占气缸比体积为 v_r、压力为 p_r、温度为 T_r，则其质量为

$$\Delta m_r = \rho_r v_r = \frac{p_r v_r}{RT_r}$$

式中 ρ_r——残余废气密度。

进气终了时，气缸内既有新鲜充量，又有残余废气，所占比体积为 v_a、压力为 p_a、温度为 T_a，则气缸内气体的总质量为

$$\Delta m_a = \Delta m + \Delta m_r = \frac{p_a v_a}{RT_a}$$

则充入气缸的新鲜充量为

$$\Delta m = \Delta m_a - \Delta m_r = \frac{p_a v_a}{RT_a} - \frac{p_r v_r}{RT_r} \qquad (3\text{-}1)$$

为了衡量残余废气量的多少，引入残余废气系数的概念。残余废气系数是指每循环残留在气缸内的废气质量 Δm_r 与新鲜充量 Δm 之比，用 γ 表示，即

$$\gamma = \frac{\Delta m_r}{\Delta m}$$

气缸内气体总质量又可表示为

$$\Delta m_a = \Delta m + \Delta m_r = \Delta m(1+\gamma)$$

则气缸内新鲜充量可表示为

$$\Delta m = \frac{\Delta m_a}{1+\gamma} = \frac{1}{1+\gamma} \frac{p_a v_a}{RT_a} \qquad (3\text{-}2)$$

2. 单位时间充量

单位时间充量是指每小时进入气缸的新鲜气体的质量，用 Δm_h 表示，

$$\Delta m_h = \Delta m \frac{n}{2} i \times 60 \qquad (3\text{-}3)$$

式中　　n——发动机转速（r/min）；

　　　　i——气缸数。

如果每循环充量 Δm 保持不变，则转速增加，单位时间充量 Δm_h 会直线增加，发动机功率也会不断增加。但是，当转速增加时，每循环充量不可避免地要降低，以至于单位时间充量的增加逐渐缓慢。当转速增到某一数值后，Δm_h 达到最大值（此时进气流速达到声速），充量基本保持不变。

3.2.2　充气效率

发动机每一工作循环进入气缸的实际充量，与进气状态下能充满气缸工作容积的理论充量的比值，称为充气效率，用 η_v 表示，即

$$\eta_v = \frac{\Delta m}{\Delta m_s} \tag{3-4}$$

式中　Δm_s——进气状态充满气缸工作容积的理论充量。

所谓进气状态，是指空气滤清器后进气管内的气体状态。为测量方便，在非增压发动机上，一般都采用当时的大气状态；在增压发动机上，采用增压器出口的状态。

若进气状态下的压力及温度分别为 p_s 和 T_s，气缸工作容积的理论充量为 Δm_s，则

$$\Delta m_s = \frac{p_s v_s}{RT_s} \tag{3-5}$$

将式（3-2）和式（3-5）代入式（3-4），得

$$\eta_v = \xi \frac{\varepsilon}{\varepsilon-1} \frac{p_a}{T_a} \frac{T_s}{p_s} \frac{1}{1+\gamma} \tag{3-6}$$

式中　T_s、p_s——进气状态下的温度和压力；

　　　T_a、p_a——进气终了时的气体温度和压力；

　　　ε——压缩比；

　　　γ——残余废气系数，$\gamma = \dfrac{V_r}{V_c}$；

　　　ξ——考虑进、排气门迟闭角影响引入的参数，$\xi = \dfrac{v_{cc} + v_s'}{v_{cc} + v_s}$。

由上式可知，充气效率 η_v 与发动机的气缸容积无关。因此，可用来评定不同排量发动机换气过程的好坏。η_v 越大，每循环实际充量越多，每循环可燃烧的燃料随之增加，动力性越好。

实际发动机充气效率可用实验的方法测得。一般在试验中用流量计测出发动机每小时实充气量 q_v（m³/h），而理论充气量可由下式算出

$$q_v = \frac{V_s}{10^3} i \times \frac{n}{2} \times 60 = 0.03 V_s in (\text{m}^3 / \text{h})$$

式中　V_s——气缸工作容积（L）；

　　　i——气缸数；

　　　n——发动机转速（r/min）

发动机的 η_v 值：汽油机为 0.7 ~ 0.85；柴油机为 0.75 ~ 0.9。采用可变配气相位和可变进气系统的发动机，可使 $\eta_v > 1$。

3.3　影响充气效率的因素

充气效率 η_v 对发动机的功率、转矩影响很大。因此，分析影响充气效率的因素具有重要意义。影响充气效率的因素有进气终了压力及温度、进气状态的压力及温度、残余废气系数、配气相位及压缩比等。影响最大的是进气终了压力。

3.3.1　进气终了压力

由式（3-6）可知，提高进气终了压力 p_a，充气效率 η_v 会增大。而进气终了压力又受进气系统阻力的影响。进气系统的阻力是各段通道所产生的流动阻力的总和。包括空气滤清器、化油器、进气管道及进气门等部分产生的阻力。

1. 空气滤清器的阻力

空气滤清器是用来减少进气过程中进入气缸的灰尘，以减少气缸的磨损。由于空气滤清器结构的不同及使用中油污堵塞，会使其阻力增大，造成发动机充气性能大大下降，因此要求空气滤清器的滤清效果要好，而又不增加进气阻力。使用中应经常保养，清除油污、更换滤芯，以达到减少阻力和进气通畅的目的。

2. 进气管道的阻力

进气管道包括进气歧管和通向缸体和缸盖上的气体通道。其阻力的大小主要取决于进气管道的结构和尺寸。进气歧管的断面大则阻力小，可提高进气压力。但断面大，会使得气体流速低，且易使燃料液态颗粒沉积在管壁上，使燃料的蒸发与雾化变差，各缸分配不均匀。因此，进气管的断面大小应受到一定限制，使进气形成一定阻力。此外，进气管的长度、表面粗糙度、拐弯多、急转弯及流通截面突变等，都会增加进气阻力。因此要求进气管要有合适的长度与断面尺寸，并且拐弯处应有较大的圆角。同时管内表面应光滑，且安装时进、排气接口及其衬垫口应对准，以减少进气阻力，提高充气效率。

3. 进气门处的阻力

在整个进气系统中，进气门处气流通过断面最小，而且截面变更大，是整个进气系统中产生阻力最大的地方，因此对进气压力的影响也最大。新鲜气体通过进气门，使进气终了压力降低。进气门通道断面的变化又取决于气门直径、锥角、升程和配气相位等多方面因素，下一节将详细讨论。

此外，在化油器式发动机中，化油器的喉管处是进气阻力较大的地方。喉管的收缩使气体流速增大，产生一定的真空度，以便混合气形成和有利雾化，从而满足化油器式发动机的工作需要。但由于喉管断面缩小，进气阻力增大，使空气流量减小，进气终了压力降低，特别是在高速、大负荷时，进气终了压力下降更为严重，限制了充量的增加。现代发动机已经取消了化油器式结构，因此这部分阻力在现代电喷式发动机中不再存在，这也提高了现代发动机的充气效率。

3.3.2 进气终了温度

新鲜气体进入气缸后，同高温机件接触，与残余废气混合，进气终了温度升高，气体密度减小，充气效率降低。此外，汽油机的进、排气管常铸成一体，利用排气管加热进气管，使燃油预热蒸发，也可以使进气温度升高，减少了循环充量。为了降低进气温度，在柴油机上常将进、排气管分置在发动机两侧。

3.3.3 转速与配气相位

进气流动阻力不仅与进气系统的结构有关，还取决于新鲜气体的流速。气体流动引起的阻力与流速的二次方成正比，而气体流速又与发动机的转速有关。当发动机的转速提高，气体流速也成正比例地提高。所以气体流动阻力也与发动机转速的二次方成正比，随着转速的升高，气体阻力增大，使进气终了压力下降，如图 3-3 所示。

配气相位包括进、排气门早开、迟闭。在进、排气门早开、迟闭中，进气迟闭角对进气终了压力影响最大。由于发动机转速变化，气流惯性也发生变化，但进气迟闭角是不变的。因此当发动机转速高时，气流惯性未被利用；转速低时，又会造成气体倒流，从而影响进气压力与发动机正常工作。通过选择适当的配气定时，可获得较高的循环充量和充气效率。图 3-4 给出了在最佳配气定时充气过程中各参数与发动机转速的关系。

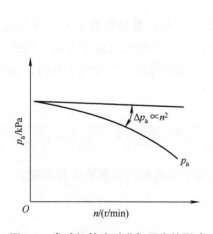

图 3-3　发动机转速对进气压力的影响

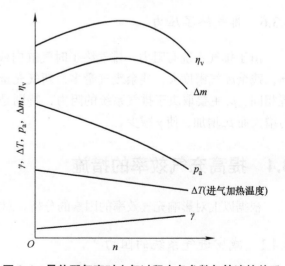

图 3-4　最佳配气定时充气过程中各参数与转速的关系

3.3.4 负荷

发动机的负荷变化对进气终了压力的影响，随汽油机与柴油机负荷调节方法不同而不同。

在柴油机上，进入气缸的空气量不变，负荷的调节是通过改变油量调节拉杆或齿条的位置，从而控制喷油量来实现的。由于转速不变，进气系统又无节流装置，因此流动阻力基本不变，所以当负荷变化时，进气终了压力 p_a 也基本不变。

在汽油机上，进入气缸的是空气和燃油的混合气，负荷的调节是通过改变节气门的开度，从而控制进入气缸的混合气量来实现的。当节气门开度减小时，负荷减小。由于节流损失增加，引起进气终了压力 p_a 下降，如图 3-5 所示。从图 3-5 中可见，负荷越小，p_a 随转速增加下降得越快。

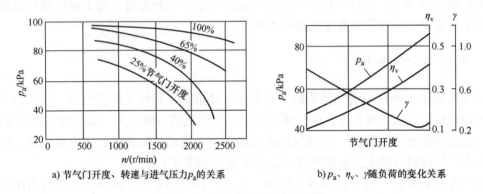

a) 节气门开度、转速与进气压力 p_a 的关系   b) p_a、η_v、γ 随负荷的变化关系

图 3-5　负荷对进气压力的影响

3.3.5 压缩比

压缩比增加，余隙容积相对减小，使残余废气量相对下降，所以充气效率会提高。

3.3.6 排气终了压力

由于排气系统有阻力，排气终了时气缸内残余废气压力 p_r 总是要高于大气压力 p_0。p_r 高，残余废气密度大，残余废气量多，新气充量相对减小，导致充气效率下降。与进气过程相同，p_r 主要取决于排气系统的阻力，特别是排气门处的阻力，当转速上升时，流动阻力增大而 p_r 增加，使 γ 减少。

3.4　提高充气效率的措施

根据以上对影响充气效率的因素的分析，总结出以下提高充气效率的主要措施。

3.4.1 减少进气系统的阻力

进气系统阻力的大小为各段通道阻力的总和。通过减少通道各段的阻力，可达到减少进气系统阻力的目的。

1. 减少进气门处的阻力

（1）增大进气门开启的时面值　气门开启断面与对应的开启时间的乘积称为开启时面值。气门开启时间长，开启断面大，则开启时面值大，气流通畅，阻力小。如图 3-6 所示，气门开启的最小断面为气门锥体侧面积。

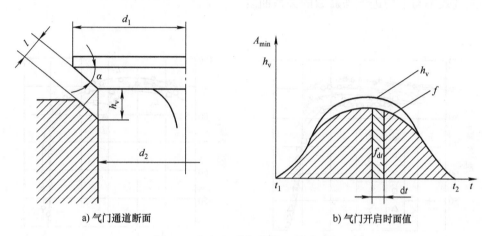

a) 气门通道断面　　　　　　　　　b) 气门开启时面值

图 3-6　气门通道断面与开启时面值

$$A_{\min} = \pi l \frac{d_1 + d_2}{2}$$

因为 $l = h_v \cos \alpha$，所以

$$A_{\min} = \pi h_v \frac{d_1 + d_2}{2} \cos \alpha \qquad （3-7）$$

式中　h_v——气门升程；

　　　α——气门锥角。

根据气门开启时面值定义，得

$$dF = A_{\min} dt \qquad （3-8）$$

由以上两式可知，气门开启时面值 F，主要取决于气门头部直径 d_1 和 d_2、头部锥角 α、气门升程 h_v 以及气门开启时间 t 等。

增大进气门头部直径、减小气门头部锥角、增大气门升程、延长气门开启时间等措施均可扩大气门开启时面值，从而扩大气流通过能力，减少阻力以提高充气效率。但增大气门直径受到燃烧室结构的限制，因此常用减小排气门头部直径的方法，相应增大进气门头部直径。

现代发动机单进气门结构中，进气门直径可达活塞直径的 45% ~ 50%，进气门和活塞面积比为 0.2 ~ 0.25。

减小气门锥角也受到强度刚度的限制，不宜太小。增大气门升程和延长开启时间，又

受惯性力和配气相位改变的限制，涉及问题较多，影响也较复杂。

（2）合理控制进气门处气流的平均速度　发动机进气马赫数 Ma 是指进气门处气体的平均速度 v_m 与该处声速 c 的比值，即

$$Ma = v_m / c$$

它反映流动对充气效率的影响，成为分析充气效率的一个特征数。图 3-7 所示为实验测得的充气效率与平均进气马赫数的关系曲线。

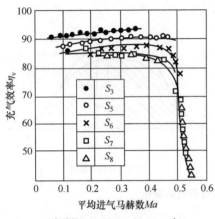

a) 发动机 $D×S$=83mm×86mm、4缸、P_{emax}/n=70kW/(6400r/min)；S_3、S_5、S_6、S_7、S_8 为不同进气门角度-面积值

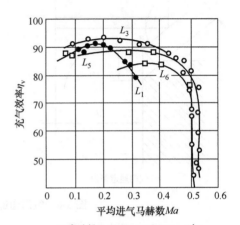

b) 发动机 $D×S$=42mm×35mm、1缸、P_{emax}/n=4.4kW/(10500r/min)；L_1、L_3、L_5、L_6 为不同进气门角度-面积值

图 3-7　充气效率与平均进气马赫数的关系曲线

由图 3-7 分析得知，在正常配气定时条件下，当 Ma 值超过 0.5 时，充气效率将会急剧下降。在发动机设计中，应使其进气马赫数在最高转速时也尽量不要超过 0.5 ~ 0.6，以保证充气效率不致因流动损失而过分下降。

（3）增加进气门的数目　一般采用双进气门、双排气门，或者三个进气门、两个排气门的结构，以提高充气效率。

2. 减小进气管道阻力

进气管道结构、尺寸及表面质量对充气效率有较大影响。进气管道应保证足够的气体流通面积，并满足结构上的要求。汽油机还必须考虑燃料的蒸发、汽化和分配；柴油机还应利于进气涡流的形成，以改善混合气的品质和燃烧。

进气管道截面形状通常有三种：圆形、矩形和 D 形。在相同截面情况下，圆形断面流动阻力最小，矩形最大，D 形居中。

为了改善发动机低速时动力性并保证高速时进气充分，现代发动机还采用可变长度的进气管。由进气歧管转换电磁阀控制转换辊，在发动机高转速范围，电磁阀工作，使进气通道变短。

3.4.2 合理选择配气定时

为了充分利用气流惯性，增加循环充量，提高充气效率，合理选择配气定时是很重要的。

1. 配气定时的选择

在配气定时各参数中，影响进气最大的是进气门迟闭角，如图 3-8 所示。

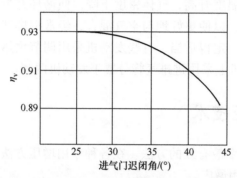

图 3-8 进气门迟闭角与 η_v 的关系（$n=1500r/min$）

发动机的转速不同，气流的惯性不同，最佳的进气门迟闭角也不同。所以最有利的进气门迟闭角，应能根据发动机转速的变化而变化。

传统凸轮轴结构的发动机的配气相位，不能随发动机转速变化而变化，一定的配气相位，仅对某一转速是最有利的，此时充气效率最大。当转速提高后，由于迟闭角不能相应增大，一部分气体便被关在了进气门之外。所以转速提高，进气门迟闭角应加大。

当改变进气门迟闭角时，充气效率最大值对应的转速也变化。进气门迟闭角增大，η_v 最大值对应的转速增高，加大进气门迟闭角有利于最大功率的提高，但是在中低速时性能不好。进气门迟闭角减小，低速时 η_v 增加，但最大功率下降。

排气门提前角的选择，应当在保证排气损失最小的前提下，尽量晚开排气门，以加大膨胀比，提高热效率。

适当的气门重叠角，可以增加循环充量，提高充气效率，并可降低高温零件的热负荷。关于配气定时的选择，一般根据经验计算得出后，还要在实际发动机上经反复试验比较，最后才能确定。

2. 可变配气定时

就优化发动机工况而言，为使怠速稳定性好，气门重叠角要小。在其他工况，为使 η_v 提高，气门重叠角要大。低速时，进、排气门在接近上止点附近打开和关闭，高速时，则进、排气门重叠角变大。

3.4.3 减少排气系统阻力

排气系统包括排气门、排气管道和消声器等。排气系统阻力降低，排出的废气量增

加，排气终了压力 p_r 下降，不仅可以使残余废气系数减小、充气效率提高，而且还能减少排气损失。

排气管道也应与进气管道同样注意其结构要求，使用中应注意消除残留积炭等。

3.4.4 减少对新鲜充量的加热

新鲜空气充量被吸入气缸的过程中，受到进气管道、气门、气缸壁、活塞等一系列受热零件的加热，造成进气温度升高，气体密度下降，使循环充量减少。特别是汽油机，为了使汽油在进气管中蒸发，以便更好地与空气混合，经常把排气管与进气管布置在发动机的同一侧。但使用中预热一定得适当，有些发动机采用调节预热装置，根据季节温度不同可调节预热程度。在柴油机上采用进排气管分置于发动机两侧。

3.5 废气涡轮增压技术

增压是发动机提高功率最有效的方法。在各种车用增压方法中，以废气涡轮增压技术最为成熟、效率最高、应用最广。

3.5.1 发动机增压概述

1. 增压的可行性及特点

发动机的有效功率为

$$P_e = \frac{p_{me} \cdot V_s \cdot i \cdot n}{30\tau} \times 10^{-3} \tag{3-9}$$

式中　　p_{me}——平均有效压力（kPa）；

　　　　V_s——工作容积（m³）；

　　　　i——发动机气缸数；

　　　　τ——冲程数；

因为

$$V_s = \frac{\pi D^2}{4} S, \quad c_m = \frac{Sn}{30}$$

式中　　D——活塞直径（m）；

　　　　S——活塞行程（m）；

　　　　c_m——活塞的平均速度（m/s）。

发动机采用进气增压，是提高进入气缸充量密度的有效途径，可以使进入气缸的新鲜充量增加，进而燃烧更多的燃料，使平均有效压力提高，从而提高有效功率。

增压技术在柴油机上得到了广泛的应用，汽油机增压的许多问题也已经被成功解决。发动机增压的特点是：

1）功率相同时，发动机的空间尺寸减小，重量轻，对于提高发动机的经济性更有意义。

2）在达到额定输出功率时，摩擦损耗相对较小，在部分负荷时，增压发动机的工况更接近最大效率设计工况点。

3）通过增压器的合理设计，可以将转矩特性改进为低速高转矩，这对车用发动机很有利。

4）随行驶地区海拔升高而导致的功率下降（海拔每上升 1000m 功率下降 10%），可通过增压来弥补。

5）通过增压可以使排放降低。对于增压汽油机，通过最合适的燃烧室形状设计和在涡轮机内的后燃，可以降低 HC 值；在低负荷范围可降低 NO_x，当然在高负荷时，NO_x 会有所升高。对于柴油机，增压后 NO_x 略有上升，但由于空气过量，烟度有所下降。

6）降低噪声。柴油机增压后，由于混合器工作温度升高，着火延迟期缩短，燃烧过程变得柔和，对直喷式柴油机更为有利。另外，通过换气管内的波动削平和消声，也使噪声减小，表面辐射噪声也有所下降。

7）经济性得到改善。增压后平均有效压力提高，机械损失相对减少，在高负荷区，机械效率得到提高；在低负荷区，由于进、排气阻力和换气损失增加，经济性受到影响。在相同功率时，增压机比非增压机的排量要小，机械损失也相对减小。因此，增压机比非增压机的比油耗要小，等油耗的经济运行区扩大；当排量不变时，降低转速，机械损失也减小，热效率得到提高。

8）增压机主要零部件的机械负荷和热负荷增加。

2. 增压的衡量指标

衡量增压的指标主要有增压度和增压比。

（1）增压度　增压度 φ 是指发动机在增压后的标定功率和增压前的标定功率的差值，与增压前标定功率的比值。增压度表明增压后功率增加的程度。

$$\varphi = \frac{P_{ea} - P_{eo}}{P_{eo}} \tag{3-10}$$

式中　P_{ea}、P_{eo}——增压后、增压前的标定功率（kW）。

增压度取决于所采用的增压系统，采用中冷可使增压度提高。汽油机的增压度受到爆燃的限制。柴油机的增压度受燃烧最高压力的限制，通常以降低压缩比来补偿。

现代四冲程柴油机的增压度可达 3 以上，而车用柴油机的增压度不高，一般只有 0.1 ~ 0.6 左右。因为车用柴油机要同时考虑车辆的动力性、经济性、排放和成本等多方面要求。

（2）增压比　增压比是指增压器出口压力与环境条件下大气压力（或增压器进口压力）的比值，简称压比，用 π_b 表示。

$$\pi_b = \frac{p_b}{p_0} \tag{3-11}$$

式中　p_b——增压器出口压力；

p_0——环境条件下大气压力。

3. 发动机增压的种类

发动机增压可分为机械式增压、容积式（进气管）增压、气波增压、废气涡轮增压及复合增压。

（1）机械式增压　机械式增压系统如图 3-9 所示，是由发动机曲轴通过传动带、齿轮、链等传动装置，直接驱动压气机的增压方式。机械式增压又分为挤压式和流动式。

机械增压的特点是结构简单、价格便宜。但当增压比较高时，消耗的驱动功率很大，可超过指示功率的 10%，而使整机的机械效率下降，比油耗增加。机械增压主要用于小型机，通常其压气机出口压力不超过 160～170kPa。

（2）容积式增压（容积式进气管）　容积式增压装置是利用每一循环在进气管内产生的压缩波和膨胀波来增压。每一气缸都接有一定长度的特殊进气管，根据进气管长度，在发动机的不同转速范围内，出现明显的后充气效应，从而提高了供气效率。但在另一转速范围内，会产生膨胀波，反而会使供气效率降低。

（3）气波增压　气波增压是将废气的高能量，直接传给新鲜充量，以提高新鲜充量密度的系统。这种增压器也需要机械驱动，消耗整机功率约 1.0%～1.5%。

如图 3-10 所示，叶轮由发动机通过传动带驱动，发动机废气从排气管流进叶轮时，通过与从另一侧进入的低压空气（新鲜充量）直接接触，利用高压废气的脉冲波，将能量传给低压空气，使其被压缩、加速，形成高压空气，并通过进气管将高压空气压进气缸。在低压空气侧固定壁面上反射回来的低压废气，在叶轮内膨胀后被排入大气中。

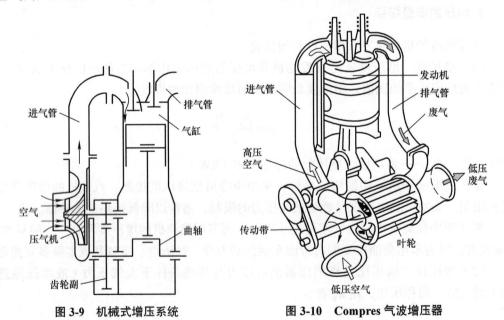

图 3-9　机械式增压系统　　　　图 3-10　Compres 气波增压器

气波增压和废气涡轮增压，都是利用发动机排出废气的能量来进行增压。与废气涡轮增压相比，气波增压的优点如下：

1）整个运行工况下，气波增压压力较高，低转速时也能获得较大转矩和较好的经济性，工况适应范围大。

2）加速性好，其轻巧的转子对负荷改变的响应几乎无延滞。

3）通过合理设计，可以使废气进入增压空气中，从而起到废气再循环的作用，降低 NO_x 的排放。

4）通常不需要阀门控制。

气波增压的缺点如下：

1）结构尺寸较大，在发动机上安装受限制。

2）噪声大。

3）用于汽油机时，由于其转速范围宽、流量大、温度更高。

4）由于转子和壳体的热负荷不同，两者间的轴向间隙难以满足要求。

5）对废气温度敏感，进出气的压差最大只能达到10kPa。

6）材料成本高。

（4）废气涡轮增压　废气涡轮增压系统如图3-11所示。它是利用排气能量推动涡轮，带动与涡轮同轴的压气机叶轮压气，向发动机提供压力高、密度大的新鲜充量，从而提高发动机的功率和转矩。

由于废气涡轮增压系统压气机由涡轮机驱动，涡轮机则由发动机的废气推动，增压器与发动机之间没有机械联系，结构简单、工作可靠，一般在未增压发动机上做些简单的改装，功率即可提高30%～50%。涡轮增压器适用于专业化大生产，质量好、成本低。同时涡轮增压器能利用废气的一部分能量，既可提高发动机功率又能改善燃料经济性。所以，相比其他增压技术废气涡轮增压应用最广泛。

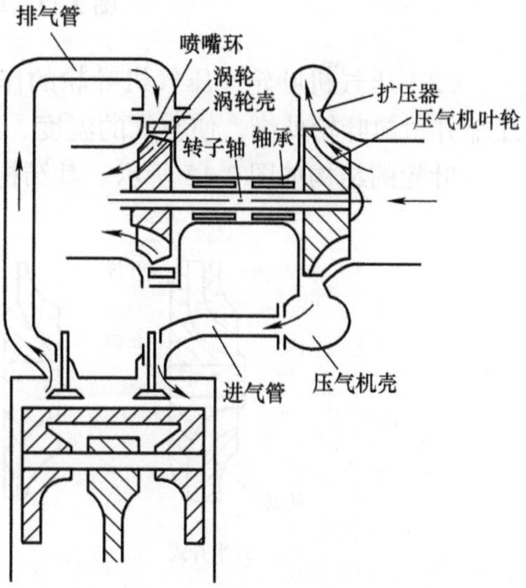

图 3-11　废气涡轮增压系统

3.5.2　废气涡轮增压系统构造及特性

废气涡轮增压在1905年由瑞士人Biichi提出，于20世纪20年代初开始用于柴油机。

根据废气在涡轮机中不同的流通方向，废气涡轮增压系统可分为径流式和轴流式涡轮增压两种。车用发动机大多采用径流式涡轮增压器。废气涡轮增压器主要由涡轮机和压气机组成，两者通过一固定轴相互连接。

1. 压气机构造

图3-12所示为单级车用废气涡轮增压器，左侧为压气机，它由进气道、压气机叶轮、扩压器和压气机壳体等组成。

（1）进气道　进气道的作用是将气流有秩序地导入压气机的工作叶轮进行压缩。轴流式压气机进气气流沿轴向进入工作轮，空气进入工作轮时的损失较小，这种结构常用于小型增压器。

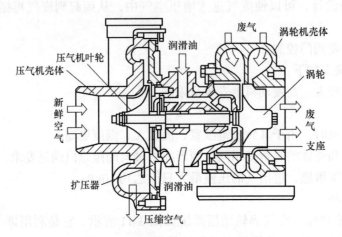

图 3-12　单级车用废气涡轮增压器

（2）压气机叶轮　压气机叶轮的作用是在其旋转时，使空气在离心力的作用下，受到压缩并甩向叶轮外缘，使空气的温度、压力和流速都增加。

叶轮的结构如图 3-13 所示。其结构形式有三种：半开式、开式和星形。

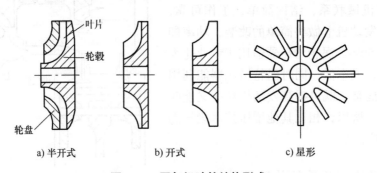

图 3-13　压气机叶轮结构形式

半开式叶轮的叶片和轮盘相连，具有一定的强度和刚度，该结构形式在小型增压机上应用较多。

开式叶轮只有轮毂和叶片，叶片两端是敞开的，摩擦流动损失大、效率低、易引起振动，目前较少采用。

星形叶轮是在半开式的基础上发展起来的，这种结构能承受较高转速，适用于高增压机。

（3）扩压器和出气涡壳　扩压器的作用是使流经叶轮后的气流速度降低，从而进一步增加气体的静压力。扩压器的形式有图 3-14 所示两种：一种是入口小、出口大的无叶扩压器（缝隙式扩压器）；另一种是叶片式扩压器。

出气涡壳的作用是收集气体，并将其引入增压器的进气管，同时继续压缩气体，使从扩压器出来的气体再一次降低流速，以提高气体的静压力。

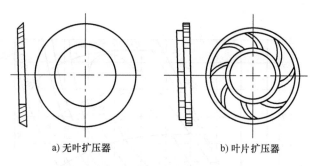

a) 无叶扩压器　　　　　　　　　　b) 叶片扩压器

图 3-14　扩压器的形式

2. 离心式压气机工作原理

增压器工作时，空气沿进气道轴向进入叶轮。因进气道多为收敛形，气流流经进气道时，速度略有增加，此时充量与外界没有热交换，其压力和温度略有下降。气流进入叶轮后，由于叶轮转动，使气流受离心力的作用，压缩并甩到叶轮外缘，压力和流速有较大的增长。然后进入扩压器，将其动能大部分转变为压能，空气的密度、压力及温度升高，流速降低。进入涡壳后，继续增压降速，然后将空气送入发动机的进气管和气缸，以达到增压的目的。

3. 离心式压气机工作特性

离心式压气机的主要工作参数是增压比 π_b、流量、转速 n_{tb} 和绝热效率 η_{kb}。

在不同转速下，压气机的增压比和效率随空气流量的变化关系，称为压气机的压比流量特性，如图 3-15 所示。随着流量的增加，等转速曲线呈下弯趋势，增压比逐渐减小。转速越高，增压比越大。在一定转速下，当压气机流量减小时，增压比和效率增加；当流量减小到某值时，增压比、效率达到最大值；流量继续减小，增压比和效率随之又降低。当流量减小到一定值后，气体进入工作叶轮和扩压器的角度偏离设计工况，造成气流从叶片或扩压器上强烈分离，同时产生强烈脉动，并有气体倒流，引起压气机工况不稳定，导致压气机振动，并发出异常响声，称为喘振。将各转速下的喘振点连接起来，构成一条喘振边界线。喘振边界线的左边为不稳定区域，压气机只能在喘振边界线右侧工作，即小供气量时，不能达到高增压比。

从特性曲线中的等效率曲线来看，中间是高效率区。高效率区一般比较靠近喘振边界线，从中心向外，效率逐渐下降，特别在大流量低增压区，效率下降很多。

4. 涡轮机构造与工作原理

（1）径流式涡轮机的基本构造　废气涡轮增压器的涡轮可分为径流式与轴流式两大类。一般说径流式涡轮用于小流量增压器上（叶轮外径小于 150mm），而轴流式涡轮用于流量较大的增压器上，汽车发动机增压器多采用径流式涡轮。

涡轮机按燃气在通道内流动方向，可分为径流式和轴流式两种。中、小型增压器多用径流式涡轮机。

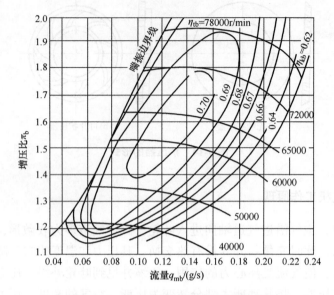

图 3-15　离心式压气机压比流量特性

　　径流式涡轮机主要由进气涡壳、喷嘴环、工作轮及出气道等组成，如图 3-16 所示。一个喷嘴环和一个工作轮组成涡轮的一个级，废气涡轮增压器中采用一个级的涡轮称为单级涡轮。

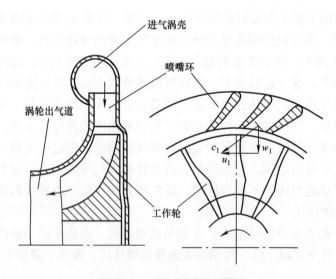

图 3-16　径流式涡轮机简图

　　1）喷嘴环。喷嘴环上装有许多导向叶片，构成渐缩形通道。废气从这里被引入工作轮。其材质采用耐高温、抗腐蚀的合金钢，可用铸、锻件机械加工或板材冲压成型。喷嘴环有整体式和装配式两种结构形式。

　　2）工作轮。工作轮是把从喷嘴环出口喷出的高速废气的动能和压力能转变为机械功的场所。工作轮的叶片与轮盘做成一体，多采用精密铸造成型。叶片的叶型大都采用抛物线，其型式有半开式和星形两种。

3）进气涡壳。进气涡壳的作用是把柴油机与增压器连接起来，将废气经过整理引导到喷嘴环的方向，并按喷嘴环进口形状均匀地进入喷嘴环，以减少流动损失，充分利用废气能量。涡轮进气壳的流通截面按一定规律变化，表面要光洁。其结构可分为轴向、切向、径向三种进气形式，进口可为一个或多个。

4）涡轮出气道。涡轮出气道是将做了功的废气引出增压器，它还起支架的作用。流道要求光洁、平整，有的带有冷却水套。

5）涡轮轴。涡轮轴将涡轮工作轮和压气机工作轮连起来，起传递转矩的作用。工作轮与轴的连接方式有整体式和装配式两种。

（2）废气在涡轮中的流动　由发动机排气管排出的废气具有压力 p_T、温度 T_T、速度 c_T。废气以速度 c_T 进入喷嘴环，在喷嘴环中因断面是渐缩的，使部分压力能转变为气体的动能，压力降低到 p_1，温度下降到 T_1，流动速度增加到 c_1。废气从喷嘴环喷出，以相对速度 w_1 和一定角度进入工作轮。工作轮叶片间的通道也是呈渐缩形状，气体在通道中继续膨胀，在工作轮出口处压力下降到 p_2，温度降低到 T_2，相对速度增加到 w_2，由于废气在喷嘴中膨胀得到的动能大部分传给了工作轮，所以绝对速度迅速下降到 c_2，$c_2 \ll c_1$。燃气离开工作轮时还具有一定的速度 c_2，也就是还有一部分动能未能在涡轮中得到利用，这部分动能损失称为余速损失。涡轮机中气流参数的变化如图 3-17 所示。

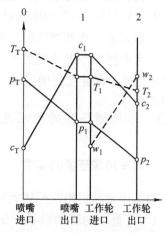

图 3-17　涡轮机中气流参数的变化

5. 废气涡轮增压的分类

如图 3-18 所示，废气涡轮增压按其工作过程，可分为定压增压和脉冲增压两种。

（1）定压增压　如图 3-18a 所示，将各缸的废气集中到一个很大的排气管内，然后废气以几乎不变的压力作用到涡轮机工作轮上。由于排气收集管容积大，在排气门开启初期，缸内压力与该管内压力相差较大，废气在管内自由膨胀产生的涡流与摩擦，背压提高对发动机的工作不利，使可利用的能量减少。

（2）脉冲增压　图 3-18b 所示为脉冲增压示意图。这种方案的特点是将废气直接送到涡轮机中，在排气管中造成尽可能大的压力变动和周期性的脉动，使涡轮机在进口压力波动较大的情况下工作。为此，将涡轮机靠近气缸，排气管做得短而细，为减少各缸排气中压力波干扰，用几根排气歧管将点火顺序相邻的缸相互隔开。多缸机常用两根歧管。

脉冲增压的特点如下：

1）在废气能量利用上，脉冲增压好于定压增压，但随着增压压力提高其优点逐渐消失。

2）脉冲增压对气缸中扫气有明显优点，即使在部分负荷工况下，也能保证气缸有良好的扫气。

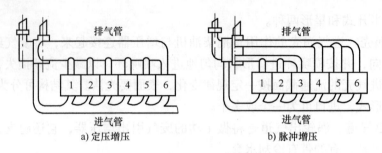

图 3-18　废气涡轮增压的形式

3）脉冲增压由于排气管容积小，当发动机负荷改变时，排气压力波立刻发生变化并迅速传到涡轮，引起增压器转速较快地变动，所以脉冲增压系统加速性能较好。

4）脉冲增压的平均绝热效率比定压增压低，而且涡轮的尺寸大，排气管结构也复杂。

一般来说，在低增压时，采用脉冲涡轮增压较为有利；在高增压时，宜采用定压涡轮增压。考虑到汽车发动机大部分时间是在部分负荷下工作，为了获得良好的低速转矩特性和加速性能，即使在高增压时，仍采用脉冲增压系统。

3.5.3　车用增压器的要求及与发动机的匹配

1. 对车用增压器的要求

与车用发动机相匹配的涡轮增压器应满足以下要求：

1）尽量小的转动惯量。车用发动机变工况多，其起动性、加速性必须良好，因而增压器转子的转动惯量要小。

2）最佳的涡轮转速比。涡轮的效率与其速比有密切关系，速比最佳时，涡轮效率最高。变工况时，由于转速和进口废气状态变化，速比也发生变化，使涡轮效率下降。在叶轮尺寸较小的情况下，需要提高涡轮机的转速。一般中等吨位的车用发动机增压器的转速在每分钟十几万转以上，轿车则可达 25 万转以上。

3）宽广的压气机高效区。车用发动机流量变化范围较宽，而压气机的效率和压比随工况变化会明显下降，高效区很窄。

4）较强的变工况适应性。由于车用发动机工况变化大，导致涡轮喷嘴环出口的气流速度发生变化，则叶轮入口相对速度的方向和大小均发生变化。而入口导向叶片的几何角度不变，于是气流将偏离最佳设计方向，使得产生的冲击损失较大，从而影响涡轮效率。

这种冲击损失现象在有叶喷嘴上反应敏感，在无叶喷嘴上反应却比较迟钝。所以，车用增压器宜采用无叶喷嘴涡轮，以增强工况的适应性。另外，为了满足车用发动机低速下转矩和排放指标的要求，近年来还采用变截面增压器。

2. 增压器与发动机的匹配

在涡轮增压器与柴油机联合工作的时候，彼此之间动力没有机械联系，它们是通过空气流或燃气流来传递能量的。因为柴油机在不同工况下要求压气机有不同的供气能力，涡轮机做功的能力来源于柴油机排出废气的合理组织，而涡轮机的功率则全部为压气机所消耗。也可以说，柴油机发出一定功率所需要的空气流量与压比，正好是压气机提供的。为了使涡轮增压器与车用柴油机良好地配合，使得它们在各种工况下都能良好地工作，有两件事要做：一是根据柴油机的特定工况（如额定工况或最大转矩工况）确定其在压气机特性曲线上的位置（即根据发动机选用合适型号的增压器）；二是要保证柴油机在整个运行区实现良好地配合。此时，选好增压器是前提，增压器选得不好，柴油机可能达不到预期的增压效果。

废气涡轮增压器制造厂均提供含有压气机的特性和涡轮机的特性等技术资料，作为选用的依据。在为某具体柴油机选用增压器时，根据柴油机特定工况所需的空气流量（包括扫气空气量）及压比，就可以判断该工况在某一压气机特性曲线上的位置。若该点落在压气机特性曲线的高效率区，即可初步选定增压器型号。

与活塞式柴油机不同的是，在涡轮机及压气机这类叶片机械中，叶片前缘的结构角由设计工况的气流参数决定。当工况变化引起气体流量变化时，将使气体流入的方向偏离叶片前缘结构角的方向，发生撞击损失，使压气机的高效率区变窄。所以不可能使柴油机所有工况点都处在压气机的高效率区工作，只能顾及到柴油机的某些特定工况。例如，车用柴油机选配增压器时，常以最大转矩工况作为设计工况，把最大转矩点的工况放在高效率区，而额定工况，常偏离在高效率区之外，如图 3-19 所示。

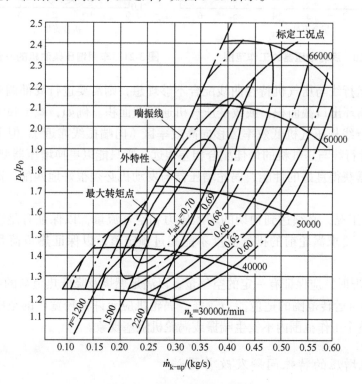

图 3-19　按最大转矩点匹配

每一种涡轮增压器都有确定的工作范围。在小流量范围，压气机受喘振限制；在大流量范围，压气机因效率下降过多，亦受到低效率限制。在增压器的高速高负荷范围内，可能由于废气能量过高，使涡轮增压器超过机械强度允许的转速，或者由于排气温度过高，超过了涡轮机叶片所能承受的温度，使涡轮增压器受到超速或超温的限制。因此决定了涡轮增压器一个大致的工作范围，如图 3-20 所示。

在此允许工作范围之内，根据增压器与柴油机联合运行的位置，可以判断增压器与柴油机的配合是否良好。图 3-21 所示为一台车用增压柴油机的联合运行区。对于车用增压柴油机来说，其负荷与转速都在较大范围内变化，其联合运行区在压气机特性曲线上占有一部分面积，配合相对困难。

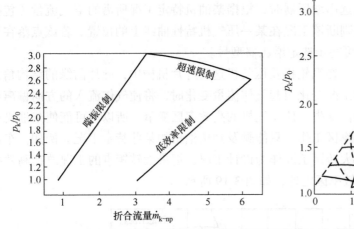

图 3-20　涡轮增压器的工作范围　　　　图 3-21　车用增压柴油机的联合运行区

如果联合运行线与压气机特性曲线配合不够理想，则需要进行局部调整。常用的办法是改变涡轮喷嘴环出口截面积，或改变压气机通道截面积。例如，减少喷嘴环出口截面积可以使联合运行线从压气机低效率区移向高效率区（向喘振线靠近）。但上述调整是有限的，如果联合运行线与压气机的最佳配合相差很远，则只能以更换增压器型号为宜。

要使增压器获得良好的性能，涡轮增压器与发动机必须很好地匹配，需满足以下几点要求：

1）在标定工况，必须达到预期的增压压力和空气流量，以保证有足够的空气，使燃烧充分。同时，要求涡轮前的排气温度不能超过预定值，以保证热负荷和机械负荷不会过高。

2）在低工况时，应保证有一定的空气量，以满足燃烧及降低热负荷的要求。

3）增压器对运转范围的适应能力较强，涡轮机应允许在较宽广的范围运转，高效率区应较大，在整个工作范围内不发生喘振或涡轮机阻塞现象。

3.5.4　发动机增压的特殊问题及改善措施

1. 车用发动机增压的特殊问题

（1）柴油机增压的特殊问题

1）热负荷增加。增压柴油机进气的温度是压气机出口温度的函数，比非增压机高至少 60 ~ 80℃。由于压缩初温升高，致使各工作循环的温度相应上升。同时，循环供油量增加后，转变为有用功的热量和损失的热量都随之增加，表现于机油温度、冷却液温度及排气温度显著提高。

对于涡轮增压器来说，也存在热负荷过大的问题，有关的零部件会因热负荷大而加速损坏。随着增压速度的提高，热应力的问题将会更加突出。

2）机械负荷增加。随着进气压力的增高，柴油机燃烧的最高压力也要增大。进气压力每增加 0.1MPa，燃烧最高压力就增加 0.868MPa。压力升高率巨增，柴油机的机械负荷也会增加很多。

3）低速和加速排气冒烟。柴油机在低速运转时，由于惯性作用，空气增压较差。柴油机在低速区是富油燃烧，易冒黑烟。在加速时，由于惯性使压气机供气滞后，也会出现冒烟现象。

（2）汽油机增压的特殊问题　汽油机增压以后，除了热负荷增加和机械负荷增加外，由于汽油机工况变化范围很大，并采用点燃式着火方式，增压所带来的问题更为特殊，主要有以下三个问题：

1）爆燃倾向加大。汽油机增压后，由于热负荷的增加，进、排气温度升高，并且不能加大扫气来冷却受热零件，使热负荷更高。如果不改变压缩比和使用高辛烷值的汽油，爆燃的倾向则会加剧。

2）汽油机速度变化范围大。由于车辆在整个速度范围内的功率差别大，使涡轮增压器的匹配更加困难。

3）瞬态响应更差。由于汽油机增压直接影响进气和燃油量，从而使汽油机对速度变化的瞬态响应更差。

2. 增压发动机优化措施

由于废气涡轮增压可以明显地提高发动机的动力性能，降低比油耗及排放污染，因此现代缸径小于 100mm 的汽车发动机广泛采用增压技术。为获得较为理想的效果，增压发动机必须采取相应的措施，才能完善其性能。

（1）增压柴油机的优化措施

1）降低热负荷的措施。降低热负荷的主要措施有增加冷却扫气量、降低压缩空气温度和排气温度等，具体如下：

① 适当增大进排气门的叠开角。每增加 10° 叠开角，可降低排气温度 5℃左右。但叠开角过大的话，会发生活塞与气门相碰的现象。

② 增大气门叠开期内进、排气管压差。每增加压差 0.01MPa，每循环每气缸可增加扫气量 0.02g。增大压差的主要途径是合理设计进、排气歧管，增大进、排气门的时间截面。

③ 增压中间冷却。压缩空气每降低 1℃，燃烧最高温度可降低 2 ~ 3℃。因此，对增压空气进行中间冷却，冷却后的压缩空气进入进气管。中间冷却可以使发动机的进气密度进一步提高，在不增加热负荷的情况下，通常可提高功率 12% ~ 15%，同时还有利于降低 NO_x 的排放。

④ 强化冷却系统。改善机油冷却条件和曲轴箱通风，增大机油散热器散热面积；改善

冷却系工作条件，适当调整水泵容量，提高水泵转速，增大散热器散热面积，增大风扇直径等。

⑤ 改善供油系统和燃烧系统。柴油机增压后，循环供油量增大，适当调整供油系统、合理组织燃烧过程，对降低热负荷有很大作用。还可以通过缩短供油时间、强化燃烧室中油气的混合，适当降低供油提前角，使滞燃期缩短，工作更加柔和。

2）降低机械负荷的措施。具体如下：

① 适当降低压缩比。降低压缩比可以降低燃烧最高压力，从而对降低机械负荷有利。

② 适当减小供油提前角。适当减小供油提前角使燃烧的最高压力下降，既减小了热负荷，又缓解了机械负荷。

③ 调整涡轮增压器。调整涡轮增压器，适当增大喷嘴环面积，使增压器转子转速下降，压气机出口压力降低，柴油机最大爆发压力减小，机械负荷减小。还可适当增大压气机及涡轮机壳来调整压缩比、流量及效率范围，以优化匹配。

④ 优化供油系统。

⑤ 采用特殊结构。可采用的特殊结构包括可变压缩比增压系统、变截面增压器、低温高增压系统、冒烟限制器等。

（2）增压汽油机的优化　汽油机增压的主要问题是爆燃倾向加剧，应有效地消除或减小爆燃，具体如下：

1）采用辛烷值高的燃料或降低压缩比。

2）采用废气再循环，降低燃烧最高温度和压力。

3）将燃烧室设计得更紧凑。

4）采用中间冷却技术，降低充气温度。

5）选择适当的增压度。

6）排气系统优化。

3.6　进气管的动态效应与可变技术

由于间歇进、排气时进、排气管存在压力波，在特定的进气管条件下，可以利用此压力波来提高进气门关闭前的进气压力，从而增大充气效率，这就是动态效应。随着电子汽油喷射的广泛应用，进气系统设计的自由度大大增加，动态效应技术得以迅速发展，大多数汽油喷射发动机都具有调整好的进气系统。与其他增压方式相比，它具有结构简单、惯性小、响应快等优点，更适用于频繁变工况的车用条件。

为分析方便，将动态效应分为惯性效应与波动效应两类。

3.6.1　进气管的惯性效应

在进气行程前半期，由于活塞下行的吸入作用，气缸内产生负压，新鲜工质从进气管流入。同时传出负压波，经气门、气道沿进气管向外传播，传播速度为声速。当负压波传到稳压室等空腔的开口端时，又从开口端向气缸方向反射回正压波。如果进气管的长度适当，从负压波发出到正压波返回进气门所经历的时间，正好与进气门从开启到关闭所需时间配合，即正压波返回进气门时，正值进气门关闭前夕，从而提高了进气门处的进气压力，以达到增压效果。图 3-22 所示为进气管惯性效应模型，可见它是以稳压室为波节的压力波。若进气管的长度不适合，进气门关闭时，此处压力不是处于波峰，而是在波谷位置，即负压返回时刻，就会降低气缸压力，得到相反的效果。

3.6.2 进气管波动效应

进气门关闭后，进气管的气柱还在继续波动，对各气缸的进气量有影响，这称为波动效应。

进气门关闭时，进气管内流动的空气因急速停止而受到压缩，在进气门处产生正压波，向进气管的开口端（即入口端）传播，图 3-23 所示为单缸机简化的情况。当正压波传到管端时产生反射波，由于边界条件（开口、管外压力不变）的作用，反射波的性质与入射波的性质相反，即为负压波。该波又

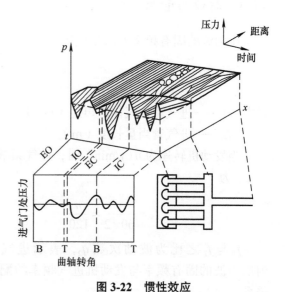

图 3-22 惯性效应

EO—排气门开　IO—进气门开　EC—排气门关
IC—进气门关　B—下止点　T—上止点

向进气门处传播，当它到达进气门处时，若气门尚未打开，则其边界条件为封闭型（速度为 0）。那么气门处反射波的性质与入射波的性质相同，即为负压波。此负压波向进气管的管端传播，在开口端再次反射时反射波为正压波，该波又向进气门处传播。这样周而复始，气波在进气管中来回传播，进气门处的压力也时高时低，形成如图 3-24 所示的压力波动。如果使正压波与下一循环的进气过程重合，就能使进气终了时压力升高，因而提高充气效率。此时如与负压波重合，则气门关闭时压力便会下降，η_v 降低。

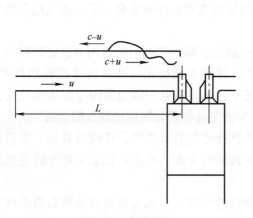

图 3-23 波动效应

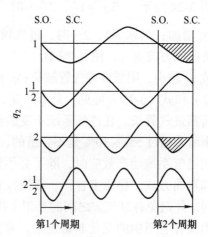

图 3-24 进气管压力波的次数与谐振

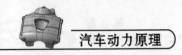

在多缸机中，波动效应模型如图3-25所示。它是由稳压室至开口端为波节的，故由稳压室容积及开口端进气管的长度、管径决定其谐振转速。

3.6.3　转速与管长

压力波的固有频率f_1（1/s）为

$$f_1 = \frac{c}{4L^*}$$

式中　c——进气管内气体的声速（m/s）；

$\quad\quad L^*$——进气管当量长度（m）。

当发动机转速为n（r/min）时，进气频率f_2（1/s）为

$$f_2 = \frac{n}{60 \times 2} = \frac{n}{120}$$

f_1与f_2之比为波动次数q_2，表示进气管内压力波的固有频率与发动机进气频率的配合关系。

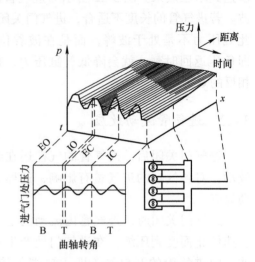

图3-25　四缸机波动效应模型

对惯性效应，发动机进气周期应与压力波半周期相配，即

$$q_1 = \frac{2f_1}{f_2} = \frac{60c}{nL^*} \tag{3-12}$$

对波动效应

$$q_2 = \frac{f_1}{f_2} = \frac{30c}{nL^*} \tag{3-13}$$

如图3-24所示，当$q_2 = 1\frac{1}{2}$，$2\frac{1}{2}$…时，下一次气门开启期间，正好与正的压力波相重合，使η_v增加；当$q_2 = 1$，2…时，进气频率与压力波固有频率重合，下一次气门开启期间正好与负的压力波重合，使η_v减小。

q_1或q_2越小，则需要进气管越长；q_1或q_2越大，则由摩擦引起的压力波衰减越大。由式（3-12）和式（3-13）可见，若q一定，管长与转速成反比，即高转速所需进气管短，低转速所需进气管长。在进气系统不变的情况下，只能选某一转速范围考虑动态效应，其充气效率增大超过5%～10%是不合适的，因为会在其他某处转速出现性能低谷。

利用进气系统动态效应时，除了必须精心选择进气管长度外，还应对管径、管道的截面变化和弯曲方式、稳压室容积、节流位置等做周密考虑。在多缸机上应使各缸进气歧管长度相同，并避免各缸气波之间的互相干扰。

压力波在管道中的变化非常复杂，常根据管道中气体一元非定常流动的数值进行计算和优选方案，再通过试验最后确定进气管的结构尺寸。

3.6.4 排气管动态效应

在排气门打开初期，随着废气大量涌入，在排气门处产生大的正压波并向排气管出口端传播，在出口端又返回负压波。由此可见，排气管内也存在压力波，且排气能量大，废气温度高，故与进气相比，排气压力波的振幅大、传播速度快。若能在排气过程后期，特别是气门叠开期，使排气管的气门端形成稳定的负压，便可减少缸内残余废气和泵气损失，并有利于新气进入气缸。然而，因压力波传播速度快，在实用范围内，需要配以长的管路，应考虑排气管与消声器、排放装置的组合及车体的安装空间。

3.6.5 可变进气管

由前述可知，对进气管的要求是：在高转速、大功率时，应配装粗短的进气管；在中、低速，最大转矩时，应配装细长的进气管。符合此要求的可变进气管基本结构，如图 3-26 所示。在稳压室下游设置转换阀，由转换阀的开和关构成了长短两根进气管。发动机在中、低速区工作时，关闭转换阀，使用长进气管，长进气管内的反射压力波能满足中、低速惯性效应的要求。发动机在高速工作时，打开转换阀，同时使用长短两个进气管，短管内反射压力波能满足高速惯性效应的要求。为了利用波动效应，在短管处有一个由管子和容器组成的中、低速用谐振器，在转换阀关闭的情况下，利用短管反射压力波，增加最大转矩。

图 3-27 所示为里卡多公司设计的可变进气管。它由两种长度的冲压管组成，可旋转件 A 在外壳中转动，图 3-27a 所示为在中、低速时，空气由外侧通道经单独的进气管进入长管，图 3-27b 所示为在高速时，空气由内部通口经双进气管进入短管。

可变进气管使所有转速的转矩均增加，平均可增加 8%，最大转矩可增大 12%～14%。

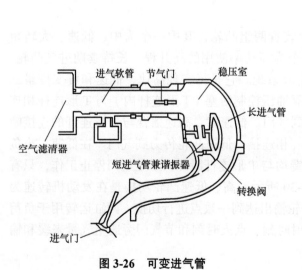

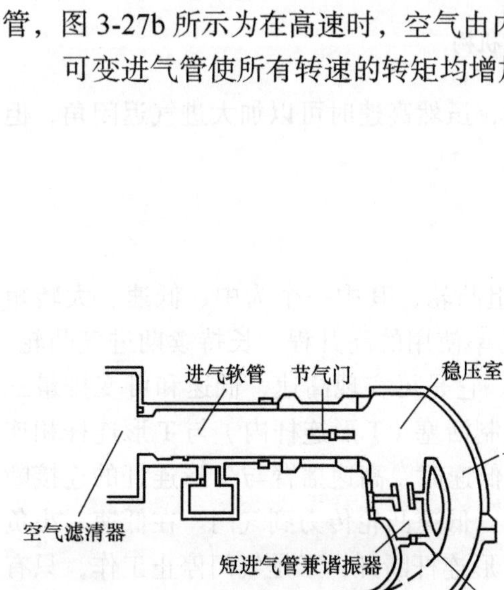

图 3-26 可变进气管

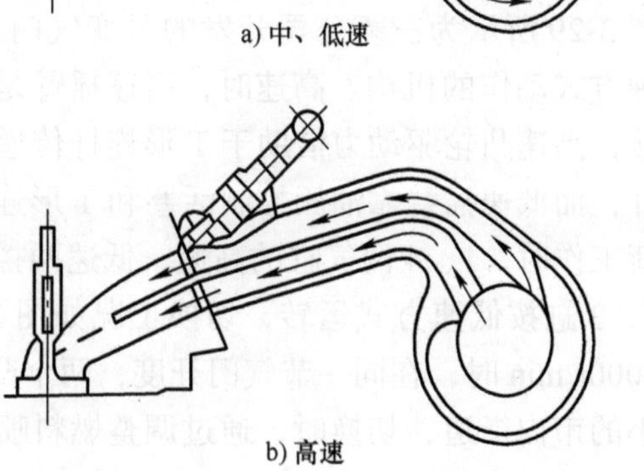

a) 中、低速

b) 高速

图 3-27 双长度、双速可变几何形状进气系统

3.6.6　可变气门定时

四冲程发动机对气门定时的要求是：进气迟闭角与排气提前角应随转速的提高而加大，即低转速时，进、排气门应接近下止点关闭和打开；高转速时，进、排气门应远离下止点关闭和打开；怠速时，气门叠开角要小，随着转速上升，气门叠开角应加大。

目前主要采用两种形式的可变气门定时机构。

1. 凸轮相位可变

这种机构常装置在双顶置凸轮轴的进气凸轮轴上，如图3-28所示。在气缸盖上装有油压切换阀，由计算机控制开关，将油供给可变机构。在油压作用下，具有螺纹花键的活塞便做轴向移动，使传动的正时同步带轮与凸轮轴分开并将凸轮轴转动一个角度，从而改变同步带轮与凸轮的相对位置。一般可转动20°～30°曲轴转角。

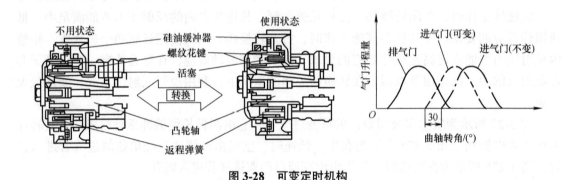

图3-28　可变定时机构

由于这种机构的凸轮型线及进气持续角均不变，虽然高速时可以加大进气迟闭角，但气门叠开角会减小。这是这种可变定时机构的缺点。

2. 进气持续期可变

进气持续期可变的实现是在凸轮轴上装置两组凸轮，其中一个为中、低速、大转矩使用的低升程、短持续期进气凸轮，另一个为高功率使用的高升程、长持续期进气凸轮。图3-29所示为三菱公司开发的可变气门定时系统。它是可实现高速、低速和可变排量三种方式动作的机构。高速时，高速摇臂是靠油压控制活塞（T形连杆内）与T形连杆相连接，高速凸轮驱动力借助于T形连杆传递到气门。低速时，高速摇臂与T形连杆的连接断开，而低速摇臂靠油压控制活塞和T形连杆相连接，低速凸轮传力到气门。在低速、小负荷工作时，1、4两气缸的高速、低速两摇臂均与T形连杆断开，于是气门停止工作，只有2、3缸按低速方式运转，切换工况如图3-30所示。高、低速凸轮切换是在发动机转速为5000r/min时，在同一节气门开度，两个凸轮输出达到一致点进行切换。两缸运转用于负荷小的市内街道，切换时，通过调整燃料喷射时刻、点火时刻和节气门旁通空气量来缓和输出变动，消除振动。

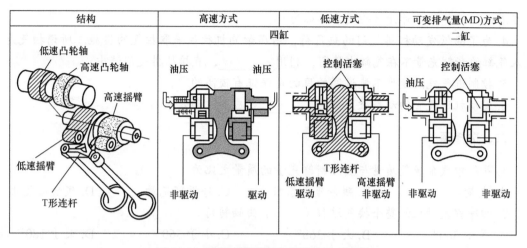

图3-29　进气持续期可变的可变定时机构

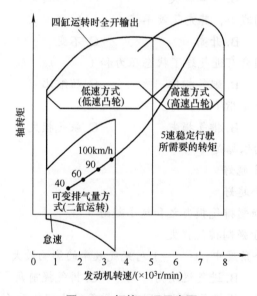

图3-30　切换工况示意图

这种可变气门定时系统可以满足高、低转速对配气定时的不同要求，保证高、低转速良好的性能，但其机构较为复杂。

复习思考题

一、填空题

1.发动机的换气过程是指排出发动机气缸内的已燃废气，并_____的过程。

2.四冲程发动机的换气过程分为_____、强制排气、进气三个阶段。

3.排气门的迟后关闭和进气门的提前开启，使得在上止点附近一定的曲轴转角范围内，存在着进、排气门同时开启的现象，称为_____。

4. 为了降低发动机排气门的热负荷，增压柴油机往往采取扫气的措施。所谓扫气是指进入气缸的新鲜充量不在气缸中停留，利用_____，直接从排气门流出。

5. 控制进气气流速度不能过高的目的是保证有较高的_____。

6. 发动机进气管的动态效应分为_____效应和波动效应两类。

二、选择题

1. 气缸中残余废气质量与实际新鲜充量的质量之比为（   ）。

A. 充量　　　　　　B. 残余废气系数　　　　C. 每循环充量　　　　D. 残余废气比

2. 四冲程发动机的整个换气过程（   ）曲轴转角。

A. 等于360°　　　　B. 大于360°　　　　　C. 小于360°　　　　　D. 大于180°

3. 因为排气门在下止点前提前开启而产生的损失称为（   ）。

A. 传热损失　　　　B. 泄漏损失　　　　　C. 补燃损失　　　　　D. 换气损失

4. 汽油机随着负荷的减小，其充气效率将（   ）。

A. 下降　　　　　　B. 升高　　　　　　　C. 不变　　　　　　　D. 不清楚

5. 影响充气效率的因素有进气终了状态压力和（   ）。

A. 进气终了温度　　B. 配气相位　　　　　C. 压缩比　　　　　　D. 换气损失

6. 发动机的换气损失是指（   ）。

A. 进气损失　　　　B. 排气损失　　　　　C. 泵气损失　　　　　D. 机械损失

7. 选择排气提前角的依据是（   ）。

A. 自由排气损失越小越好

B. 强制排气损失越小越好

C. 自由排气损失和强制排气损失之和越小越好

D. 自由排气损失小于强制排气损失

8. 在配气定时的四个角度中，（   ）对充气效率的影响最大。

A. 进气提前角　　　B. 进气迟闭角　　　　C. 排气提前角　　　　D. 排气迟闭角

9. 同一缸径的发动机，近排气门数相同时，排气门头部断面（   ）进气门的。

A. 大于　　　　　　B. 小于　　　　　　　C. 等于　　　　　　　D. 相当于

10. 为了评价发动机进、排气过程中所消耗的有用功，引入的参数是（   ）。

A. 泵气损失　　　　B. 传热损失　　　　　C. 流动损失　　　　　D. 机械损失

三、简答题

1. 何谓换气过程？四冲程发动机的换气过程可分为哪几个阶段？

2. 什么是自由排气和惯性排气？这两个阶段的长短对发动机性能有何影响？

3. 气门为什么要早开、晚关？留有气门间隙的作用是什么？

4. 什么是发动机的泵气损失？泵气损失由哪些部分组成？

5. 简要说明影响发动机充气效率的因素。

6. 何谓气门重叠？气门重叠角对发动机充量系数有何影响？

7. 简要说明提高发动机充气效率的措施。

8. 说明发动机进气系统中动态效应的原理。当采用可变技术时，随发动机转速的变化，应如何调节进气管的长度？

9. 发动机采用涡轮增压的优点有哪些？

10. 汽油机增压存在的问题有哪些？

第4章 燃料与动力电池技术

[内容及要点]

本章主要内容包括发动机燃料的组成、燃料的性能指标、燃烧热化学及燃烧的基本知识和动力电池技术。

教学目的要求重点掌握汽油机、柴油机的燃料使用特性；了解燃料完全燃烧、不完全燃烧的计算；了解燃烧理论的基本知识；了解动力电池的种类和动力电池的基本性能。

4.1 发动机燃料

燃料是发动机产生动力的来源。可以说发动机的生存与发展、汽油机与柴油机在结构与性能上的差异、对环境的污染等，都与燃料的种类和品质有着密切的关系。

4.1.1 石油中烃的分类及性质

发动机传统的燃料是汽油和柴油，它们都是石油制品。石油的主要成分是碳和氢两种元素，其质量分数约为 97% ~ 98%，其他还有少量的硫、氧、氮等。石油是多种碳氢化合物的混合物，分子式可以写为 C_nH_m，通常称为烃。烃中的碳原子数和分子结构对其性质有重要影响。

1. 碳原子数的影响

根据烃分子中碳原子数的不同，可构成相对分子质量和沸点不同的物质。炼制汽油和柴油最简便的方法就是利用不同的沸点进行分馏，依次得到石油气、汽油、煤油、轻柴油、重油，见表 4-1。

表 4-1 烃分子中碳原子数对理化性质的影响

C 原子数	沸点 /℃	品种	相对分子质量	理化性质的变化趋势					
C_1—C_4	常温	石油气	16 ~ 58	质轻 ↑	易挥发 ↑	黏度增大 ↓	化学安定性变好 ↑	易自燃 ↑	易点燃 ↑
C_5—C_{11}	50 ~ 200	汽油	95 ~ 120						
C_{11}—C_{19}	180 ~ 300	煤油	100 ~ 180						
C_{16}—C_{23}	250 ~ 360	轻柴油	180 ~ 200						
C_{23} 以上	>360	重油	220 ~ 280						

2. 分子的化学结构对性能的影响

在碳氢化合物中，除碳原子数对烃的性能有影响外，分子结构对烃燃料的性能也有很大影响，见表 4-2。

表 4-2　烃分子化学结构分类及对烃性能的影响

分类	分子通式	结构式举例	性能
烷烃	C_nH_{2n+2}	1. 直链 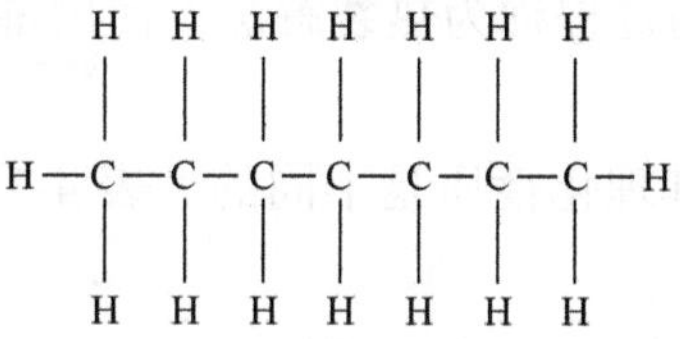 正庚烷C_7H_{16}	正构物呈饱和的开链式结构，碳原子数越多，结构越紧凑。常温下化学性能比较稳定，在高温下易分解，自燃的滞燃期较短，是柴油的良好成分。异构物在高温下较稳定，是抗爆性好的汽油成分
		2. 支链 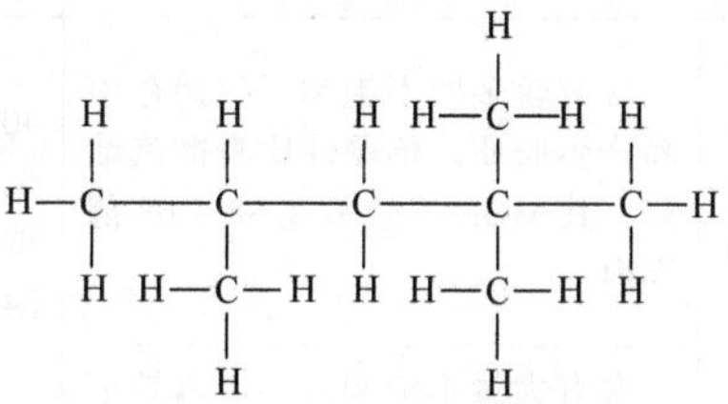 异辛烷(2，2，4-三甲基戊烷)C_8H_{18}	正构物呈饱和的开链式结构，碳原子数越多，结构越紧凑。常温下化学性能比较稳定，在高温下易分解，自燃的滞燃期较短，是柴油的良好成分。异构物在高温下较稳定，是抗爆性好的汽油成分
烯烃	C_nH_{2n}	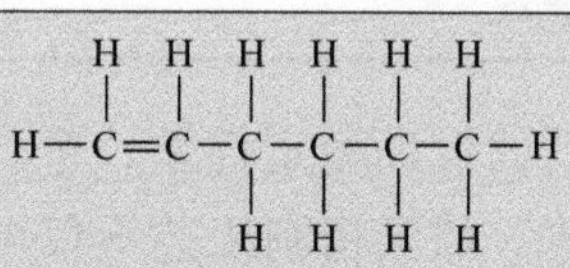 乙烯C_6H_{12}	非饱和开链式结构有一个双键，比烷烃难于自燃，是抗爆性好的汽油成分，但由于不饱和结构常温下化学安全性差，长期储存易氧化生成胶质
环烷烃	C_nH_{2n}	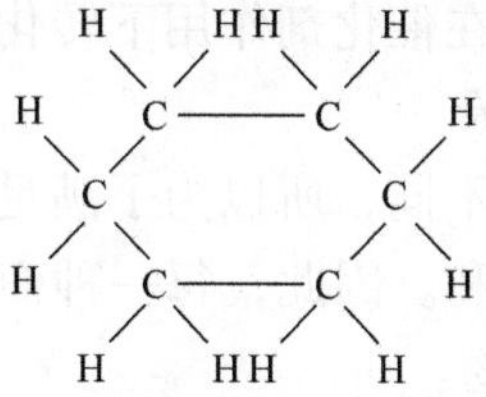 环己烷C_6H_{12}	饱和的环状分子结构，不易分裂，热稳定性和自发火温度均比直链烷烃高，适合作为点燃式汽油机燃料
芳香烃	C_nH_{2n-6}	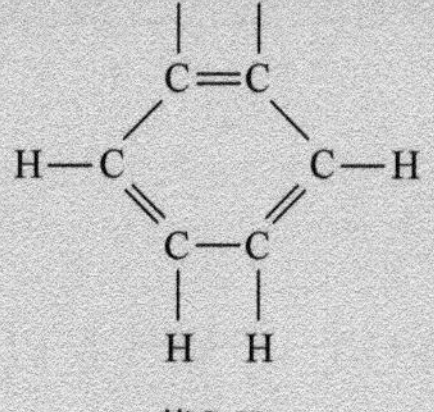 苯C_6H_6 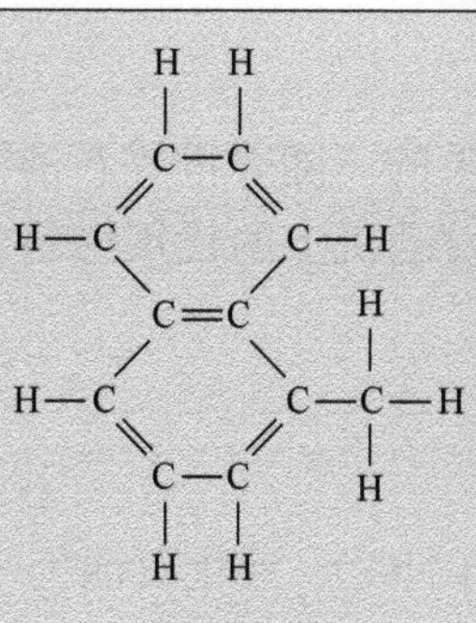 α-甲基萘$C_{11}H_{10}$	基本化合物是苯，所有芳香烃都含有苯基成分，在石油中含量较少，结构坚固，热稳定性比烷烃、烯烃和环烷烃均高，是汽油中良好的抗爆剂

4.1.2 燃料的提炼方法及对燃料性能的影响

从地下开采出来的石油，是由上述多种烃类组成的混合液体。为了取得可用的液体燃料，要将原油加以炼制，其典型的工艺流程有直接蒸馏（简称直馏）、裂解以及催化重整和加氢精制等。直馏法是将原油在炼油塔（分馏塔）中进行加热蒸馏。根据不同的分馏温度得到不同成分的燃油，最终获得的燃油约占原油的 25% ~ 40%。热裂解和催化裂解是将蒸馏后的重油等一些高分子成分通过不同的技术手段裂解为相对分子质量较小成分的过程。其中通过加温加压的方法进行裂解的过程称为热裂解法，使用催化剂进行裂解的过程称为催化裂解法。

不同的炼制工艺得到的燃油，其理化性质是不同的。表 4-3 给出了不同炼制方法对燃油性质的影响。

表 4-3　不同炼制方法对燃油性质的影响

燃油	直馏法	热裂解法	催化裂解法
汽油	稳定性好，体积分数为 90% ~ 95% 的烷烃与环烷烃，芳香烃的体积分数不超过 5% ~ 9%，不含不饱和链状烃，其 MON 辛烷值大致在 50 ~ 70	含有较多的不饱和烃，储存中易产生胶质，抗爆性比直馏汽油好，其 MON 辛烷值在 58 ~ 68 范围内	芳香烃的体积分数为 32% ~ 40%，烷烃的为 50% ~ 60%，环烷烃的为 8% ~ 10%。其品质高，抗爆性好，MON 辛烷值可达 77 ~ 84，RON 可达 90 以上
柴油	含有体积分数为 20% ~ 30% 的芳香烃具有较高的十六烷值	含有大量不饱和烃，十六烷值较低，一般用来做中低速柴油机的燃料	性能较好，可作为高品质柴油使用，用于高速柴油机中

虽然热裂解法工艺简单，但所得到的燃油稳定性差、辛烷值低。为了得到高品质的燃油，可以采用加氢精制或催化重整工艺。加氢精制工艺不仅可以使烯烃变成饱和烃，还具有可以脱碳、脱氮、脱氧以及脱金属等作用，以满足对油品更高的要求。

催化重整工艺使正构烷烃或环烷烃在催化剂作用下转化成异构物烃和芳香烃。副产品氢气还可以作为加氢精制工艺的氢气来源。

由于不同炼制工艺得到的燃油性质不同，所以为了满足发动机对燃油的要求，需把不同炼制工艺的燃油按适当的比例进行调和。因此，每一种商品燃料不仅是多种烃类的混合物，还是各种炼制工艺所得燃油的调和物。

4.1.3 代用燃料及其特性

自然界的石油资源是有限的。随着世界石油储量日益减少，在发动机上使用代用燃料的趋势正在加速。目前用于发动机上的代用燃料主要有天然气、醇类燃料、生物柴油以及氢气等。

1. 气体燃料

气体燃料主要有天然气（NG）、液化石油气（LPG）。天然气是以自由状态或与石油共存于自然界中的可燃气体，主要成分是甲烷。液化石油气是天然石油气或石油炼制过程中产生的石油气，主要成分是丙烷、丙烯、丁烷、丁烯及其异构物。在车辆上应用最多的气体燃料是天然气。近年来天然气燃料发展最快，已成为第三大支柱性能源。天然气用于汽车发动机中一般有两种形式：一种是压缩天然气（CNG），通常以 20MPa 的压力压缩储存于高压气瓶中；另一种是液化天然气（LNG），将天然气以 −162℃ 低温液化储存于隔热的液化气罐。与压缩天然气相比，液化天然气具有能量密度高、储运性好（液态密度为常态下气体密度的 600 倍）、行驶距离长等优点，但需要极低温技术且成本较高。常用液体和气体燃料的理化性质见表 4-4。

表 4-4　常用液体和气体燃料的理化性质

项目		天然气（NC）	液化石油气（LPG）	甲醇	乙醇	汽油	轻柴油
来源		以自由状态存于油气田中，以 20MPa 压力压缩储存为压缩天然气（CNG），在 −162℃ 以下隔热状态呈液态保存为液化天然气（LNG）	在石油炼制过程中产生的液化气体	由 CO 和 H_2 化学合成	植物淀粉物质发酵蒸馏	石油炼制产品	石油炼制产品
分子式		含 C_1—C_3 的 HC，主要成分是 CH_4	含 C_3—C_4 的 HC，主要成分是 C_3H_8	CH_3COH	C_2H_5OH	含 C_5—C_{11} 的 HC	含 C_{15}—C_{23} 的 HC
质量分数	WC	0.75	0.818	0.375	0.522	0.855	0.87
	WH	0.25	0.182	0.125	0.130	0.145	0.126
	WO	—	—	0.50	0.348	—	0.004
相对分子质量		16	44	32	46	114	170
液态密度 /（kg/L）		0.42	0.54	0.78	0.80	0.70～0.75	0.82～0.88
沸点 /℃		−161.5	−42.1	64.4	78.3	25～220	160～360
蒸发热 /（kJ/kg）		510	426	1100	862	334	—
理论空气量	kg/kg	17.4	15.8	6.52	9.05	14.9	14.5
	m^3/kg	13.33	12.12	5	6.95	11.54	11.22
	kmol/kg	0.595	0.541	0.223	0.310	0.515	0.50
自燃温度 /℃		632	504	500	420	220～250	—
闪点 /℃		−162 以下	−73.3	10～11	9～23	−45	50～65
燃料低热值 /（kJ/kg）		50050	46390	20260	27000	44000	42500
混合气热值 /（kJ/m^3）		3230	3490	3557	3660	3750	3750
辛烷值	RON	130	96～111	110	106	90～106	—
	MON	120～130	89～96	92	80	81～89	—
蒸气压 /kPa		不能测定	1274	30.4	15.3	49～83	—

天然气燃料具有如下优点：

1）天然气的主要成分是甲烷，CO 排放量少，未燃 HC 成分引起的光化学反应低，燃料中几乎不含硫的成分。

2）辛烷值高达 130，可采用高压缩比，获得高热效率。

3）天然气燃料的着火界限范围宽，稀薄燃烧特性优越，所以可在广泛的运转范围内降低 NO_x 生成。

4）由于天然气燃料是气体燃料，低温起动及低温运转性能良好。

但是天然气燃料存在以下缺点：

1）常温常压下是气体，储运性能比液体燃料差，一次充气可行驶距离短。

2）由于储气压一般达 20MPa，使燃料容器加重。

3）由于呈气态吸入气缸，使发动机体积效率降低。与液体燃料相比，单位体积的混合气热值低，所以功率降低 10% 以上。

天然气作为一种车用燃料，其价格低廉，而且可以使汽车的有害物排放量降低，所以在城市公交车和出租车中得到了广泛应用。

2. 醇类燃料

醇类燃料主要指甲醇和乙醇，甲醇可以从天然气、煤、生物质等原料中提取。而乙醇可以从含淀粉和糖的农作物中制取，其原料来源广泛，并且可以再生。醇类燃料有较好的燃料特性，能满足汽车对燃料的基本要求，具有以下特点：

1）醇类燃料热值低，但醇中含氧量大，所需理论空气量比汽油少，所以两者混合气热值差不多，从而保证发动机的动力性能不降低。

2）醇的汽化热是汽油的 3 倍左右，燃料蒸发汽化可以促使进气温度进一步降低，增加充气量，但是冷起动困难，需要预热。

3）醇的辛烷值高，抗爆性能好，对提高压缩比有利。

4）醇的沸点低，产生气阻的倾向比汽油大。

5）甲醇对视神经有损伤作用，有一定的毒性，在储运及使用中要注意安全。另外，甲醇对金属有一定的腐蚀作用，应采用防腐蚀措施。由于乙醇没有毒性，美国、巴西、中国已经把乙醇加入到汽油中，构成了汽油醇混合燃料而广泛应用。

3. 生物柴油

生物柴油是由动物脂肪或植物油通过酯化反应而得到的长链脂肪酸甲（乙）酯组成的新型燃料，具有与石油柴油相近的性质，见表 4-5。生物柴油主要有以下特点：

1）优良的环保性。含硫量低，不含芳香烃，不增加大气中 CO_2 排放（光合作用自然循环）。

2）良好的燃料性能。十六烷值高，燃烧性能好，润滑性能好。

3）较好的安全性。闪点高，可溶解，对土地和水的污染小，可大大减轻意外泄漏时对环境的污染。

4）可再生，资源不会枯竭。

5）能与石油柴油以任何比例相溶，柴油机不需改动即可与柴油混烧或纯烧生物柴油，可直接应用现有的柴油机供油系统和加油站系统。

生物柴油作为柴油机的替代燃料，已在欧洲、美国和中国得到了应用。

表 4-5　生物柴油与柴油、汽油主要性质参数的对比

性质	D2 柴油	生物柴油	汽油
分子式	C_{10}—C_{21}	随油类与脂类而异	C_4—C_9
沸点 /℃	188 ~ 343	182 ~ 238	222 ~ 266
37.8℃下雷氏蒸气压 /kPa	< 1.37	—	55 ~ 103
十六烷值	40 ~ 55	> 48	13 ~ 17
自燃温度 /℃	316	—	257
理论空燃比（质量比）	15.0	13.8	14.5
着火上限（体积分数）（%），浓	7.6	—	6.0
着火下限（体积分数）（%），稀	1.4	—	1.0
低热值 /（MJ/kg）	43.05	38.39	43.05
动力黏度 /cP[①]	40（20℃）	3.5（37.8℃）	3.4（20℃）
15.6℃相对密度	0.86	0.880	0.750
密度 /（g/mL）	0.848	0.878	0.747

① 1cP = 10^{-3}Pa · s。

4.2　燃料的使用特性

燃料的特性对发动机的功率输出、燃油消耗及可靠性和排放性能均有较大的影响，同时不同发动机对燃料的要求也是不同的。下面分别介绍我国现行的柴油和汽油的规格及使用特性。

4.2.1　柴油

柴油主要用于各类柴油机中，其中轻柴油用于高速柴油机，重柴油用于中、低速柴油机。轻柴油的牌号是按凝点命名的，对应不同的凝点，10℃、5℃、0℃、-10℃、-20℃、-35℃和 -50℃，分别称为 10 号、5 号、0 号、-10 号、-20 号、-35 号和 -50 号柴油。凝点是指柴油失去流动性开始凝结的温度。选用柴油时，应按最低环境温度高出凝点 5℃以上，即 -20 号柴油是用于最低环境温度为 -15℃的场合。

柴油的理化性能指标很多，但对车用燃油而言，其常用的主要使用性能指标有以下几项。

1. 十六烷值

十六烷值是评定柴油自燃性好坏的指标。它与柴油机的起动性和工作粗暴性有密切的

关系。对于自燃性好的燃料，着火延迟期短。在着火延迟期内，气缸中形成的可燃混合气量少，着火后缸内压力升高率低、工作柔和。而且，对于自燃性好的燃料，冷起动性亦随之改善。

测定柴油的十六烷值时，需要在特殊的单缸试验机上按照规定的条件对待测柴油和标准燃料的自燃性进行对比试验。所谓标准燃料，是由十六烷和 α-甲基萘按不同的比例混合而成。由于十六烷容易自燃，所以规定它的十六烷值为 100。而 α-甲基萘不容易自燃，所以规定其十六烷值为 0。标准燃料的自燃性可用其中十六烷的不同含量来调节。当被测柴油的自燃性与所配置的标准燃料的自燃性相同时，标准燃料中十六烷的体积分数就被定义为该种柴油的十六烷值。

柴油的十六烷值与燃料的分子结构及相对分子质量均有着密切的关系，图 4-1 所示为燃料的不同分子结构对十六烷值和自燃性的影响。由此可见，十六烷值可以通过选择原油种类、炼制方法以及添加剂予以控制。一般直链烷烃比环烷烃的十六烷值高，在直链烷烃中，相对分子质量越大（C 原子数越多），十六烷值越高。因此，尽管燃料的十六烷值高，对于缩短着火延迟期及改善冷起动性均有利。但十六烷值过大，将带来燃料相对分子质量加大，使燃油的蒸发性变差以及黏度增加，导致排气冒烟加剧，同时燃料经济性也下降。有关试验表明十六烷值由 55 增加到 75 时，燃油消耗率增加 7～8g/（kW·h）。因此，我国对车用柴油的十六烷值一般规定在 40～55 之间。

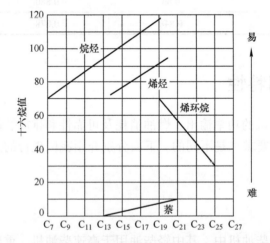

图 4-1　燃料的不同分子结构对十六烷值和自燃性的影响

2. 馏程

馏程是评价柴油蒸发性能的主要指标，可用一定体积（如 100mL）的燃油馏出某一体积百分比时的温度范围来表示，常用 50% 馏出温度和 90% 馏出温度或 95% 馏出温度来表示。

50% 馏出温度表示柴油的平均蒸发性。50% 馏出温度低，说明柴油中轻馏分含量多，蒸发快，有利于混合气的形成。50% 馏出温度主要影响柴油机的暖机性能、加速性和工作稳定性。

90% 馏出温度和 95% 馏出温度标志着柴油中难以蒸发的重馏分（重质成分）的含量，其直接影响燃料能否及时完全燃烧。如果重馏分过多，在高速柴油机中燃料来不及蒸发以形成可燃混合气，则不容易进行及时完全燃烧，且易排气冒烟。因此，高速柴油机常使用轻馏分柴油。但是馏分太轻，50% 馏出温度也低，大部分轻馏分容易蒸发，从而在着火前形成大量的可燃混合气，一旦着火，所形成的可燃混合气同时燃烧，使压力升高率过大，造成柴油机工作粗暴。

3. 黏度

黏度表示燃料分子间的内聚力大小，表现为抵抗分子间相对运动的能力，表示柴油流动性的好坏，它直接影响柴油机喷射系统的喷雾质量。当其他条件相同时，黏度越大，雾化后油滴的平均直径也越大，使得燃油与空气不易混合，造成柴油机的燃油消耗率增加，排气冒烟。此外，黏度还影响供油系统中喷油器等偶件的润滑性。柴油机的黏度常用动力黏度和运动黏度表示。

动力黏度是指当液体流动的速度梯度等于 1 时，单位面积上的内摩擦力的大小，用 μ 表示。在 SI 单位制中其单位是 Pa·s 或 mPa·s。

运动黏度是指动力黏度与同温下密度的比值，用 ν 表示，即 $\nu = \mu/\rho$，单位为 m^2/s，轻柴油在 20℃时 $\nu = (2.5 \sim 8) \times 10^{-6} m^2/s$。

4. 凝点

凝点表示柴油失去流动性而开始凝固的温度，主要用于评定柴油的低温流动性。因此，对应不同的环境温度，应采用不同凝点的柴油。

5. 热值

热值是指 1kg 燃料完全燃烧所释放的热量，表示燃料所具有的做功能力。热值越大的燃料，其单位燃料完全燃烧所能放出的能量越大。因此，在相同的燃烧条件下，燃料所能转换的机械能越多，做功能力就越强。柴油机上燃料燃烧后排出废气时，水以水蒸气状态排出，其汽化热不能被有效利用，因而柴油的热值采用低热值，即 $h_\mu = 42700kJ/kg$。

柴油除了具有上述主要使用性能指标以外，还有与柴油储、运、使用有关的指标，如闪点、凝点、冷滤点；与柴油机磨损、腐蚀等有关的指标，如机械杂质、水分、灰分、含硫量、酸度、残碳等，具体选用时须兼顾这些性能指标。

4.2.2 汽油

我国国产车用汽油（Ⅳ）的技术要求和试验方法见表 4-6。影响汽油机使用性能的主要指标有抗爆性和馏程。

1. 抗爆性

汽油的抗爆性常用辛烷值来评价。在汽油机的燃烧过程中，可能出现一种不正常的自燃现象，称为爆燃。燃油的品质是影响汽油机爆燃的重要因素之一。汽油的辛烷值越高，则其抗爆燃的能力就越强。我国国产汽油的牌号是用研究法辛烷值来命名的。

表 4-6　车用汽油（Ⅳ）的技术要求和试验方法（摘自 GB 17930—2016）

项目		质量指标			试验方法
		90	93	97	
抗爆性：					GB/T 5487
研究法辛烷值（RON）	不小于	90	93	97	
抗爆指数（RON+MON）/2	不小于	85	88	报告	GB/T 503、GB/T 5487
铅含量[①]/（g/L）	不大于	0.005			GB/T 8020
馏程：					
10% 蒸发温度 /℃	不高于	70			
50% 蒸发温度 /℃	不高于	120			
90% 蒸发温度 /℃	不高于	190			GB/T 6536
终馏点 /℃	不高于	205			
残留量（体积分数）（%）	不大于	2			
蒸气压[②]/kPa：					
11 月 1 日～4 月 30 日		42～85			GB/T 8017
5 月 1 日～10 月 31 日		40～68			
胶质含量 /（mg/100mL）：					
未洗胶质含量（加入清净剂前）	不大于	30			
溶剂洗胶质含量	不大于	5			
诱导期 /min	不小于	480			GB/T 8018
硫含量[③]/（mg/kg）	不大于	50			SH/T 0689
硫醇（满足下列指标之一，即判断为合格）：					NB/SH/T 0174
博士试验		通过			
硫醇硫含量（质量分数）（%）	不大于	0.001			GB/T 1792
铜片腐蚀（50℃，3h）（级）	不大于	1			GB/T 5096
水溶性酸或碱		无			GB/T 259
机械杂质及水分[④]		无			目测[④]
苯含量[⑤]（体积分数）（%）	不大于	1			SH/T 0713
芳烃含量[⑥]（体积分数）（%）	不大于	40			GB/T 11132
烯烃含量[⑥]（体积分数）（%）	不大于	28			GB/T 11132
氧含量（质量分数）（%）	不大于	2.7			NB/SH/T 0663
甲醇含量[⑦]（质量分数）（%）	不大于	0.3			NB/SH/T 0663
锰含量[⑧]/（g/L）	不大于	0.008			SH/T 0711
铁含量[①]/（g/L）	不大于	0.01			SH/T 0712

① 车用汽油中，不得人为加入甲醇以及含铅含铁的添加剂。

② 也可采用 SH/T 0794 进行测定，在有异议时，以 GB/T 8017 方法为准。换季时，加油站允许有 15 天的置换期。

③ 也可采用 GB/T 11140、SH/T 0253、ASTM D7039 进行测定，在有异议时，以 SH/T 0689 方法为准。

④ 将试样注入 100mL 玻璃量筒中观察，应当透明，没有悬浮和沉降的机械杂质和水分。在有异议时，以 GB/T 511 和 GB/T 260 方法为准。

⑤ 也可采用 SH/T 0693 进行测定，在有异议时，以 SH/T 0713 方法为准。

⑥ 对于 97 号车用汽油，在烯烃、芳烃总含量控制不变的前提下，可允许芳烃的最大值为 42%（体积分数）。也可采用 NB/SH/T 0741 进行测定，在有异议时，以 GB/T 11132 方法为准。

⑦ 也可采用 SH/T 0720 进行测定，在有异议时，以 NB/SH/T 0663 方法为准。

⑧ 锰含量是指汽油中以甲基环戊二烯三羰基锰形式存在的总锰含量，不得加入其他类型的含锰添加剂。

测定汽油的辛烷值是在专门的试验机上进行。测定时，用标准燃料 [容易爆燃的正庚烷（令其辛烷值为 0）和抗爆性好的异辛烷（令其辛烷值为 100）按不同比例混合而成] 与待测汽油进行抗爆性的对比试验。在相同试验条件下的专用试验机上，当标准燃料与待测汽油的抗爆程度相同时，则标准燃料中异辛烷的体积分数就定义为待测汽油的辛烷值。评定车用汽油的抗爆性可采用两种试验工况，分别称为马达法与研究法，这两种方法的试验条件见表 4-7。

表 4-7　测定辛烷值时的试验条件

条件	方法	
	马达法（MON）	研究法（RON）
转速 / (r/min)	900 ± 9	600 ± 6
吸入空气的温度 /℃	38 ± 14	51.7
湿度 / (g/kg)	3.5 ~ 7	3.5 ~ 7
可燃混合气温度 /℃	149 ~ 150	混合气不预热
点火提前角	可变化	不变，15°（CA）
压缩比	4 ~ 10	4 ~ 10
冷却液温度 /℃	100 ± 1.5	100 ± 1.5
润滑油（100℃）运动黏度 / (m²/s)	$(9.3 ~ 12.5) \times 10^{-6}$	$(9.3 ~ 12.5) \times 10^{-6}$
油压 / kPa	$(1.8 ~ 2.1) \times 10^{2}$	$(1.8 ~ 2.1) \times 10^{2}$
油温 /℃	57 ± 8.5	57 ± 8.5
火花塞间隙 /mm	0.508	0.508
空燃比	调整到爆燃最强	调整到爆燃最强

马达法规定的试验转速及混合气温度比研究法规定的高，所以用马达法测出的辛烷值比研究法测出的辛烷值低，两者的差值称为燃料的灵敏度 S_a，即 $S_a = RON - MON$，表示燃料对工况的敏感性和适应能力。

由于汽车在实际使用中，发动机的工作情况有别于实验室内辛烷值的测定情况，因此提出了道路辛烷值的概念。即用不同辛烷值的标准燃料与待测汽油，在汽车行驶过程中进行抗爆性的对比试验。当汽车节气门全开并加速时，用不同辛烷值的标准燃料测出开始出现轻微爆燃时的点火提前角，画出产生爆燃时的点火提前角随标准燃料辛烷值的变化曲线，如图 4-2 所示。然后，再用待测汽油进行同样的试验，测出产生轻微爆燃的点火提前

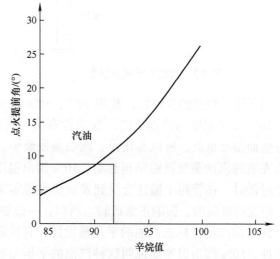

图 4-2　产生爆燃时点火提前角随标准燃料辛烷值的变化关系

角。在曲线图上查出爆燃程度相同的点火提前角所对应的辛烷值，即为待测汽油的道路辛烷值。

汽油辛烷值的大小主要取决于汽油的组成成分、炼制方法以及添加剂等。根据燃料的化学结构，辛烷值的高低顺序依次为烷烃＜烯烃＜环烷烃＜芳香烃。为了提高汽油的辛烷值，常使用抗爆添加剂，常用的抗爆添加剂有甲基叔丁基醚（MTBE）、乙基叔丁基醚（ETBE）、乙醇（Ethanol）、甲级叔丁基醚（TAME）等。

2. 馏程和蒸气压

馏程和蒸气压是评价汽油蒸发性的重要指标。汽油及其他石油制品是多种烃类的混合物，没有一定的沸点。随着温度的升高，烃类混合物按照馏分由轻到重逐次沸腾。汽油馏出温度的范围称为馏程。汽油馏程可用如图 4-3 所示的蒸馏仪测定。将 100mL 试验燃料放在烧瓶中，加热产生蒸气，经冷凝器冷却燃料蒸气使其凝结，并滴入量筒内。将第一滴凝结的燃料流入量筒时的温度称为初馏点。随着温度的升高，依次测出对应蒸馏量的馏出温度，由此绘出馏出一定蒸馏量所对应的温度随相对蒸发量的变化曲线，即如图 4-4 所示的蒸馏曲线。

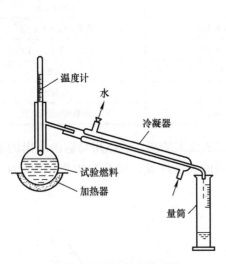

图 4-3　汽油蒸馏试验装置

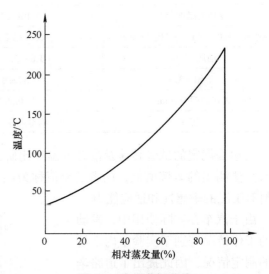

图 4-4　汽油蒸馏曲线

为了评价汽油的挥发性，常用 10%、50% 和 90% 等几个特殊的馏出温度作为代表。

10% 馏出温度与汽油机的冷起动性有关。汽油机冷起动时，转速和空气流速都很低、而且壁面温度也低，所以雾化差，汽油蒸发量少。因此，一般供给浓混合气，只要其中有 10% 左右的汽油蒸发就能顺利起动。10% 馏出温度越低，汽油机的冷起动性越好。但是此温度过低时，在管路中输送会受到发动机高温零部件的加热而变成蒸气，进而形成气阻现象，使发动机断油，影响正常运转。所以，一般要求 10% 馏出温度小于 70℃。

50% 馏出温度标志汽油的平均蒸发性，直接影响发动机的暖车时间、加速性以及工作稳定性。50% 馏出温度低说明这种汽油的平均蒸发性好，在较低温度下可以有大量的燃料挥发并与空气混合，这样可以缩短暖车时间，而且从低负荷向高负荷过渡时，能够及时地供给所需的可燃混合气量。我国的国家标准要求 50% 馏出温度小于 120℃。

90% 馏出温度标志燃料中含有难于挥发的重馏分的数量。当 90% 馏出温度过高时，说明燃料中含有较多的重质成分，在气缸中不易挥发而附在气缸壁上，燃烧时容易产生积炭，或者沿着气缸壁流入油底壳而稀释润滑油。同时不易完全燃烧，影响燃烧效率。我国的国家标准要求 90% 馏出温度小于 190℃。

此外，饱和蒸气压的大小也反映了汽油蒸发性的好坏，用来标志抵抗产生气阻现象的能力。

4.2.3　汽油、柴油性能的差异对发动机性能的影响

发动机的发展演变过程与燃料工业的发展密切相关。发动机发展初期以煤气为燃料，因为在 19 世纪中叶，欧洲各大城市使用煤气照明，煤气是当时比较容易得到的能源。随着石油工业的发展，出现了热值比煤气高，而且蒸发性也很强的石油燃料——汽油。1886 年，戴姆勒发明了汽油机，燃用石油的轻馏分（40 ~ 200℃），使汽油得到了广泛的应用。1897 年，狄塞尔发明了柴油机，燃用石油的中间馏分（180 ~ 360℃），为石油中间馏分的使用创造了广阔的前景。随着发动机的发展，石油的身价快速提高，开采量和加工量也飞速提高，加工工艺也不断优化和改进。为了增加汽油和柴油的产量，1913 年，Bunton 发明了热裂装置，从重油中生产汽油和柴油。以后又陆续地出现了催化裂解、加氢裂化、催化重整等许多工艺来满足发动机对燃料的需求。

汽油和柴油性质上的差异是造成汽油机与柴油机在混合气形成与燃烧方式上不同的主要原因。

1. 混合气形成和负荷调整方法的不同

与柴油相比，汽油挥发性强（从 40℃开始至 200℃左右蒸发完毕），因而可在较低温度下以较充裕的时间在气缸外部进气管中形成均匀的混合气。通过节气门开度控制进入气缸的混合气量，而混合气的热值基本不变（因混合气含量基本保持不变），由此调节汽油机的功率输出，这种负荷的调节方法称为"量调节"。

而柴油的蒸发性差（180℃开始馏出至 350℃结束），黏性比较好，不易在低温下形成混合气。所以，用喷油泵和喷油器的形式以高压直接向气缸内喷油，使柴油强制雾化后再与燃烧室内一定量的空气形成混合气。对于柴油机，吸入气缸的空气量基本保持不变，而通过喷油量的调节，改变混合气的热值，由此控制柴油机的功率输出，这种负荷的调节方法称为"质调节"。

2. 着火和燃烧方式的不同

汽油的自燃温度高，但点燃温度低，即汽油蒸气在外部引火条件下即使环境温度较低也很容易着火。因而其着火方式不适宜压燃，而采用利用外部能源（点火系）在特定的局部地区进行点燃的方式。点火后，以火焰传播方式点燃燃烧室内的均匀混合气。因此，这种燃烧方式的放热规律取决于火焰传播速度。为了防止火焰传播过程中燃烧室内末端混合

气的自燃而引起爆燃，汽油机的压缩比不宜过高。

对于柴油，则利用其自燃点低的特点，采用压缩自燃的方式。为了可靠自燃，压缩比不宜过低，且在接近压缩上止点时直接向气缸内喷入燃油。这种燃烧方式，混合气形成时间短，且极不均匀，常伴随边喷边燃烧现象。因此燃烧过程也包括预混合燃烧和扩散燃烧两个过程，即开始喷射的燃料在气缸内高温高压空气的作用下预混合燃烧，而后续喷射的燃料则在已燃气体、空气和燃料之间相对扩散过程中，边混合边燃烧，因而燃烧时间较长。这种燃烧方式的放热规律主要取决于燃料的喷射规律和扩散燃烧速度。

4.3 燃烧热化学

不管燃烧过程多么复杂，其本质就是燃料与空气中的氧气通过氧化反应而放热的过程。作为发动机燃料的石油产品，其主要成分是碳氢化合物，对已知的燃料，其各元素的含量可以测得，同时空气中氧和氮的比例又是一定的。因此，通过化学反应机理，可分析燃烧过程中有关燃料、空气及其产物的一些化学当量关系，为发动机的设计及调试提供依据。

4.3.1 1kg 燃料完全燃烧所需的理论空气量

燃料中的主要成分是碳（C）、氢（H）和氧（O），其他成分含量很少，计算时可以忽略不计。

若以质量分数表示 1kg 燃料中各元素的含量，则有

$$W_C + W_H + W_O = 1 \tag{4-1}$$

式中 W_C、W_H、W_O——1kg 燃料中 C、H、O 的质量分数。

另外，空气中的主要成分是氧气（O_2）和氮气（N_2）。按体积分数计，O_2 约为 21%，N_2 约为 79%。按质量分数计，O_2 约为 23%，N_2 约为 77%。

燃料中的 C 和 H 完全燃烧时，其化学反应方程式分别为

$$C + O_2 = CO_2 \tag{4-2}$$

$$H_2 + \frac{1}{2}O_2 = H_2O \tag{4-3}$$

按照化学反应的当量关系，可求出 1kg 燃料完全燃烧时所需的理论空气量。

$L_0(kmol/kg)$ $$L_0 = \frac{1}{0.21}\left(\frac{W_C}{12} + \frac{W_H}{4} - \frac{W_O}{32}\right) \tag{4-4}$$

$L_0'(kg/kg)$ $$L_0' = \frac{1}{0.23}\left(\frac{8}{3}W_C + 8W_H - W_O\right) \tag{4-5}$$

$L_0''(m^3/kg)$ $$L_0'' = \frac{22.4}{0.21}\left(\frac{W_C}{12} + \frac{W_H}{4} - \frac{W_O}{32}\right) \tag{4-6}$$

主要燃料的质量分数及理论空气量见表 4-4。

4.3.2 过量空气系数

在发动机工作中，实际供给的空气量往往并不等于理论空气量。燃烧 1kg 燃料实际供给的空气量 L 与理论上所需要的空气量 L_0 之比，称为过量空气系数 α。

$$\alpha = \frac{L}{L_0} \tag{4-7}$$

当 $\alpha = 1$ 时称为理论混合气；当 $\alpha > 1$ 时称为稀混合气；而当 $\alpha < 1$ 时称为浓混合气。

过量空气系数 α 与发动机的类型、混合气的形成方式、发动机的工况（负荷与转速）及功率的调节方法等因素有关。

汽油机燃烧时所用的混合气可以认为是预先混合好的均匀混合气，混合比只在狭小的范围内变化（$\alpha = 0.8 \sim 1.2$）。发动机的输出功率依靠节气门调节进入气缸的混合气数量来调节，即称这种负荷调节方式为量调节。当负荷变化时，如图 4-5 所示，α 略有变化。

柴油机工作时，进入气缸的空气量基本不变，其功率输出依靠调节喷入气缸的油量来调节，即质调节。由于这种负荷调节方式 α 的变化范围很大，混合气形成很不均匀，所以 α 总是大于 1。一般车用高速柴油机全负荷时 $\alpha = 1.2 \sim 1.6$，增压柴油机 $\alpha = 1.8 \sim 2.2$。

混合气的成分也可直接用燃烧时的空气量与燃料量的比值，即空燃比 A/F 表示，即

$$空燃比\ A/F = \frac{空气量}{燃料量} = \frac{燃料量 \times \alpha L_0'}{燃料量} = \alpha L_0' \tag{4-8}$$

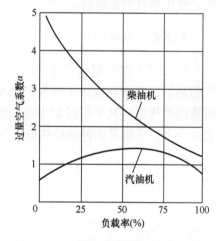

图 4-5 过量空气系数与负荷的关系

4.3.3 $\alpha > 1$ 时完全燃烧的产物及数量

1. 燃烧前混合气的数量

对于汽油机，燃烧前新鲜混合气主要由空气和燃料蒸气组成。若燃料的相对分子质量为 M_T，则 1kg 燃料所形成的混合气量 m_1（kmol/kg 燃料）为

$$m_1 = \alpha L_0 + \frac{1}{M_T} \tag{4-9}$$

对于柴油机，压缩终了时向气缸内喷入液态燃料，其体积不及空气的 1/10000，可忽略不计，认为燃烧前气缸内是纯空气，即

$$m_1 = \alpha L_0 \tag{4-10}$$

2. 燃烧产物的数量

在 $\alpha > 1$ 的情况下，完全燃烧时的产物是由 CO_2、H_2O、剩余的 O_2 以及未参加反应的空气中的 N_2 组成。根据化学反应方程式，由式（4-11）可以求出燃烧产物的总数量 m_2（kmol/kg）燃料，即

$$m_2 = \alpha L_0 + \frac{W_H}{4} + \frac{W_O}{32} \qquad （4-11）$$

4.3.4 燃料热值与混合气热值

1. 燃料的热值

1kg 燃料完全燃烧所放出的热量，称为燃料的热值。

在高温的燃烧产物中，水以水蒸气状态存在时，水的汽化热不能利用，待温度降低后，水的汽化热才能释放出来。因此，水凝结后计入水的汽化热的热值称为高热值。在高温下不计入水的汽化热的热值称为低热值。发动机排气温度较高，水的汽化热不能利用，因此使用燃料的低热值。

2. 混合气的热值

当气缸工作容积和进气条件一定时，每循环对工质的加热量取决于单位体积可燃混合气的热值，而不是取决于燃料的热值。即混合气的热值被定义为单位混合气量完全燃烧时所放出的热量，其单位以 kJ/kmol 或 kJ/m³ 计。当 1kg 燃料形成的可燃混合气的数量为 m_1，它所产生的热量是燃料的低热值 h_μ。因此，单位数量可燃混合气的热值 Q_{mix}（kJ/kmol）为

$$Q_{mix} = \frac{h_\mu}{m_1} = \frac{h_\mu}{\alpha L_0 + \dfrac{1}{M_T}} \qquad （4-12）$$

当 $\alpha = 1$ 时，燃料与空气所形成的可燃混合气的热值称为理论混合气热值，各主要燃料的混合气热值见表 4-4。

4.4 燃烧的基本知识

一般燃料的燃烧过程，都可分为着火和燃烧两个阶段。着火阶段是燃烧的准备过程。在这一阶段内燃料受到混合气中氧气的氧化作用，进行明显燃烧前的化学准备过程。在此期间，因氧化放热反应所产生的热逐渐积累起来，最终可能导致自燃，自燃是氧化反应加快的结果，它能够使过程转入到第二阶段，即燃烧。

4.4.1 着火理论

1. 着火热理论

设有一容器，其中充满燃料与空气的混合气。若加热这个容器时，由于气体分子受热后其运动能量增加，燃料分子与氧分子之间相互碰撞的概率也增加，因此促进化学反应的进行。此时，并不是所有分子间的相互碰撞都能够进行化学反应，只有那些能量大于反应活化能 E 的活化分子相互碰撞时才能打破分子的化学键而产生化学反应。令容器中的总分子数为 M，而具有超过活化能 E 的活化分子数为 M^*，按照能量分配定律，可以得出活化分子数 M^* 占总分子数 M 的比例关系式为

$$\frac{M^*}{M} = e^{-\frac{E}{RT}} \tag{4-13}$$

式中　R——气体常数 $[\text{J}/(\text{kmol} \cdot \text{K})]$；

E——活化能 $[\text{J}/(\text{kmol})]$；

T——热力学温度（K）。

由式（4-13）中可以看出，当 T 增加时，活化分子所占比例也增加，因此化学反应速率加快。这里，定义反应速率 v 为单位时间内单位体积中出现的氧化产物的分子数，则 v 与 M^*/M 成比例，即

$$v = C_1 \frac{M^*}{M} = C_1 e^{-\frac{E}{RT}} \tag{4-14}$$

式中　C_1——与反应物的反应常数和容器内的气体压力有关的系数。

燃料因氧化反应而放出热量，放热度与氧化反应速度成比例。若单位时间内氧化反应而放出的热量为 $\mathrm{d}q_1/\mathrm{d}t$，则

$$\frac{\mathrm{d}q_1}{\mathrm{d}t} = C_2 e^{-\frac{E}{RT}} \tag{4-15}$$

式中　C_2——与分子的反应热及气体的压力有关的系数。

由于氧化反应而放出的热量，一部分使混合气本身受到加热而温度升高，另一部分则通过容器壁向外传热。设容器壁的温度 T_0 保持不变，则单位时间内通过容器壁向外传递的热量为 $\mathrm{d}q_2/\mathrm{d}t$，则

$$\frac{\mathrm{d}q_2}{\mathrm{d}t} = A(T - T_0) \tag{4-16}$$

式中　A——与容器的材料、形状及气体的热导率有关的系数。

将式（4-15）和式（4-16）以曲线形式表示于图 4-6 上。

如图 4-6 所示，燃料每单位时间因氧化反应而放出的热量，即反应放热率 $\mathrm{d}q_1/\mathrm{d}t$ 为一

指数曲线，而单位时间通过容器壁向外传热的热量 dq_2/dt 为一直线。两者交叉点的温度为
T_1。当混合气的温度低于 T_1 时，即 $dq_1/dt > dq_2/dt$，
此时反应放热率大于容器壁的导热率，混合气本身
有热量积累，使温度升高，氧化反应能够继续进
行。在 T_1 点，$dq_1/dt = dq_2/dt$，即反应放热率等于
容器壁的导热率，此时反应虽可继续进行，但是没
有热量积累，不能引起自燃。若对混合气继续加
热，温度超过 T_1 时，$dq_1/dt < dq_2/dt$，则此时虽靠外
界加热，但是热量无法积累，仍不能引起自燃。

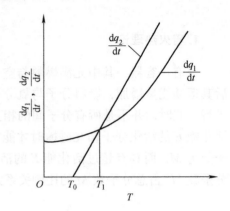

图4-6　反应生成热与外界导热之间关系

若保持容器不变，通过改变其中气体压力的方
法来改变反应条件。由于压力的提高，容器内混合
气的密度增加，尽管 M^*/M 不随气体密度的变化而
改变，但是压力提高后，混合气中 M^* 的绝对数是增加的，所以当容器内的压力提高后，
M^* 的增加引起了反应速度的增加，因此氧化反应放出的热量也增加。不同压力下，反应放
热率曲线的变化特性如图4-7所示。图4-7中画出了三个不同压力下的放热率曲线，它们之
间压力的关系是 $p_3 > p_2 > p_1$，而容器壁的导热率曲线由 dq_2/dt 直线表示。从图4-7中可以看
到容器壁的导热率 dq_2/dt 与压力为 p_2 的放热率曲线相切，在切点处如 $dq_1/dt = dq_2/dt$，在这
一点上存在不稳定平衡。如果在 T_c 的温度下向气体送入热量，即使是局部的，反应加速促
使混合气着火，因此 T_c 就是着火温度。如果反应过程按压力 p_3 的曲线进行，则由于 dq_1/dt
曲线都在如 dq_2/dt 曲线之上，所以在整个反应过程都有热量积累，最后会导致自燃。

用热着火理论来分析着火条件，可以得出以下三条结论：

1）着火温度 T_c 不仅与可燃混合气的物理化学性质有关，还与环境温度、压力、容器
形状及散热情况有关。即使同一燃料，因条件不同，着火温度有可能不一样。

2）着火临界温度与压力明显影响着火区域。如图4-8所示，在低压时需要很高的着火
温度。

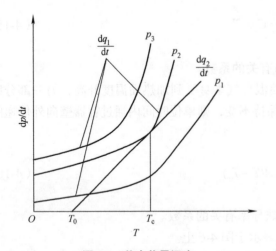

图4-7　着火临界温度

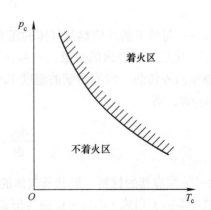

图4-8　临界压力和温度对自燃界限的影响

3）存在一个可燃混合气着火上限（富油极限）和下限（贫油极限）。如图 4-9 所示，随着温度和压力的升高，着火界限有所加宽，但温度和压力上升得再高，着火界限的加宽也是有限的。另一方面，当温度和压力过低，低于临界值时，则燃料无论在什么含量下，均不能着火。

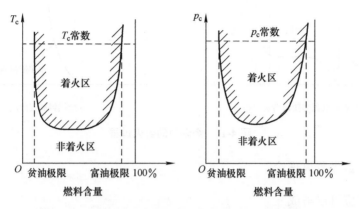

图 4-9　自燃温度及临界压力与混合气着火界限的关系

着火热理论是从物理现象方面来说明燃料的着火现象。根据反应中分子的碰撞理论，三个活性分子同时碰撞的机会已经很少，更何况液态燃料一般有较复杂的分子结构，若完全燃烧则需要许多个氧分子同时碰撞一个燃料分子，这么多的分子同时碰撞的机会就更少。所以着火热理论还不能完全说明着火机理。另外，有关试验表明，烃燃料的着火区域并不完全像图 4-8 那样变化，特别是在低温、低压区表现出与高温完全不同的着火规律，如图 4-10 所示存在一个着火半岛。通过光谱分析发现烃燃料在低温下着火需经历冷焰、蓝焰、热焰三个阶段，如图 4-11a 所示。其中，冷焰是过氧化物以一定速度分解的结果，该阶段的主要反应产物是甲醛，释放出少量的热量。所以反应温度低，反应速度缓慢。形成过氧化物以及乙醛的过程称为冷焰诱导期（τ_1），当过氧化物积累到临界含量时分解出冷焰（τ_2）。蓝焰阶段是冷焰阶段中产生的甲醛达到临界含量时，通过甲醛的支链反应而产生（τ_3），这种蓝焰的辉光较强，反应物的压力、温度都升高，但反应持续时间比较短，主要产物是 CO。热焰阶段是蓝焰阶段中产生的 CO 与氧结合的过程，此时反应速度很快并生成爆炸性热火焰，释放出大量热量，热焰期的主要产物是 CO_2。

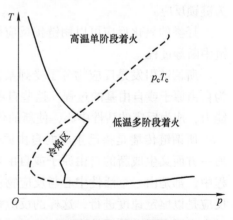

图 4-10　着火半岛

烃燃料的这种低温低压时的着火规律，是后述的连锁反应机理退化支链反应的结果。

在高温下烃燃料的着火特性不同于低温低压时的着火规律，甲醛的退化支链反应不经冷焰阶段，而直接进入蓝焰 – 热焰阶段。由于蓝焰 – 热焰阶段很难区分，故将这种着火过程称为高温单阶段着火，如图 4-11b 所示。

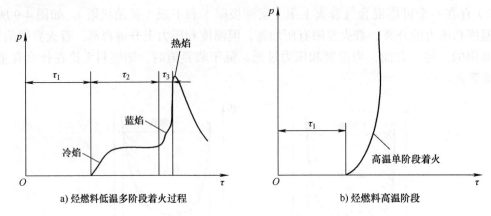

a) 烃燃料低温多阶段着火过程　　　　　b) 烃燃料高温阶段

图 4-11　烃燃料的着火过程

2. 链锁反应自燃着火理论

烃的氧化反应可以写成

$$C_nH_m + \left(n+\frac{m}{4}\right)O_2 = nCO_2 + \frac{m}{2}H_2O \qquad （4-17）$$

但这个反应式只是描述了烃氧化反应过程的始末，而没有涉及它所经历的过程。发动机中燃料的着火和燃烧是在极短的时间内进行的。从化学反应机理的角度分析这样快速的化学反应时，并不是直接得出最后的燃烧产物，而是先产生出许多由原子或原子团自由基构成的中间产物，它们形成了反应过程的活性中心。这些活性中心与反应物相互作用，一方面促进反应，另一方面生成新的自由原子或自由基。将这种活性中心再生的反应过程称为链锁反应。

烃类的氧化反应可以用链锁反应机理解释，这种链锁反应主要包括链引发、链传播及链中断等过程。

所谓链引发是反应物分子受到某种因素的激发（如受热分解、光辐射作用等）分解成为自由原子或自由基的过程。这些自由原子和自由基（如 H、O、OH 等）具有很强的反应能力，成为反应的活性中心，使新的化学反应得以进行。

所谓链传播是指已生成的自由原子或自由基与反应物作用，一方面将反应推进一步，另一方面又生成新的自由原子或自由基的过程。如果在某一反应过程的每一步中间反应过程中，都是由一个活性中心与反应物作用产生一个新的活性中心，则这一反应过程的整个反应是以恒定速度进行，这样的反应称为直链反应。如果由一个活性中心引起的反应，同时生成两个以上的活性中心，这时链就产生了分支，反应速度将急剧增长，可以达到极快的程度（链锁爆炸），这种反应称为支链反应。快速燃烧或爆炸可以看作是支链反应的结果。不过值得指出的是，不少烃的氧化物是先通过直链反应，生成一个新的活性中心和某种过氧化物或高级醛的中间产物，然后再由过氧化物或高级醛引起新的直链反应。它的总反应速度比支链反应慢，但仍具有自动加速的特点，这种反应通常称为退化的支链反应。像柴油机的着火过程，就是一种退化的支链反应。

在链锁反应中，由于具有很大反应能力的自由原子或自由基有可能与容器壁面或惰性气体分子碰撞，使反应能力减小，这种无效碰撞不再引起反应，这一过程称为链中断。每一次链中断都会引起总体反应速度的降低，以及减少反应继续发展的可能性，在某些不利情况下还可以使反应完全停止。

实际上，这一系列时间极其短暂且反应十分复杂的中间过程，目前并没有完全被弄清楚。但根据观测烃的反应过程，链锁反应有如下特点：

1）在反应一开始，有一段形成活性中心并积累的过程，这一段时间称为诱导期（图 4-11 中的 τ_i）。当活性中心积累到一定程度后，反应速度便急剧增加。这个诱导期不仅是与反应物的物性参数有关，而且还与反应物的含量、温度以及容器的形状与材料等有关。

2）即使反应物处在低温下，只要某种原因能激发出活性中心，便能引起链锁反应。也就是说，引起燃烧爆炸的原因并不一定是高温。

3）反应速度是自动加速的。在迅速反应的前阶段，如图 4-12 中的 AB 段，反应速度随温度而急剧增高，而后随着反应物含量的减少，反应速度便迅速下降，如 BC 段。

4）如果在反应气体中加入惰性气体，反应速度将迅速降低；而加入某种添加剂，将促使反应加速。

3. 点燃

点燃是指利用电火花等外部能量在可燃混合气中产生火焰核心并引起火焰传播的过程。实际上，在电火花点火之前，由于可燃混合气受到压缩使其温度升高，此时已有缓慢氧化的先期反应现象。在电火花点

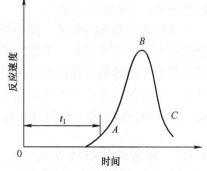

图 4-12　烃的反应速度与时间的关系

火以后，靠电火花提供的能量，不仅使局部混合气温度进一步升高，还引起了电火花附近混合气的电离，形成活性中心，促使化学反应明显加速。随着化学反应范围的扩大以及反应程度的加深，出现了明显发热、发光的小区域，最终形成火焰核。为了使电火花所产生的火焰成长起来，并使火焰开始传播，必须对靠近火焰核的未燃混合气供给足够的能量。而这种能量主要来自点火能量以及反应开始后由化学反应本身所释放出来的热量。

为了使点燃成功，必须使火花塞提供的放电能量大于某一个最小点火能量，而这个最小点火能量受很多因素的影响，如燃料的种类、混合气的含量、空气中氧的含量、压力及温度、点火处气流的运动状况、电火花的性质、电极的几何形状和距离等。

电极间隙 d 与点火能量 E 有很大关系。如果电极间隙适中，需要的点火能量就最小。如果间隙过小，无论点火能量有多大也不能着火，这个不能着火的最小电极间隙，称为熄火距离，如图 4-13 所示中的 d_{min}。

另外，点火还直接受到混合气含量的限制。当混合气过稀或过浓时，在电火花放电后，电火花首先点

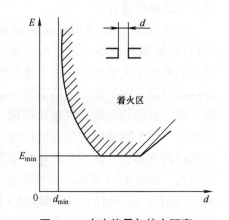

图 4-13　点火能量与熄火距离

燃电极间隙内这一局部体积的可燃混合气。如果它所放出的热量大于向四周混合气的散热量,火焰才有可能传播发展,反之将自行熄灭。当混合气过浓时燃烧不完全,所以放热量减少;而过稀时混合气的热值低,燃烧放出的热量也减少,因而均不能点火。这两个界限内的混合气含量称为可燃混合气范围或着火界限。要使点燃成功,必须保证混合气含量在着火界限之内。几种燃料的着火界限见表4-8。

表 4-8　几种燃料的着火界限

燃料	汽油	酒精	苯	醚
浓限（a_{min}）或上限	0.5	0.4	0.4	0.4
稀限（a_{max}）或下限	1.30	1.70	1.25	1.25

由此可知,不同燃料的着火界限范围是不同的。另外,所有影响可燃混合气初期放热速度和散热速度的因素都会影响着火界限。例如,可燃混合气温度的提高,有利于放热速度的增加和散热速度的降低,因此扩大了着火界限;而残余废气系数的增加,会降低初期放热速度,着火界限将缩小。

正因为火焰核的形成,是局部的混合气吸收电火花能量后,经化学反应过程热量（或活性中心）的累积所致,所以这部分混合气的组成和吸收电火花能量情况的不同,以及气流扰动对火焰核的干扰使火焰核形成所用的时间不同,造成实际汽油机在同一气缸稳定工况下,连续循环的情况下不可能完全一致,因而产生了燃烧循环变动。这种燃烧不稳定情况,在汽油机低负荷及在稀薄混合气中尤为突出。

4.4.2　发动机的燃烧方式

1. 预混合燃烧

这种燃烧方式的主要特点是,在着火前燃料与空气按一定的比例预先混合而形成可燃混合气体,但在燃烧室空间各点上的压力和温度是不均匀的,所以在局部地区点燃后形成火焰核,然后在预混合气中以火焰传播的形式完成燃烧过程。

汽油机的燃烧过程是这种预混合燃烧（或称逐渐爆炸燃烧）的典型示例。电火花跳火后形成了火焰核心。由于燃气的高温向外热辐射以及因燃烧产生的活性中心向外扩散,使邻近的均匀混合气着火形成一个新的燃烧层。这个燃烧层称为火焰前锋,它将燃烧室内的气体分为燃烧产物相和未燃混合气相两相,如图4-14所示。在贯穿整个容器的AB坐标上,同一时间（例如时间1）各点的温度并不相等。在任意一个时间内,已燃区

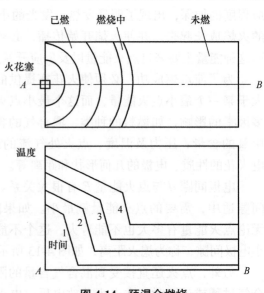

图 4-14　预混合燃烧

温度最高，燃烧区温度次之，未燃区内温度最低。

由于火焰前锋的向前推移，使燃烧传播到整个燃烧室容积内，而燃烧速度取决于火焰的传播速度。这种预混合气中的火焰传播过程，可根据混合气的气流特性分为层流火焰传播过程和湍流火焰传播过程。

（1）层流火焰传播　这种火焰的前锋面为球面，一般在静止或气流速度很低时形成。其特点是将燃烧室以层流火焰面为界分为已燃和未燃两个区，而且在只有 0.01～0.1mm 厚的很薄的层流火焰面上进行强烈的燃烧反应。

由于层流火焰面很窄，且温度和混合气含量变化又很大，引起火焰中强烈的传热和传质现象，促使邻近混合气的快速化学反应，造成火焰的空间移动现象，即火焰传播。这种层流火焰的传播速度，主要取决于预混合气的性质。

对汽油机，层流火焰传播速度一般为 $v_L = 0.4～0.5m/s$。当 $\alpha = 0.8～0.9$ 时，反应温度最高，层流速度最快；当 $\alpha = 1～1.5$ 时，层流速度降低 10%～15%；混合气含量过浓或过稀时，由于反应温度过低，不能维持正常的火焰传播。

如果气缸间隙等火焰传播空间过窄，火焰不能继续传播。将这种火焰不能传播的最小缝隙称为淬熄距离。当火焰传播到靠近低温壁面时，也不能继续传播。这些因素是汽油机生成 HC 的主要原因。

（2）湍流火焰传播　湍流是气流中不同尺度涡旋的不断形成、发展、分解与消失的不稳定流动过程。湍流产生的主要原因是黏性气体的流速增加到一定值后，由于边界的阻碍、外部的干扰等，促使气流内部形成许多个涡旋而造成的。其特点是，各种不同尺寸的涡旋组成连续的涡旋谱，而且在空间、时间上紊乱无序变化，但有随机性质。常用湍流尺度和湍流强度来评价。湍流尺度，是指涡旋翻滚一个周期所作用的空间范围。宏观湍流，决定其力学性质，而微观湍流，则在流体黏性的作用下将湍流的运动能量转化为热能而消失。湍流强度是用脉动速度的均方根来表示湍流的能量，主要影响湍流火焰传播速度。

一般湍流火焰传播速度为 $v_T = 20～70m/s$。

湍流对火焰传播速度的作用，主要体现在以下几个方面：

1）宏观湍流使火焰前锋皱折，增大反应面积，但层流火焰前锋结构不变。

2）微观湍流可加强传质传热。其传热系数相对层流热导率增大 100 倍，由此提高湍流的火焰传播速度。

3）提高湍流强度。火焰前锋结构破裂，促进已燃气体和未燃气体的迅速混合，缩短反应时间，提高放热速度。

2. 扩散燃烧

扩散燃烧是缸内直喷压燃式发动机（如柴油机）的主要燃烧方式。这种发动机在接近压缩终了时直接向燃烧室内喷入燃料，使雾化了的燃料在燃烧室内与高温高压的空气边混合边燃烧。由于一定燃料量的喷射需要相应的时间，而且液体燃料的蒸发温度一般比其着火温度低很多，因此刚喷入气缸的燃料在着火前已蒸发并形成可燃混合气自行燃烧。后续喷入的燃料是在前段喷射的燃料已燃烧的过程中与空气混合燃烧。这就要求后续喷入的燃料避开已燃的火焰面，与燃烧室内的空气相互渗透混合，由此形成扩散燃烧过程。由于在这种扩散燃烧过程中燃烧室内的温度已经很高,所以只要燃料与空气混合,其化学反应就可以进行得很快。因此,扩散燃烧过程完全取决于燃料和空气的混合过程,即混合气形成速度决定扩散燃烧速度。这是扩散燃烧与以火焰传播为特征的预混合燃烧的主要区别。另一方面,由于扩散燃烧过程并不是液体燃料的直接燃烧,而是气液两相的混合燃烧过程,所以首先液体燃料要充分汽化。图 4-15 所示为单滴油滴的扩散燃烧模型,在油滴表面上形成一层燃油蒸气,已汽化了的燃料与周围的空气在相互扩散的过程中进行混合,因此沿油滴半径方向坐标上形成混合气含量逐渐稀薄的梯度分布,并在混合气含量和温度合适的区域发生着火。油滴的燃烧实质上是燃油蒸气和空气的一种气相性质的燃烧过程。为了改善液体燃料的蒸发汽化条件,常采用高压喷射法进行强制雾化,使喷入气缸内的燃料形成无数个均匀细小的小油滴,以此提高单位时间内的蒸发速度,同时在燃烧室内组织适当的空气流动。因此,实际发动机的扩散燃烧过程与单滴油滴的扩散燃烧模型有很大的区别。

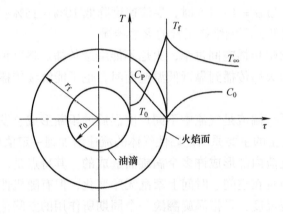

图 4-15 单滴油滴的扩散燃烧模型

r_0—油滴半径 r_f—火焰面半径 T_0—油滴表面温度

T_f—火焰温度 T_∞—空气温度 C_0—氧含量 C_P—油蒸气含量

随着柴油机喷射压力的不断提高,喷雾质量得到进一步的改善。因此,向燃烧室内喷入燃料后,很容易形成更多的细小油滴在燃烧室空间分布而蒸发汽化形成可燃混合气,只要环境温度符合着火条件,这些可燃混合气就能在多点同时着火,易造成急速的气缸压力变化,使发动机工作粗暴。所以,有必要控制着火期间所形成的可燃混合气量。这种扩散燃烧方式,其燃烧过程与在整个燃烧室内的宏观空燃比无关,不像均匀混合气那样,具有严格的空燃比着火范围,因而与预混合燃烧相比,扩散燃烧具有更广泛的稳定燃烧范围。

在扩散燃烧期间,燃烧室内将同时存在三个相,即可燃混合气相、空气相和燃烧产物相。由于在实际燃烧室内存在细小油滴群与空气的相对运动,所以燃烧产物总是留在反应区的后面,而燃料蒸气总是和炽热的空气直接接触,这有助于燃料的完全燃烧。因此,燃烧室内气流运动的控制,对扩散燃烧具有重要意义。

3. 稀薄混合气的均质低温压燃

在液体燃料与空气的上述两种混合燃烧过程中,在气缸内释放出大量的热量而产生高温高压。在这种燃烧过程中,高温高压的工质在推动活塞对外输出功的同时,空气中的 N_2

和 O_2 在高温下反应形成 NO，而且燃料在高温下分解或不完全燃烧而形成碳烟、HC 和 CO 等有害排放物。这些有害排放物对环境的污染，因已对地球寿命构成威胁而备受关注。所以，面对石油能源危机，对以石油燃料为主的发动机而言，节能与超低排放已成为其所面临的重要课题。为此开发研究出许多新的发动机的燃烧技术，其中具有代表性的就是混合气的均质压燃方式，即 HCCI（Homogeneous Charge Compression Ignition）或 CAI（Compression Auto Ignition）燃烧。这种燃烧方式的特点，首先是燃烧室内充量的均质化，即燃烧室内燃料和空气的混合气在着火前已均匀地混合好，且燃烧室空间各点上的温度和压力基本保持一致。其次是压燃，即混合气的着火燃烧过程受可燃混合气的化学动力学的控制。这种燃烧方式在混合气进行化学反应时，各点的反应速度与加速度是一致的，在同一时间里进行同时燃烧，所以具有爆炸燃烧的特点。此外，不论是在燃烧前还是燃烧后，在燃烧室内的任一瞬间只存在一个相。在燃烧前是正在进行火焰前反应的混合气相，在燃烧后是燃烧产物相。最后是为了实现高效率超低排放，HCCI 燃烧方式采用均质混合气的低温稀薄燃烧。由于混合气均匀稀薄，燃烧不产生碳烟，而稀混合气的燃烧火焰温度又低，所以 NO_x 生成量非常低，同时这种燃烧方式等容度很高，因此热效率高。HCCI 燃烧方式是一种很有潜力的高效低污染的燃烧方式。

　　HCCI 燃烧的放热规律如图 4-16 所示，兼有低温燃烧放热（Low Temperature Heat Release，LTHR）和高温燃烧放热（High Temperature Heat Release，HTHR）的特点。其中 LTHR 是在压缩过程中混合气进行低温多阶段反应产生一系列中间产物的结果，虽然其放热率很小，但直接影响着后续的 HTHR 及其始点。而 HTHR 部分的放热量占 HCCI 燃烧总放热量的绝大部分，其中放热量为 HTHR 的 50% 时所对应的曲轴转角 φ_{HT50} 是 HCCI（或 CAI）燃烧方式的重要控制参数。为了保证高效率低排放的 HCCI 燃烧，同时防止失火和爆燃，一般要求将最高燃烧温度 T_z 和 φ_{HT50} 分别控制在 1500 ～ 1800K 和上止点后的 0° ～ 6° 曲轴转角范围内。

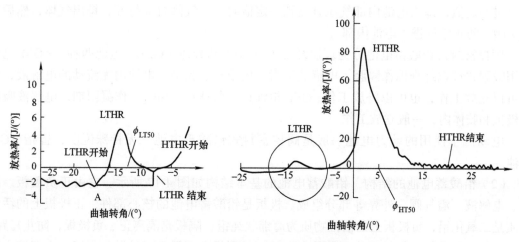

图 4-16　HCCI 燃烧的放热规律

　　实现 HCCI 燃烧的关键技术就是稀薄混合气在气缸内的均质化和低温稳定燃烧。混合气的均质化，常用喷射时期和内部 EGR 的协调控制来实现。而低温稳定燃烧是通过燃料和

空气的混合比的精确控制，结合压缩比和大量 EGR 率的精确控制来实现。为此，开发了配气相位连续可变的 VVT（Variable Valve Timing）控制技术和以此为基础的米勒循环实现有效压缩比可变控制技术，以及内部 EGR 的控制技术等。

4.5 动力电池技术

4.5.1 动力电池的种类与原理

电动汽车用动力电池主要有铅酸蓄电池、金属氢化物镍蓄电池、锂离子蓄电池、新体系电池、超级电容器等。

1. 铅酸蓄电池

铅酸蓄电池是指正极活性物质使用二氧化铅，负极活性物质使用海绵状铅，并以硫酸溶液为电解液的蓄电池。铅酸蓄电池主要用在低速电动汽车上。

（1）铅酸蓄电池的分类　铅酸蓄电池分为免维护铅酸蓄电池和阀控密封式铅酸蓄电池。

1）免维护铅酸蓄电池。由于自身结构上的优势，其电解液的消耗量非常小，在使用寿命内基本不需要补充蒸馏水。它具有耐振、耐高温、体积小、自放电小的特点。使用寿命一般为普通铅酸蓄电池的 2 倍。市场上的免维护铅酸蓄电池也有两种：一种是在购买时一次性加电解液以后使用中不需要添加补充液；另一种是电池本身出厂时就已经加好电解液并封死，用户根本就不能加补充液。

2）阀控密封式铅酸蓄电池。在使用期间不用加酸、加水维护，电池为密封结构，不会漏酸，也不会排酸雾。电池盖子上设有溢气阀（也叫安全阀），其作用是当电池内部气体量超过一定值，即当电池内部气压升高到一定值时，溢气阀自动打开，排出气体，然后自动关闭，防止空气进入电池内部。

阀控密封式铅酸蓄电池分为玻璃纤维（AGM）和胶体（GEL）电池两种。AGM 电池采用吸附式玻璃纤维棉作隔膜，电解液吸附在极板和隔膜中，电池内无流动的电解液，电池可以立放工作，也可以卧放工作；GEL 电池以二氧化硅（SiO_2）作凝固剂，电解液吸附在极板和胶体内，一般立放工作。

电动汽车使用的动力电池一般是阀控密封式铅酸蓄电池，无特殊说明，皆指 AGM 电池。

（2）铅酸蓄电池的结构　铅酸蓄电池的基本结构如图 4-17 所示。它由正负极板、隔板、电解液、溢气阀、外壳等部分组成。极板是铅酸蓄电池的核心部件，正极板上的活性物质是二氧化铅，负极板上的活性物质为海绵状纯铅；隔板是隔离正、负极板，防止短路，作为电解液的载体，能够吸收大量的电解液，起到促进离子良好扩散的作用；电解液由蒸馏水和纯硫酸按一定比例配制而成，主要作用是参与电化学反应，是铅酸蓄电池的活性物质之一；溢气阀位于蓄电池顶部，起到安全、密封、防爆等作用。

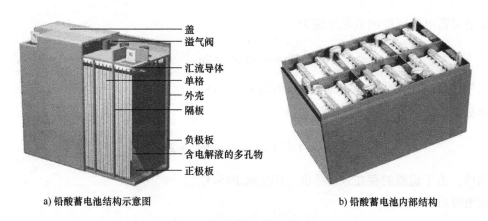

a) 铅酸蓄电池结构示意图	b) 铅酸蓄电池内部结构

盖
溢气阀
汇流导体
单格
外壳
隔板
负极板
含电解液的多孔物
正极板

图 4-17 铅酸蓄电池的基本结构

（3）铅酸蓄电池的工作原理 使用铅酸蓄电池时，把化学能转换为电能的过程叫放电。在使用后，借助于直流电在电池内进行化学反应，把电能转变为化学能而储蓄起来，这种蓄电过程叫作充电。铅酸蓄电池是酸性蓄电池，其化学反应式为

$$PbO + H_2SO_4 \longrightarrow PbSO_4 + H_2O$$

充电时，把铅板分别和直流电源的正、负极相连，进行充电电解，阴极的还原反应为

$$PbSO_4 + 2e^- \longrightarrow Pb + SO_4^{2-}$$

阳极的氧化反应为

$$PbSO_4 + 2H_2O \longrightarrow PbO_2 + 4H^+ + SO_4^{2-} + 2e^-$$

充电时的总反应为

$$2PbSO_4 + 2H_2O \longrightarrow Pb + PbO_2 + 2H_2SO_4$$

随着电流的通过，$PbSO_4$ 在阴极上变成蓬松的金属铅，在阳极上变成黑褐色的二氧化铅，溶液中有 H_2SO_4 生成，如图 4-18 所示。

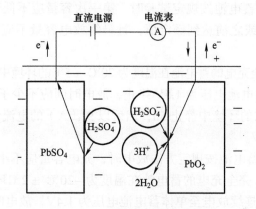

直流电源 电流表

e^-

$H_2SO_4^-$
$H_2SO_4^-$
$PbSO_4$
$3H^+$
PbO_2
$2H_2O$

图 4-18 铅酸蓄电池放电示意图

放电时蓄电池阴极的氧化反应为

$$Pb \longrightarrow Pb^{2+} + 2e^-$$

由于硫酸的存在，Pb^{2+} 立即生成难溶解的 $PbSO_4$。

阳极的还原反应为

$$PbO_2 + 4H^+ + 2e^- \longrightarrow Pb^{2+} + 2H_2O$$

同样，由于硫酸的存在，Pb^{2+} 也立即生成 $PbSO_4$。

放电时总的反应为

$$Pb + PbO_2 + 2H_2SO_4 \longrightarrow 2PbSO_4 + 2H_2O$$

当蓄电池在充电时，随着电池端电压的升高，水开始被电解，当单体电池电压达到约 2.39V 时，水的电解不可忽视。水电解时阳极和阴极的化学反应式分别为

$$H_2O \longrightarrow \frac{1}{2}O_2 + 2H^+ + 2e^-$$

$$2H^+ + 2e^- \longrightarrow H_2$$

阳极给出电子，阴极得到电子，从而形成了回路电流。端电压越高，电解水也越激烈，此时充入的大部分电荷参加水电解，形成的活性物质很少。

（4）对铅酸蓄电池的要求　电动汽车对铅酸蓄电池有以下要求：

1）外观。用目测法检测蓄电池外观时，外壳不得有变形及裂纹，表面干燥、无酸液，且标志清晰、正确。

2）极性。用电压表检查蓄电池极性时，电池极性应与标志的极性符号一致。

3）外形尺寸及质量。蓄电池外形尺寸、质量应符合相关标准。

4）端子。端子的位置以及端子的外观、结构等具体要求由用户与厂家协商决定。

5）3h 率额定容量。蓄电池按规定试验时，第一次容量应不低于额定值的90%；蓄电池应在第10次容量试验或之前达到额定值，且最终放电容量不应高于企业提供额定值的110%。

6）大电流放电。完全充电的蓄电池在温度为20℃±5℃的环境中静止5h，然后以 $3I_3$（A）电流恒电流放电到单体蓄电池电压为1.5V终止，放电时间应不少于40min；完全充电的蓄电池在温度为20℃±5℃的环境中静止5h，然后以 $9I_3$（A）的电流恒电流放电3min，单体蓄电池电压应不低于1.4V。

7）快速充电能力。蓄电池按规定方法放时，充电容量应不小于额定值的70%。

8）–20℃低温放电。完全充电的蓄电池在温度为–20℃±2℃环境中搁置20h，并在该环境中以 $6I_3$（A）的电流连续放电至单体蓄电池电压为1.4V，放电时间应不少于5min；完全充电的蓄电池在温度为–20℃±2℃环境中搁置20h，并在该环境中以 I_3（A）的电流连续放电至单体蓄电池电压为1.4V，容量应不低于额定值的55%。

9）安全性。蓄电池按规定方法完全充电后，以 $0.7I_3$（A）的电流连续充电 5h，然后目视检查蓄电池外观，外壳不得出现漏液、破裂等异常现象。

10）密封反应效率。对于阀控密封式铅酸蓄电池，按规定方法试验时，其密封反应效率应不低于 90%。

11）水损耗。对于免维护铅酸蓄电池，按规定方法试验时，根据额定容量计算，其水损耗应不大于 3g /（A·h）。

12）荷电保持能力。蓄电池按规定方法试验时，其常温容量应不低于储存前容量的85%；高温容量应不低于储存前容量的 70%。

13）循环耐久能力。蓄电池按规定方法试验时，当蓄电池容量降至额定值的 80% 时，循环次数应不少于 400 次。

14）耐振动性能。蓄电池按规定方法进行试验，试验期间，蓄电池放电电压应无异常；试验后，检查蓄电池应无机械损伤，无电解液渗漏。

具体试验方法参照 QC/T 742—2006《电动汽车用铅酸蓄电池》。

2. 金属氢化物镍蓄电池

金属氢化物镍蓄电池也称镍氢蓄电池，是指正极使用镍氧化物、负极使用可吸收释放氢的储氢合金、以氢氧化钾为电解质的蓄电池。金属氢化物镍蓄电池在混合动力电动汽车上应用较多。

电动汽车用金属氢化物镍蓄电池可分为方形和圆柱形两种。

（1）金属氢化物镍蓄电池的结构　圆柱形金属氢化物镍蓄电池结构如图 4-19 所示，主要由正极、负极、分离层、外壳、电解液等组成。金属氢化物镍蓄电池正极是活性物质氢氧化镍，负极是储氢合金，分离层是隔膜纸，用氢氧化钾作为电解质，在正、负极之间有分离层，共同组成金属氢化物镍单体电池，在金属铂的催化作用下，完成充电和放电的可逆反应。在圆柱形电池中，正、负极用隔膜纸分开卷绕在一起，然后密封在金属外壳中；在方形电池中，正负极由隔膜纸分开后叠成层状密封在外壳中。

电动汽车用金属氢化物镍蓄电池的基本单元是单体电池，按使用要求组合成不同电压和不同电荷量的金属氢化物镍蓄电池总成，如图 4-20 所示。

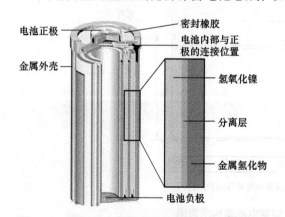

图 4-19　圆柱形金属氢化物镍蓄电池的基本结构

图 4-20　电动汽车用金属氢化物镍蓄电池总成

（2）金属氢化物镍蓄电池的工作原理　金属氢化物镍蓄电池是将物质化学反应产生的能量直接转化成电能的一种装置。金属氢化物镍蓄电池的性能特点主要取决于本身体系的电极反应。

充电时正、负极的电化学反应为

$$Ni(OH)_2 - e^- + OH^- \longrightarrow NiOOH + H_2O$$

$$2MH + 2e^- \longrightarrow 2M^- + H_2$$

放电时正、负极的电化学反应为

$$NiOOH + H_2O + e^- \longrightarrow Ni(OH)_2 + OH^-$$

$$2M^- + H_2 \longrightarrow 2MH + 2e^-$$

（3）金属氢化物镍蓄电池的规格和外形尺寸　金属氢化物镍蓄电池结构示意图如图 4-21 所示。

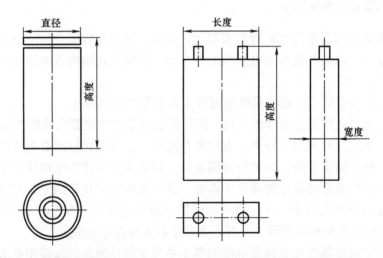

a) 金属氢化物镍蓄电池单体结构图样Ⅰ　　　　　b) 金属氢化物镍蓄电池单体结构图样Ⅱ

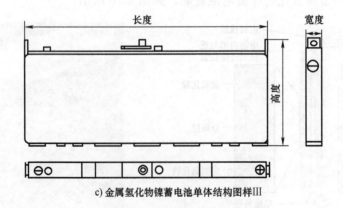

c) 金属氢化物镍蓄电池单体结构图样Ⅲ

图 4-21　金属氢化物镍蓄电池结构示意图

金属氢化物镍蓄电池最大外形尺寸见表4-9。

表4-9　金属氢化物镍蓄电池最大外形尺寸

序号	标称电压 /V	额定容量 /A·h	最大外形尺寸 /mm		
			长度（直径）	宽度	高度
1	1.2	6	33.0	—	61.5
2	1.2	6	60.0	20.5	83.5
3	1.2	40	83.0	28.5	158.5
4	1.2	60	100.5	29.0	184.0
5	7.2	6	276.0	22.0	120.0

注：1. 表中所列尺寸是优选值，不绝对限制电池容量。

2. 表中所列尺寸是最大值，外形尺寸小于等于60mm时，负公差是0～–2mm；外形尺寸大于60mm、小于等于120mm时，负公差是0～–3mm；外形尺寸大于120mm时，负公差是0～–4mm。

3. 表中所列高度值是包含端子或泄气阀的两个高度值中的较大者。

（4）金属氢化物镍蓄电池的要求　金属氢化物镍蓄电池的要求分为单体蓄电池的要求和蓄电池模块的要求。单体蓄电池是构成蓄电池的最小单元，一般由正极、负极及电解质等组成，其标称电压为电化学偶的标称电压。蓄电池模块是指一组相连的单体蓄电池的组合。对金属氢化物镍单体蓄电池具有以下要求：

1）外观。在良好的光线条件下，用目测法检查单体蓄电池的外观，外壳不得有变形及裂纹，表面平整、干燥、无碱痕、无污物，且标志清晰。

2）极性。用电压表检查蓄电池的极性时，电池极性应与标志的极性符号一致。

3）外形尺寸及质量。单体蓄电池的外形尺寸及质量应符合生产企业提供的技术条件。

4）室温放电容量。单体蓄电池按规定方法进行试验时，其放电容量应不低于额定容量，并且不超过额定容量的110%，同时所有测试对象初始容量极差不大于初始容量平均值的5%。

对金属氢化物镍蓄电池模块具有以下要求：

1）外观。在良好的光线条件下，用目测法检查蓄电池模块的外观，外观不得有变形及裂纹，表面平整干燥、无外伤，且排列整齐、连接可靠、标志清晰等。

2）极性。用电压表检查蓄电池模块的极性时，蓄电池极性应与标志的极性符号一致。

3）外形尺寸及质量。蓄电池模块的外形尺寸及质量应符合生产企业提供的技术条件。

4）室温放电容量。蓄电池模块按规定方法进行试验时，其放电容量应不低于额定值，并且不超过额定容量的110%，同时所有测试对象初始容量极差不大于初始容量平均值的7%。

5）室温倍率放电容量。按照厂家提供电池类型分别进行试验，高能量蓄电池模块按规定方法进行试验时，其放电容量应不低于初始容量的90%；高功率蓄电池模块按规定方法进行试验时，其放电容量应不低于初始容量的80%。

6）室温倍率充电性能。蓄电池模块按规定方法试验时，其放电容量应不低于初始容量的80%。

7）低温放电容量。蓄电池模块按规定方法试验时，其放电容量应不低于初始容量的80%。

8）高温放电容量。蓄电池模块按规定方法试验时，其放电容量应不低于初始容量的90%。

9）荷电保持与容量恢复能力。蓄电池模块按规定方法试验时，其室温荷电保持率应不低于初始容量的85%，高温荷电保持率应不低于初始容量的70%，容量恢复应不低于初始容量的95%。

10）耐振动性。蓄电池模块按规定方法进行耐振动性试验时，不允许出现放电电流锐变、电压异常、蓄电池壳变形、电解液溢出等现象，并保持连接可靠、结构完好。

11）储存。蓄电池模块按规定方法试验时，容量恢复应不低于初始容量的90%。

12）安全性。蓄电池模块按规定方法进行短路、过放电、过充电、加热、针刺、挤压等试验时，应不爆炸、不起火、不漏液。

具体试验方法参照GB/T 31486—2015《电动汽车用动力蓄电池电性能要求及试验方法》和GB/T 31485—2015《电动汽车用动力蓄电池安全要求及试验方法》。

3. 锂离子蓄电池

锂离子蓄电池是用锰酸锂、磷酸锂或钴酸锂等锂的化合物作正极，用可嵌入锂离子的碳材料作负极，使用有机电解质的蓄电池。目前纯电动汽车上应用的储能装置主要是锂离子蓄电池。

（1）锂离子蓄电池的分类　按照锂离子蓄电池的外形，可以分为方形锂离子蓄电池和圆形锂离子蓄电池，如图4-22所示。

按照锂离子蓄电池正极的材料不同，汽车用锂离子蓄电池主要分为锰酸锂离子蓄电池、磷酸铁锂离子蓄电池、钴酸锂离子蓄电池、镍钴锰锂离子蓄电池等。

a) 方形　　　　　　　　　　　b) 圆形

图 4-22　锂离子蓄电池的实物

1）锰酸锂离子蓄电池。锰酸锂离子蓄电池是指正极使用锰酸锂材料的电池，其标称电压达到3.7V，由于成本低、安全性好被广泛使用。锰酸锂（$LiMn_2O_4$）具有尖晶石结构，其理论容量为148mA·h/g，实际容量为90～120mA·h/g，工作电压范围为3～4V。其主要优点是锰资源丰富、价格便宜、安全性高、比较容易制备。其缺点包括：理论容量不高；材料在电解质中会缓慢溶解，即与电解质的相容性不太好；在深度充放电的过程中，材料容易发生晶格畸变，造成电池容量迅速衰减，特别是在较高温度下使用时更是如此。

2）磷酸铁锂离子蓄电池。磷酸铁锂离子蓄电池是指用磷酸铁锂作为正极材料的锂离子蓄电池。磷酸铁锂（$LiFePO_4$）具有橄榄石晶体结构，其理论容量为 170mA·h/g，在没有掺杂改性时其实际容量已高达 110mA·h/g。通过对磷酸铁锂进行表面修饰，其实际容量可高达 165mA·h/g，已经非常接近理论容量，工作电压在 3.4V 左右。磷酸铁锂具有高稳定性、安全可靠、环保且价格低廉等特性。磷酸铁锂正极材料被认为是最有发展前途的动力电池正极材料。磷酸铁锂的缺点是电阻率较大，电极材料利用率低。

目前，正极材料广泛采用碳复合磷酸铁锂。碳复合磷酸铁锂正极材料按照充放电特性和使用要求分为能量型和功率型。

3）钴酸锂离子蓄电池。钴酸锂离子蓄电池是指用钴酸锂作为正极材料的锂离子蓄电池。钴酸锂离子蓄电池电化学性能优越、易加工、性能稳定、一致性好、比容量高、综合性能突出。但是钴酸锂离子蓄电池的安全性较差，而且成本高。

4）镍钴锰锂离子蓄电池。镍钴锰锂离子蓄电池是指用镍钴锰三元材料作为正极的锂离子蓄电池。镍钴锰锂离子蓄电池能量密度大、功率密度高、循环寿命长、易加工、安全性较好。

几种正极材料的比较见表 4-10。

表 4-10　几种正极材料的比较

正极材料	锰酸锂	磷酸铁锂	钴酸锂	镍钴锰锂
震实密度 /（g/cm³）	2.2～2.4	1.0～1.4	2.8～3.0	2.0～2.3
比表面积 /（m²/g）	0.4～0.8	12～20	0.4～0.6	0.2～0.4
克容量 /（mA·h/g）	100～120	110～140	135～145	140～165
标称电压 /V	3.7	3.2	3.6	3.5
循环次数	≥ 500	≥ 2000	≥ 300	≥ 800
原料成本	低	低	很高	高
制备工艺	比较容易	较难	容易	比较容易
环保性	环保	环保	环保（含钴）	环保（含镍、钴）
安全性	良好	优秀	差	较好
高温性能	差	很好	差	较好
低温性能	较好	差	好	较好
倍率性能	较差	较差	好	好

（2）锂离子蓄电池的结构　锂离子蓄电池主要由正极、负极、隔膜板、电解液和安全阀等组成。圆形锂离子蓄电池的基本结构如图 4-23 所示。

1）正极。正极物质由含锂的过渡金属氧化物组成，在锰酸锂离子蓄电池中以锰酸锂为主要原料，在磷酸铁锂离子蓄电池中以磷酸铁锂为主要原料，在镍钴锂离子蓄电池中以镍钴锂为主要材料，在镍钴锰锂离子蓄电池中以镍钴锰锂为主要材料。在正极活性物质中再加入导电剂、树脂黏合剂，并涂覆在铝基体上，呈细薄层分布。

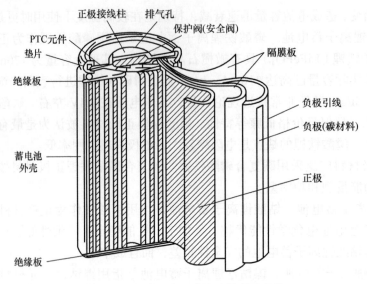

图 4-23　圆形锂离子蓄电池的基本结构

2）负极。负极活性物质由碳材料与黏合剂的混合物加上有机溶剂调和制成糊状，并涂覆在铜基上，呈薄层状分布。

3）隔膜板。隔膜板的功能是关闭或阻断通道，一般使用聚乙烯或聚丙烯材料的微多孔膜。所谓关闭或阻断功能是指电池出现异常温度上升时，阻塞或阻断作为离子通道的细孔，使蓄电池停止充放电反应。隔膜板可以有效防止因外部短路等引起的过大电流而使电池产生异常发热现象。这种现象即使产生一次，电池也不能正常使用。

4）电解液。电解液是以混合溶剂为主体的有机电解液，为了使主要电解质成分的锂盐溶解，它必须具有高电容率；并且具有与锂离子相容性好的溶剂，即不阻碍离子移动的低黏度的有机溶液为宜；而且在锂离子蓄电池的工作温度范围内，必须呈液体状态，凝固点低、沸点高。电解液对于活性物质具有化学稳定性，必须良好适应充放电反应过程中发生的剧烈的氧化还原反应。又由于使用单一溶剂很难满足上述严酷条件，因此电解液一般混合不同性质的几种溶剂使用。

5）安全阀。为了保证锂离子蓄电池的使用安全性，一般对外部电路进行控制或者在蓄电池内部设有异常电流切断的安全装置。即使这样，在使用过程中也有可能出现其他原因引起蓄电池内压异常上升。此时，安全阀释放气体，以防止蓄电池破裂。安全阀实际上是一次性非修复式的破裂膜，一旦进入工作状态，便保护蓄电池使其停止工作，因此是蓄电池最后的保护手段。

（3）锂离子蓄电池的工作原理　锂离子蓄电池的正极材料必须有能够接纳锂离子的位置和扩散路径，目前应用性能较好的正极材料是具有高插入电位的层状结构的过渡金属氧化物和锂的化合物，如锂化合物 $LiCoO_2$、$LiNiO_2$ 或尖晶石结构的 $LiMn_2O_4$，这些正极材料的插锂电位都可以达到 4V 以上。其负极材料一般采用锂碳层间化合物 Li_xC_6，电解液一般采用溶解有锂盐 $LiPF_6$、$LiAsF_6$ 的有机溶液。

如图 4-24 所示为锂离子蓄电池的工作原理。充电时，锂离子在正极脱嵌，通过电解质进入负极，同时由于隔膜的作用，电子只能通过外电路从正极流向负极，形成充电电流，保持正、负极电荷平衡。同理，放电时锂离子在负极脱嵌，流向正极，电子在外电路形成放电电流。

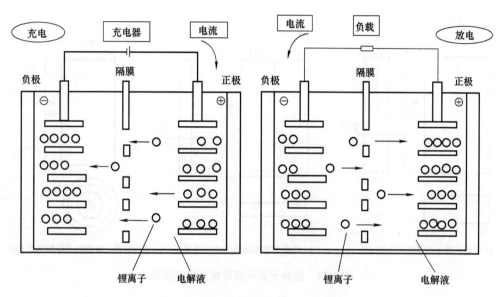

图 4-24　锂离子蓄电池的工作原理

锂离子蓄电池正、负极的电化学反应为

$$LiMO_2 \Longleftrightarrow Li_{1-x}MO_2 + xLi^+ + xe^-$$

$$nC + xLi^+ + xe^- \Longleftrightarrow Li_xC_n$$

总反应为

$$LiMO_2 + nC \Longleftrightarrow Li_{1-x}MO_2 + Li_xC_n$$

式中　M——Co、Ni、Fe、W 等。

例如，以 $LiCoO_2$ 为正极材料、石墨为负极材料的锂离子蓄电池，正、负极的电化学反应为

$$LiCoO_2 \Longleftrightarrow Li_{1-x}CoO_2 + xLi^+ + xe^-$$

$$6C + xLi^+ + xe^- \Longleftrightarrow Li_xC_6$$

总反应为

$$LiCoO_2 + 6C \Longleftrightarrow Li_{1-x}CoO_2 + Li_xC_6$$

电池反应过程中既没有消耗电解液，也不产生气体，只是锂离子在正负极间移动，所以锂离子蓄电池的结构可以做成完全封闭的。此外，在正常条件下，电池充放电过程中没有其他副反应，所以锂离子蓄电池充电效率很高，甚至达到 100%。

（4）锂离子蓄电池的规格和外形尺寸　锂离子蓄电池单体结构示意图如图4-25所示，锂离子蓄电池最大外形尺寸见表4-11。

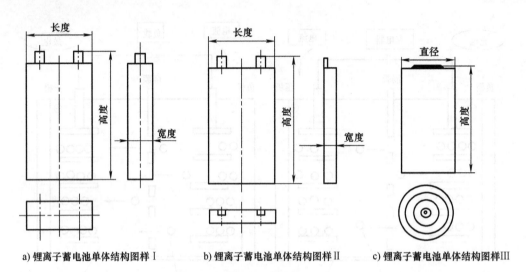

a）锂离子蓄电池单体结构图样Ⅰ　　b）锂离子蓄电池单体结构图样Ⅱ　　c）锂离子蓄电池单体结构图样Ⅲ

图4-25　锂离子蓄电池单体结构示意图

表4-11　锂离子蓄电池最大外形尺寸

序号	标称电压 /V	额定容量 /A·h	最大外形尺寸 /mm		
			长度（直径）	宽度	高度
1	3.6	8	66.0	18.0	148.0
2	3.6	100	343.0	18.5	254.0
3	3.2	2	26.0	—	65.0
4	3.2	15	72.0	29.0	120.0
5	3.2	15	136.0	8.0	230.0
6	3.2	20	92.0	34.0	146.0
7	3.2	20	110.0	25.0	120.0
8	3.2	50	100.0	28.0	376.0

注：1. 表中所列尺寸是优选值，不绝对限制电池容量。
　　2. 表中所列尺寸是最大值，外形尺寸小于等于60mm时，负公差是0～–2mm；外形尺寸大于60mm、小于等于120mm时，负公差是0～–3mm；外形尺寸大于120mm时，负公差是0～–4mm。
　　3. 表中所列高度值是包含端子或泄气阀的两个高度值中的较大者。

（5）锂离子蓄电池的要求　锂离子蓄电池的要求分为单体蓄电池的要求、蓄电池模块的要求以及蓄电池总成的要求。其中对锂离子单体蓄电池的要求和对金属氢化物镍单体蓄电池的要求是一样的。对锂离子蓄电池模块的要求与对金属氢化物蓄电池模块的要求相比，只有低温放电容量、荷电保持与容量恢复能力不同，其他是一样的。

锂离子蓄电池模块低温放电容量要求是：锂离子蓄电池模块按规定方法进行试验时，其放电容量应不低于初始容量的70%。锂离子蓄电池模块荷电保持与容量恢复能力要求是：锂离子蓄电池模块按规定方法进行试验时，其室温及高温荷电保持率应不低于初始容量的85%，容量恢复应不低于初始容量的90%。

锂离子蓄电池总成是指由一个或若干个锂离子蓄电池模块、电路设备（保护电路、锂离子蓄电池管理系统、电路和通信接口）等组成的，用来为用电装置提供电能的电源系统。对锂离子蓄电池总成主要有以下技术要求：

1）锂离子蓄电池的一致性。锂离子蓄电池的一致性是指组成锂离子蓄电池模块和总成的单体蓄电池性能的一致性特性。这些性能主要包括实际电能、阻抗、电极的电气特性、电气连接、温度特性差异、衰变速度等多种复杂因素。这些因素的差异，将直接影响运行过程中输出电参数的差异。组成锂离子蓄电池模块和总成的蓄电池的一致性特性应在规定的负荷条件和荷电状态下进行试验。锂离子蓄电池的一致性特性分为充电状态一致性特性和放电状态一致性特性。若没有具体规定，应以放电状态测试的一致性特性为锂离子蓄电池模块或总成的一致性特性。

锂离子蓄电池的一致性划分为5个等级，见表4-12。一致性指数超过5级的为不合格产品。

表 4-12　锂离子蓄电池一致性等级和指数

一致性等级	1级	2级	3级	4级	5级
一致性指数	≤ 5F	≤ 8F	≤ 11F	≤ 14F	≤ 18F

2）正极和负极输出连接。组成锂离子蓄电池总成的锂离子蓄电池模块正极和负极连接可采用螺栓连接方式或可插拔连接器连接方式。正极和负极连接处应有清晰的极性标志。正极采用红色标志和红色电缆，负极采用黑色标志和黑色电缆。

3）接口和协议。组成锂离子蓄电池总成的蓄电池管理系统的接口和协议包括电路接口和接口协议、通信接口和通信协议。其中电路接口和接口协议包括充电控制导引接口和接口协议、单体蓄电池电压监测电路接口和接口协议、充放电控制电路接口和接口协议、I/O充放电接口电路和接口协议；通信接口和通信协议包括内部通信接口和通信协议、充放电通信接口和通信协议、用户通信接口和通信协议。蓄电池总成接口和通信协议应符合JB/T 11138—2011《锂离子蓄电池总成接口和通信协议》的规定。

4）额定电能。当采用标称电压相同的锂离子蓄电池模块组成锂离子蓄电池总成时，蓄电池总成的额定电能值等于组成动力锂电池总成中电能最小的蓄电池模块的电能与模块数量的乘积。当采用不同标称电压的蓄电池模块组成蓄电池总成时，蓄电池总成的额定电能等于由蓄电池模块的额定电能除以蓄电池模块标称电压最小值与蓄电池总成标称电压的乘积。

5）电源功率消耗。特指组成锂离子蓄电池总成的蓄电池管理系统电路消耗的峰值功率，应符合制造厂商提供的产品技术文件的规定。

6）标称电压。采用锂离子蓄电池模块组成的锂离子蓄电池总成的标称电压见表4-13。

表 4-13　采用锂离子蓄电池模块组成的锂离子蓄电池总成的标称电压

模块数量 / 个	12V 系列	24V 系列	36V 系列	48V 系列	72V 系列
2	24V	48V	72V	96V	144V
3	36V	72V	—	144V	216V
4	48V	96V	144V	—	288V
5	60V	120V	—	240V	360V
6	72V	144V	—	288V	432V
7	—	—	—	336V	—
8	96V	—	288V	384V	—
9	—	—	—	432V	—
10	120V	240V	—	480V	—
11	—	—	396V	—	—
12	144V	288V	—	—	—
13	—	312V	—	—	—
14	—	336V	—	—	—
15	—	—	—	—	—
16	—	384V	—	—	—

注：锰酸锂动力电池模块没有 12V 系列的锂离子蓄电池模块。

7）使用寿命。锂离子蓄电池总成的使用寿命分为标准循环使用寿命和工况循环使用寿命。磷酸亚铁锂蓄电池标准循环使用寿命大于或等于 1200 次；锰酸锂蓄电池标准循环使用寿命应大于或等于 800 次。电动汽车用锂离子蓄电池总成的工况循环使用寿命可采用行驶里程数来表示。

4. 新体系电池

新体系电池主要是指固态电池、锂硫电池和金属空气电池。

（1）固态电池　固态电池是一种使用固体正负极和固体电解质，不含有任何液体，所有材料都由固态材料组成的电池，如固态锂离子电池。

液态锂离子电池被人们形象地称为"摇椅式电池"，摇椅两端为电池正、负两极，中间为液态电解质，而锂离子就像优秀的运动员，在摇椅的两端来回奔跑，在锂离子从正极到负极再到正极的运动过程中，完成电池的充放电过程。固态锂离子电池的原理与液态锂离子电池相同，只不过其电解质为固态，电池体积大大减小，能量密度得到提高，如图 4-26 所示。

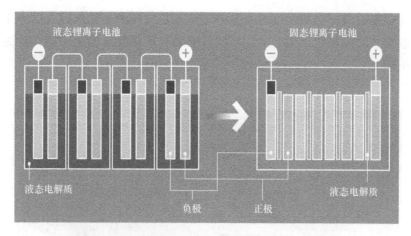

图 4-26 固态锂离子电池和液态锂离子电池的原理

液态锂离子电池具有 7 项缺点，如图 4-27 所示。

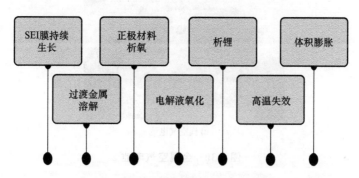

图 4-27 液态锂离子电池的缺点

固态锂离子电池与液态锂离子电池相比，其特点如图 4-28 所示。

（2）锂硫电池　锂硫电池是锂电池的一种，尚处于试验阶段。锂硫电池是以硫作为电池正极、金属锂作为电池负极的一种锂电池，如图 4-29 所示。利用硫作为正极材料的锂硫电池，硫的理论比容量和电池理论比能量分别达到了 1675mA·h/g 和 2600W·h/kg，是目前锂离子电池的 3～5 倍。单质硫在地球中储量丰富，价格低廉，环境友好，是一种非常有前景的锂电池，有望被应用于动力电池、便携式电子产品等领域。

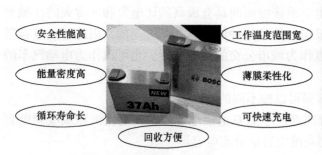

图 4-28 固态锂离子电池的特点

图 4-29 锂硫电池

（3）金属空气电池　金属空气电池是以电极电位较低的金属如锌、铝、镁、铁等作负极，以空气中的氧或纯氧作正极的活性物质，主要有锌空气电池、铝空气电池、镁空气电池等，如图 4-30 所示。

a) 锌空气电池

b) 铝空气电池

c) 镁空气电池

图 4-30　金属空气电池

金属空气电池具有比能量高、价格便宜、性能稳定等特点。

5. 超级电容器

超级电容器是一种具有超级储电能力、可提供强大脉冲功率的物理二次电源。它是介于蓄电池和传统静电电容器之间的一种新型储能装置。超级电容器主要是利用电极／电解质界面电荷分离所形成的双电层，或借助电极表面快速氧化还原反应所产生的法拉第准电容来实现电荷和能量的储存的。超级电容器又称双电层电容器、黄金电容器、法拉第电容器，它是一种电化学元件，在电极与电解液接触面间具有极高的比电容和非常大的接触表面积，但其储能的过程并不发生化学反应，并且这种储能过程是可逆的，因此超级电容器可反复充放电数十万次。超级电容可以作为城市公交的储能装置，也可以作为电动汽车的辅助储能装置。

（1）超级电容器的分类　超级电容器可以按不同的方式进行分类。

1）按照储能原理分类。因电荷分离而产生的双电层电容器，欠电位沉积或吸附电容而产生的法拉第准电容器，还有双电层与准电容混合型电容器。

2）按照结构形式分类。两电极组成相同且电极反应相同，但反应方向相反，称为对称型；两电极组成不同或反应不同，称为非对称型。

3）按照电极材料分类。以活性炭粉末、活性炭纤维、炭气凝胶、碳纳米管、网络结构活性炭为电极材料的超级电容；以贵金属二氧化钌、氧化镍、二氧化锰为电极材料的超级电容；以聚吡咯、聚苯胺、聚对苯等聚合有机物为电极的超级电容。

4）按照电解液不同分类。水溶液体系超级电容器，这种电容器电导率高、成本低、分解电压低（1.2V）；有机体系超级电容器，这种电容器电导率低、成本高、分解电压高（3.5V）；固体物电解质超级电容器，这种电容器可靠性高、电导率低、无泄漏、高比能量、薄型化。

5）按形状分类。超级电容器有圆形和方形之分。

（2）超级电容器的结构原理　超级电容器的结构原理如图 4-31 所示，主要由电极、电解液、隔膜、壳体等组成。超级电容器使用的电极材料多为活性炭材料，同时在相对的活性炭电极之间填充电解质溶液，当两个电极接上电压后，相对的多孔电极上聚集极性相反的电子，根据双电层理论，电解液中靠近两个电极的离子，由于电场作用聚集到两个电极附近，这些离子分别与极板所带电子极性相反，从而形成双电层电容。多孔活性炭的比面积非常高，高达 1000 ~ 3000m²/g，于是电容器获得了很大的极板面积，又因为电解质与多孔电极之间的界面距离很小，仅为几个电解质分子，达纳米级，从而使电容器获得了极小的极间距离，可得到超大容量的电容器，可以储存很大的静电能量。

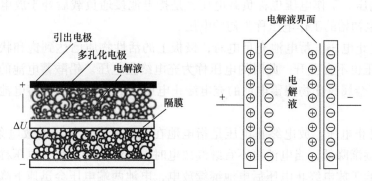

图 4-31　超级电容器的结构原理

超级电容器中的能量以电子的形式储存在电解液界面的双电层内部和电极表面。充电时，电子从正极传到负极，同时，电解液中的正负离子分开，分别向负极、正极移动到电解液表面；放电时，电子通过负载经过负极传到正极，正负离子则从电极表面释放而返回到电解液中。因此，超级电容器的充放电过程是物理过程，不涉及化学反应，性能稳定，具有高度的循环使用能力。超级电容器中电解液的分解电压决定了超级电容器的最大工作电压。当两电极间的电势低于电解液的氧化还原电极电位时，电解液界面上的电荷不会脱离电解液，超级电容器工作在正常状态；当电容器两端电压超过电解液的氧化还原电极电位时，电解液分解，超级电容器为非正常状态，从而决定了超级电容器的额定电压很低，通常在 3V 以下。

4.5.2 动力电池的性能

1.动力电池的主要性能指标

电动汽车上的动力电池主要是化学电池，即利用化学反应发电的电池。动力电池可以分为原电池、蓄电池和燃料电池。物理电池一般作为辅助电源使用，如超级电容器。动力电池是电动汽车的储能装置，要评定动力电池的实际效应，主要是看其性能指标。动力电池性能指标主要有电压、容量、内阻、能量、功率、输出效率、自放电率、放电倍率、使用寿命等，根据动力电池种类不同，其性能指标也有差异。

（1）电压 电池电压主要有端电压、标称（额定）电压、开路电压、工作电压、充电终止电压和放电终止电压等。

1）端电压。电池的端电压是指电池正极与负极之间的电位差。

2）标称电压。标称电压也称额定电压，是指电池在标准规定条件下工作时应达到的电压。标称电压由极板材料的电极电位和内部电解液的浓度决定。铅酸蓄电池的标称电压是2V，金属氢化物镍蓄电池的标称电压为1.2V，磷酸铁锂电池的标称电压为3.2V，锰酸锂离子电池的标称电压为3.7V。

3）开路电压。电池在开路条件下的端电压称为开路电压，即电池在没有负载情况下的端电压。

4）工作电压。工作电压也称负载电压，是指电池接通负载后处于放电状态下的端电压。在电池放电初始的工作电压称为初始电压。

5）充电终止电压。蓄电池充足电时，极板上的活性物质已达到饱和状态，再继续充电，电池的电压也不会上升，此时的电压称为充电终止电压。铅酸蓄电池的充电终止电压为2.7～2.8V，金属氢化物镍蓄电池的充电终止电压为1.5V，锂离子蓄电池的充电终止电压为4.25V。

6）放电终止电压。放电终止电压是指电池在一定标准所规定的放电条件下放电时，电池的电压将逐渐降低，当电池再不宜继续放电时，电池的最低工作电压称为放电终止电压。如果电压低于放电终止电压后电池继续放电，电池两端电压会迅速下降，形成深度放电。这样，极板上形成的生成物在正常充电时就不易再恢复，从而影响电池的寿命。放电终止电压和放电率有关，放电电流直接影响放电终止电压。在规定的放电终止电压下，放电电流越大，电池的容量越小。金属氢化物镍蓄电池的放电终止电压为1V，锂离子蓄电池的放电终止电压为3.0V。

（2）容量 容量是指完全充电的蓄电池在规定条件下所释放的总的电量，单位为 A·h 或 kA·h，它等于放电电流与放电时间的乘积。单元电池内活性物质的数量决定单元电池含有的电荷量，而活性物质的含量则由电池使用的材料和体积决定，通常电池体积越大，容量越高。电池的容量可以分为额定容量、n 小时率容量、理论容量、实际容量、荷电状态等。

1）额定容量。额定容量是指在室温下完全充电的蓄电池以 I_1（A）电流放电，达到终止电压时所放出的容量。

2）n 小时率容量。n 小时率容量是指完全充电的蓄电池以 n 小时率放电电流放电，达到规定终止电压时所释放的电量。

3）理论容量。理论容量是把活性物质的质量按法拉第定律计算而得到的最高理论值。为了比较不同系列的电池，常用比容量的概念，即单位体积或单位质量的电池所能给出的理论电量，单位为 A·h/L 或 A·h/kg。

4）实际容量。实际容量也称可用容量，是指蓄电池在一定条件下所能输出的电量，它等于放电电流与放电时间的乘积，其值小于理论容量。实际容量反映了蓄电池实际存储电量的大小，蓄电池容量越大，电动汽车的续驶里程就越远。在使用过程中，电池的实际容量会逐步衰减。国家标准规定新出厂的电池实际容量大于额定容量值为合格电池。

5）荷电状态。荷电状态（State Of Charge，SOC）是指蓄电池在一定放电倍率下，剩余电量与相同条件下额定容量的比值，反映蓄电池容量变化的特性。SOC = 1 即表示蓄电池为充满状态。随着蓄电池的放电，蓄电池的电荷逐渐减少，此时可以用 SOC 值百分数的相对量来表示电池中电荷的变化状态。一般蓄电池放电高效区为 50% ~ 80% SOC。对蓄电池 SOC 值的估算已成为电池管理的重要环节。

（3）内阻　电池的内阻是指电流流过电池内部时所受到的阻力，一般是蓄电池中电解质、正负极群、隔板等电阻的总和。电池内阻越大，电池自身消耗掉的能量越多，电池的使用效率越低。内阻很大的电池在充电时发热很严重，使电池的温度急剧上升，对电池和充电机的影响都很大。随着电池使用次数的增多，由于电解液的消耗及电池内部化学物质活性的降低，蓄电池的内阻会有不同程度的升高。电池内阻通过专用仪器测量得到。

绝缘电阻是电池端子与电池箱或车体之间的电阻。

（4）能量　电池的能量是指在一定放电制度下，电池所能输出的电能，单位为 W·h 或 kW·h。它影响电动汽车的续驶里程。电池的能量分为总能量、理论能量、实际能量、比能量、能量密度、充电能量、放电能量等。

1）总能量。总能量是指蓄电池在其寿命周期内电能输出的总和。

2）理论能量。理论能量是电池的理论容量与额定电压的乘积，指一定标准所规定的放电条件下，电池所输出的能量。

3）实际能量。实际能量是电池实际容量与平均工作电压的乘积，表示在一定条件下电池所能输出的能量。

4）比能量。比能量也称质量比能量，是指电池单位质量所能输出的电能，单位为 W·h/kg。常用比能量来比较不同的电池系统。比能量有理论比能量和实际比能量之分。理论比能量是指 1kg 电池反应物质完全放电时理论上所能输出的能量；实际比能量是指 1kg 电池反应物质所能输出的实际能量。由于各种因素的影响，电池的实际比能量远小于理论比能量。电池的比能量是综合性指标，它反映了电池的质量水平。电池的比能量影响电动汽车的整车质量和续驶里程，是评价电动汽车动力电池是否满足预定续驶里程的重要指标。

5）能量密度。能量密度也称体积比能量，是指电池单位体积所能输出的电能，单位为 W·h/L。

6）充电能量。充电能量是指通过充电机输入蓄电池的电能。

7）放电能量。放电能量是指蓄电池放电时输出的电能。

（5）功率 电池的功率是指电池在一定的放电制度下，单位时间内所输出能量的大小，单位为 W 或 kW。电池的功率决定了电动汽车的加速性能和爬坡能力。

1）比功率。单位质量电池所能输出的功率称为比功率，也称质量比功率，单位为 W/kg 或 kW/kg。

2）功率密度。从蓄电池的单位质量或单位体积所获取的输出功率称为功率密度，单位为 W/kg 或 W/L。从蓄电池的单位质量所获取的输出功率称为质量功率密度；从蓄电池的单位体积所获取的输出功率称为体积功率密度。

（6）输出效率 动力电池作为能量存储器，充电时把电能转化为化学能储存起来，放电时把电能释放出来。在这个可逆的电化学转换过程中，有一定的能量损耗。通常用电池的容量效率和能量效率来表示。

1）容量效率。容量效率是指电池放电时输出的容量与充电时输入的容量之比，即

$$\eta_C = \frac{C_o}{C_i} \times 100\% \tag{4-18}$$

式中　η_C——电池的容量效率；
　　　C_o——电池放电时输出的容量（A·h）；
　　　C_i——电池充电时输入的容量（A·h）。

影响电池容量效率的主要因素是副反应。当电池充电时，有一部分电量消耗在水的分解上。此外，自放电以及电极活性物质的脱落、结块、孔率收缩等也会降低容量输出。

2）能量效率。能量效率也称电能效率，是指电池放电时输出的能量与充电时输入的能量之比，即

$$\eta_E = \frac{E_o}{E_i} \times 100\% \tag{4-19}$$

式中　η_E——电池的能量效率；
　　　E_o——电池放电时输出的能量（W·h）；
　　　E_i——电池充电时输入的能量（W·h）。

影响能量效率的原因是电池存在内阻，它使电池充电电压增加，放电电压下降。内阻的能量损耗以电池发热的形式损耗掉。

（7）自放电率 自放电率是指电池在存放期间容量的下降率，即电池无负荷时，自身放电使容量损失的速度，它表示蓄电池搁置后容量变化的特性。自放电率用单位时间容量降低的百分数表示，其表达式为

$$\eta_{\Delta C} = \frac{C_a - C_b}{C_a T_t} \times 100\% \tag{4-20}$$

式中　$\eta_{\Delta C}$——电池自放电率；
　　　C_a——电池存储前的容量（A·h）；
　　　C_b——电池存储后的容量（A·h）；
　　　T_t——电池存储的时间（天/月）。

（8）放电倍率　电池放电电流的大小常用"放电倍率"表示，即电池的放电倍率用放电时间表示或者说以一定的放电电流放完额定容量所需的小时数来表示。由此可见，放电时间越短，即放电倍率越高，则放电电流越大。

放电倍率等于额定容量与放电电流之比。根据放电倍率的大小，可分为低倍率（<0.5C）、中倍率（0.5~3.5C）、高倍率（3.5~7.0C）、超高倍率（>7.0C）。

例如，某电池的额定容量为 20A·h，若用 4A 电流放电，则放完 20A·h 的额定容量需用 5h，也就是说以 5 倍率放电，用符号 C/5 或 0.2C 表示，为低倍率。

（9）使用寿命　使用寿命是指电池在规定条件下的有效寿命期限。电池发生内部短路或损坏而不能使用，以及容量达不到规范要求时电池使用失效，这时电池的使用寿命终止。

电池的使用寿命包括使用期限和使用周期。使用期限是指电池可供使用的时间，包括电池的存放时间。使用周期是指电池可供重复使用的次数，也称循环寿命。

除此之外，成本也是一个重要的指标。目前，电动汽车发展的瓶颈之一就是电池价格高。

2. 动力电池循环寿命测试

动力电池循环寿命是衡量动力电池性能的一个重要参数。在一定的充放电制度下，动力电池容量降至某一规定值之前，动力电池所能承受的循环次数，称为动力电池的循环寿命。影响动力电池循环寿命的因素有电极材料、电解液、隔膜、制造工艺、充放电制度、环境温度等。在进行循环寿命测试时，要严格控制测试条件。

动力电池循环寿命主要分为标准循环寿命和工况循环寿命。标准循环寿命是指测试样品按规定办法进行标准循环寿命测试时，循环次数达到 500 次时，放电容量应不低于初始容量的 90%。或者循环次数达到 1000 次时，放电容量应不低于初始容量的 80%。工况循环寿命根据电动汽车类型的不同而不同。

（1）动力电池充电方法　在室温下，按照企业规定的充电方法进行充电。若企业未提供充电方法，则依据以下方法充电。对于锂离子蓄电池，以 I_1（A）电流恒流充电至企业规定的充电终止电压时转恒压充电，至充电终止电流降至 $0.05I_1$（A）时停止充电，充电后搁置 1h；对于金属氢化物镍蓄电池，以 I_1（A）电流恒流充电 1h，再以 $0.2I_1$（A）充电 1h，充电后静置 1h。

（2）动力蓄电池容量和能量测试方法

1）以 I_1（A）电流放电至企业规定的放电终止条件。

2）搁置不低于 30min 或企业规定的搁置时间。

3）按充电方法进行充电。

4）搁置不低于 30min 或企业规定的搁置时间。

5）以 I_1（A）电流放电至企业规定的放电终止条件。

6）计算步骤 5）放电容量（以 A·h 计）和放电能量（以 W·h 计）。

（3）动力蓄电池标准循环寿命　按照以下步骤测试标准循环寿命。

1）以 I_1（A）电流放电至企业规定的放电终止电压。

2）搁置不低于 30min 或企业规定的搁置条件。

3）按充电方法对蓄电池进行充电。

4）搁置不低于 30min 或企业规定的搁置条件。

5）以 I_1（A）电流放电至企业规定的放电终止条件，记录放电电量。

6）按照步骤 2）~ 5）连续循环 500 次，若放电容量高于初始容量的 90%，则终止试验；若放电容量低于初始容量的 90%，则继续循环 500 次。

7）计量室温放电容量和放电能量。

（4）动力电池工况循环寿命　纯电动汽车分为纯电动乘用车和纯电动商用车，测试方法如下：

1）纯电动乘用车用能量型蓄电池。纯电动乘用车用能量型蓄电池循环测试由两部分组成，充电部分按充电方法进行，放电部分按照表 4-14 的主放电工况进行，纯电动乘用车用能量型蓄电池大循环 SOC 波动示意图如图 4-32 所示。

表 4-14　纯电动乘用车用能量型蓄电池主放电工况试验步骤

时间增量 /s	累计时间 /s	电流 /A	ΔSOC（%）
5	5	$3I_1$	−0.417
3	8	$-I_1$	−0.333
6	14	$-\frac{1}{3}I_1$	−0.278
40	54	$\frac{1}{3}I_1$	−0.648
30	84	$\frac{1}{2}I_1$	−1.065
10	94	I_1	−1.343

按照以下步骤进行测试：

① 按充电方法进行充电。

② 搁置 30min。

③ 运行主放电工况直到 20% SOC 或者企业规定的最低 SOC 值，或企业规定的放电终止条件。

④ 搁置 30min。

⑤ 重复步骤①~④共 xh（$x \approx 20$，且循环次数为图 4-32 所示大循环的整数倍）。

⑥ 搁置 2h。

⑦ 重复步骤①~⑦共 6 次。

⑧ 按照容量和能量测试方法测试容量和能量。

⑨ 计算总放电能量与电池初始能量的比值。

⑩ 重复步骤①~⑨，直至总放电能量与电池初始能量的比值达 500。

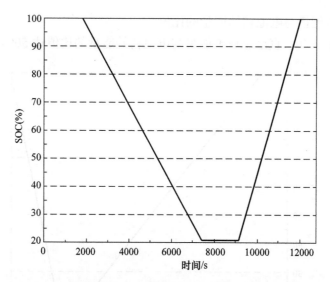

图 4-32　纯电动乘用车用能量型蓄电池大循环 SOC 波动示意图

2）纯电动商用车用能量型蓄电池。纯电动商用车用能量型蓄电池循环测试由两部分组成，充电部分按照充电方法进行，放电部分按照表 4-15 的主放电工况进行，纯电动商用车用能量型蓄电池大循环 SOC 波动示意图如图 4-33 所示。

表 4-15　纯电动商用车用能量型蓄电池主放电工况

时间增量 /s	累计时间 /s	电流 /A	ΔSOC（%）
23	23	I_1	−0.639
8	31	$\frac{1}{3}I_1$	−0.713
23	54	$-\frac{1}{3}I_1$	−0.500
26	80	$0.1I_1$	−0.572

按照以下步骤进行测试：

① 按照充电方法进行充电。

② 搁置 30min。

③ 运行主放电工况直到 20%SOC 或者企业规定的最低 SOC 值，或企业规定的放电终止条件。

④ 搁置 30min。

⑤ 重复步骤①~④共 xh（$x \approx 20$，且循环次数为图 4-33 所示大循环的整数倍）。

⑥ 搁置 2h。

⑦ 重复步骤①~⑦共 6 次。

⑧ 按照容量和能量测试方法测试容量和能量。

⑨ 计算总放电能量与电池初始能量的比值。

⑩ 重复步骤①～⑨，直至总放电能量与电池初始能量的比值达 500。

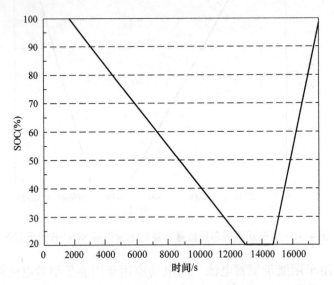

图 4-33　纯电动商用车用能量型蓄电池大循环 SOC 波动示意图

复习思考题

一、填空题

1. 我国国标中汽油的牌号是按_____划分的。

2. 国产柴油是按_____编号的。

3. 评价柴油自燃性的指标是_____，评价汽油抗爆性的指标是_____。

4. 由于试验方法的不同，燃料辛烷值分为马达法辛烷值和_____辛烷值两种。

5. 一般燃料的燃烧过程，都可分为_____和燃烧两个阶段。

6. 馏程是评定汽油_____的指标。

二、选择题

1. 我国某城市冬季 12 月～1 月平均气温为 3 ～－5℃，请为在此季节使用的高速柴油机选择最合适的柴油牌号为（　　　）。

A.－10 号　　　　　　B. 0 号　　　　　　C. 10 号　　　　　　D. 20 号

2. 我国汽油标号如 95 号代表汽油的（　　　）。

A. 十六烷值　　　　　B. 辛烷值　　　　　C. 馏出温度　　　　　D. 黏度

3. 下列有关着火理论叙述正确的是（　　　）。

A. 着火热理论表明只要温度足够高，燃料就能着火

B. 链锁反应机理表明链引发后就会一直传播下去

C.点燃是电火花产生火焰核心并引起火焰传播的过程

D.燃料本身的性能对着火基本没有影响

4.柴油的十六烷值反映其（　　）。

A.着火性能　　　　　　　B.抗爆性能　　　　　　C.安全性能　　　　　　D.点火性能

5.我国柴油标号如 0 号代表柴油的（　　）。

A.闪点　　　　　　　　　B.十六烷值　　　　　　C.凝固点　　　　　　　D.饱和蒸汽压

三、简答题

1.对汽油机有重要影响的性能指标有哪些？

2.对柴油机有重要影响的性能指标有哪些？

3.汽油和轻柴油的牌号是按什么划分的？

4.如何确定汽油和柴油的辛烷值和十六烷值？

5.汽油机和柴油机燃烧方式有哪些不同？

6.简述锂离子电池的工作原理。

第 5 章　发动机混合气形成和燃烧

[内容及要点]

　　本章主要内容包括发动机（汽油机和柴油机）的正常燃烧过程、不正常燃烧过程、影响燃烧过程的因素以及发动机的燃烧室等。

　　教学目的要求掌握发动机正常燃烧过程及各阶段特点；掌握汽油机不正常燃烧现象与形成原理，危害及防治方法；掌握柴油机的喷油过程及喷油规律；了解发动机的混合气形成特点，了解发动机燃烧室的结构对燃烧过程的影响。

　　发动机的燃烧过程是将燃料的化学能转变为热能的过程。进入气缸的燃料燃烧完全的程度，直接影响到热量产生的多少和排出废气的成分，而燃烧时间或燃烧过程中曲轴转角的位置，又关系到热量的利用程度和气缸压力的变化，所以燃烧过程影响发动机的经济性、动力性、排气污染，并且对噪声、振动、起动及使用寿命等都有很大影响。

5.1　发动机混合气的形成

5.1.1　汽油喷射式发动机混合气

　　汽油机在点火前，燃油必须蒸发，形成可燃的均匀混合气。汽油机混合气的形成方式主要有化油器式和汽油喷射式两种类型。近年来，由于排放法规和油耗要求的提高，传统的化油器式混合气形成方式已经难以满足性能提高的要求。随着电子技术的发展，电子控制汽油喷射式发动机迅速得到广泛应用，并已经取代化油器式发动机成为现代汽车的主流。

1. 汽油机不同工况对混合气的要求

　　在汽油机运行时，由于工况不同，对混合气最佳成分的要求也不同。

　　小负荷时，节气门开度较小，进入气缸的混合气量也少，缸内残余废气系数较大，供给较浓的混合气（$\alpha = 0.7 \sim 0.9$）；中等负荷时，由于汽车大部分处于此工况，为获得较好的经济性，供给最经济的混合气（$\alpha = 1.05 \sim 1.15$）；大负荷时，为使发动机发出最大功率，应供给浓混合气（$\alpha = 0.8 \sim 0.9$）。

　　发动机起动时，吸气量小，温度低，气化条件差，供给过浓混合气（$\alpha = 0.2 \sim 0.6$）。

　　怠速时，节气门开度很小，汽油机转速低、吸油困难，进入气缸的混合气量少且稀，应供给较浓的混合气（$\alpha = 0.6 \sim 0.8$）。

加速时，节气门突然开大，由于燃油的惯性和黏性大于空气，使燃油的增量小于空气的增量，会使混合气变稀，应额外供应部分燃油。

2. 汽油喷射系统混合气形成

在电喷汽油发动机中，进入气缸的混合气成分，既取决于吸入的空气量，又取决于喷油器喷射的燃料量。

汽油机喷射系统有两种喷射形式，即单点喷射和多点喷射。由于采用单点喷射系统的汽油机与化油器式汽油机相比，性能改善不显著，而多点喷射系统的优点比较突出，因此多点喷射应用较广泛。

图 5-1 所示为常用的多点燃油喷射系统示意图。电子控制的汽油喷射系统，以发动机转速和空气量为依据，由 ECU 接收来自各个传感器的信号，包括进气量、曲轴转角、发动机转速、加速度、冷却液温度、进气温度、节气门开度及排气中氧含量等信号；信号经 ECU 处理后，将控制信号送到喷油器，通过控制喷油器启闭时间长短，改变供油量，从而达到最佳空燃比，以适应发动机运行工况的要求。

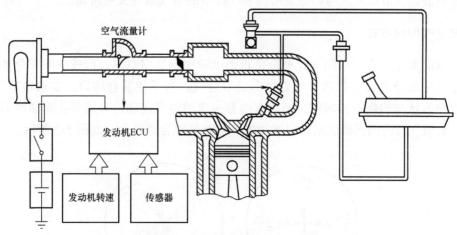

图 5-1　多点燃油喷射系统示意图

多点喷射系统喷油器设置如图 5-2 所示。燃油喷射在进气门背面，与空气混合，气门开启后，喷出的油束顺着空气流漂流，并进入气缸中汽化。没有完全汽化的油滴黏附在气缸壁上形成油膜。没有被空气带走的油滴，一部分在进气门上汽化，其余部分则黏附在气缸壁上。这会使混合气不均匀，应尽量减少黏附的燃油。

由于喷油器与进气门的距离较近，响应特性较好。但燃油与空气混合时间短，使混合气也存在不均匀性。汽油喷射发动机从较小负荷到较大负荷，其混合气分配状况较差。

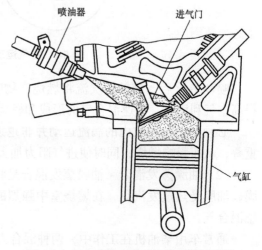

图 5-2　多点喷射系统喷油器设置示意图

再增加负荷时，混合气分配状况有所改善。

总之，燃油喷射发动机总体上看具有较高的平均有效压力和较低的燃油消耗率，动力性和经济性都较好，排放污染较少，加速性能较好。

5.1.2 柴油机混合气形成

1. 混合气形成特点

柴油黏度大，不易挥发，必须借助喷油设备，将其在接近压缩行程终了时，通过高压喷出的细小油滴进入气缸，与高温高压的热空气混合，并经过一系列物理化学准备，最后着火燃烧。

柴油机混合气的形成时间极短，直接喷入气缸的燃油难与空气良好混合，形成的混合气不均匀，而且喷油与燃烧重叠，存在边燃烧、边喷油、边混合的情况。因此，混合气形成过程很复杂。

柴油机混合气形成品质与燃烧室结构和气缸中的空气运动关系密切。

2. 混合气形成方式

（1）空间雾化混合　空间雾化混合是将燃油喷向燃烧室空间，形成空间雾化油滴，并从高温空气中吸热蒸发、扩散，与空气形成混合气。为了使混合均匀，要求喷雾要细碎，喷注射程和形状与燃烧室相匹配，燃烧室内有一定的空气运动。采用多孔喷油器形成多处喷注，并组织气缸内的涡流运动，以增加燃油与空气混合的机会，如图5-3所示。

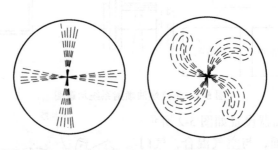

图5-3　空气运动对混合气形成的影响

喷注着火后，旋转的气流将燃烧产物吹走，并及时向未燃烧完的油滴提供新鲜空气，提高空气利用率，加速混合气的形成和燃烧。

必须指出，气缸内的涡流运动并非越强越好。涡流过强，会使燃烧产物与相邻的喷注重叠，从而影响燃烧；同时使进气阻力加大，充气系数下降。

（2）油膜蒸发混合　油膜蒸发混合是将大部分燃油喷涂到燃烧室壁面上，形成一层油膜，油膜受热蒸发汽化，在燃烧室中强烈的涡流作用下，燃油蒸气与空气形成较均匀的可燃混合气。

通常车用柴油机在工作中，两种混合方式兼而有之，仅以其中一种方式为主。

5.2 发动机燃烧过程

5.2.1 汽油机的燃烧过程

汽油机的火花塞跳火点燃可燃混合气，形成火焰中心。火焰按一定速度连续地传播到整个燃烧室空间。在此期间，火焰传播速度及火焰前锋的形状均没有急剧变化，这种状况称为正常燃烧。

1. 正常燃烧过程进行情况

研究燃烧过程的方法很多，通常根据高速摄影机摄取的燃烧图或激光吸收光谱仪来分析燃烧过程。最简便易行且经常使用的方法是测取燃烧过程的展开示功图。图 5-4 所示为汽油机燃烧示功图，它以发动机曲轴转角为横坐标，气缸内气体压力为纵坐标。图 5-4 中虚线表示只压缩不点火的压缩线。

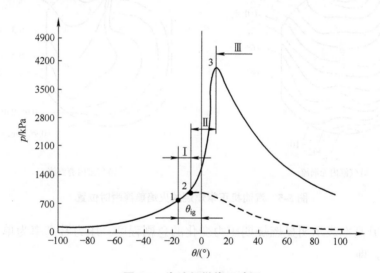

图 5-4　汽油机燃烧示功图

Ⅰ—着火延迟期　Ⅱ—明显燃烧期　Ⅲ—后燃期
1—开始点火　2—形成火焰中心　3—最高压力点

燃烧过程的进行是连续的，为分析方便，按其压力变化的特征，可人为地将汽油机的燃烧过程分为Ⅰ、Ⅱ、Ⅲ三个阶段。

（1）着火延迟期　从火花塞跳火开始到形成火焰中心为止这段时间，即从火花塞点火（1 点）至气缸压力明显脱离压缩线而急剧上升（2 点）的时间或曲轴转角，称为着火延迟期，如图 5-4 所示中阶段Ⅰ所示。从火花塞跳火开始到上止点的曲轴转角，称为点火提前角，用 θ_{ig} 表示。

火花塞跳火后，并不能立刻形成火焰中心，因为混合气氧化反应需要一定时间。当火花能量使局部混合气温度迅速升高，以及火花放电时，并且两极电压在 15000V 以上时，混合气局部温度可达 3000K，加快了混合气的氧化反应速度。当这种反应达到一定的程度

（所需要时间约占整个燃烧时间的15%左右时），会出现发光区，形成火焰中心，此阶段压力无明显升高。

着火延迟期的长短，与燃料本身的分子结构和物理化学性质、过量空气系数（$\alpha = 0.8 \sim 0.9$ 时最短）、开始点火时气缸内温度和压力（取决于压缩比）、残余废气量、气缸内混合气的运动、火花能量大小等因素有关。汽油机燃烧过程中，着火延迟期的影响不如柴油机大。

（2）明显燃烧期　从形成火焰中心（2点）到气缸内出现最高压力点（3点）为止这段时间，称为明显燃烧期，见图5-4中第Ⅱ阶段。

当火焰中心形成后，火焰前锋以 20～30m/s 的速度，从火焰中心开始逐层向四周的未燃混合气传播，直到连续不断扫过整个燃烧室。绝大部分的混合气（约80%以上）在此期间内燃烧完毕，压力、温度迅速升高，出现最高压力点3。图5-5所示为正常燃烧时，火焰前锋的瞬时位置。

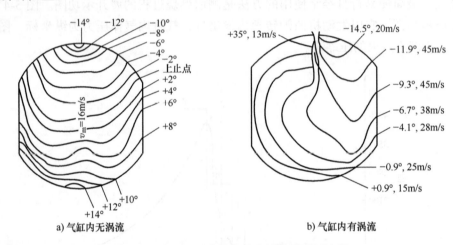

a) 气缸内无涡流　　　　　　　　b) 气缸内有涡流

图5-5　汽油机正常燃烧的火焰前锋瞬时位置

常用压力升高率表示明显燃烧期压力变化的急剧程度。压力升高率为单位曲轴转角压力的变化程度，即

$$\frac{\Delta p}{\Delta \theta} = \frac{p_3 - p_2}{\theta_3 - \theta_2}$$

式中　p_3、p_2——第Ⅱ阶段终点和起点的压力（MPa）；

　　　θ_3、θ_2——第Ⅱ阶段终点和起点的相对上止点的曲轴转角（°）

汽油机 $\Delta p/\Delta \theta$ 一般为 200～400kPa/（°）。$\Delta p/\Delta \theta$ 值过小，动力性、经济性差；$\Delta p/\Delta \theta$ 值过大，使得噪声、振动大，且工作粗暴，对排污也不利。$\Delta p/\Delta \theta$ 与最高压力点3的出现时刻关系密切。

最高压力（点3）出现的时刻，对发动机功率、燃油消耗有很大影响：过早，混合气点火早，使压缩功增加，热效率下降；过迟，燃烧产物的膨胀比减小，燃烧在较大容积下进行，散热损失增加，热效率也下降。实践证明，最高压力出现在上止点后12°～15°曲轴转角时，示功图面积最大，循环功最多。此时对应的点火提前角为最佳点火提前角。因而，可以通过调整点火提前角，使最高燃烧压力出现在适宜的位置。

（3）后燃期　从最高压力点开始到燃料基本燃烧完为止，称为后燃期。这一阶段主要是明显燃烧期内火焰前锋扫过的区域，部分未燃尽的燃料继续燃烧；吸附在缸壁上的混合气层继续燃烧；部分的高温分解产物等由于在膨胀过程中温度下降，又重新燃烧、放热。

由于活塞下行，压力降低，使补燃期内燃烧放出的热量不能有效地转变为功。同时，排气温度增加，热效率下降，影响发动机动力性和经济性。因此，应尽量减少补燃。正常燃烧时，汽油机后燃较柴油机轻得多。

2. 燃烧速度

燃烧速度是指单位时间内燃烧混合气的量，可用公式表示为

$$\frac{\mathrm{d}m}{\mathrm{d}t} = \rho_{\mathrm{T}} U_{\mathrm{T}} A_{\mathrm{T}}$$

式中　ρ_{T}——未燃混合气的密度；

U_{T}——火焰传播速度；

A_{T}——火焰前锋面积。

由上式可见，影响燃烧速度的因素如下。

（1）火焰速度　火焰速度是决定明显燃烧期长短的主要因素。现代汽油机的 U_{T} 可达到 50 ~ 80m/s。影响火焰速度的主要因素有：燃烧室中气体的紊流运动、混合气成分和混合气初始温度。

1）紊流运动。紊流运动是指无数小气团的一种无规则运动，每一气团的大小不一，其流动速度也不一致，但其宏观流动方向是一致的。紊流运动使火焰燃烧区厚度增加，火焰传播速度加快，紊流强度与火焰速度比成正比关系。

2）混合气成分。混合气成分不同，火焰传播速度明显不同。

3）混合气初始温度。混合气初始温度高，火焰传播速度增加。

（2）火焰前锋面积　利用燃烧室几何形状及其与火花塞位置的配合，可以改变不同时期火焰前锋扫过的面积，以调整燃烧速度。

（3）可燃混合气的密度　增大未燃混合气的密度，可以提高燃烧速度。因此，增大压缩比和进气压力等，均可加大燃烧速度。

3. 汽油机不规则燃烧

汽油机不规则燃烧，是指在正常运转情况下，发动机各循环之间的燃烧差异和各缸之间的燃烧差异。

（1）各循环之间的燃烧差异　图 5-6 所示为不同循环气缸压力变化情况，图 5-7 所示为 n 和 $p_{\max}$ 值随循环数的变动情况。各循环间的燃烧差异，主要是燃烧的不稳定性，表现为循

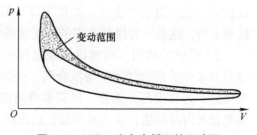

图 5-6　工况一定各个循环的示功图

环的压力波动。

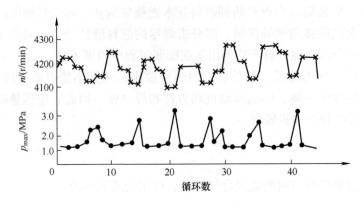

图 5-7 n 和 p_{max} 值随循环数的变动

影响循环波动的因素较多，如混合气浓度、发动机负荷、转速、点火时刻、燃烧室形状，火花塞位置、压缩比、配气定时等。为提高发动机功率，减少油耗，降低排放污染和噪声，应使燃烧差异降到最小限度。

（2）各缸间的燃烧差异 各缸间的燃烧差异，主要是由于可燃混合气对各缸分配不均造成的。可燃混合气量和成分都存在不均匀。由于各缸混合气成分不同，不能使各缸处于理想的混合比工作，使得发动机功率下降，油耗上升，排放污染加大，甚至个别缸出现过热、火花塞烧损现象。

影响混合气分配不均的主要因素是化油器和进气管。化油器的安装位置要适当，使其至各缸气道的路径相同，保证进气管到各缸的通道（管长、直径、对称性等）相等。进气管内表面光滑、弯道少。

采用汽油喷射技术，可以改善雾化质量，使各缸间混合气的分配均匀。例如多点喷射的汽油机，燃料喷射系统在各缸的进气门前装一个喷油器，使各缸供油量保持一致，发动机性能得到改善。

4. 汽油机不正常燃烧

不正常燃烧可分为爆燃和表面点火两类。汽油机的不正常燃烧是提高汽油机性能的一大障碍。

（1）爆燃

1）爆燃的外部特征。发动机气缸内发出特别尖锐的金属敲击声，也称之敲缸。轻微敲缸时，发动机功率上升，油耗下降。但敲缸严重时，会导致冷却液过热，功率下降，油耗率上升，这是一种极其有害的不正常燃烧。

2）爆燃的成因。汽油机燃烧过程中，火焰前锋以正常的传播速度向前推进，使得火焰前方未燃的混合气（末端混合气）受到已燃混合气强烈的压缩和热幅射作用，加速其先期反应，并放出部分热量，使其本身的温度不断升高，以致于在正常的火焰到达之前，末端混合气内部最适宜着火的部位，已出现一个或多个火焰中心，这种现象称为爆燃。

爆燃的火焰前锋面推进速度，远远高于正常燃烧的火焰传播速度。轻微爆燃时，火焰传播速度约为 100 ~ 300m/s；强烈爆燃时，火焰传播速度可高达 800 ~ 2000m/s。它使未燃混合气体瞬时燃烧完毕，局部温度、压力猛烈增加，形成强烈的压力冲击波。冲击波以超声速传播，撞击燃烧室壁，发出频率达 3000 ~ 5000Hz 的尖锐的金属敲击声。试验表明，发动机总充量中，只要有大于 5% 的部分发生自燃，就足以引起剧烈爆燃。

如图 5-8b 所示，爆燃比正常燃烧时的压力升高，有时可达 65MPa。压力波动很大，破坏了正常燃烧示功图，使发动机功率下降，零件受冲击载荷增加，使用寿命下降。

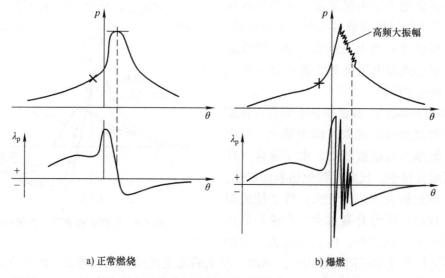

a) 正常燃烧   b) 爆燃

图 5-8 正常燃烧与爆燃的 p-θ 图和 λ_p-θ 图比较

3）爆燃的危害。发生爆燃时，汽油机将出现敲缸声。轻微爆燃时，功率略有增加；但强烈的爆燃，使汽油机功率下降，工作变得不稳定，发动机振动较大。由于爆燃的冲击波破坏了燃烧室壁面的油膜和气膜，使传热增加，发动机过热。

4）减少爆燃的措施。具体如下：

① 使用抗爆性高的燃料。当辛烷值增加时着火延迟期也增加，抗爆性好。添加抗爆剂可提高汽油的抗爆性。

② 降低末端混合气温度和压力。降低冷却液温度、进气温度，使用浓混合气，推迟点火，降低压缩比，及时清除燃烧室积炭，合理设计燃烧室，缩短火焰传播距离等。

③ 降低负荷、提高转速减小爆燃倾向。降低负荷，上一循环的残余废气量相应增多，废气对混合气的自燃有阻碍作用。提高转速，混合气的扰流强度提高，火焰传播速度加快，不易产生爆燃。

总之，汽油机在降低压缩比、关小节气门或提高转速时，都不易产生爆燃。推迟点火时刻、提高汽油的辛烷值，也是减少爆燃倾向的有效措施。

（2）表面点火 在汽油机中，凡是不靠电火花点火而由燃烧室炽热表面（如过热的火花塞绝缘体和电极、排气门、炽热的积炭等）点燃混合气而引起的不正常燃烧现象，称为表面点火。根据被炽热表面点火的火焰是否始终以正常速度进行传播，表面点火可分为非爆燃性表面点火和爆燃性表面点火。

1）非爆燃性表面点火。如果表面点火发生在正常点火时刻之前，称为早火；发生在正常点火时刻之后，称为后火。图5-9所示为非爆燃性表面点火示功图。

① 后火。火花塞跳火点燃混合气后，在火焰传播过程中，由于炽热表面使火焰前锋未扫过区域的混合气被点燃，但形成的火焰前锋仍以正常的火焰传播速度向未燃气区推进，称为后火。这种现象可在发动机断火后，发现发动机仍像有电火花点火一样，继续运转，直到炽热点温度下降到不能点燃混合气为止，发动机才停转。

② 早火（早燃）。高温炽热表面在火花塞跳火前点燃混合气的现象，称为早火。发生早火时，炽热表面温度较高。由于混合气在进气和压缩行程中，长期受到炽热表面加热，点燃的区域比较大，一经着火，势必使火焰传播速度较高，压力升高过大，常使最高压力点出现在上止点之前，压缩功过大，发动

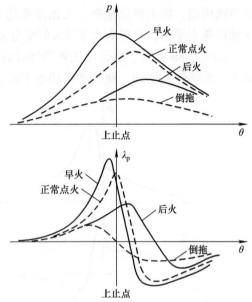

图5-9　非爆燃性表面点火示功图

机运转不平稳并发生沉闷的敲击声。同时，早火的发生使散热损失增加，传给冷却液的热量增多，容易使发动机过热，有效功率下降，甚至在压缩过程末期的高温、高压下，引起机件损坏。

非爆燃性表面点火，大多是发动机长时间高负荷运行，致使火花塞绝缘体、电极或排气门温度过高而引起的。

2）爆燃性表面点火（激爆）。激爆是一种表面点火现象，它是由燃烧室沉积物引起的爆燃性表面点火，是一种危害最大的表面点火现象。

发动机低速、低负荷（水平路上，汽车行驶速度低于20km/h）运转时，燃烧室表面极易形成热性很差的沉积物。它使高压缩比汽油机的表面温度更高。此外，沉积物颗粒被高温火焰包围，使其急剧氧化而白炽化，从而将混合气点燃。在发动机加速时，气流吹起已着火的炭粒，使混合气产生多火点燃的着火现象，致使混合气剧烈燃烧，压力升高率和最高燃烧压力急剧增加。

爆燃和表面点火均属于不正常燃烧现象，但两者是完全不同的。爆燃是火花塞跳火后，末端混合气的自燃现象；表面点火是火花塞跳火以前或之后，由炽热表面或沉积物点燃混合气所致。爆燃时火焰以冲击波的速度传播，有尖锐的敲击声；表面点火时敲缸声比较沉闷。

严重的爆燃增加向缸壁的传热，促使燃烧室内炽热点的形成，导致表面点火；早燃会使压力升高率和最高压力增加，热辐射增大，又促使爆燃的发生。

3）防止表面点火的措施。为了防止发生表面点火，通常可以采取以下的措施：

① 选用低沸点的汽油和含胶质较少的润滑油。

② 降低压缩比。

③ 避免长时间低负荷运行和频繁加速、减速行驶。

④ 在燃料中加入抑制表面点火的添加剂等。

5.2.2 柴油机的燃烧过程

1. 柴油机的燃油喷射与雾化

燃油在喷油泵中受到压缩，提高压力，最终经喷油器孔喷油的过程，称为燃油喷射过程。燃油喷射过程持续时间较短，只占曲轴转角 15° ~ 35°，喷射的最高压力可达 10 ~ 100MPa 以上。燃油在高压和短时供油的情况下，不再是不可压缩的流体。由于高压油管的弹性变形，使喷射过程不再是稳定过程，系统中出现压力波动现象。

如图 5-10 所示，当柱塞关闭进油孔时（称油泵供油始点），泵室内燃油被压缩，燃油压力开始升高，直到油压升高超过高压油管中残余压力及出油阀弹簧压力后，燃油才进入高压油管中。由于压力波的传播需要一定时间，所以喷油器的压力相对于供油开始时间滞后。当喷油嘴处的压力超过开启压力时，针阀打开，燃油被喷入气缸。针阀打开后，部分燃油喷入气缸，喷油器端压力暂时下降。泵端因柱塞继续压油，压力还在升高。当柱塞斜槽打开回油孔时，最初开度小，因节流作用，泵端压力并不会立刻下降。回油孔开大后，泵端压力才急剧下降，出油阀关闭。因出油阀减压环带的作用，使高压油管压力迅速下降，但喷油器端压力下降滞后于泵端压力下降，当压力降低使针阀关闭时，便停止喷油。但高压油管中仍存在着压力波动。

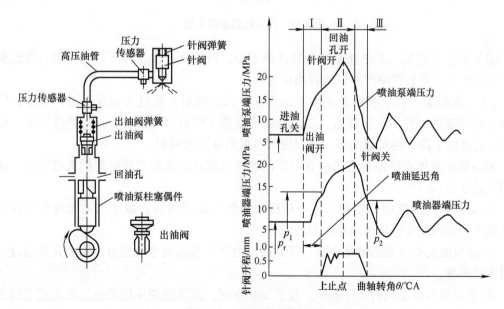

图 5-10　燃油的喷射过程

p_1—针阀开启压力　p_2—针阀终止压力　p_r—高压油管残余压力

Ⅰ—喷油延迟阶段　Ⅱ—主喷射阶段　Ⅲ—滴漏阶段

（1）喷油规律　单位时间（或曲轴转角）的喷油量，即喷油速度随时间（或曲轴转角）的变化关系，称为喷油规律，单位为（mm³/s）或（mm³/°CA）。

喷油规律取决于喷油泵、喷油器内有关零部件，以及高压油管等整个喷油系统的结构参数和调整参数。喷油规律对柴油机性能有很大影响，为了实现平稳有效地燃烧，比较理想的喷油规律是"先缓后急"，即在滞燃期内喷入气缸的油量不宜过多，以控制速燃期的最高燃烧压力和平均压力升高率，保证柴油机平稳运转和较小的燃烧噪声；着火燃烧后，应以较高的喷油速率将燃油喷入气缸，停油时应干脆迅速，喷油延迟角不宜过大。目前，柴油机的燃烧过程尽量在上止点附近进行，以获得良好的性能。图 5-11 所示为几种典型的喷油规律图。

Ⅰ——采用高速凸轮，喷油率大，曲线变化陡，喷油延续时间短，柴油机经济性和动力性好；但工作粗暴、噪声大。

Ⅱ——开始喷油速率较大，曲线上升陡，柴油机工作粗暴；而后曲线下降平缓，后喷速率小，喷油延续时间长，使燃烧时间拖长，补燃多，性能不好。

Ⅲ——开始喷油速率较低，曲线变化平缓，柴油机工作柔和；然后加大喷油速率，使喷油总体时间不长，保证燃烧效率，效果较好。

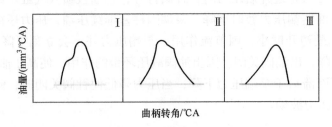

图 5-11　几种喷油规律类型

（2）不正常喷射　若燃油系统参数选择不当，可能会产生各种不规则喷射，导致柴油机经济性下降、排放污染严重、机件损坏等。

1）二次喷射。二次喷射是主喷射结束，针阀落座后，在过大的反射波作用下，针阀再次升起喷油的一种不正常现象。二次喷射将使整个喷射时间拉长，过后燃烧严重，排气冒烟，经济性下降，热负荷增加，所以应该尽量消除二次喷射。

减小喷油泵停止供油后高压油管中柴油的压力波动是消除二次喷射的关键措施。通常采用下述办法：

① 减少高压油路中的容积（减小高压油管的长度或内径；减小出油阀接头内容积），增加高压油管的刚度，从而减小压力波动。

② 适当加大喷油器的喷孔直径，降低高压油管中柴油的平均压力；但喷孔直径过大会影响雾化质量。

③ 适当加大出油阀的减压容积，使供油结束时，高压油路中的柴油压力迅速下降到不致于冲开针阀；但是，出油阀减压作用过度，则可能使高压油管中局部出现真空，产生气泡、穴蚀。

2）气泡、穴蚀。当油管中压力局部发生突降，低于相应温度的饱和蒸气压以下时，就会产生气泡。气泡在波动的压力作用下，当压力值超过某一程度，气泡就会破裂。这时油管局部压力急剧上升，气泡连续产生和破裂，会引起高压油管中油压在主喷射后的高频波动。压力波峰反复作用，会损坏金属表面，产生剥落现象，即穴蚀。因此说穴蚀是由气泡的产生和破裂引起的，但有气泡并不一定会产生穴蚀。

气泡的可压缩性，还会造成供油不稳定。但完全消除气泡是很困难的，一般采取控制气泡破裂引起的峰值压力的办法，常采用阻尼出油阀或等压出油阀。

3）滴油。在正常喷射结束后，如断油不干脆，仍有少量柴油滴出，称为滴油。

滴油产生的原因有两种，一种是针阀偶件座面密封性差的原因，另一种是由于针阀关闭速度慢引起的。滴油是在压力很低、柴油不能雾化的条件下产生的。但柴油积聚在喷孔处受高温作用而形成结炭堵塞喷孔，影响柴油机的正常工作，也应予以消除。

如属于针阀偶件座面密封性差而引起，这是由于零件制造质量问题，可以更换针阀偶件。如属于针阀关闭过慢引起，则与燃油系统的匹配有关，这属于不正常喷射的一种。通常可采用加大调压弹簧预紧力、增加调压弹簧刚度、减小针阀升程、减小针阀直径、增加出油阀减压容积、加强高压系统内减压作用等措施，都在一定程度上起消除滴油的作用。

（3）燃油的喷雾特性　燃油经喷孔喷出时，在气缸中被破碎成微粒的过程，称为燃油的喷雾或雾化。将燃油喷射雾化，可以大大增加其表面积，加速混合气形成。例如，1mL 的油如果呈一个球体，直径为 9.7mm，则表面积为 295mm^2；如果雾化成直径为 40μm 的均匀油滴，油滴总数为 2.99×10^7 个，其总面积为 1.5×10^6mm^2，这样，通过雾化，表面积增加了 5090 倍。

当燃油高速从喷孔喷出（喷出速度为 100～300m/s）便形成如圆锥形状的喷注，也称油束。喷注在压缩空气中运动，由于空气阻力及高速流动时的内部扰动而被破碎成细小油滴。表示燃油喷注的简图如图 5-12 所示。在油速的中心部分是油滴密集且具有很高速度的粗油滴，越向外围，油滴越细，速度越小；外部细小油滴最先蒸发并与空气形成混合气。

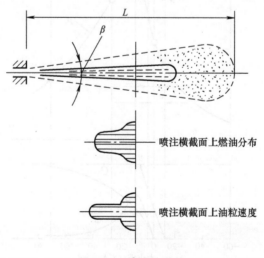

图 5-12　喷注的形状

喷注本身的特性可以用以下基本参数表示：

1）喷注的射程（或贯穿距离）L。喷注的射程表示喷注前端在压缩空气中贯穿的深度。根据混合气形成方式对喷注射程 L 要求不同，它必须与燃烧室配合。如果燃烧室尺寸小而射程大，就会有较多的燃油喷到燃烧室壁上；反之如果射程太小，燃油不能分布到燃烧室空间，空气又得不到充分利用。

2）喷注锥角β。喷注锥角β标志油束紧密程度，锥角大说明喷注松散、油滴细。它主要取决于喷孔尺寸和形状。

3）雾化质量（雾化特性）。雾化质量是表示燃油喷散雾化的程度，一般是指喷雾的细度和均匀度。细度可以用油注中油粒的平均直径表示，平均直径越小，喷雾越细。图 5-13 所示为雾化特性曲线。曲线越窄，越靠近纵坐标轴，表示油粒越细、越均匀。不同的燃烧室，对喷雾质量的要求不同。

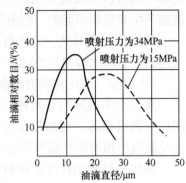

图 5-13　雾化特性曲线

2. 柴油机的燃烧过程

高速柴油机的燃烧过程如图 5-14 所示，可分为四个阶段：滞燃期、速燃期、缓燃期和后燃期。

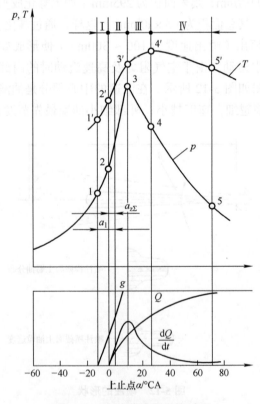

图 5-14　高速柴油机燃烧过程

1—喷油开如　2—着火开始　3—最高压力　4—最高温度　5—燃料基本用完
Ⅰ—滞燃期　Ⅱ—速燃期　Ⅲ—缓燃期　Ⅳ—后燃期

（1）滞燃期（着火延迟期）滞燃期（图 5-14 中Ⅰ期）是从开始喷油瞬时到开始着火

瞬时的一段时间，用毫秒或曲轴转角表示。

在滞燃期中，柴油尚未着火，仅进行着火前的物理化学准备，其循环放热很小，可忽略不计，缸内气体压力和温度变化仍取决于压缩行程。随压缩过程的进行，缸内空气压力和温度不断升高，在上止点附近气体温度高达 600℃ 以上，高于燃料在当时压力下的自燃温度。被喷入气缸的柴油，经历一系列复杂的物理化学过程，包括雾化、蒸发、扩散、与空气混合等物理准备阶段以及低温多阶段着火的化学准备阶段，在空燃比、压力、温度以及流速等条件合适处，多点同时着火，随着着火区域的扩展，缸内压力和温度升高，并脱离压缩线。虽然对于局部而言，物理过程和化学过程是相继进行的，但对于整体而言，物理过程和化学过程是重叠在一起的。

柴油机着火延迟期长短会明显影响该阶段喷油量和预混合气量的多少，从而影响柴油机的燃烧特性、动力性、经济性、排放特性以及噪声振动，因此必须精确控制着火延迟期的长短。

（2）速燃期　速燃期（图 5-14 中 Ⅱ）是从气缸内着火开始，到出现最高燃烧压力时为止的一段时间，以曲轴转角表示。

混合气着火后，形成多点火焰中心，各自向四周传播，使混合气迅速燃烧，放出大量的热。速燃期内，燃烧在上止点附近完成，气缸容积变化小，接近于定容燃烧。燃烧速度快，缸内压力急剧升高。

通常用压力升高率来衡量燃烧过程的快慢，压力升高率为

$$\frac{\Delta P}{\Delta \theta} = \frac{P_3 - P_2}{\theta_3 - \theta_2}$$

一般要求压力升高率不超过 400 ~ 600kPa/℃A。否则，燃烧噪声增大，NO_x 增加，运动件受冲击负荷增加，运转不平稳。但若压力升高率太小，则会使热效率降低。所以，柴油机的燃烧系统要兼顾热效率、噪声和排放几个方面。

为控制压力升高率，应减少在着火延迟期内的可燃混合气的量。可燃混合气的生成量要受着火延迟期内喷射燃料量的多少、着火延迟期的长短、燃料的蒸发混合速度、空气运动、燃烧室形状和燃料物化特性等多种因素的影响。一般来说，这可以从两个方面来考虑，一方面可缩短着火延迟期的时间，另一方面可减少着火延迟期内喷入的燃油或可能形成可燃混合气的燃油。压力升高率和最大爆发压力的控制一直是柴油机的重要研究内容。

（3）缓燃期　缓燃期（图 5-14 中 Ⅲ）是从气缸内出现最高压力起，到出现最高温度时为止的一段时间，以曲轴转角表示。

在缓燃期中，虽然喷油过程已经结束，但一部分尚未形成混合气的燃油及着火后喷入的部分燃油与空气混合并燃烧，使气温升高到最大值。缓燃期的燃烧具有扩散燃烧的特征，混合气形成的速度和质量起着十分重要的作用。在这一阶段内，采取措施使后期喷入的燃油能及时得到足够的空气，尽可能地加速混合气的形成，保证迅速而完全的燃烧，从而可以提高柴油机的经济性和动力性。缓燃期结束时，柴油机燃烧室内的最高温度可达 2000℃ 左右。但由于是在气缸容积加速增大的情况下进行的，因此气缸内气体压力变化不大。

在缓燃期中，燃烧产物不断增多，氧气及柴油浓度不断下降，所以缓燃期的后期，燃

烧速度显著减慢。一般要求缓燃期不要过长，否则会使放热时间加长，循环热效率下降。即缓燃期不要缓燃，而应越快越好。加快缓燃期燃烧速度的关键是加快混合气形成速率。

由于不可能形成完全均匀的混合气，所以使柴油机必须在过量空气系数大于 1 的条件下工作，保证基本上完全燃烧的最小过量空气系数的大小随燃烧室的不同而异，在分隔室燃烧室中最小可达 1.2 左右。与汽油机相比，柴油机的空气利用率较低，这也是其升功率和比质量的指标较汽油机差的主要原因之一。

当缓燃期结束时，放热率达 70% ~ 80%，大量的废气有害物质基本生成。

（4）后燃期　后燃期（图 5-14 中Ⅳ）是从气缸内出现最高燃烧温度起，到燃烧基本结束为止的一段时间，以曲轴转角表示。

由于柴油机的燃烧时间短，混合气又不均匀，因此燃烧速度会受到限制，使燃烧时间拖长。特别在高速、高负荷工况下，因过量空气系数较小，混合气形成和燃烧的时间更短，这种后燃现象就更为严重。在后燃期中，气缸内容积增大很多，缸内压力和温度迅速下降，燃烧速度很慢，所放出的热量很难有效利用，反而使零件热负荷增大，排气温度升高，易使发动机过热。因此，应尽量缩短后燃期。柴油在气缸内燃烧时，总体空气是过量的，只是混合不均匀造成局部缺氧。所以，加强缸内气体运动，不仅可以加速后燃期混合气的形成和燃烧速度，还会使碳烟及不完全燃烧成分加速氧化。

3. 燃烧过程存在的问题

（1）混合气形成困难及燃烧不完全　柴油机形成混合气时间短，燃烧非均质混合气，因此燃烧时气缸内情况异常复杂。缸内空气和燃油混合极不均匀，使一部分燃油在高温缺氧条件下不能完全燃烧，致使排气冒烟，经济性下降。为了保证燃油燃烧完全，柴油机均采用提高空气过量系数和组织气缸内气体运动的办法，充分拥有有效容积内的空气，以形成良好的混合气。

（2）燃烧噪声　由于柴油机的压缩比高，滞燃期内形成的混合气又几乎同时燃烧，接近定容过程。急剧升高的压力，直接使燃烧室壁面及活塞、曲轴等机件受到冲击，产生强烈振动，并通过气缸壁传到外部，从而形成燃烧噪声。

燃烧噪声与平均压力升高率有密切关系。平均压力升高率值超过 400 ~ 600kPa/℃A 时，燃烧噪声将增大，并且伴有粗暴工作带来的强烈振动声。

平均压力升高率的大小，主要与滞燃期内形成的可燃混合气数量有关。滞燃期长，形成的可燃混合气数量多，速燃期内平均压力升高率就高，柴油机工作粗暴，燃烧噪声大，机械负荷增大。因此，缩短滞燃期，减少滞燃期的喷油量，抑制滞燃期中混合气的形成，是减轻噪声的主要途径。

（3）排气冒烟　柴油机排气中的碳烟不仅降低了经济性，而且污染了大气。碳烟的形成是燃油在高温缺氧条件下燃烧所致。速燃期内喷入气缸的柴油，受到高温燃气的包围，一部分裂解、聚合成炭粒。一般情况下，炭粒能在随后的燃烧中遇到氧而完全燃烧。如果缸内缺氧，则炭粒不能被烧完而随废气排出，形成排气冒黑烟。在柴油机大负荷时，如汽车加速、爬坡时易发生。

碳烟的出现，不仅使柴油机经济性下降，同时炭粒附于燃烧室内壁成为积炭，引起活塞环卡住、气门咬死等故障。黑烟污染大气，妨碍视线，因此不允许柴油机长期在此状态下工作。减少黑烟的主要措施是：增大过量空气系数，改善混合气形成，如喷雾质量、适当增加空气涡流运动。

除黑烟外，柴油机有时还产生蓝烟和白烟。一般蓝烟、白烟是在寒冷时刚起动及低负荷运转时发生。此时气缸内温度低，燃烧不良，不同直径的柴油颗粒随废气排出，受到光线的反射，呈现不同颜色。白烟是由 $0.6 \sim 1.0\mu m$ 颗粒构成，而蓝烟是由 $0.6\mu m$ 以下的颗粒构成。一般柴油机暖车时，开始冒白烟，之后冒蓝烟，不久排气变为无色。

（4）有害的废气成分　柴油机废气中的 NO、HC、CO 以及 SO_2 等均有害于人体，污染大气。表 5-1 为车用柴油机有害废气最大浓度的大致范围。

表 5-1　车用柴油机有害废气最大浓度的大致范围

燃烧室形式	废气成分					
	NO_x ($\times 10^{-6}$)	CO ($\times 10^{-6}$)	C_nH_m ($\times 10^{-6}$)	C_nH_mO ($\times 10^{-6}$)	SO_2 ($\times 10^{-6}$)	碳烟 / (g/m^3)
直接喷射式	1500 ~ 2000	1000 ~ 1500	500 ~ 1000	50 ~ 80	100 ~ 200	0.2 ~ 0.3
分隔室式	700 ~ 1000	300 ~ 500	200 ~ 300	20 ~ 40	100 ~ 200	0.1 ~ 0.15

可见，NO_x 是柴油机废气中主要有害成分。其生成量取决于反应物 N_2、O_2、O、N 的浓度、反应进行时的温度、以及反应进行的时间长短。因此，为降低 NO_x 生成量，必须降低火焰高峰温度、缩短空气在高温下停留的时间，减少过量空气系数等。

HC 主要是未燃的燃料，裂解反应的碳氧化合物，以及少量氧化反应的中间产物（醛、酮等）。它们是由于混合气形成不良、燃烧组织不完善、窜机油等原因引起的。

CO 是燃油不完全燃烧时产生的。主要是在局部缺氧或低温下形成的。

5.3　影响发动机燃烧过程的因素

5.3.1　影响汽油机燃烧过程的因素

1. 燃料的影响

燃料的使用性能对燃烧过程有直接的影响。例如：汽油的蒸发性强，容易汽化，汽化后与空气混合，使燃烧速度加快，且易于完全燃烧。但蒸发性过强，也会使汽油在炎热的夏季、高原山区使用时，出现供油系气阻，甚至发生断油现象。如果汽油的辛烷值高，则不容易发生爆燃燃烧。

2. 混合气成分

混合气成分对燃料能否及时燃烧和火焰传播速度都有影响。过量空气系数 $\alpha = 0.85 \sim 0.95$ 时，发动机发出最大功率，这种混合气被称为最大功率混合气。车辆在满负荷工况下工作时，要求汽油机输出最大功率，此时，发动机应供给最大功率混合气。

当过量空气系数 $\alpha < 0.85 \sim 0.95$ 时，称为过浓混合气。此时由于火焰传播速度降低，功率减少；且由于缺氧，燃烧不完全，使热效率降低，耗油率增加。发动机怠速或低负荷运转时，节气门开度小，进入气缸的新鲜混合气量少，残余废气相对较多，可能引起断火现象。为维持发动机稳定运转，通常供给比最大功率混合气更浓的混合气，一般 $\alpha = 0.6$ 左右。当发动机中 $\alpha = 0.4 \sim 0.5$ 时，由于严重缺氧，火焰不能传播，混合气不能燃烧。因此，$\alpha = 0.4 \sim 0.5$ 的混合气成分称为火焰传播上限。当过量空气系数 $\alpha = 1.05 \sim 1.15$ 时，火焰传播速度仍较高，且此时空气相对充足，燃油能完全燃烧，所以热效率最高，有效耗油率最低。此浓度混合气体称为最经济混合气。汽车行驶的大多数情况是处于中等负荷工况工作。为减少燃油消耗，化油器应供给最经济混合气成分。当过量空气系数 $\alpha > 1.05 \sim 1.15$ 时，称为过稀混合气。此时火焰传播速度降低很多，燃烧缓慢，使燃烧过程进行到排气行程终了，补燃增多，使发动机功率下降，油耗增多。由于燃烧过程的时间延长，在排气行程终了，进气门已开启，含氧过剩的高温废气可以点燃进气管内新气，使化油器产生"放炮"现象。当 $\alpha = 1.3 \sim 1.4$ 时，由于燃料热值过低，混合气不能传播，造成"缺火"或"停车"现象。此时混合气浓度为火焰传播的下限。

当使用最大功率混合气时，火焰传播速度最快，从火焰中心形成到火焰传播到末端，混合气的火焰传播时间缩短，使爆燃倾向减小。同时，缸内压力、温度较高，压力升高率较大，使从火焰中心形成到末端混合气自燃发火的准备时间也缩短，又使得爆燃倾向增大。实践证明，后者是影响爆燃发生的主要方面。因此，在各种混合气成分中，以供给最大功率混合气时最易爆燃。如汽车满载爬坡时容易爆燃。

3. 点火提前角

点火提前角大小对汽油机性能有很大影响。图 5-15、图 5-16 所示为气门全开、额定转速下混合气成分不变时，改变点火提前角，燃烧示功图的变化。

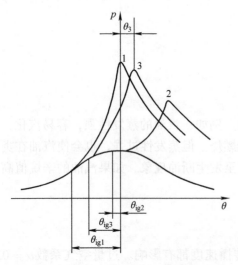 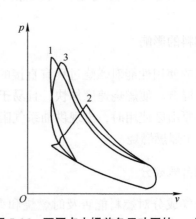

图 5-15 不同点火提前角示功图的 p-θ 图   图 5-16 不同点火提前角示功图的 p-v 图

如图 5-15 所示，曲线 1 的示功图点火提前角为 θ_{ig1}。相比之下，θ_{ig1} 过大（点火过早），使经过着火落后期后，最高燃烧压力出现在压缩行程的上止点以前。最高压力及压力升高率过大，活塞上行消耗的压缩功增加，发动机容易过热，有效功率下降，工作粗暴程度增加。同时由于混合气的压力、温度过高，爆燃倾向增加。在这种情况下，只要适当减小点火提前角，就可以消除爆燃。曲线 2 的示功率图对应的点火提前角 θ_{ig2} 过小（点火过迟）。经过着火落后期后，燃烧开始时，活塞已向下止点移动相当距离，使混合气燃烧在较大容积下进行，炽热的燃气与缸壁接触面积大，散热损失增多。最高压力降低，且膨胀不充分，使排气温度过高、发动机过热、功率下降、耗油量增多。曲线 3 的示功图对应的点火提前角 θ_{ig3} 比较适当。因而压力升高率不是过高，最高压力出现在上止点后合适的角度内。从图 5-16 也可以看出，曲线 1 比曲线 3 多作了一部分压缩功，又减少了一部分膨胀功。曲线 2 的膨胀线虽然比曲线 3 的高些，但最高压力点低，只有曲线 3 的面积最大、完成的循环功最多、发动机的动力性、经济性最好。

综上所述，过大或过小的点火提前角都不好。只有选择合适的点火提前角，才能得到合适的最高压力及压力升高率，使最高压力出现在上止点后 12°～15° 曲轴转角内，保证发动机运转平稳、功率大、油耗低。这种点火提前角称为最佳点火提前角。使用中，随发动机工况的变化，最佳点火提前角相应改变。因此，必须随使用情况及时调整点火提前角。

4. 发动机转速

汽油机在一定的节气门开度下，随负荷的变化，转速相应变化。当转速增加时，气缸中紊流增强，火焰传播速度加快。随转速增加，压缩过程所用时间缩短，散热及漏气损失减少，压缩终了工质的温度和压力较高，使以秒计的燃烧过程缩短。但缩短程度不如转速增加的比例大，使燃烧过程相当的曲轴转角增大，以曲轴转角计的着火延迟期增长。为此，汽油机装有离心提前调节装置，使得在转速增加时，自动增大点火提前角，以保证燃烧过程在上止点附近完成。

随转速增加，爆燃倾向减小。主要是由于转速的增加加快了火焰传播，使燃烧过程占用的时间缩短，未燃混合气受已燃部分压缩和热辐射作用减弱，不容易形成自燃点。随转速增加，循环充气效率下降，残余废气相对增多，终燃混合气温度较低，对未燃部分的自燃起阻碍作用。因此，在使用中，若低速时发生爆燃，待转速提高后，爆燃倾向可自行消失。

5. 发动机负荷

当转速一定时，随负荷减小，进入气缸的新鲜混合气量减少，而残余废气量基本不变，使残余废气所占比例相对增加。残余废气对燃烧反应起阻碍作用，使燃烧速度减慢。为保证燃烧过程在上止点附近完成，需增大点火提前角，它靠真空提前点火装置来调节。图 5-17 所示为发动机不同节气门开度时的示功图。

综上所述，发动机在高转速、低负荷时，应增大点火提前角。传统的真空和离心提前调节装置，只能随负荷和转速两个影响因素的变化对点火提前角作近似控制，不能实现点火提前角随多参数的变化的精确控制。近年来，发展了微处理机控制的点火系统，如无分电器点火系统。该系统中，点火提前角的设置和随工况变化的自动调整，初级线圈的通断，都是由微处理机控制的。它可根据点火提前角随工况变化的规律（已事先存入机内），确定每一工况下的最佳点火时刻，以实现精确控制。

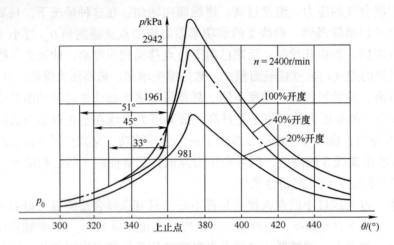

图 5-17　发动机不同节气门开度时的示功图

发动机在低转速、大负荷时易爆燃。在进行发动机点火提前角调整时，可采用下述步骤：发动机怠速运转状态下，突然将节气门开至最大，发动机自由加速，若能听到轻微的爆燃声，则点火提前角调整合适。随着电子技术的发展，出现了微处理机控制的防爆控制系统。它可以根据爆燃信号，自动调整点火提前角，使爆燃限制在很轻微的限度之内。使用该系统，可在使用不同牌号汽油时省去调整点火系、供油系的麻烦，汽油机的压缩比可适当提高，还可以使热效率提高。

6. 冷却液温度

发动机冷却液温度应控制在 80～90℃ 范围内。冷却液温度过高、过低均会影响混合气的燃烧和发动机的正常使用。

当冷却液温度过高时，会使燃烧室壁及缸壁过热，爆燃及表面点火倾向增加。同时，进入气缸的混合气因温度升高、密度下降、充量减少，使发动机动力性、经济性下降。所以，在使用维护中，应注意及时清除水道内的水垢，使水流畅通；注意利用百叶窗调整发动机冷却液温度；经常检查水温表、节温器等装置，使其工作正常。

当冷却液温度过低时，传给冷却液的热量增多，发动机热效率降低，功率下降，耗油率增加；润滑油黏度增大，流动性差，润滑效果变差，摩擦损失及机件磨损加剧；容易使燃烧中的酸根和水蒸气结合成酸类物质，使气缸腐蚀磨损增加；燃烧不良易形成积炭；不完全燃烧现象严重，使排放污染增多。因此，使用中应注意控制好冷却液温度，不能太低。

7. 压缩比

提高压缩比，可提高压缩行程终了工质的温度、压力，加快火焰传播速度。选择合适的点火提前角，可使燃烧在更小的容积下进行，使燃烧终了的温度、压力高；并且燃气膨胀充分，热转变为功的量多，热效率提高，发动机功率、转矩大，有效耗油率降低。

压缩比提高后，会增加未燃混合气自燃的倾向，容易产生爆燃。为此，要求改善燃烧室的设计，并提高汽油的辛烷值。如果压缩比超过 10 以上，则会使得热效率提高程度减慢，机件的机械负荷过大，排放污染严重。因此，应选择合适的压缩比。

8. 气缸直径

气缸直径增大，火焰传播距离长，从火焰中心形成到火焰传播至末端混合气的时间增长；直径加大，面容比减小，传给冷却液的热量减少，爆燃的倾向增加。通常汽油机气缸直径在 100mm 以下。此外，适当布置火花塞位置或采用多火花塞，可以缩短火焰传播距离，并减少爆燃倾向。

9. 气缸盖、活塞材料及燃烧室积炭

铝合金比铸铁导热性好，气缸盖、活塞采用铝合金材料，可使燃烧室表面温度降低，热负荷明显减小，降低爆燃倾向。

在发动机工作过程中，如果燃烧不完全的燃油和窜入燃烧室的机油，在氧气和高温作用下，凝聚在燃烧室壁面及活塞顶部，就会形成积炭。积炭不易传热、温度较高，对混合气有加热作用，并且积炭所占体积减小了燃烧室容积，从而使压缩比有所提高。这些都使爆燃倾向增加。若积炭表面温度很高，则易引起表面点火。因此，使用中应注意及时清除积炭。

5.3.2 影响柴油机燃烧过程的因素

1. 燃油方面的因素

车用柴油机均使用轻柴油，柴油品质和使用性能的好坏对燃烧有重要影响。

（1）柴油的发火性 柴油的发火性是指柴油的自燃能力，用十六烷值表示。发火性好的柴油，使滞燃期缩短，柴油机工作柔和。但是，十六烷值过高，使燃油刚刚喷出喷孔就围绕喷油器燃烧，造成高温裂解，排气冒黑烟，经济性下降。车用柴油的十六烷值大致为 40 ~ 50。

（2）柴油的蒸发性 柴油的蒸发性直接影响可燃混合气形成的速度，它对燃烧过程也有一定的影响。蒸发性用馏程表示。馏程低，其蒸发性好，这对改善燃烧有利。但是，馏程过低，燃料蒸发快，则在滞燃期内形成的混合气量过多，导致柴油机工作粗暴。车用柴油机的柴油馏程为 300 ~ 365℃。

（3）黏度 柴油的黏度决定其流动性。黏度低的柴油流动性好，且柴油从喷油器喷出时雾化性好。但黏度过低会失去必要的润滑能力，从而会加剧喷油泵和喷油器中精密偶件的磨损，增大精密运动副的漏油量。若柴油黏度过大，则流动阻力增大，滤清困难，喷雾不良。

（4）凝点 柴油的凝点是指其失去流动性的温度。柴油在接近凝点时，由于流动性差，使供油困难、喷雾不良，导致柴油机无法正常工作。因此，凝点的高低是选择柴油的

主要依据。

轻柴油按凝点分为 10 号、5 号、0 号、–10 号、–20 号、–35 号和 –50 号共七个牌号，各牌号适用的工作范围见表 5-2。

表 5-2 轻柴油的选择

牌号	应用范围
10 号	适用于有预热设备的柴油机
5 号	适用于风险率为 10%、最低气温在 8℃以上的地区使用
0 号	适用于风险率为 10%、最低气温在 4℃以上的地区使用
–10 号	适用于风险率为 10%、最低气温在 –5℃以上的地区使用
–20 号	适用于风险率为 10%、最低气温在 –14℃以上的地区使用
–35 号	适用于风险率为 10%、最低气温在 –29℃以上的地区使用
–50 号	适用于风险率为 10%、最低气温在 –44℃以上的地区使用

2. 结构方面的因素

（1）压缩比的影响　压缩比较大时，压缩终点的温度和压力都比较高，使燃烧的滞燃期缩短而发动机工作比较柔和。不同压缩比对滞燃期的影响如图 5-18 所示。同时，压缩比的增大，还能提高发动机工作的经济性并改善起动性能。如果压缩比过高，燃烧最高压力会过分增大，使曲柄连杆机构承受过高的负荷，故影响发动机的使用寿命。

（2）喷油器结构的影响

1）针阀升程和头部形状。针阀升程是喷油器的一个重要结构参数，其大小对柴油机工作性能及喷油嘴使用寿命都有一定影响。针阀升程的大小应保证密封座面处有必要的流通截面。如果升程过小，则油流截面较小，

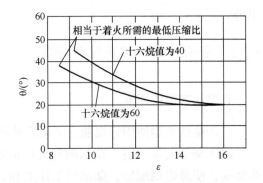

图 5-18　压缩比对燃烧滞燃期的影响

喷油过程中座面节流损失严重，会使压力室内油压降低过多而影响喷雾质量，在同样的喷油量中，会使喷油延续时间增加，所以针阀升程应足够大，以保证一定的油流截面及尽可能小的流动阻力。但针阀升程过大，会使调压弹簧的应力幅增加，并将加大针阀上升时撞击支承面，以及关闭时对密封面的冲击载荷，引起磨损加剧，缩短使用寿命。同时，升程过大也会延迟针阀关闭时间，增加了燃气倒流，影响性能并污染针阀偶件，容易引起喷嘴漏油、过热、积炭，以及针阀卡死等故障。因此在保证有足够的流通截面积的前提下，应尽可能减少针阀升程。

孔式喷油嘴针阀头部形状通常有单锥面和双锥面之分。单锥面如图 5-19 中虚线所示，这种结构在针阀升起时，针阀体 T 截面处，因环形面积较小，容易在这里产生截流。采用图 5-19 中实线所示双锥面结构，能使薄弱环节 T 截面处的流通截面得到改善。为减少节流损失，要求座面有足够的流通截面，T 截面处的喷孔截面 A_1 与流通截面 A_0 之比 $A_1/$

$A_。= 1.5 \sim 2.5$。

2）压力室容积。针阀密封座面以下和喷孔以上的空间，称为压力室容积，如图 5-20 所示。这部分容积的大小，对柴油机性能有一定的影响。因为在燃烧过程的后期，喷油器的针阀虽已关闭，但压力室内总储有一定量燃油，尤其是孔式油嘴，这部分燃油受高温影响而膨胀或蒸发，因而其中一部分也会进入燃烧室。这部分燃油不是在高压下呈雾状喷入，而是以滴漏的形式流入燃烧室，因此不能与空气正常混合燃烧，这样不但会使柴油机性能变坏，而且会产生更多不完全燃烧的 HC 及 CO 等排放污染物，同时，易增加喷油器头部积炭现象。压力室容积越大，燃烧室中滴漏的柴油越多，有害物质排放就越多。为了减小压力室容积，近年来出现了小压力室或无压力室的喷油器。

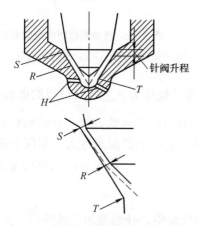

图 5-19　孔式喷油器针阀头部形状

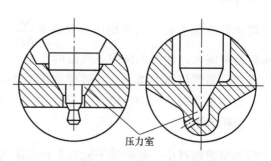

图 5-20　压力室容积

3）针阀开启压力、喷射压力和关闭压力。当喷油器调压弹簧预紧力调定后，针阀开启压力基本上是定值。而喷射压力则在喷油延续期内受喷油器端压力室压力波的影响，是变值。喷射压力大，能提高燃油雾化质量，有利于减轻柴油机高低速性能匹配矛盾，并促进混合气的形成，利于燃油的燃烧。

提高针阀开启压力，虽然在一定程度上能提高喷射压力，但对于非直喷式柴油机效果不明显。直喷式柴油机对开启压力较为敏感，开启压力有提高的趋势。而且适当提高针阀开启压力，能同时提高喷射压力，有利于改善直喷式柴油机低速性能。但过分追求高的开启压力，对柴油机性能改善收效不大，相反会给供油系统零件的可靠性和耐久性带来不良后果。在喷油结束后，针阀关闭前，压力室内应保持一定压力。如果关闭压力太低，在针阀落座过程中，会因为喷射压力过低，使后期喷雾质量变差，在一定程度上会影响燃烧过程或使燃气倒流。

（3）活塞材料的影响　铸铁活塞与铝合金活塞相比，其温度较高，可以缩短滞燃期。因此，其他条件相同的柴油机，采用铸铁活塞时工作比较柔和。

（4）喷油规律的影响　合理的喷油规律，必须与燃烧室合理配合，因而每种柴油机都按各自特点，有不同的喷油规律。尤其是直喷式燃烧室，其喷油规律对气缸内平均压力升高率有决定性影响。

图 5-21 所示为喷油规律对燃烧过程的影响。两种规律的喷油提前角及滞燃期均相同。曲线 1 所示为开始喷油很急，在滞燃期内喷入气缸的燃油较多，平均压力升高率和最高燃烧压力都较大，工作粗暴；曲线 2 所示为先缓后急的喷油规律，当喷射持续角不变时，燃烧比较柔和。

喷油规律取决于喷油泵凸轮外形、喷油器结构及调整等。

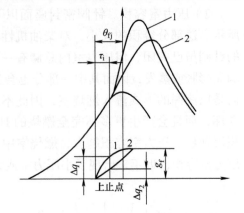

图 5-21　喷油规律对燃烧过程的影响

g_f—每循环喷油量　θ_{fj}—喷油提前角　τ_i—滞燃期

3. 使用方面的因素

（1）喷油提前角的影响　喷油提前角对燃烧性能有直接影响。但测量它比较困难，一般测量供油提前角。供油提前角与喷油提前角相差一个喷油滞后角。

喷油提前角主要影响平均压力升高率 $\dfrac{\Delta p}{\Delta \theta}$、最高燃烧压力 p_{max} 及发动机的燃油消耗率。喷油提前角偏大，使得燃油喷入气缸时，空气的压力和温度较低，着火延迟期较长，压力升高率和最高燃烧压力增大，导致柴油机工作粗暴。若喷油提前角过大，不仅会使得柴油机冷起动和怠速时空气温度降低，导致起动困难、怠速不良，还会使压缩负功增大、功率下降、油耗增加。

喷油提前角过小，则燃油不能在上止点附近燃烧完毕，补燃增加。虽然 $\dfrac{\Delta p}{\Delta \theta}$、$p_{max}$ 较低，但排气温度升高，废气带走的热量增加，散给冷却系的热量也增加，热效率明显下降。喷油提前角 θ_{fj} 对着火延迟角 φ_i、$\dfrac{\Delta p}{\Delta \theta}$、$p_{max}$ 的影响如图 5-22 所示。

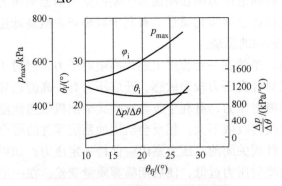

图 5-22　喷油提前角对燃烧的影响

θ_{fj}—喷油提前角　φ_i—着火延迟角

对于每一种运动情况，均有一个最佳喷油提前角。此时柴油机功率最大，燃油消耗率最小。正确地选择柴油机的喷油提前角，要考虑柴油机的型式、转速、燃油消耗率、排放及噪声等，并由试验确定。柴油机喷油提前角的大致范围是 $15° \sim 35°$ 曲轴转角。

喷油提前角对柴油各项性能的影响，其曲线走向通常并不一致。有利于提高经济性的提前角，往往对排放指标及噪声指标不一定是最佳。如图 5-23 所示是英国里卡多公司（Ricardo&CO Engineers Ltd.）所做的试验。该试验对缸径为 90 ~ 140mm 非增压直喷式柴油机在全负荷下获得最佳经济性及最低排放指标时，求得的平均动态喷油定时。它表明：

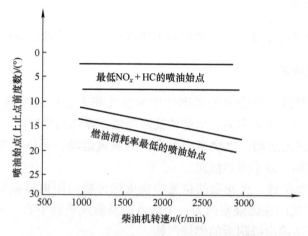

图 5-23　非增压直喷式柴油机全负荷时动态喷油定时

1）获得最低燃油消耗率的动态喷油提前角，随转速升高而增加，而当 NO_x、HC 排放物排放量最低时，所求得的动态喷油提前角基本上不随转速变化。

2）经济性最好时所需的提前角，比 NO_x、HC 排放量最低时所需的提前角要大，即喷油始点早。因此，如要使排气中 NO_x、HC 量下降，必须减小喷油提前角，通常这样做将使经济性有所牺牲。

为此，对各项指标都有严格要求的柴油机，在选择最佳喷油定时时，就不能只考虑经济性或排放指标，而应以获得良好的综合指标为准。

（2）转速的影响　当转速升高时，由于散热损失和活塞环的漏气损失减小，不仅会使压缩终点的温度、压力增高，还会使喷油压力提高，从而改善燃油的雾化。这些都会使以秒计的滞燃期 τ_i 缩短。如果以曲轴转角计，则滞燃期 $\theta_i = 6n\tau_i$。

一般来说，转速增加会使空气涡流运动加强，利于燃料蒸发、雾化及空气混合。但转速升高，由于充气系数下降和循环供油量的增加，且燃烧过程所占曲轴转角可能加大，因而热效率会下降。若转速过低，也会由于空气运动减弱，使热效率降低。

（3）负荷的影响　当负荷增加时，循环供油量增加。由于转速不变，进入气缸的空气量基本不变，空气过量系数值相对变小，而气缸单位容积的混合气燃烧放热量增加，引起缸内温度上升，滞燃期缩短，工作柔和。但是由于循环供油量的增加，使喷油持续角增加，燃烧过程延长，并使不完全燃烧增加（α 小），热效率降低。当负荷过大时，过量空气系数值过小，空气不足，导致燃烧恶化，排气冒黑烟，柴油机经济性进一步下降。

当冷起动及怠速运转时，缸内温度低，润滑油黏度较大，柴油机的摩擦损失较大，尽管无负荷，但循环供油量却不能太小。而且因缸内温度低，滞燃期增长，致使平均压力升高率较大，产生强烈噪声，即所谓"惰转噪声"。惰转噪声是在怠速或低速小负荷运转条件下产生的特殊现象，随着负荷加大，柴油机热状态正常后，惰转噪声会自行消失。

5.4 发动机的燃烧室

5.4.1 汽油机燃烧室

汽油机燃烧室的结构布置，对汽油机的工作过程、动力性和经济性有很大影响。

1. 燃烧室的布置要求

1）燃烧室结构紧凑。燃烧室的紧凑性用面容比和火焰传播距离来衡量。面容比小，结构紧凑，散热损失少，热效率高；火焰传播距离短，爆燃趋势减弱。

2）组织合适的涡流运动。燃烧室内混合气的涡流运动，可以提高工质流动和火焰传播速度，缩短燃烧时间，减小爆燃倾向。

3）适当的火花塞位置。火花塞的位置应使火焰传播的距离尽量短，尽量置于中心且靠近排气门，因为排气门在燃烧室内为一个热点，易形成爆燃中心。火花塞电极应能够受到进气冷却，并及时清除电极附近的燃烧产物。

4）合理的燃烧室形状。选择合适的燃烧室形状，使末端混合气有较强的冷却能力，以减少爆燃；同时兼顾排放污染较低原则。

5）充气效率高。进气道的布置应尽量减小进气阻力，提高充气效率。燃烧室的形状应考虑允许有较大的进排气门直径，且要求进气道尽量转弯少。

2. 典型燃烧室

（1）楔形燃烧室　图5-24所示为楔形燃烧室结构图。它的特点是：结构紧凑，火焰传播距离短，能形成挤气涡流，对末端混合气冷却作用较强，使爆燃倾向减小，可采用较高的压缩比；气门斜置（6°~30°），有利于增大气门直径，气道转弯少，进气阻力小，提高了充气性能；火花塞布置在楔形高处，便于利用新气清除火花塞附近的废气，保证低速、低负荷性能良好；由于挤气面积内熄火区较大，HC排量较多；混合气过于集中于火花塞处，燃烧初期压力升高率较大，工作粗暴，NO_x排放较高。

楔形燃烧室具有较高的动力性和经济性。

（2）浴盆形燃烧室　图5-25所示为浴盆形燃烧室结构图。它的特点是：形状像椭圆形浴盆，挤气面积比楔形小，挤气气流效果较差，且气门尺寸受限制；燃烧室面容比较大，火焰传播距离较长，不利于采用高压缩比，且燃烧时间较长，压力升高率较低，动力性、经济性不高，HC排放较多，但NO_x排放较少；制造工艺好，便于维修。

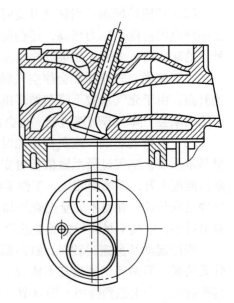

图5-24　楔形燃烧室

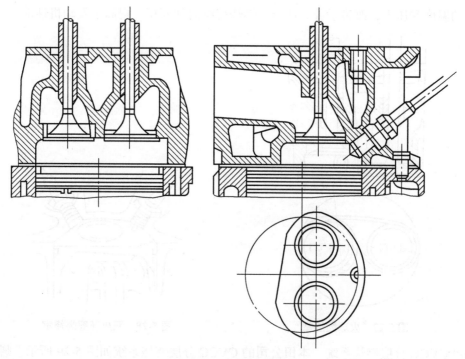

图 5-25　浴盆形燃烧室

（3）半球形燃烧室　图 5-26 所示为发动机半球形燃烧室结构图。它的特点是：形状呈半球形，结构紧凑；与前两种燃烧室结构相比，面容比最小，并且火花塞布置于燃烧室中央，火焰传播距离最短；进排气门均斜置，允许较大气门直径；进气道转弯少，充气效率高；火花塞附近容积较大，易使压力升高率大，工作粗暴；气门双行排列，使配气机构复杂；这种燃烧室没有挤气面，压缩时涡流较弱，低速、低负荷时稳定性较差，低速、大负荷时易发生爆燃。

总之，半球形燃烧室动力性、经济性好，HC 排放量少，高速适应性强。

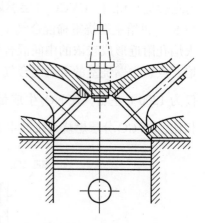

图 5-26　半球形燃烧室

（4）火球高压缩比燃烧室　如图 5-27 所示，缸盖上凹入的排气门下方为火球燃烧室。它直径小，形状紧凑，有一定挤气面积，能形成挤气紊流；进气门下方容积较小，通过一浅槽与燃烧室连通，压缩过程，部分进入进气门下方的混合气，通过浅槽切向进入燃烧室，产生涡流运动；当活塞下行时，燃气以高速形成反流，使燃烧速度大大加快；与普通燃烧系统相比，允许使用高压缩比而不引起表面点火或爆燃，耗油率低，排放污染少，可燃烧稀薄均匀混合气，空燃比为 19～26。

火球燃烧室要求使用高辛烷值汽油，对缸内积炭较敏感。

（5）双火花塞燃烧室　如图 5-28 所示，在半球形燃烧室中，距中心等距离布置两只火花塞（相距 1/2 直径），使火焰传播距离减小。这样可以适当推迟点火时间，提高了点火时混合气的温度和压力，改善了着火性能，燃烧持续时间变短，提高了发动机性能。

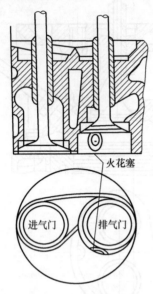

图 5-27 火球燃烧室

图 5-28 双火花塞燃烧室

（6）CVCC 分层燃烧系统　本田公司的 CVCC 分层燃烧系统如图 5-29 所示。燃烧室分成主燃烧室和副燃烧室两部分，副燃烧室内装有辅助进气门和火花塞，室内有 5 个火焰孔与主燃烧室相通。CVCC 分层燃烧系统工作时，供给副燃烧室少量浓混合气（$A/F = 12.5 \sim 13.5$），供给主燃烧室稀混合气（$A/F = 20 \sim 21.5$），通过火焰孔适当混合，在副燃烧室内及火焰孔附近形成较浓的中间混合气层。点火后，副燃烧室混合气着火，并从火焰孔喷出火焰，点燃主燃烧室的可燃混合气。燃烧室内无强烈的紊流，因而燃烧缓慢，最高燃烧温度仅为 1200℃ 左右，使 NO_x 生成量减少（NO_x 低至一般汽油机排放量的 $\frac{1}{3}$）。与其他燃烧室相比，CVCC 分层燃烧系统的主要优点是排放性能好。

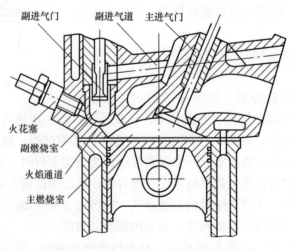

图 5-29　CVCC 分层燃烧系统

5.4.2 柴油机燃烧室

柴油机燃烧室的造型和喷油器的布置确定了混合气的形成方式。根据这两个特征，柴油机的燃烧室基本上分为直接喷射式燃烧室和分开式燃烧室两类。

1. 直接喷射式燃烧室

燃烧室布置在活塞顶与缸盖之间形成的统一空间内，燃油直接喷入这一空间，进行混合和燃烧。车用柴油机常用的半开式燃烧室和球形燃烧室都属于这类燃烧室。

（1）ω 形燃烧室　如图 5-30 所示，燃烧室的断面形状呈 ω 形。这种燃烧室的混合气形成是以空间雾化混合为主，燃油从多孔喷嘴喷出，大部分喷到燃烧室空间，并组织一定强度的进气涡流及挤气涡流，以加速混合气的形成。喷注的射程、燃烧室直径和涡流强度要良好配合，如喷注射程较大而进气涡流较弱时，就会有相当多的燃油喷到燃烧室壁上；如果喷注射程较小而进气涡流较强，喷注燃油在燃烧室中的分布过于集中，这些对加速形成混合气都有影响。

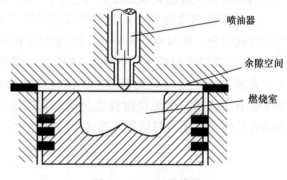

图 5-30　ω 形燃烧室

其主要特点是：结构简单、面容比小，能形成挤气涡流，相对散热少，经济性好，冷起动容易；涡流强度对转速比较敏感，难以兼顾高、低速时的性能，充气效率相对较低，工作粗暴；对喷油系统要求较高，排放污染较大。

（2）球形燃烧室　球形燃烧室如图 5-31 所示。它在活塞顶上挖一较深的呈球形的凹坑，采用单孔或双孔喷嘴，一般均配有螺旋进气道产生强进气涡流，如图 5-32 所示。

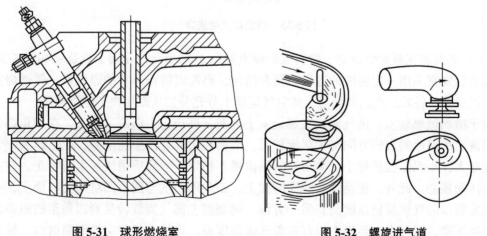

图 5-31　球形燃烧室　　　　　图 5-32　螺旋进气道

　　球形燃烧室混合气的形成是以油膜蒸发混合的方式（或称 M 过程）进行的，将大部分燃油顺涡流方向喷到燃烧室壁面上，在涡流的作用下，燃油均匀地涂在燃烧室壁上，形成一层很薄的油膜，只有一小部分从喷注中分散出来的燃油，以雾状分散在燃烧室空间，在高温空气中着火，形成火源，然后靠此火源点燃从壁面已蒸发出来并和空气混合的混合气。随着燃烧进行，产生大量热，辐射在油膜上，使油膜加速蒸发，不断地与高速旋转的气流混合，从而迅速燃烧。

　　球形燃烧室的主要特点是：燃烧室面容比小，对外传热相对较少，经济性好；由于大部分燃油喷到燃烧室内温度较低的室壁上，因而滞燃期内形成的混合气数量较少，燃烧初期放热低，平均压力升高率较小，工作柔和，噪声较小；着火后的高温燃气使油膜蒸发加快，同时避免大量油滴被高温空气包围，因而冒烟少；对燃油的品质及雾化质量要求较低。

　　（3）紊流型燃烧室　紊流型燃烧室的空气运动好，着火延迟期短、压力升高率不高，燃烧比较完全，并且排气污染小，油耗曲线平坦。

　　1）挤流口式燃烧室。如图 5-33 所示，燃烧室缩口较小，有强的挤流和逆流，大多采用多孔喷油嘴，为空间混合或空间混合与油膜结合。当推迟喷油时，能降低噪声和 NO_x，烟度也有所改善，但燃烧过程也会推迟。挤流口式燃烧室的缸盖、活塞的热负荷高，喉口边缘容易烧损，喷孔易堵塞，高速经济性恶化，工艺条件要求高。

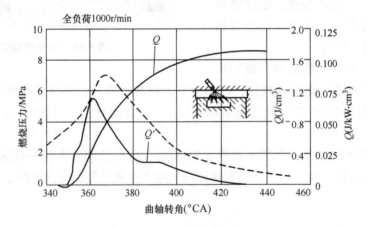

图 5-33　挤流口式燃烧室

　　2）微涡流和花瓣形燃烧室。微涡流燃烧室如图 5-34 所示、花瓣形燃烧室如图 5-35 所示。这类燃烧室采用一定强度的进气涡流和挤流，再配以特殊形状的燃烧室，使燃烧室内除了大涡流外，各处还充满微涡流，使空气运动十分充分，从而加快了燃烧速度。

　　对于微涡流燃烧室，进气涡流在燃烧室上部和下部产生大涡流 A 和 C，在四角部分产生小涡流。小涡流的旋转方向与大涡流相反，因而在边界处产生速度差，R/R_o 越大，大涡流强度越大，小涡流强度越小。尖角处的涡流极不稳定，形成后很快被主流带走，在主流中成为扰动核心。此外，在燃烧室的纵剖面上，四角形凹坑与圆形凹坑的交界面上，一方面燃烧室底部的气流旋转速度高；另一方面，燃烧室上部气流旋转受到四角形的阻碍，使旋转速度下降，因而在交界面上也存在着气流速度差。当油束对着交界面喷射时，最先通过低速大涡流区，然后通过紊流区，最后到达下部的高速大涡流区。由于油束直接喷向交界面，所以通过紊流区的时间最长，油气混合最好。但由于燃烧室有缩口或边角、凹凸，会增加气流运动阻力，因此也增加了损失。另外，缩口处的热负荷较高，容易开裂或烧蚀。

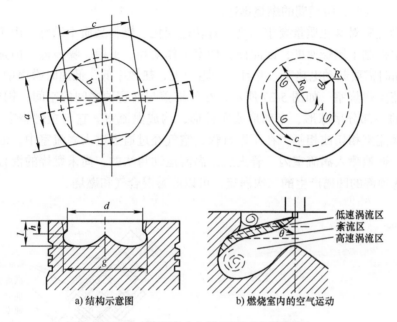

a) 结构示意图　　　　　　　　b) 燃烧室内的空气运动

图 5-34　微涡流（小松 MTCC）燃烧室

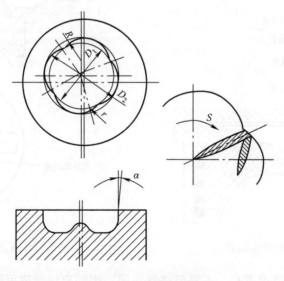

图 5-35　花瓣形燃烧室

2. 分开式燃烧室

燃烧室被明显分成两部分：一部分在活塞顶面和气缸盖底面之间；另一部分在气缸盖内。两者以一条或数条通道相连接。分开式燃烧室有预燃室燃烧室和涡流室燃烧室等类型。

（1）预燃室燃烧室　预燃室燃烧室如图5-36所示，在气缸盖和活塞顶面间的空间构成主燃烧室，在气缸盖内的一部分燃烧室构成预燃室（副燃烧室）。燃油喷在预燃室中混合燃烧，利用压力差使燃气及未燃部分燃油一起喷入主燃烧室，在主燃烧室迅速与空气混合，形成燃烧紊流。因此，缓燃期的燃烧迅速。

预燃室燃烧室对雾化质量要求不高，对转速变化、燃料品质不敏感。由于主、副室通道的节流作用控制了燃烧速度，因此该燃烧室工作柔和、平稳、噪声低。但是，散热损失较大，冷起动时需要起动电热塞，并且流动阻力大、热效率低，低速时噪声增大。

（2）涡流室燃烧室　如图5-37所示，在气缸盖与活塞顶之间的空间，构成主燃烧室，在气缸盖内的一部分呈球形、半球形或座钟形，构成涡流室。它与主燃烧室之间相连通。由于通道与涡流室相切或相割，在压缩行程，空气经过通道进入涡流室中，形成强烈的有组织的涡流。燃油喷入涡流室内，着火后，涡流运动将浓的、尚未燃烧的混合气压向主燃烧室，由活塞顶部的凹槽产生的二次涡流，可以改善混合气和燃烧。

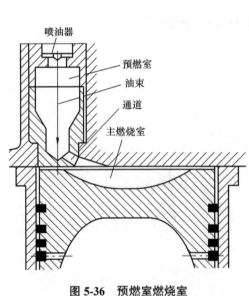

图 5-36　预燃室燃烧室

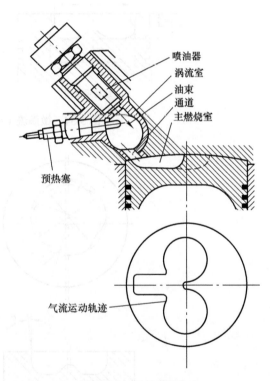

图 5-37　涡流室燃烧室

该系统对雾化质量要求不高，不需要进气涡流，因而充气效率可以提高；对转速变化不敏感，空燃比较小，空气利用率高；工作平稳、柔和、排放污染低。但是，其散热损失较大，流动损失较大，热效率低，冷起动困难。

分开式燃烧室适用于小型、高速柴油机。其燃烧速度比直喷式柴油机慢，运转比较平稳，但其热量和流动损耗会使热效率降低。为了追求较高的热效率，轿车用柴油机向着直喷式燃烧室发展。

5.5　发动机的电控技术

5.5.1　汽油机燃油喷射系统的组成及控制方法

汽油机电控燃油喷射系统是利用电子计算机（ECU 等），根据空气流量和转速的高低来决定基本喷油量。另外，ECU 还根据控制系统传感器输送的信号，修正喷油量，随时调整油气的比例，使空燃比达到最佳工况要求。

各种电控燃油喷射系统，除对空气计量的方式不同外，其余部件基本相同，都是由供油系统、进气系统、控制系统、点火系统组成。

1. 供油系统

供油系统包括汽油箱、汽油泵、滤油器、油压调节器、分配管、喷油器等，其任务是供油、滤油、调压及喷油。

2. 进气系统

进气系统由空气滤清器、进气管、节气门、怠速旁通道等组成，其任务是滤清、调节及分配。

3. 控制系统

控制系统包括控制器、主继电器、各种传感器（空气流量计、水温传感器、空气温度传感器、节气门位置传感器、点火和喷油传感器、转速传感器、车速传感器、氧传感器、爆燃传感器等）和电元件、怠速空气调节器。有的还装有冷起动喷油器热时间开关和辅助空气阀等。其作用是存储、接收传感器和电元件信号，计算并根据偏差值得出修正量，以及发指令、警告、记忆故障档案、输出故障码、快速自诊断、系统保护。

4. 点火系统

点火系统有有分电器式和无分电器式两种方式。两种都是利用计算机控制，点火和喷油为一体化网络系统。

5.5.2　柴油机的电控技术

为了改善柴油机运转性能并降低燃油消耗率，同时也为了适应严格的柴油机排放标准的需要，从 20 世纪 80 年代初期开始，各种电子控制柴油喷射系统（以下简称电控柴油喷射系统）相继问世。

与传统的机械控制柴油喷射系统相比，电控柴油喷射系统有下列优点：

1）机械控制喷射系统的基本控制信息是柴油机的转速和加速踏板的位置，而电控喷射系统则通过许多传感器检测柴油机的运行状态和环境条件，并由电控单元计算出适应柴

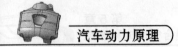

油机运行状况的控制量，然后由执行器实施，因此控制精确、灵敏。而且在需要扩大控制功能时，只需改变电控单元的存储软件，便可实现综合控制。

2）机械控制喷射系统往往由于设定错误和磨损等原因，而使喷油时刻产生误差。而在电控喷射系统中，总是根据曲轴位置的基本信号进行再检查，因此不存在产生失调的可能性。

3）在电控喷射系统中，通过改换输入装置的程序和数据，可以改变控制特性，一种喷射系统可用于多种柴油机。在此过程中，不需要机械加工，故可缩短开发新产品的周期，有利于降低成本。

1. 基本要求

目前，柴油机技术领域研发的重点是在提高柴油机性能和转矩的同时，获得低的燃油消耗和排放（NO_x、CO、HC 和颗粒物）。柴油电控喷射系统应能精确地控制不同条件下的燃油喷射参数，并实现下列基本要求：

1）高的燃油喷射压力。

2）喷射速率可变控制。

3）预喷射，第二次喷射的应用。

4）喷油量、增压压力、喷油起始时刻的变化与工作条件相适应。

5）起动时，有随温度变化的过量燃油供给量。

6）不随柴油机负荷变化的怠速控制。

7）可控的废气再循环。

8）巡航控制。

9）喷射过程和喷油量具有微小补偿，并在整个寿命期内保持高精度。

2. 电控柴油喷射系统的基本类型

现代柴油机的机械式供油系统主要有两种形式：一种是泵－管－嘴系统；另一种是泵－喷油嘴系统。在此基础上发展起来的电控燃油喷射系统也可分为两种：一种是在直列泵或分配泵基础上，附加电控装置；另一种则是直接采用电控喷油器的方案。

（1）电控的泵－管－嘴喷油系统　电控的泵－管－嘴喷油系统如图 5-38 所示。它是应用电子化的燃油管路原理和电磁溢流式喷射调节方法，并结合传统的泵－管－嘴系统的高压脉冲动力学而发展起来的数字控制式柴油机喷射系统。

通过柴油机的喷油泵驱动凸轮，使柱塞压缩燃油，从而产生脉冲高压。这一脉冲压力波传到喷油器，顶开针阀。传统的波许柱塞泵，由于机械式的调节，机构复杂，供油量、喷油定时调节的灵敏性较差，难以适应柴油机的性能优化。在电控泵－管－嘴系统中，仍然采用溢流原理来调节燃油喷射过程，但由齿条齿杆、柱塞斜槽和进回油孔组成的机械溢流方式，被高速、大功率电磁铁驱动的旁通式溢流阀所取代。电磁阀的闭合时刻，确定了供油定时；闭合时间长短，确定了供油量。在传统喷油泵中，柱塞同时起到建立油压和调节油量的作用。采用电磁阀溢流调节后，柱塞只承担供油加压功能，供油量调节则由电磁控制阀单独完成。因此，供油加压和供油量调节机构，在结构上可以相互独立，分开制作。

这样可以使喷油泵的结构得以简化,强度提高,可以加强供油能力。电控燃油喷射柴油机油量调节的控制,是以微处理器为基础的。根据动力性、经济性、可靠性和排放性能等要求,对柴油机进行优化和全面控制。微处理器接收各种传感器采集的信号后,通过电控单元(ECU)进行处理,并向各控制系统发出控制信号。其中最关键的是电磁阀的驱动信号。它能灵活地调整喷油定时、喷油量和喷油速率,从而实现油量调节、最大喷油量限制、动力性、经济性及排放性能的综合控制。

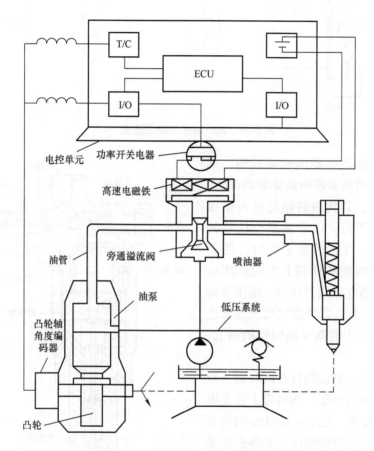

图 5-38　电控的泵 – 管 – 嘴喷油系统

T/C—调节器　I/O—输入输出转换区　ECU—电控单元

(2)共轨式电控喷油系统　共轨式电控喷油系统又称为压力时间控制系统,分为高压共轨系统和中压共轨系统。中压共轨系统(即增压式共轨系统)又分为共轨蓄压式系统和共轨液压式系统。这两种系统喷油压力的形成原理相同(帕斯卡增压原理),只是所用的控制和待喷燃油的压力源不同。

1)中压共轨系统。美国 BKM 公司的 Servojet 系统,是典型的中压共轨蓄压式电控喷油系统,如图 5-39 所示。Servojet 系统主要由蓄压式喷油嘴、轴向柱塞燃油泵、数字式电磁阀、电子压力调节器、共轨式供油程序块和电控程序块组成。燃油泵为具有 7 个柱塞的固定斜盘式转子型轴向柱塞输油泵,能提供压力为 2~10MPa 的中压共轨燃油。

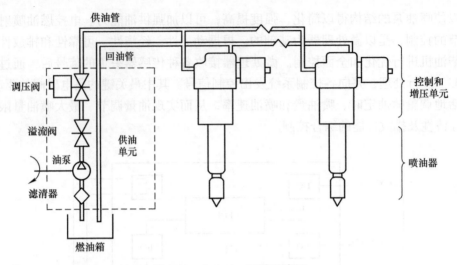

图 5-39 Servojet 系统示意图

　　电磁阀控制的共轨蓄压式喷油器，如图 5-40 所示，是喷油系统中最重要的部件。当电磁阀关闭时，共轨内的燃油进入增压活塞上方，活塞下行。由于活塞与柱塞的直径比为 1：15，因此活塞下行时，使蓄压室、喷油器针阀腔和针阀上方的油压达 100～150MPa。当电磁阀打开时，增压活塞上方卸压，活塞上行，则针阀顶部的油压也降下来，而蓄压室中的高压油使针阀抬起，实现高压喷射。

　　喷油正时取决于电磁阀打开的时刻。喷油量取决于共轨中的油压。共轨管上设有电磁阀，根据工况要求，在 2～10MPa 内调节共轨压力。喷油系统的喷射压力和各缸油量分配，与发动机转速无关。喷油系统的燃油计量方式为压力计量，计量过程与喷射过程分离。喷油始点由电磁阀控制，喷油终点、最高喷射压力、喷油量和喷油速率，均受共轨压力控制。由于电磁阀直接控制共轨压力为 10～20MPa，仅在喷油器内增压，因此避免了恒高压泄漏，对电磁阀要求较低。喷油系统的缺点是每次喷射的只是喷油器蓄压室中的高压油，随着喷射压力逐步降低，喷射

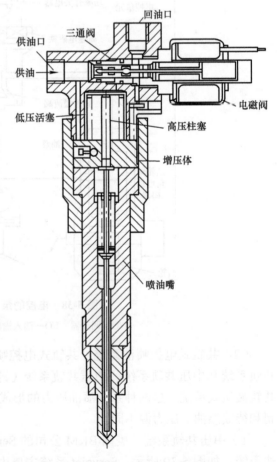

图 5-40 共轨蓄压式喷油器

速率越来越小，喷油规律先急后缓，直到弹簧关闭针阀。在高压喷射时，过高的初始喷射

速率会使滞燃期内混合气的燃油量增加，预混合燃烧比例增大，柴油机工作粗暴，NO_x 排放增加。

2）高压共轨系统。高压共轨系统主要由高压泵、带调压阀的共轨管、带电磁阀的喷油器和电控单元（ECU）组成。这种系统能够实现预喷射、后喷射，还可以实现三角形和靴形喷射。图 5-41 所示为日本电装（Nippondenso）公司的 ECD-U2 高压共轨系统。系统的高压油泵为 PCV（油泵控制阀）控制工缸直列泵，凸轮为近似三角形，用来形成共轨压力并进行油量控制，通过压力传感器、ECU 和 PCV 组成的闭环形式来计量柱塞室的低压燃油量。高压油泵的供油定时与燃油喷射同步，保证了共轨压力的稳定。系统消除了常规直列泵上由于溢流而造成的高压燃油的浪费，减小了驱动功率消耗。

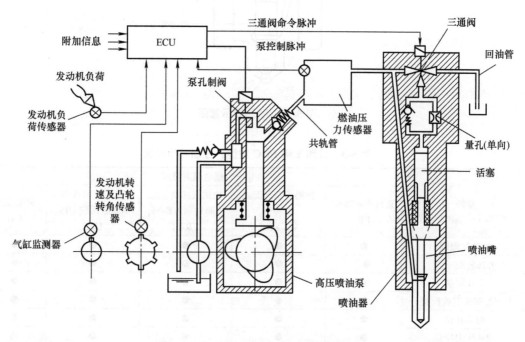

图 5-41　ECD-U2 高压共轨系统示意图

系统的喷油过程控制，是通过三通阀对喷油器控制腔中油压的控制实现的。如图 5-42 所示，当三通阀未被激励时，外阀在电磁力作用下克服弹簧力向上运动，直到内阀阀座关闭，外阀座开启，控制腔和回油通道接通，控制腔中的高压燃油经单向节流孔（OWO）缓慢流出，与液压活塞联锁的喷嘴针阀缓慢抬起，产生喷油率逐步增大的三角形喷射。喷嘴针阀达到全升程时，喷油率最大。供油结束时，切断三通阀电流，外阀再度下行，关闭回油道；内阀开启，共轨油压迅速加到液压活塞上方。由于液压活塞面积比针阀大得多，因此喷油结束时，较大的液压作用会使针阀迅速落座，实现快速断油。

3. 电控柴油喷射系统的控制功能

带有柴油机电子控制单元（EDC）的燃油喷射系统具有表 5-3 所列的控制功能。

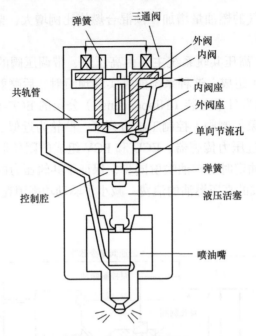

图 5-42 喷油器示意图

表 5-3 公路车辆 EDC 类型：控制功能概况

功能	燃油喷射系统				
	直列式喷油泵 PE	斜槽控制分配式喷油泵 VE-EDC	电磁阀控制分配式喷油泵 VE-M，VR-M	电控泵喷嘴和单体泵系统 UIS、UPS	共轨系统 CR
喷油量限制	●	●	●	●	●
外部转矩干涉	●③	●	●	●	●
车速限制	●③	●	●	●	●
车速控制（巡航控制）	●	●	●	●	●
海拔补偿	●	●	●	●	●
增压压力控制	●	●	●	●	●
怠速控制	●	●	●	●	●
中间转速控制	●③	●	●	●	●
主动喘振抑制	●②	●	●	●	●
BIP 控制	—	—	—	●	—
进气道关闭				●②	●
电子防盗	●②	●	●	●	●
可控制的预喷射	—		●	●②	●
预热控制	●②	●	●	●②	●
空调（A/C）开关	●②	●	●	●	●
辅助冷却液加热	●②	●	●	—	●
气缸平衡控制	●②	●	●	●	●
喷油量补偿控制	●②	—	●	●	●
风扇断开触发	—	●	●	●	●

（续）

功能	燃油喷射系统				
	直列式喷油泵 PE	斜槽控制分配式 喷油泵 VE-EDC	电磁阀控制分配 式喷油泵 VE-M， VR-M	电控泵喷嘴和 单体泵系统 UIS、 UPS	共轨系统 CR
ECR 控制	●②	●	●	●②	●
带传感器的喷油起始控制	●①③	●	●	—	—
气缸断缸	—	—	●③	●③	●③

① 仅控制滑套直列式喷油泵。
② 仅用于轿车。
③ 仅用于商用汽车。

为了使柴油机的各种工况始终处于最理想的燃烧状态下运行，则要求 ECU 对所有工况都能精确地计算出最理想的喷油量和喷油时刻。在多数电磁阀控制的分配泵上，燃油喷射量和喷油时刻控制的电磁阀由独立的油泵 ECU（PSG）控制。

复习思考题

一、填空题

1. 汽油机的正常燃烧过程按压力变化特点可分为_____、_____、_____三个阶段。

2. 汽油机燃烧时，最高压力出现在上止点后_____曲轴转角时，示功图面积最大，循环功最多。

3. 汽油机选择汽油的辛烷值主要取决于_____。

4. 汽油机负荷增加时，其点火提前角应该_____；汽油机转速增加时，其点火提前角应该_____。

5. 汽油机易产生爆燃的工况是转速_____，负荷_____，点火提前角_____。

6. 汽油不正常燃烧有两种：一是_____；二是_____。

7. 汽油机明显燃烧期越短，越靠近上止点，汽油机的_____性和经济性越好。

8. 为保证发动机燃烧时最高压力点出现在理想时刻，负荷减小，需_____点火提前角。

9. 转速对爆燃影响较大，发动机在_____速度工况下易产生爆燃。

10. 燃油雾化质量是指油束中液滴的_____和_____。

11. 柴油机混合气的燃烧过程可分为四个阶段：_____、_____、_____、_____。

12. 对柴油机燃烧噪声影响最大的燃烧阶段为_____，对经济性影响最大的为缓燃期。

13. 柴油机混合气形成方式基本上是两种：空间雾化混合和_____混合。

14. 由柴油机雾化特性曲线可知，曲线越窄，越_____纵坐标轴，表示燃油雾化的质量越好。

15.柴油燃烧过程存在的问题有混合气形成困难及燃烧不完全、_____、_____、有害的废气。

16.柴油机的整个喷射过程分为喷油延迟阶段、主喷射阶段、_____三个阶段。

17.油束的几何特性可用两个参数描述，即_____、喷雾锥角。

二、选择题

1.汽油机过量空气系数在 0.85～0.95 范围内的可燃混合气叫做（　　　）。

A.功率混合气　　　　B.过浓混合气　　　　C.经济混合气　　　　D.过稀混合气

2.过量空气系数 $\alpha = 1$ 的混合气称为（　　　）。

A.稀混合气　　　　B.浓混合气　　　　C.理想混合气　　　　D.理论混合气

3.过量空气系数大于1的混合气为（　　　）。

A.理论混合气　　　　B.浓混合气　　　　C.功率混合气　　　　D.稀混合气

4.汽油机的燃烧方式是（　　　）。

A.预混合燃烧　　　　B.扩散燃烧　　　　C.不规则燃烧　　　　D.柔和燃烧

5.一般说来，提高汽油机的压缩比，要相应提高所使用汽油的（　　　）。

A.热值　　　　B.点火能量　　　　C.辛烷值　　　　D.馏程

6.以下不是降低汽油机爆燃的主要措施有：（　　　）。

A.采用辛烷值较高的燃料　　　　　　B.降低末端混合气的压力和温度

C.提高火焰传播速度　　　　　　　　D.采用 $\alpha < 0.8$ 的混合气

7.汽油机与柴油机相比，一般情况下，有效燃油消耗率（　　　）。

A.汽油机的大　　　　B.汽油机小于柴油机　　C.两者相当　　　　D.两者相同

8.汽油机燃烧过程中最主要的阶段是（　　　）。

A.第一阶段　　　　B.第二阶段　　　　C.第三阶段　　　　D.第四阶段

9.使柴油机工作柔和，动力性与经济性好的喷油规律应是其喷油速率（　　　）。

A.先缓后急　　　　　　　　　　　　B.先急后缓

C.保持高速喷油率　　　　　　　　　D.保持匀速喷油率

10.柴油机燃烧过程的缓燃期很接近（　　　）。

A.定容燃烧　　　　B.定压燃烧　　　　C.定温燃烧　　　　D.混合燃烧

11.汽油机点火提前角过大，容易造成（　　　）。

A.爆燃　　　　B.最高压力降低　　　　C.油耗增加　　　　D.工作粗暴

12.汽油机爆燃的根本原因是远端混合气（　　　）。

A.被过热表面点燃　　　　　　　　　B.因温度过高自燃

C.受火焰传播燃烧　　　　　　　　　D.由已燃气体点燃

13.汽油机在使用中发生爆燃，常用的消除方法是（　　　）。

A.加大点火提前角　　B.减小点火提前角　　C.换低标号汽油　　　D.调整气门间隙

14.柴油机燃烧噪声较大的工况（　　　）。

A.冷车怠速　　　　　　　　　　　　B.大负荷稳定工况

C. 中等负荷稳定工况　　　　　　　　　　　　　D. 热车减速工况

15. 当发动机压缩比增加时，（　　　）。

A. 汽油机爆燃倾向增加，柴油机工作粗暴倾向增加

B. 汽油机爆燃倾向减小，柴油机工作粗暴倾向增加

C. 汽油机爆燃倾向增加，柴油机工作粗暴倾向减小

D. 汽油机爆燃倾向减小，柴油机工作粗暴倾向减小

16. 传统柴油机的喷油时刻与供油时刻的关系是（　　　）。

A. 同步　　　　　　　B. 提前　　　　　　　C. 滞后　　　　　　　D. 没有联系

17. 当节气门踩到底时往往会产生爆燃现象，若适当放松一点，会使爆燃消失，这是因为（　　　）。

A. 混合气变稀　　　　B. 转速升高　　　　C. 负荷减小　　　　D. 转速降低

18. 柴油机最大爆发压力较高，主要是因为（　　　）燃烧速度较高。

A. 速燃期　　　　　　B. 缓燃期　　　　　　C. 后燃期　　　　　　D. 滞燃期

19. 关于汽油机的不规则燃烧，以下描述中正确的是（　　　）。

A. 不规则燃烧即不正常燃烧

B. 不规则燃烧一般包括表面点火和爆燃

C. 不规则燃烧是指汽油机稳定正常运转时存在各循环之间的燃烧变动和各缸之间的燃烧差异

D. 一般汽油机不存在不规则燃烧

20. 柴油机的供油始点用（　　　）表示。

A. 喷油提前角　　　　B. 供油提前角　　　　C. 雾化提前角　　　　D. 着火提前角

21. 下列有关供油规律及喷油规律叙述正确的是（　　　）。

A. 喷油始点早于供油始点

B. 喷油持续时间较供油持续时间短

C. 喷油规律的峰值低于供油规律

D. 二者没有联系

22. 为了衡量发动机工作的平稳性，用（　　　）作为速燃期的重要评价指标。

A. 温度升高率　　　　B. 压力升高率　　　　C. 最高温度　　　　D. 最大压力

三、简答题

1. 汽油机燃烧过程各阶段有何特点？对燃烧过程各阶段有何要求？

2. 最高燃烧压力点的位置对汽油机性能有何影响？

3. 何谓汽油机不规则燃烧？其原因及改善措施是什么？

4. 汽油机爆燃及表面点火产生的原因及危害是什么？防止不正常燃烧的措施是什么？

5. 为什么说汽油机在低速、大负荷时易发生爆燃？

6. 发动机压缩比对其性能有何影响？

7. 分析过量空气系数及点火提前角对燃烧过程的影响。

8.汽油喷射式发动机混合气形成有何特点？汽油喷射方式有几种？

9.柴油机混合气形成特点及方式是怎样的？空气运动对柴油机混合气形成有何影响？

10.喷油规律对燃烧过程有哪些影响？

11.喷油提前角、负荷对燃烧过程有何影响？

12.柴油机混合气燃烧过程分为哪几个阶段？控制粗暴燃烧的主要措施是什么？

13.何谓喷油规律？理想的喷油规律是怎样的？

14.说明二次喷射和气泡穴蚀的原因、危害及消除措施。

15.柴油机燃烧室基本上分为几类？各类燃烧室的混合气形成特点是什么？

16.电控柴油机喷射系统有哪些类型？试分析各种典型电控喷射系统特点和工作原理。

第6章 发动机的特性

> **【内容及要点】**
>
> 本章将重点介绍发动机的基本使用特性，包括负荷特性、速度特性、万有特性以及柴油机调速特性等，为正确、合理地选用发动机提供依据。同时，通过对影响发动机特性的各种因素的分析，提出改进发动机的特性以适应匹配要求的各种技术措施，从而优化整个动力装置的使用性能。

发动机作为动力机械，主要为其他工作机械提供必要的动力。对汽车而言，发动机作为其心脏，其输出特性直接影响车辆的行驶特性。因此，了解和掌握发动机的性能，对有效利用动力源，以及提高整车性能具有重要的意义。而发动机的输出特性主要通过其动力性指标、经济性指标以及排放性指标等随发动机使用工况的变化特性来表现出来。

所以研究发动机特性的主要目的，在于正确评价发动机的特性，为汽车或其他工作机械正确选用动力源提供依据。同时，通过对发动机特性的评价与分析，为进一步改进发动机的性能，使之与整车（或工作机械）性能良好匹配提供有效途径。

6.1 概述

关于发动机的特性，主要通过发动机各项性能指标随工况的变化特性来研究，包括发动机的负荷特性、速度特性以及万有特性等。因此，要研究发动机的特性，首先需要了解发动机工况、发动机性能指标的测量方法以及发动机的试验方法等。

6.1.1 发动机的工况

发动机的工况，就是指发动机运行的状态，常用发动机转速 n 和负荷表示。其中转速表示发动机的工作频率，而负荷则表示发动机对外做功的能力，主要用输出转矩 T_{tq} 或平均有效压力 p_{me} 表示，其中 $T_{tq} \propto p_{me}$。由第 2 章的式（2-16）和式（2-20），发动机输出的有效功率为

$$P_e \propto T_{tq}n \propto p_{me}n \tag{6-1}$$

发动机的输出功率，是表征发动机工况特征的重要综合指标。但是由式（6-1）可知，输出功率相同，不等于工况相同。由于工况不同，发动机工作状态即燃烧放热过程不同。因此，在相同功率下，发动机的经济性和排放特性不一样。所以，正确认识发动机的工况，或在整车行驶过程中发动机输出功率相同的条件下，如何正确选择其工况，对改善整车性能具有重要意义。

根据发动机的工作原理和结构特点，其工况是限定在最低稳定转速 n_{min}、最高转速 n_{max} 以及在各工作转速下所能输出的最大功率（外特性功率曲线）所包围的范围内。最低稳定转速又称为怠速转速，此时向气缸供给的混合气量最少，只供克服发动机内部摩擦损失用，而对外输出功等于零。因此，当发动机转速低于此转速时，由于飞轮等运动件的储存能量小，会导致发动机转速波动过大，不能正常稳定运行。而发动机的最高转速主要受到来自充气效率、机械损失和曲柄连杆机构的惯性力的影响。发动机在高转速时，由于流动损失增加，充气效率迅速下降，同时活塞组的往复惯性力和曲轴的旋转惯性力增加、摩擦损失增加，直接危及发动机的工作可靠性。因此，每一台发动机都限定其允许的最高使用转速，即额定（标定）转速 n_n，发动机的实际工作范围就限定在最低转速和额定转速范围内的小于或等于外特性功率曲线的区域内。

根据不同工作机械对发动机的使用条件不同，将发动机的工况分为以下三大类。

1. 恒速工况

恒速工况是指发动机的转速保持不变，而功率随负载而变化的工况（图 6-1 中曲线 1）。例如发电用发动机的工况，为了保证发电机工作频率稳定，要求发动机转速稳定不变，而功率随发电机负荷（用电量）的大小而变化。恒速工况的特例是发动机运转过程中转速和负荷均保持不变，这种工况称为点工况（图 6-1 中的 A 点）。例如发动机带动排灌用水泵工作时，除起动和过渡工况以外，一般都按点工况运行。

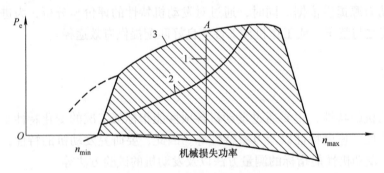

图 6-1 发动机的工况分类

2. 线工况

线工况主要指发动机输出功率与转速成一定函数关系的工况（图 6-1 中曲线 2）。比较典型的就是船用发动机的螺旋桨工况。发动机的输出功率主要克服来自流体的阻力，即船舶稳定行驶时，发动机输出的功率必须与螺旋桨消耗的功率相等。

3. 面工况

前两种工况的共同特点是，发动机输出功率和转速有一定的约束关系。而面工况（图 6-1 中曲线 3）的特点是发动机输出功率和转速之间没有特定的约束关系。在发动机整个工作区域内，功率 P_e 和转速 n 都相对独立变化，因此发动机可能运行的范围就是其实际工况变化范围，称之为面工况。例如车用发动机的工况，或其他陆地运输和作业的工作机械用发动机的工况，就属于这种工况。在陆地行驶时，发动机的转速取决于车辆等陆地作业的工作机械的行驶速度，而发动机的输出功率，则取决于车辆的行驶阻力。车辆行驶阻力不仅与其行驶速度有关，而且还取决于道路情况，或拖拉机耕地时的土壤条件、推土时的推土载荷量等。

本章主要讨论车用发动机的特性。由于汽车使用条件比较复杂，发动机运行工况不断发生变化，所以对车用发动机的性能评价，只是标定点的性能指标是不够的，还需要研究不同工况下，发动机性能指标的变化特性。发动机的性能指标如第2章所述，有动力性指标（P_e、T_{tq}、p_{me}）、经济性指标（燃油消耗率 b_e）以及排放性指标（如 NO_x、CO、HC、PM 等排放量），这些指标随发动机工况的变化规律称为发动机的使用特性，而这些性能指标随工况的变化曲线称为特性曲线。通过发动机的特性曲线，可直观地评价与分析发动机的性能及其影响因素，是发动机性能分析的重要手段。

6.1.2　发动机的台架试验

为了绘制发动机的特性曲线，需要专门的试验测试条件。由于发动机是动力机械，在热功转换的工作过程中对外输出功的同时，会引起强烈的振动，所以，为了准确测量各必要的性能参数，需要将发动机和必要的测量设备装置固定在坚实、防振的专用基础上，如图 6-2 所示的试验台架上，基础的振幅不得大于 $0.05 \sim 0.1$mm。为了测量发动机的输出功率或转矩，将发动机和测功器在台架上通过联轴器对中连接，并用转速传感器测量曲轴或与曲轴同轴连接的测功器轴的转速。由于试验研究内容的不同，所需要的测试设备有所区别，但是最基本的设备有测功器、油耗仪、转速表以及排放测试设备等。除此之外，还需要专门的冷却系统以保证试验时发动机的工作温度保持在设定的恒温状态，以及向发动机供给所需燃料的燃料供给系统，还有实验室专用通风装置、消声装置等辅助系统。

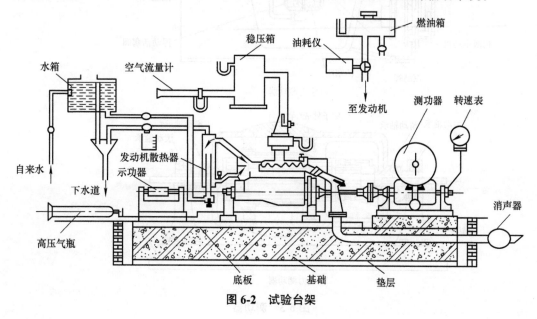

图 6-2　试验台架

1. 测功器

测功器是专门用来测量发动机动力性指标的设备，主要测量输出转矩 T_{tq} 同时测量发动机的转速 n，然后用公式 $P_e = T_{tq}n/9550$，求得发动机的输出功率，并根据功率和平均有效压力的关系式，计算平均有效压力 p_{me}。测功器能吸收发动机输出的功，利用这一特点可任意改变发动机的负荷和转速，由此模拟发动机的使用工况。根据测功器吸收功的原理不同，将常用测功器分为水力测功器、平衡式直流电力测功器和电涡流测功器三种。

（1）水力测功器　如图6-3a所示水力测功器是通过发动机带动测功器转子同步旋转，由其转子和外壳构成的涡流室内水的旋转运动，使测功器外壳在水的摩擦力作用下摆动一个与输出转矩成正比的角度，由此测量发动机的输出转矩。如果涡流室内旋转运动的水量越多、水层越厚，摩擦力就越大，外壳摆动角度增加，则外壳上固定的测力机构的读数随之增加，表明水吸收的机械功越多。当发动机稳定运行时，测功器的摆动角度不变，测功器读数稳定。

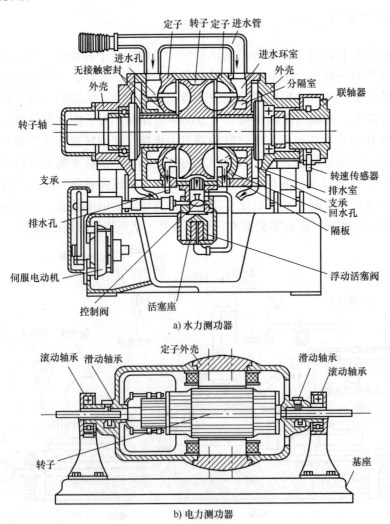

a) 水力测功器

b) 电力测功器

图6-3　测功器

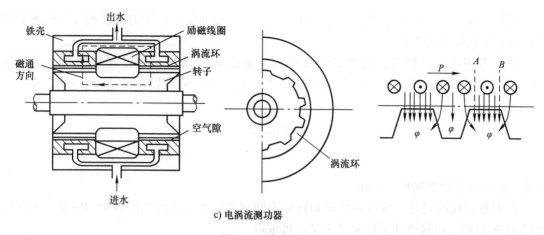

c) 电涡流测功器

图 6-3 测功器（续）

水力测功器由于其廉价、工作可靠、体积小等优点，曾在我国广泛应用。但随着自动化程度以及测量精度要求的不断提高，它逐渐被电力测功器或电涡流测功器所取代。

（2）电力测功器 电力测功器如图 6-3b 所示，当发动机带动直流电动机的转子在定子（外壳）磁场中转动时，切割磁力线而产生感应电流，感应电流的磁场与定子磁场相互作用产生电磁转矩。受该转矩的作用浮动支撑在轴承上的定子外壳摆动一个与该电磁转矩成正比的角度。在定子外壳上固定测力机构，测量此时外壳摆动角度时的转矩大小，该转矩大小与发动机加载转子上的转矩相等。通过改变定子磁场的大小，可任意调节该测功器受吸收的发动机输出转矩的大小，从而达到既调节负荷又测量输出转矩的目的。这种测功器虽然机构较复杂、价格贵，但由于能回收电能、反拖发动机，而且工作灵敏、测量精度高，而得到广泛应用。

（3）电涡流测功器 如图 6-3c 所示，电涡流测功器也是目前常用的一种测功器。它主要利用涡电流效应将发动机输出的机械能转变为电能，再将电能转换为热能。该测功器主要吸收能量的部分是制动器，由转子和定子组成。定子包括外壳、涡流环和励磁线圈。而外壳、涡流环、空气隙和转子构成磁路，当外界直流电源向励磁线圈供电时，在该磁路上产生磁力线（图 6-3c 中虚线）。发动机驱动转子旋转，此时由于在磁路中转子外缘涡流槽的存在，在空气隙处磁力线密度发生变化，因而在涡流环内产生感应电动势而形成电涡流。此电流与所产生的磁场相互作用形成电磁转矩，使浮动在支承上的定子摆动一个角度。调节励磁电流，即可改变电涡流强度，从而测功器所能吸收的机械功不同，定子摆动角度也不同，由此可测量转矩又可调节负荷。由于涡流电路有一定电阻，在涡流环内存在电能损耗，使涡流环发热，所以需要冷却液来强制冷却涡流环。这种测功器操作简便、结构紧凑、运转平稳、测量精度较高，但是不能反拖发动机，而且能量不能回收，成本也较高。

2. 油耗仪

发动机的经济性指标，是通过测量发动机运行时对应该工况所消耗的燃料量，同时测量发动机的输出转矩和转速后，进行换算求得的。发动机的输出转矩由测功器测量，发动机转速则用专用转速传感器测量。而每一工况所消耗的燃料量，是在稳定工况下通过测量

一定时间间隔内所消耗的燃料量，由此计算出每小时耗油量。传统的燃油消耗量的测量方法有容积法和质量法两种。

（1）容积法　容积法是在发动机工作时，如图 6-4a 所示，通过测量消耗一定容积 V_f(mL) 的燃油所需要的时间 t(s) 后，按式（6-2）计算出每小时燃油消耗量 B(kg/h)，即

$$B = 3.6 \frac{V_f \rho_f}{t} \qquad (6-2)$$

式中　ρ_f——燃料的密度（g/mL）。

在测量油耗的同时，通过测功器和转速表同时测量发动机的输出转矩和转速，求得输出功率 P_e 以后，根据燃油消耗率的定义，可求得

$$b_e = \frac{B}{P_e} \times 1000 \qquad (6-3)$$

式中　P_e——输出功率（kW），$P_e = T_{tq}n/9550$；

　　　b_e——燃油消耗率 [g/(kW·h)]。

（2）质量法　如图 6-4b 所示，质量法是指通过测量消耗一定质量 m 的燃油所需要的时间 t 后，按式（6-4）计算每小时燃油消耗量 B 和燃油消耗率 b_e。所消耗的燃油质量是用天平或电子秤来计量。

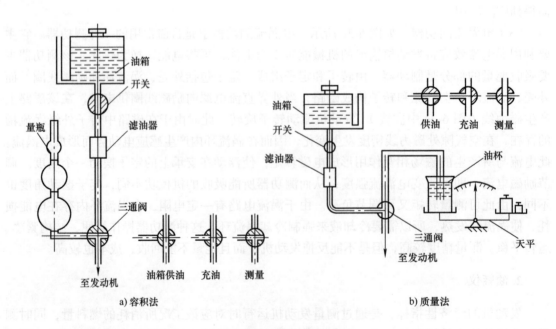

a) 容积法　　　　　　　　　　　　　　　　b) 质量法

图 6-4　燃油消耗量的测量方法

$$B = 3.6 \frac{m}{t}$$

$$b_e = \frac{B}{P_e} \times 1000$$

（6-4）

式中　m——消耗的燃料质量（g）；

　　　t——消耗 m 燃料所需要的时间（s）。

现阶段燃油消耗量的测量基本上都采用自动油耗仪。

3. 排放物的测量

待测量的排放物主要有 CO、HC、NO_x 含量，以及烟度和微粒量等，根据需要也可以测量 CO_2、O_2 含量。为了统一评价，有关排放测试规范中，对试验方法及测量设备进行了相关规定。目前，常用的排放分析仪有日本 HORIBA 的多组分排放气体分析仪和 AVL 的多功能排放分析仪，由此测量 CO、HC、NO_x、CO_2、O_2 等排放气体。烟度一般用波许烟度计或不透光烟度计来测量。微粒则通过用全稀释风道进行精确测量，但其设备昂贵，所以试验研究阶段通常采用分流稀释风道，通过过滤称重法，测量过滤纸上的颗粒质量进行分析。

6.1.3　试验方法

为了使试验结果具有可信度和可比性，试验方法应严格按照国家规定的有关发动机台架试验标准进行。根据试验目的和内容，应制定详细的试验大纲，明确试验条件，确定试验工况、测量参数及试验步骤等。

由于同样的发动机在相同的工况下，测量环境条件不同，所测得的结果也有所不同，因此，为了具有统一的比较基准，规定标准大气状态，并对试验所测得的数据根据当时试验环境状态，按国家有关标准规定的要求进行大气校正。

国家有关标准规定发动机台架试验的标准大气状态是：大气压力为 $P_0 = 99\text{kPa}$，环境温度为 $t_0 = 25℃$（$T_0 = 298\text{K}$），相对湿度 $\varphi_0 = 30\%$。

当实际试验条件与标准状态不同时，需要按相应的要求进行校正，具体详见"汽车试验学"相关参考文献中有关发动机试验部分的内容。

6.1.4　发动机特性的分析方法

发动机的性能指标主要取决于调整参数、使用因素和环境条件三个方面的因素。其中，调整参数包括点火（或喷油）时刻及空燃比等，发动机性能随调整参数的变化规律称为发动机的调整特性；使用因素主要指发动机运行的实际工况，常用负荷和转速表示。性能指标随运行工况变化的特性，称为发动机的使用特性，是评价发动机性能的一种必不可少的方式。下面主要讨论发动机的使用特性。而环境条件的影响主要通过校正系数进行修正。

对于发动机的使用特性，根据车用发动机使用工况的特点，发动机特性曲线的分析方法分为线工况分析法和面工况分析法两种。线工况分析法根据发动机可调参数和固定参数的不同又分为两种：在整个使用工况区域，固定负荷（如节气门开度或循环喷油量）一定，研究发动机性能指标随转速变化规律的速度特性；固定转速不变，研究发动机的性能指标随负荷变化规律的负荷特性。而面工况分析法，又称为万有特性，是指在整个使用工况范围内分析发动机性能随工况分布的情况，由此分析发动机常用工况下的经济性以及排放特性等。

为了分析发动机特性曲线的变化规律和主要影响因素，根据前文所介绍的理论，可推导发动机性能指标与工作过程参数之间的关系。根据平均有效压力的定义和有效热效率定义，有

$$p_{me} = \frac{W_e}{V_s} = \frac{\eta_e Q}{V_s} \tag{6-5}$$

式中　Q——每循环加热量（kJ），可用下式表示

$$Q = \frac{\eta_v V_s \rho_0 h_\mu}{\alpha L_0} \tag{6-6}$$

式中　η_v——充气效率；

ρ_0——大气状态下空气密度（kg/m³）；

V_s——气缸工作容积（m³）；

α——过量空气系数；

h_μ——燃料的低热值（kJ/kg）；

L_0——理论空气量（kg/kg）。

将式（6-6）代入式（6-5），得

$$p_{me} = \frac{\eta_v \eta_e p_o h_\mu}{\alpha L_0} = \frac{\rho_0 h_\mu \eta_v}{L_0 \alpha} \eta_i \eta_m = k \frac{\eta_v}{\alpha} \eta_i \eta_m \tag{6-7}$$

式中　η_i——指示热效率；

η_m——机械效率；

η_e——有效热效率，$\eta_e = \eta_i \eta_m$。

式（6-7）表明，单位气缸工作容积对外输出的有效功，主要与表征换气效果的充气效率中 η_v、表征气缸内燃烧过程的指示热效率 η_i、表征动力传递过程中内部摩擦损失大小的机械效率 η_m 和表征混合气性质的过量空气系数 α 等有关。这些参数随工况的变化特性决定了 p_{me} 的变化特性，是分析其他动力性的基础。由式（2-19）、式（2-20）和式（2-23），将发动机各项性能指标表示成

$$P_e = \frac{p_{me} V_s ni}{30\tau} = K_1 \frac{\eta_v}{\alpha} \eta_i \eta_m n \tag{6-8}$$

$$T_{tq} = \frac{318.3 p_{me} V_s i}{\tau} = K_2 \frac{\eta_v}{\alpha} \eta_i \eta_m \tag{6-9}$$

$$b_e = \frac{3.6}{\eta_e h_\mu} \times 10^6 = K_3 \frac{1}{\eta_i \eta_m} \qquad (6\text{-}10)$$

$$B = b_e P_e = K_4 \frac{\eta_v}{\alpha} n \qquad (6\text{-}11)$$

式中 K_1、K_2、K_3、K_4——不同的常数。

由此可知，在发动机各特性曲线的分析中，动力性是从换气过程（η_v）、燃烧过程（η_i）、内部动力传递损失（η_m）和混合气成分（α）随工况变化的特性角度进行分析；而经济性是只从燃烧过程（η_i）内部动力传递损失（η_m）两方面进行分析。

6.2 发动机的负荷特性

车用发动机的负荷特性是指当发动机转速不变时，发动机的性能指标随负荷的变化关系。此时，因转速不变，所以有效功率 P_e、转矩 T_{tq} 和平均有效压力 p_{me} 之间互成比例关系，均可表示为发动机负荷的大小。

由于汽油机和柴油机对负荷的调节方式不同，在负荷特性上对负荷的表示方法也有所不同。汽油机负荷调节方式为"量调节"，即通过节气门开度的大小，调节进入气缸的混合气量，由此控制负荷的大小。当发动机转速一定时，发动机的 p_{me}、T_{tq} 及 P_e 均与节气门开度成正比，因此，汽油机负荷的大小也可以用节气门开度来表示。

柴油机负荷的调节方式为"质调节"，即在一定的转速下，通过调节向气缸内喷射的燃油量来控制负荷的大小。当转速一定时，进入气缸的空气量基本保持不变，随负荷的增加，喷油量加大，混合气变浓。因此，柴油机负荷的大小也可以用空燃比表示。

负荷特性试验的目的是在规定的转速、不同负荷下评定发动机的经济性，即输出一定量的功率时所消耗的燃料量；同时，分析排放特性，以评价为获得这些动力所造成的对环境的污染程度。

发动机负荷特性试验方法依据 GB/T 18297—2001《汽车发动机性能试验方法》进行。具体试验操作如下：将供油系、点火提前角调整好；水温、润滑油温最佳（85℃）；在若干个转速（其中应含常用转速和 2000r/min）下进行试验；发动机保持某一稳定转速后，逐渐改变节气门开度（由小到大）或喷油量大小，测量功率、每小时耗油量 B、排气温度等参数；加大节气门开度或增加喷油量，同时调节测功机负荷保持转速不变，稳定后测量第二点的功率、每小时耗油量 B、排气温度等参数；如此依次，直到节气门全开，测量点一般不少于 8 个，把测量数据画在以负荷为横坐标，小时耗油量、燃油消耗率等为纵坐标的坐标系内，并连成曲线即得发动机负荷特性曲线。

6.2.1 汽油机负荷特性

在点火提前角最佳、燃油喷射系统及进气系统工作正常，或化油器调整完好的情况下，保持汽油机转速一定，每小时燃油消耗量 B、燃油消耗率 b_e 随负荷（P_e、T_{tq} 或 p_{me}）而变化的关系，称为汽油机负荷特性。图 6-5 所示为某汽油机负荷特性。

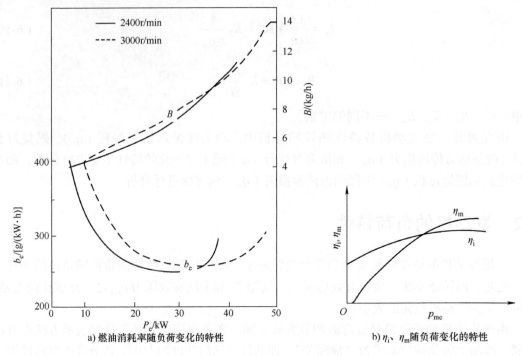

a) 燃油消耗率随负荷变化的特性　　　　　b) η_i、η_m 随负荷变化的特性

图 6-5　汽油机的负荷特性

1. 每小时燃油消耗量曲线

汽油机转速一定时，每小时燃油消耗量 B 主要取决于节气门开度和混合气成分。由于汽油机的量调节方式，负荷变化时，节气门开度改变，又影响到混合气量的变化。由图 6-5a 可以看出，汽油机除怠速工况外，从小负荷到中等负荷，随节气门开度变大，B 曲线呈线性变化，燃油消耗量逐渐增加；当节气门开至加浓装置参加工作后，B 曲线变陡，燃油消耗量上升较快。

2. 有效燃油消耗率曲线

由 $b_e = K_3/\eta_i\eta_m$ 可知，燃油消耗率 b_e 的变化取决于 η_i 和 η_m。η_i 和 η_m 随负荷的变化如图 6-5b 所示。当转速一定时，随负荷增加，节气门开度加大，残余废气相对减少，热负荷增加，从而改善了燃油雾化、混合条件，使燃烧速度加快，散热损失相对减少，η_i 增加。随着负荷增至大负荷，加浓装置工作，η_i 下降。η_m 随负荷的增加而迅速增加。原因是转速一定而负荷增加时，机械损失功率 P_m 变化不大，指示功率 P_i 成正比增加，使 $\eta_m = (1 - P_m/P_i)$ 增加。

当发动机空转（$P_e = 0$）时，指标功率完全用于克服机械损失，即 $P_i = P_m$，则 $\eta_m = 0$，所以耗油率 b_e 为无穷大。随着负荷（节气门开度）增大，由于 $\eta_i\eta_m$ 同时上升，使耗油率曲线迅速下降。当 $\eta_i\eta_m$ 达到最大值时，出现最低耗油率 b_{emin} 后，随节气门逐渐增至全开，化油器加浓装置参加工作，供给最大功率混合气，燃烧不完全现象增加，使耗油率又有所增加。

6.2.2 柴油机负荷特性

当柴油机转速一定时，每小时耗油量 B、有效燃料消耗率 b_e 随负荷（P_e、T_{tq} 或 P_{me}）变化的关系称为柴油机负荷特性。图 6-6 所示为某柴油机的负荷特性。

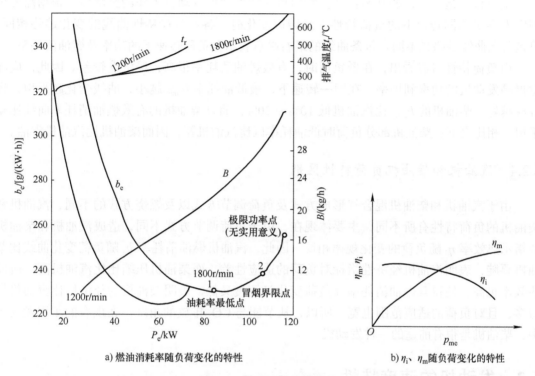

a) 燃油消耗率随负荷变化的特性   b) η_i、η_m 随负荷变化的特性

图 6-6　柴油机的负荷特性

1. 每小时燃油消耗量曲线

转速一定时，柴油机的每小时耗油量 B，主要决定于每循环供油量 Δq。随负荷增加，Δq 增加，B 随之增加。当负荷接近冒烟界限点 2 后，由于燃烧恶化，B 上升得更快一些。

2. 有效燃油消耗率曲线

根据公式 $b_e = K_3/\eta_i\eta_m$，柴油机有效燃油消耗率 b_e 随负荷的变化取决于 η_i 和 η_m。η_i、η_m 随负荷的变化如图 6-6b 所示。与汽油机不同，随负荷增加，每循环供油量 Δq 增加，过量空气系数 α 减小，燃烧不完全程度增大，使 η_i 减小。在大负荷时，混合气过浓，燃烧恶化，不完全燃烧及补燃增多，使 η_i 下降更快。η_m 随负荷增加而上升。

当 $P_e = 0$，$\eta_m = 0$ 时，b_e 趋于无穷大。随负荷增加，由于 η_m 迅速增加，且远大于 η_i 的减少，使 b_e 下降很快。当每循环供油量 Δq 增加到图 6-6 中 1 点位置时，b_e 最小。此后再增加负荷，由于 η_i 下降较 η_m 上升得多，使 b_e 又有所增加。当 Δq 增加到图 6-6 中 2 点位置时，不完全燃烧现象显著增加，烟度急剧增大，达到国标规定的限值。2 点被称为冒烟界限。当循环供油量超过 2 点时，不仅燃料消耗量会增大，使排放污染更加严重，甚至会影响发动机的寿命。

所以，柴油机的最大循环供油量应在标定转速下调整，使烟度不超过允许值。

6.2.3 负荷特性曲线特点

负荷特性是发动机的基本特性。常用负荷特性评价发动机工作的经济性。根据需要可测定发动机不同转速下的负荷特性。当转速变化时，各条负荷特性曲线的变化趋势相同，只是各条曲线的路径不同。每条曲线的最右端点表示全负荷转速下的功率及燃油消耗率。

由负荷特性可以看出，在低负荷时，有效燃油消耗率很高，经济性较差。因此，应注意提高发动机的功率利用率。在同一转速下，最低油耗率 b_{emin} 越小，曲线变化越平坦，经济性越好。柴油机的 b_{emin} 比汽油机低 10% ~ 30%，而且柴油机的有效燃油消耗率曲线比较平坦。相比之下，柴油机部分负荷时低油耗率区比汽油机宽，因而柴油机比汽油机省油。

6.2.4 汽油机和柴油机负荷特性区别

由于汽油机和柴油机混合气形成方式及负荷调节方式以及燃烧方式的不同，汽油机和柴油机的负荷特性有所不同，主要体现在，由于负荷调节方式不同，造成汽油机和柴油机的指示热效率 η_i 随负荷的变化规律相反。因此，汽油机燃油消耗率 b_e 随负荷变化曲线比柴油机要陡，表明汽油机经济性指标对负荷的适应性差。而柴油机压缩比比汽油机高，所以热效率也高，使得其燃油消耗率随负荷变化又缓慢又低，表明柴油机的经济性比汽油机好得多，且对负荷的适应范围也宽。所以，从节能与 CO_2 排放的角度，在现有的车用发动机中，柴油机是很有前途的一种发动机。

6.3 发动机的速度特性

速度特性是指发动机在正常工作条件下，负荷一定时，发动机的性能指标随其转速变化的特性。这里发动机的正常工作条件，是指发动机的冷却液温度、润滑油温度正常（80℃），点火时期和空燃比调节到最佳状态；而负荷一定是指节气门开度等控制发动机负荷的条件一定（如汽车的加速踏板位置）。此时，通过调节测功机的负载，改变发动机的转速，读取不同转速下发动机的性能指标，并根据性能指标随转速的变化规律，绘出发动机在该负荷条件下的一组速度特性曲线。而所要测量的发动机性能指标，有发动机的动力性指标（P_e、T_{tq}）、经济性指标（b_e、B）和排放性指标（CO、HC、NO_x 及 PM 等的排放量）等。发动机的速度特性可以用于评定发动机在不同负荷下的动力性、经济性和排放性。

由于负荷设定的条件不同，发动机的速度特性又分为全负荷速度特性（外特性）和部分负荷速度特性。全负荷速度特性是指控制负荷的节气门操作位置处在最大位置时的速度特性，用于评价发动机各转速下的最大做功能力，所以只有一条曲线。而部分负荷特性是指节气门操作位置处在小于全负荷的任一位置时的速度特性，所以有许多条曲线。

发动机外特性试验（亦称功率试验）方法依据 GB/T 18297—2024《汽车发动机性能试验方法》进行。具体试验操作如下：发动机油门全开，调整测功机负荷使其稳定在标定转速，测量有效转矩、小时耗油量、排气温度等参数；油门开度不变，加大测功机负荷，使发动机转速降低，稳定后测量第二点的有效转矩、小时耗油量、排气温度等参数；如此依次直到发动机的最低稳定转速，测量点一般不少于 8 个，把测量数据画在以转速 n 为横坐标，有效转矩、小时耗油量、排气温度等为纵坐标的坐标系内，并连成曲线即得发动机的外特性曲线。部分速度特性试验参照外特性试验，稳定在某一负荷下进行。

6.3.1 汽油机的速度特性

汽油机的速度特性是节气门位置一定时，发动机的性能随转速的变化规律。

1. 外特性曲线

汽油机的外特性曲线是指节气门开度最大时，发动机性能指标随转速的变化规律。这里发动机的性能指标主要指转矩 T_{tq}、输出功率 P_e 和燃油消耗率 b_e。

（1）转矩 T_{tq} 历程分析 由式（6-9），在汽油机全负荷时，供给功率混合气，所以 $\alpha = 0.85 \sim 0.95$ 为常数。因此，$T_{tq} \propto \eta_v \eta_i \eta_m$。分析 η_v、η_i、η_m 随转速的变化趋势，可确定 T_{tq} 随转速的变化特性。图 6-7b 所示为 η_v、η_i、η_m 随转速变化的特性。从汽油机进气系统和配气机构的设计角度分析，充气效率 η_v 的最高峰值出现在低速区某一转速 n_1。在该转速下，通过进气迟关角的合理设定，使得气流的惯性得到充分利用，同时合理地选择进气管长度，有效利用进气管内的压力波动效应，使该转速下 η_v 达到最大。在低于该转速时，由于进气惯性不够出现倒流现象，使得已进入气缸的混合气回流到进气管，造成 η_v 降低；而在大于该转速时，虽然气流的惯性得到提高，但进气门已关闭，被堵在气门之外，同时高速时进气管道内以及气门处的流动损失增加，使得 η_v 降低。特别是高速区转速的提高，对 η_v 的影响更明显。现代电控发动机广泛利用可变配气相位和可变进气管长度技术，使得 η_v 随转速的变化趋势比较缓慢，即有效地提高了高速区的 η_v，因此发动机的高速性能得到了明显改善。指示效率 η_i 在低速时随转速的升高，由于提高了火焰传播速率，加快了混合气的燃烧放热速率，同时散热损失和漏气损失减小，所以改善了燃气的做功能力，使 η_i 明显提高。直到中速的某一转速下 η_i 达到峰值。转速进一步升高，即在高速区，随转速而加速的气流速度对火焰传播速率的影响不明显。相反，活塞的平均速度提高，燃烧所占的曲轴转角加大，更多的混合气在膨胀过程中燃烧，造成燃烧效率降低，使 η_i 降低。同时，当发动机转速增加时，运动副之间的摩擦损失增加，换气过程的泵气损失也增加，所以机械效率 η_m 随转速升高而逐渐降低。

因此，当转速从低速逐渐升高时，η_v 和 η_i 同时增加，而在低速区随 n 的升高，η_m 变化不大，所以 T_{tq} 在低速区随 n 升高而迅速增加，在 $(\eta_v \eta_i \eta_m)_{max}$ 所对应的转速下 T_{tq} 达到峰值。随着转速的进一步升高，η_v 和 η_m 均下降，所以在中速区 T_{tq} 随转速增加而相对缓慢降低。但在高速区由于 η_v、η_i 及 η_m 都下降，而且高速区转速对 η_v 的影响更明显，所以 T_{tq} 在高速区随 n 升高而降低的速度比较快。

（2）输出功率 P_e 历程分析 由于发动机输出的功率与转矩和转速的乘积成正比，即 $P_e = T_{tq} n / 9550$，所以，P_e 随 n 的变化曲线，实际上取决于 T_{tq} 特性曲线和转速的变化。在低速时，由于 n 升高的同时 T_{tq} 也增大，因此 P_e 开始迅速升高。当 n 超过对应于最大转矩

$T_{tq\,max}$ 的转速以后，随转速的升高，T_{tq} 开始降低，所以 P_e 上升的速度逐渐缓慢，直到 T_{tq} 和 n 乘积达到最大值时，P_e 达到最大值。随转速的进一步增加，由于 T_{tq} 迅速降低，所以 P_e 也降低。在外特性上出现最大功率点的工况称为额定（标定）工况，最大功率称为额定（标定）功率。

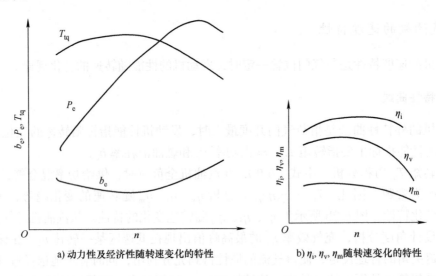

a) 动力性及经济性随转速变化的特性　　b) η_i, η_v, η_m 随转速变化的特性

图 6-7　汽油机外特性

（3）燃油消耗率 b_e 历程分析　由于 $b_e \propto 1/(\eta_i\eta_m)$，在低速区，随转速的增加，$\eta_i$ 增加较明显，而 η_m 降低不多，所以 b_e 随 n 增加开始降低。但在使 η_i 和 η_m 乘积达到最大值 $(\eta_i\eta_m)_{max}$ 的转速上，b_e 达到最低值以后，随转速的增加，由于 η_m 明显降低，所以 b_e 逐渐增大。在高速区，由于 η_i 和 η_m 同时下降，所以 b_e 随 n 升高迅速增加。在低速区，因 η_i 随转速的提高而明显增加，所以一般 $b_{e\,min}$ 出现在偏向低速的某一转速。

汽油机的外特性根据试验条件不同有两种：一种是发动机仅带维持运转所必要的附件进行外特性试验，此时，可不装冷却风扇、空气压缩机、空气滤清器以及消声器等附件，该特性曲线又称为总功率曲线；另一种是试验时发动机带全套附件进行的外特性试验，此试验又称为净功率试验或使用外特性试验。

2. 部分负荷速度特性曲线

部分负荷速度特性的主要特点是节气门开度固定在某一部分开度。而汽车大部分时间都是在部分负荷下工作的。随着节气门开度的减小，节气门处的节流作用增强，使节流损失增加，进气终了压力减小，从而 η_v 降低。节气门开度越小，随 n 的升高，节流损失越大，η_v 降低的速度更快。而且随节气门开度的减小，气缸内残余废气系数增加，所以 η_i 随 n 变化的特性曲线也变陡。但是不同负荷对 η_i 随 n 的变化规律的影响远小于对 η_v 随 n 的变化规律的影响。T_{tq} 随 n 的变化特性主要取决于 η_v 的变化特性，因此随负荷的减小，T_{tq} 随 n 变化的曲线也越陡。而且 η_v 的峰值和 T_{tq} 的峰值随负荷的减小，向低速区移动。功率取决于转速和转矩的变化特性，所以随负荷的减小最大功率点也向低速区移动，如图 6-8 所示。

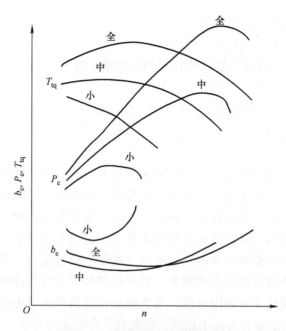

图 6-8　汽油机部分负荷速度特性

小—小负荷　中—中负荷　全—全负荷

在部分负荷速度特性曲线上，随节气门开度的减小，由于残余废气系数增加，燃烧效率降低，所以 η_i 明显降低，而且随转速的变化比较陡。另外，摩擦损失主要取决于发动机转速，负荷越小，η_m 就越低，而且泵气损失越大，η_m 随 n 的升高降低速度也加快。因此，b_e 随 n 的变化曲线随负荷的减小更陡，且 b_e 普遍增加，同时最低燃油消耗率点也向低速区移动。

如上所述，由于汽油机节气门的存在，中、小负荷节流损失是不可避免的，因此会造成中、小负荷区经济性恶化。这是量调节式发动机存在的共同缺陷。为了改善小负荷时的经济性，在一些多缸汽油机上采用排量可变控制技术。即在小负荷区，对四缸机如果通过两缸工作也能满足其动力性要求的话，就熄灭其中 2 个缸，把原 4 个缸的进气量，集中供给 2 个缸，这样工作的 2 个缸的进气量相当于增加 2 倍。为此，相应地增大节气门开度，由此减小泵气损失，同时减小工作的 2 个缸的残余废气系数，所以指示热效率和机械效率都会得到明显改善，由此可以提高经济性在 44% 左右。

6.3.2　柴油机的速度特性

由于柴油机进入气缸的是纯空气，因此 η_v 的大小只提供产生多大转矩的可能性，而实际输出转矩的大小，主要取决于每循环的实际喷油量 Δq。根据充气效率的定义 $\eta_v = m_1/m_s$ 和过量空气系数的定义 $\alpha = m_1/(\Delta q L_0)$，将式（6-9）改写为

$$T_{tq} = K_2 \frac{\eta_v}{\alpha} \eta_i \eta_m = K_2 \frac{m_1 \Delta q L_0}{m_s m_1} \eta_i \eta_m = K_5 \eta_i \eta_m \Delta q \tag{6-12}$$

式中　Δq——循环喷油量（g/ 循环）；

　　　K_5——常数，即 $K_5 = K_2 L_0 / m_s$；

　　　m_s——进气状态下充满气缸工作容积的空气量（kg）；

　　　m_1——实际进入气缸的空气量（kg）；

　　　L_0——1kg 燃料完全燃烧所需的理论空气量（kg）。

1. 全负荷速度特性（外特性）

柴油机上普及电控技术以后，实现了数字化控制。过去机械式柴油机外特性可定义为将油量调节机构固定在额定功率循环供油量位置时，发动机性能随转速变化的特性。但数字化控制以后，加速踏板位置仅仅是一种信号，不直接控制喷油量。所以，电控柴油机的全负荷速度特性可定义为，在已确定各转速下最大喷油量的条件下，发动机的性能指标随转速的变化特性。而车用柴油机在确定各转速下的最大喷油量时，需要考虑根据各转速下所能输出的最大转矩所对应的最大喷油量，和根据各转速下所允许的烟度排放限定值确定的最大喷油量。这里说的"烟度限定值"为当前推行的排放法规中规定的限定值。由于这两种方式确定的最大喷油量有可能不相同，因此在实际控制过程中，通过 ECU 进行最小化处理，选择两者之间较小值设定为该转速下的最大喷油量。

（1）T_{tq} 历程分析　由于柴油机无节气门的节流损失，进气流动阻力小，所以充气效率随转速的变化曲线比较缓慢。但是根据车用发动机性能要求所设计的进气管系和配气相位，其充气效率也是在某一低转速下出现峰值，低于或高于该转速，充气效率都有所下降。这种充气效率的变化特性，为燃油喷射量及气缸的做功能力提供了依据。对于电控柴油机，由于喷油量的设定相对独立，不受机械式喷油泵供油速度特性的影响，因此，基于 η_v 的特性，基本上根据目标转矩特性设定最大喷油量。

车用柴油机基本上都采用废气涡轮增压和电控高压喷射技术，因为高速区容易实现增压，所以高速时气缸做功能力提高。但由于低速时增压程度不够，为了提高低速转矩需要加大喷油量，因此在外特性上循环喷油量的变化特性如图 6-9b 中的 Δq 曲线。在低速区随转速增加，当转速升高到增压器正常工作区以后，喷油量有下降的趋势。在低速区 η_i 和 η_m 变化不大，而循环喷油量 Δq 增加，所以 T_{tq} 迅速增加到最大值。增压柴油机受缸内最高爆发压力的限制，使得最大转矩所对应的转速范围较宽，即外特性转矩曲线存在平顶区，然后随 n 的进一步增加，Δq 基本保持不变或有所减小，而 η_i 和 η_m 降低明显，所以 T_{tq} 也随 n 升高而降低，如图 6-9 所示。

（2）P_e 历程分析　根据式（2-16）中 P_e 与 $T_{tq} n$ 的关系，由于 T_{tq} 变化平坦，所以在一定转速范围内 P_e 几乎与 n 成线性增加，很难确定像汽油机那样的峰值功率点。其结果是功率为零的最大转速 n_{max} 非常高，若不控制会出现飞车的危险。因此，柴油机设定脉谱时，专门设定限制极限转速的喷油量脉谱图，以防止出现超速飞车事故。

（3）b_e 历程分析　在低速区随 n 的增加，气缸内气流强度增加，改善混合气的形成和燃烧条件，所以 η_i 有所增加，而 η_m 变化不大，故 b_e 减小。当 n 升高到使 η_i 和 η_m 乘积达到最大值时，b_e 达到最小。然后，随 n 的进一步升高，因混合气形成和燃烧所占曲轴转角增大，指示热效率 η_i 降低，同时 η_m 也降低，所以 b_e 逐渐增大。但在整个转速变化范围内 b_e 随 n 变化不大，这也是柴油机经济性好的原因之一。

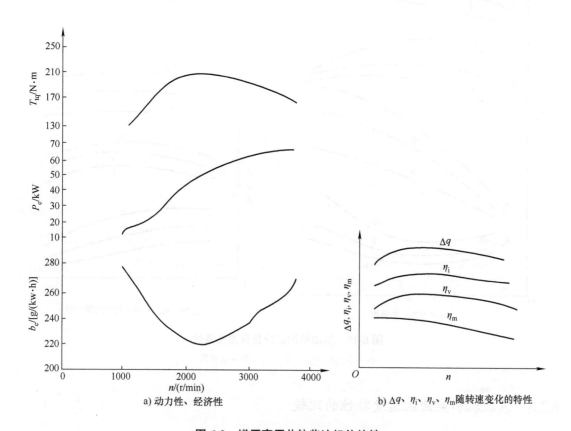

a) 动力性、经济性

b) Δq、η_i、η_v、η_m 随转速变化的特性

图 6-9　增压高压共轨柴油机外特性

2. 部分负荷速度特性

数字化控制的电控柴油机，其部分负荷速度特性实际上就是，将喷油量固定在小于最大喷油量的某一值时，其性能随转速的变化规律。由于喷油量从零到最大值之间可以设许多值，所以部分负荷速度特性也有许多条曲线。而且柴油机不同负荷对 η_v 基本没有影响，η_v 随 n 的变化特性基本与外特性相似，只是因喷油量不同，所以部分负荷速度特性时的空燃比不同。因此，在高速时，负荷越大，喷油量越多，后燃部分增加，热效率下降更明显。部分负荷速度特性上 T_{tq} 随 n 的变化特性，在低速区负荷越小，T_{tq} 随 n 增加的速率越快，但在高速时却缓慢。T_{tq} 在部分负荷速度特性上随不同负荷形成低速区随负荷的减小曲线间距宽，高速时随负荷的增加曲线更密集的部分负荷特性曲线组。对于柴油机，当80%负荷时 b_e 随速度变化曲线最低，即经济性最佳，此时混合气燃烧充分。而输出功率曲线，由式（6-12）可知，主要取决于 T_{tq} 和 n 的乘积。而 T_{tq} 随 n 变化平坦，且不同负荷下的曲线基本平行，所以功率曲线在低速区较密集，高速区较稀疏，如图6-10所示。

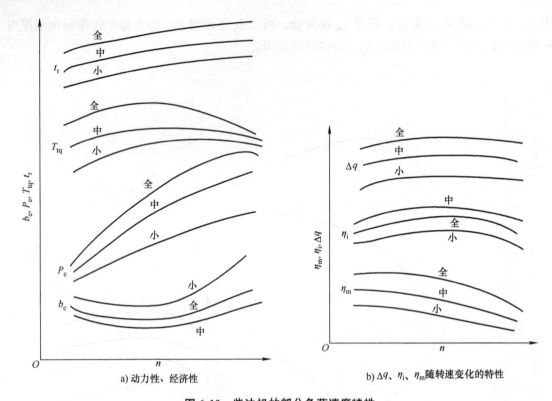

图 6-10 柴油机的部分负荷速度特性

小—小负荷　中—中负荷　全—全负荷

6.3.3 汽油机和柴油机速度特性的比较

1. 转矩储备系数

车用发动机的转矩储备系数，是用来评价汽车不换档条件下的爬坡能力或克服短期超载的能力，是表征汽车动力性的主要指标之一。汽车的这种性能主要取决于发动机转矩的外特性曲线形状。所以，转矩储备系数定义为

$$\varphi_{\mathrm{tq}} = \frac{T_{\mathrm{tq\,max}} - T_{\mathrm{tqn}}}{T_{\mathrm{tqn}}} \times 100\% \qquad (6\text{-}13)$$

式中　$T_{\mathrm{tq\,max}}$——外特性上最大转矩；

T_{tqn}——标定功率点转矩。

转矩储备系数只表示发动机转矩的变化所能克服的外界阻力变化的大小，即 φ_{tq} 越大爬坡能力或短期超载能力越强。但对一定的外界阻力曲线，如图 6-11 所示，对不同的发动机外特性曲线，所要求的发动机转矩不一样，即克服外界阻力的能力不同。这就是说发动机对外界阻力的适应性，除转矩储备系数以外，还与转速的变化特性有关。因此，也定义转速储备系数为

$$\varphi_n = \frac{n_n}{n_{tq}} \qquad (6\text{-}14)$$

式中 n_n——标定转速；

n_{tq}——最大转矩点转速。

如图 6-11 所示，当 A、B 两台发动机的转矩储备系数 φ_{tq} 和标定转速 n_n（图 6-11 中 $n_1 = n_n$）分别相同，而对应最大转矩的转速 n_{tq}（分别为 n_{2A} 和 n_{2B}）不同时，所能克服外界阻力矩的能力。B 发动机由于最大转矩出现在较高转速区，即其使用转速范围窄，因此所能克服的最大外界阻力矩为 T_{R2}，若阻力矩进一步增加，则发动机输出转矩 $T_{tqB} < T_R$，克服不了外界阻力，所以转速不断降低直到熄火。而 A 发动机的最大转矩 $T_{tq\,max}$ 虽然与 B 发动机的相同（φ_{tq} 相同），但 $T_{tq\,max}$ 出现在更低的转速范围（$n_{2A} < n_{2B}$），拓宽了其使用转速范围，所能克服的最大阻力矩提高到 $T_{R3}(T_{R3} > T_{R2})$。A 发动机克服外界阻力的潜力比 B 发动机大。n_{tq} 越低，转速储备系数越大，在不换档条件下，发动机克服阻力的能力越强，特别是有利于 1 档起步性能。因此，车用发动机要求低速转矩特性，且使用转速范围越宽越好。

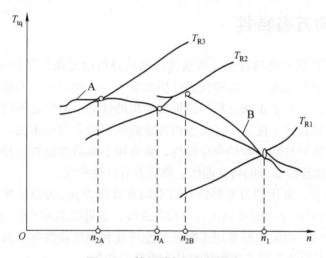

图 6-11　转矩储备系数的影响

兼顾转矩储备系数和转速储备系数对发动机克服外界阻力能力的影响，引入发动机适应系数 φ_{tqn} 的概念，以此衡量发动机的动力性对外界阻力变化的适应能力，即

$$\varphi_{tqn} = \varphi_{tq}\varphi_n \qquad (6\text{-}15)$$

根据上述汽油机、柴油机速度特性的分析，由于柴油机转矩随转速变化的曲线比较平缓，φ_{tq} 和 φ_n 值较小，因此与汽油机相比较，柴油机对外界阻力的适应能力不如汽油机。

一般，汽油机有 $\varphi_{tq} = 1.25 \sim 1.35$，$\varphi_n = 1.6 \sim 2.5$，$\varphi_{tqn} = 2.0 \sim 3.4$；柴油机有 $\varphi_{tq} = 1.05 \sim 1.25$，$\varphi_n = 1.4 \sim 2.0$，$\varphi_{tqn} = 1.5 \sim 2.5$。

2. 最高转速

由于汽油机使用转速高，且其充气效率随转速变化比较陡，造成高速区输出转矩迅速降低，功率曲线也比较陡，出现峰值，超过额定转速，功率迅速降低，因此限制了汽油机的最高转速。但是柴油机由于使用转速范围较低，且充气效率随转速变化较小，所以输出转矩随转速变化平缓。由于功率随转速的增加而增加，曲线变化缓慢，所以对应输出功率为零的最高转速很高。这就是说柴油机限速是一个很重要且不可粗心大意的问题，特别是柴油机电控化以后，取消了机械式调速器，直接用数据谱来控制。因此，从柴油机运行可靠性和安全角度而言，最高转速的限速脉谱图具有重要意义，不可忽略，否则，可能发生飞车事故。

3. 经济性

柴油机在不同负荷下，无进气节流损失，而且采用"质调节"，所以充气效率和指示热效率随转速 n 变化平坦，同时柴油机的使用转速范围比汽油机低。而汽油机随负荷减小，节流损失增加，不仅充气效率降低，而且由于残余废气系数的增加，指示热效率也降低。因此，柴油机的 b_e 曲线随转速变化缓慢，而且柴油机的 b_e 比汽油机低。

6.4 发动机的万有特性

发动机的速度特性和负荷特性，虽然能详细地分析给定条件下的经济性和动力性等，但车用发动机工况变化范围广，这种性能分析具有一定的局限性，不能在使用工况领域进行全面的分析。所以，为了正确分析与评价发动机的性能，以便对不同的车型选用更好的发动机，需要弄清楚在整个使用工况范围内其性能的变化或分布情况。为了全面地表示发动机在各种工况下各种性能参数的变化特性，常应用多参数性能指标特性曲线。将这种在一张图上表示多参数性能指标的特性曲线，称为万有特性曲线。

在车用发动机上，常用的万有特性是以平均有效压力 p_{me} 为纵坐标，转速 n 为横坐标的 p_{me}-n 平面上，同时表示等油耗曲线、等功率曲线，也可以表示 CO、HC、NO_x 及烟度的等排放曲线，由此可正确地判断常用工况下的经济性和排放特性等。因此，万有特性对正确选用发动机，以及对汽车整车匹配研究具有重要的作用。

过去经典的万有特性的制取方法，有负荷特性法或速度特性法。制取时，首先制取不同转速下的负荷特性曲线组（或不同负荷下的速度特性曲线组），然后以人工处理的方法，通过坐标转换，将负荷特性组（或速度特性组）转换成等油耗线的万有特性，如图 6-12 所示。

计算机技术的发展与普及，为试验数据处理带来了极大的方便。如 MATLAB 软件或 ORINC 软件等，将已取得的负荷特性数据，按软件规定的数据格式输入，则可自动处理成万有特性。

图 6-13 所示为车用发动机的等油耗万有特性。其中最内层的封闭曲线对应着发动机的最经济运行工况区。等油耗线越向外，燃油消耗率越高，经济性越差。在水平（转速）方向，曲线疏密程度表示发动机的经济性对转速的适应性。如果水平方向等间隔的等油耗线比较稀疏，表明转速的变化对经济性的影响较弱。否则，水平方向等油耗线比较密集，表明在该转速区域转速的微小变化都会使得经济性恶化。同理，在垂直方向（负荷）上转速

等油耗曲线的疏密程度，表示发动机的经济性对负荷变化的适应性。如果垂直方向上曲线分布密集，表明经济性对负荷变化比较敏感。由此，可以确定如何运行发动机或发动机控制策略的问题。

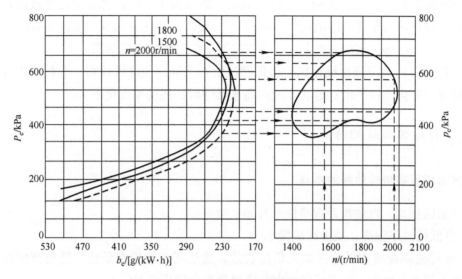

图 6-12　万有特性的制取方法

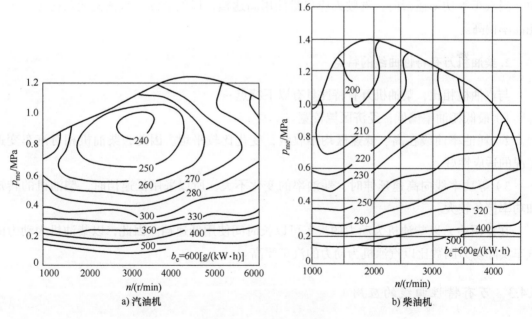

a) 汽油机　　　　　　　　　　　　b) 柴油机

图 6-13　万有特性曲线

　　一般对车用发动机要求最内层的封闭曲线水平方向越宽越好，以便在较宽的使用转速范围内，保证发动机的经济性。对工程机械用发动机而言，经常使用于负荷变化较宽的工况，因此要求最内层最经济的封闭曲线向纵向方向扩展，以保证常用工况区的经济性。

6.4.1　汽油机与柴油机万有特性的比较

汽油机万有特性与柴油机相比有如下特征：最低油耗偏高，经济区偏小；等燃油消耗线在低速区向大负荷收敛，说明汽油机在低速、低负荷工作时，燃油消耗率较高；等功率曲线随转速升高而斜穿等燃油消耗线，故当 P_e 一定时，转速越高越费油；汽油机（n 一定）的 $\Delta b_e/\Delta T_{tq}$ 或 $\Delta b_e/\Delta p_{me}$ 比柴油机大，说明变工况工作时平均油耗偏高。

柴油机万有特性与汽油机相比：最低燃油消耗偏低，经济区较宽；等耗油率线在高低速均不收敛，变化比较平坦；等功率线向高速延伸时，耗油率变化不大。

6.4.2　万有特性曲线的特点

1. 汽油机万有特性曲线的特点

与柴油机相比，汽油机万有特性具有如下特点：

1）最低耗油率偏高，经济区域偏小。

2）等耗油率曲线在低速区向大负荷收敛，这说明汽油机在低速、低负荷的耗油率随负荷的减小而急剧增大。在实际使用中，应尽量避免使用这种情况。

3）汽油机的等功率线随转速升高而斜穿等耗油线，转速越高越费油，故在实际使用中，当汽车等功率运行时，驾驶人应尽量使用高速档，以便节油；汽油机变负荷时，平均耗油率偏高。

2. 柴油机万有特性曲线的特点

与汽油机相比，柴油机万有特性具有以下特点：

1）最低耗油率偏低，经济区域较宽。

2）耗油率曲线在高、低速区均不收敛，变化比较平坦。因此，柴油机相对汽车变速工况的适应性好。

3）等功率线向高速延伸时，耗油率的变化不大，所以采用低速档时，柴油机的转矩和功率储备较大。

在使用中，以柴油机为动力的汽车可以长时间使用低速档。因此，以柴油机为动力的汽车实际动力因数比以汽油机为动力的汽车要高。

6.4.3　万有特性曲线的应用

1. 方便查找数据

由万有特性可以方便地查到发动机在任何点（T_{tq}, n）工作时的 P_e、b_e、p_{me}，发动机在任何点（P_e, n）工作时的 T_{tq}、b_e、p_{me}，以及发动机最经济负荷和转速。

2. 确定经济性

等燃油消耗率曲线的形状及分布情况，对发动机使用经济性有很大影响。等燃油消耗率曲线最内层为最经济区，曲线越向外，经济性越差。如果等燃油消耗率曲线横向较长，表示发动机在负荷变化不大而转速变化较大的情况下油耗较小。如果等燃油消耗率曲线纵向较长，则发动机负荷变化较大，而转速变化较小情况下的燃油消耗较少。对于常用中等负荷、中等转速工况的车用发动机，希望其最经济区处于万有特性中部，等燃油消耗率曲线横向较长。对于转速变化范围较小而负荷变化范围较大的工程机械用发动机，希望最经济区在标定转速附近，等燃油消耗率曲线纵向较长些。

3. 改进试验

某些改进与研究性试验时，为保证发动机与传动系的匹配，将常用档位下的阻力曲线（折算成 p_{me} 值）绘于万有特性上。可以清晰地看出汽车的常用工作区是否与发动机的经济油耗区接近，以判断改进效果。

4. 确定排放污染

可用万有特性评价发动机排放污染情况，将发动机有害排放物随负荷和转速变化的关系画在万有特性上，从而反映发动机在某一工况下的燃烧情况与混合气形成情况。图 6-14 所示为柴油机有害排放物的万有特性。

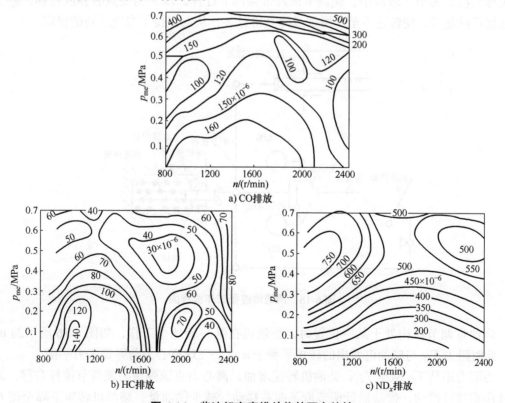

图 6-14 柴油机有害排放物的万有特性

5. 确定整车性能

可以结合传动系参数绘制整车万有特性，由此可以确定各档位、各种坡度、不同车速下的经济性和动力性。

6.5　柴油机的调速特性

在调速器起作用时，柴油机性能指标（P_e、T_{tq}、b_e、B）随转速或负荷变化的关系，称为柴油机调速特性。

柴油机根据需要，可装用两级调速器或全程调速器。

6.5.1　调速器与调速特性

1. 两级调速器及调速特性

车用柴油机一般采用两级调速器。调速器在怠速和标定转速附近起作用，以稳定怠速并防止高速飞车。中间转速调速器不起作用，由驾驶人通过加速踏板控制供油量。

图 6-15 所示为两级调速器工作原理图。当发动机怠速运转时，调速器飞球的离心力与软的怠速弹簧的推力相平衡。当偶然原因使 n 高于或低于怠速转速时，调速器起作用。由于飞球的离心力增大或减小，使调节推杆带动调节杠杆，以 A 为支点右移或左移，减少或增加循环供油量，使转速不至于增加或降低得过多，从而保持了怠速运转的稳定。

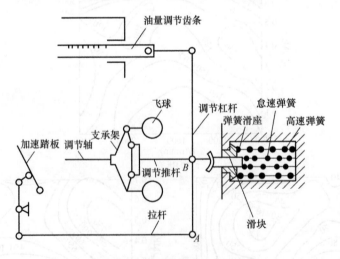

图 6-15　两级调速器工作原理图

当油量调节机构处于某一位置时，柴油机在某一转速下工作，如图 6-16 所示的 n_1 转速，此时阻力 T_{R1} 与柴油机发出的转矩平衡于 a 点，飞球离心力与弹簧张力平衡。

当阻力矩从 T_{R1} 减至 T_{R2}，柴油机转速增加，离心力克服弹簧力使调节推杆右移，调节杠杆作顺时针摆动，带动油量调节齿条向右移动，减少供油量，柴油机转矩下降至图 6-16

的 b 点，与阻力矩 T_{R2} 相平衡，重新稳定在 n_2 下工作。当阻力矩全部卸掉时，曲轴转速迅速上升，离心力使油量调节齿条右移至最小供油量，转速稳定在 n_3。反之，当阻力矩增加时，柴油机的转速降低，弹簧力大于离心力的轴向分力，调节推杆左移，使油量调节齿条向增加供油量方向运动，柴油机转矩也相应增加，直到与阻力矩相平衡时为止。

两级调速器只在急速和标定转速时起作用。当转速高于急速、低于标定转速时，由于软的急速弹簧已被压缩到使滑块抵在弹簧座上，这时硬的高速弹簧不能被压缩，则油量调节齿条不能被飞球带动，此时由驾驶人通过加速踏板，直接带动杠杆绕 B 点摆动，以控制供油量。

当发动机转速达到标定转速时，若外界阻力矩下降，使发动机转速超过标定转速，则飞球会产生足够的离心力，使油量调节齿条右移，进而减少了循环供油量，使柴油机的转矩和转速迅速下降，从而避免"飞车"。

图 6-17 所示为装用两级调速器的柴油机调速特性。由于调速器的作用，使速度特性的两端得到调整。转速变化时，转矩曲线急剧变化。中间部分按速度特性变化。

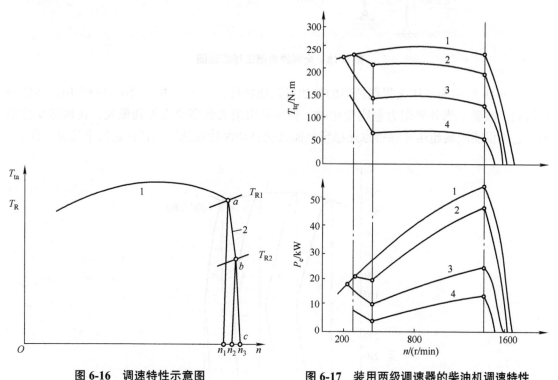

图 6-16　调速特性示意图　　　　图 6-17　装用两级调速器的柴油机调速特性

2. 全程调速器及调速特性

工程机械、矿山机械等机械设备用的柴油机一般装用全程调速器。柴油机由最低转速到最高转速的宽广范围内，调速器都起作用。图 6-18 所示为全程调速器工作原理。调速器工作时，调速弹簧的预紧力可由驾驶人通过加速踏板控制。当控制发动机在某一转速下工作时，飞块的离心力与调速弹簧的预紧力相平衡，使发动机稳定运转。当偶然原因使外界阻力变化时，转速增加或降低，飞块的离心力增大或减小，带动供油拉杆向减小或增加供油量的方向移动，直到重新达到平衡。因此，在实际工作中，发动机可以在选定的某种转速下，以近似不变的转速稳定工作。要想改变转速，只要改变加速踏板位置，相应改变调速弹簧起作用的预紧力即可，这时又可沿另一调速特性工作。

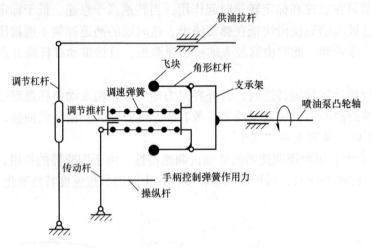

图 6-18　全程调速器工作原理图

图 6-19 所示为装用全程调速器的柴油机调速特性。可见，由于调速器的作用，转矩特性得到了改善。当外界阻力急剧变化时，转矩可由最大到零或由零到最大，转速却变化很小。它不仅能限制超速并保持怠速稳定，而且能自动保持在选定的任何速度下稳定工作。

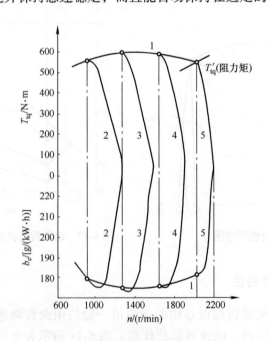

图 6-19　装用全程调速器的柴油机调速特性

1—外特性　2～5—调速特性（部分特性）

6.5.2 调速器工作指标

1. 调速率

调速率用来评价调速器工作的好坏，分为稳定调速率和瞬时调速率两种。

（1）稳定调速率 稳定调速率用 δ_1 表示，它是指当柴油机在标定工况下，突然卸去全部负荷，突变负荷前后转速的稳定情况。其转速变化如图 6-20 所示。

$$\delta_1 = \frac{n_2 - n_1}{n} \tag{6-16}$$

式中 n_1——突变负荷前柴油机的转速（r/min）；
　　 n_2——突变负荷后柴油机的稳定转速（r/min）；
　　 n——柴油机标定转速（r/min）。

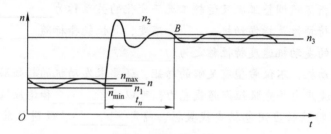

图 6-20　柴油机调速时转速变化过程曲线

一般车用柴油机 $\delta_1 \leqslant 10\%$，稳定调速率值过大，工作稳定性差。

（2）瞬时调速率 瞬时调速率用 δ_2 表示，它是评定调速器过渡过程的指标。柴油机在负荷突变时，转速经过数次波动直到稳定。在此期间，转速波动的瞬时变化百分比

$$\delta_2 = \frac{n_3 - n_1}{n} \tag{6-17}$$

式中 n_3——突变负荷时柴油机的最大（或最小）瞬时转速（r/min）。

一般 $\delta_2 \leqslant 12\%$。若 δ_2 太大，则瞬时波动过大，使得转速忽高忽低并伴有响声，称为"游车"。

2. 不灵敏度

转速稳定时间长，过渡过程不好，严重时能导致调速器失去作用，有产生"飞车"的危险。

调速器工作时，由于需要一定的力来克服调速系统的摩擦阻力，因此，在一定转速变化范围内，调速器不会立即起作用来改变供油量。当柴油机负荷减小时，调速器开始起作用的转速与负荷增大时开始起作用的转速之差，与柴油机平均转速之比，称为调速器的不灵敏度。

$$\varepsilon = \frac{n_2' - n_1'}{n} \qquad (6\text{-}18)$$

式中　n_2'——柴油机负荷减小时，调速器开始起作用的柴油机转速（r/min）；

　　　n_1'——柴油机负荷增大时，调速器开始起作用的柴油机转速（r/min）；

　　　n——柴油机的平均转速（r/min）。

若不灵敏度过大，会引起柴油机运转不稳，严重时会导致调速器工作失灵，从而产生飞车。

复习思考题

一、填空题

1. 发动机性能指标随调整工况及运转工况而变化的关系称为_____。

2. 发动机的负荷特性是指发动机_____不变，其性能指标随_____变化的关系。

3. 节气门全开的发动机速度特性称之为_____。

4. 对于汽车发动机，不仅希望有足够的转矩，还要求发动机的转矩随转速下降而增加。为衡量发动机的爬坡能力并克服短期超载能力，可以用_____和适应性系数等指标。

5. 发动机万有特性的应用包括查找数据、确定_____、改进试验、确定排放污染、确定整车性能。

6. 在发动机台架上测试其油耗的方法有_____法和容积法。

7. 对于缸外形成混合气的汽油机，其负荷调节方式是通过改变节气门开度大小来控制进入气缸内的混合气数量，这种负荷调节方式称为_____。

二、判断对错题

1. 由于车用发动机的功率和转速在很大范围内独立地变化，故其工况是面工况。（　　）

2. 万有特性图中，最内层的区域是最经济区域。（　　）

3. 由于柴油机没有节气门，所以柴油机没有外特性。（　　）

4. 只要两台发动机的转矩储备系数和最大功率时转速相同，则它们克服阻力的潜力也相同。（　　）

5. 发动机的外特性代表其最高的动力性能。（　　）

6. 发动机的转矩储备系数指外特性上最大转矩与标定转矩之比。（　　）

三、简答题

1. 什么是发动机的负荷特性？试分析汽油机、柴油机负荷特性中曲线的变化趋势。

2. 负荷特性曲线形状对柴油机性能有何影响？

3. 什么是发动机速度特性？试分析汽油机和柴油机速度特性曲线。

4.汽油机、柴油机的负荷特性曲线有什么异同点？为什么？

5.发动机负荷特性和速度特性能否相互转化？为什么？

6.什么是发动机万有特性？如何制取万有特性？

7.发动机万有特性曲线形状、位置对发动机性能有何影响？

8.柴油机为什么要安装调速器？什么是柴油机调速特性？

9.两级调速器和全程调速器对柴油机性能有何影响？两者的调速特性有什么特点？

10.如何评价调速性能的好坏？

第7章 发动机排放污染与噪声

【内容及要点】

本章重点讲解发动机排放的一氧化碳、碳氢化合物、氮氧化物等污染物的生成机理，以及相应的机内净化、机外净化措施和相应的排放法规，并介绍发动机噪声的产生原理和控制技术。

7.1 汽油机的有害排放物及其控制

汽车发动机以碳氢化合物燃料为主，通过燃料与空气混合燃烧的方式，将燃料的化学能转化为热能，并通过曲柄连杆机构对外输出有效功。在这种热功转换的方式中，由于燃料的特性不同，所采用的燃烧方式也不一样，因此燃烧产物的生成过程有所不同。但是液体燃料热功转换的共同特点是：首先将液体燃料雾化成气态，然后与气态的空气形成可燃混合气，并用一定的着火方式完成燃烧过程；其次，燃料的主要成分为 C 和 H，在空气中燃烧分别生成 CO_2 和 H_2O，同时空气中的 N_2 在高温下与多余的 O_2 反应生成 NO；再者，由于车用发动机转速较高，燃烧时间非常短，而且过程复杂，混合气形成不可能绝对均匀，不可能完全燃烧，所以燃烧过程中存在着不完全燃烧的产物 CO 和未燃产物 HC。

7.1.1 汽油机的有害排放物及其产生机理

汽油机根据其使用燃料（汽油）的特点，决定了其独特的混合气形成方式和着火燃烧方式，从而确定了发动机的结构特点、工作过程和 CO_2、H_2O、HC、CO、NO_x 等燃烧产物。其中，水蒸气 H_2O 是无害气体，而且在地球上存在大量的水，所以发动机排出的水分对地球水循环的影响微不足道。而 CO_2 虽然也是无害的燃烧产物，但地球上含碳化石燃料的大量开采和使用，使得地球的碳循环失去了平衡。另一方面，CO_2 吸收的光谱恰好在地球辐射的主要波长段范围，所以对地球辐射能的吸收能力强，但对太阳能辐射的透射比却很高。因此，飘浮在大气层中的 CO_2 具有吸收地面辐射能后重新辐射，一部分返回地面，另一部分传给更上层的 CO_2 的作用。大气层中 CO_2 含量越高，更多的热量被阻留在低层大气中，使地球温度升高，由此加剧地球的"温室效应"，这已成为全球关注的问题。

汽油机有害气体排放物的主要来源有排气中的 CO、HC、NO_x、CO_2，还有因曲轴箱通风而向大气排出的 HC，以及燃料供给系中因燃料蒸发而散发出去的 HC 等。

1. NO 产生机理及影响因素

NO 是空气中的 N_2 和 O_2 在高温下化合的结果。空气是由燃烧助燃剂 O_2 和 N_2 以及其他微量元素构成的。所以可以认为，空气中 O_2 的体积分数为 21%，N_2 的体积分数为 79%。也就是说，以空气为助燃剂的任何一种燃料的燃烧都可能产生 NO。在发动机燃烧过程中主要生成 NO，在膨胀、排气过程中，NO 和 O_2 继续氧化反应生成少量的 NO_2，将 NO 和 NO_2 通称为 NO_x。因此，在讨论 NO_x 生成机理时，一般只讨论 NO 的生成机理。

根据汽油机在均匀混合气时以火焰传播方式燃烧的特点，用 Zeldovich 机理来解释 NO 的生成机理，即认为 NO 是空气中的 N_2 在 1800K 以上的高温条件下，按式（7-1）反应生成的。

$$N_2 + O = NO + N$$
$$N + O_2 = NO + O \qquad\qquad (7-1)$$
$$N + OH = NO + H（扩大）$$

氮分子分解所需要的活化能较大，只能在高温下才能进行分解反应。这就决定了 NO 形成的高温条件。所以在式（7-1）中，形成 NO 的整个链式反应速度，主要取决于最慢的第一个反应式。

氧原子在 NO 形成的整个链式反应中起活化链的作用，即与燃料中可燃成分之间反应所需的活化能较小，反应较快。所以，NO 不会在火焰面上生成，而是在火焰下游区形成。

影响 NO 生成的关键因素是氧原子的含量，而 O_2 含量和温度又是产生氧原子含量的重要条件。因此，产生 NO 的三要素为：燃烧温度、氧含量（以空气为助燃剂时）和整个燃烧反应时间。在足够的氧含量条件下，燃烧温度越高，反应时间越长，NO 的生成量就越多。

根据上述解释 NO 生成的 Zeldovich 机理，控制 NO 的基本原则就是：

1）减小混合气中 O_2（或 N_2）的含量。

2）尽可能降低燃烧温度。

3）缩短在高温燃烧带内滞留的时间。

这就是说，提高燃烧温度，可以使 NO 的平衡含量增高，并使其生成速度加快。当氧气不足时，即使温度很高，也能抑制 NO 的生成。在高温下，如果燃烧反应时间缩短，由于 NO 的生成反应速度比燃烧反应速度缓慢，所以 NO 的生成会受到抑制，如图 7-1 所示。

对于发动机，混合气中 O_2（或 N_2）的含量，可以用空燃比表示。所以，降低 NO_x 排放量的主要途径，就是如何尽可能地降低燃烧温度，并将空燃比控制在 NO 生成量低的范围，同时加快燃烧速度。

2. CO 产生机理及影响因素

CO 是碳氢燃料不完全燃烧的重要产物，主要受空燃比的影响。碳氢燃料完全燃烧的程度受反应速度、温度及 O_2 含量的影响。

在 $\alpha < 1$ 的浓混合气下燃烧时，因缺氧使燃料中的 C 不能完全氧化，很容易生成 CO。

膨胀过程中部分已生成的 CO 在高温下与燃烧产物中的 H_2O，经水煤气反应，转换为 CO_2，即

$$CO + H_2O \rightarrow CO_2 + H_2 \qquad\qquad (7\text{-}2)$$

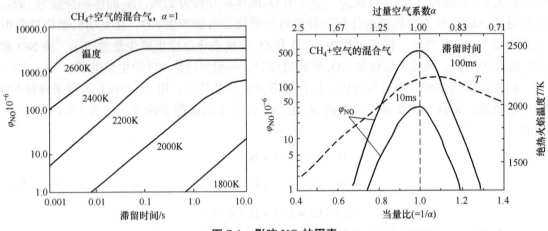

图 7-1 影响 NO 的因素

在 $\alpha > 1$ 的稀混合气下燃烧时，由于混合气不均匀使局部区域的 $\alpha < 1$，造成局部燃烧不完全并产生 CO，或燃烧产物 CO_2 在高温下分解成 CO 和 O_2。但在膨胀过程中，CO 与多余的氧进行氧化反应，使 CO 转换为 CO_2，所以 CO 排放量很少。

另外，在排气过程中，未燃碳氢化合物 HC 的不完全氧化也会产生少量 CO。

3. HC 的生成机理及影响因素

发动机的 HC 排放包括未燃和未完全燃烧的燃油、润滑油及其裂解产物和部分氧化产物，成分复杂繁多，所以生成机理很复杂。车用发动机 HC 排放的来源有尾气排放、燃油供给系统以及曲轴箱通风等几方面，这里只介绍发动机燃烧系统中 HC 的生成机理。

在汽油机燃烧过程中，HC 的生成主要有以下几个方面：

1）缸内壁面淬冷效应。当燃烧过程中火焰传播至缸壁面时，温度较低的壁面对火焰迅速冷却，此时如果火焰前锋面的温度降低到混合气自燃点以下时，链式反应中断，火焰熄灭，从而在燃烧室壁面留下一层约 0.1 ~ 0.3mm 厚的未燃或未完全燃烧的混合气，产生大量的 HC。

2）缝隙效应。汽油机燃烧室内的缝隙，主要有活塞头部和缸壁之间，缸盖、缸垫和缸体之间，进、排气门和气门座之间，以及火花塞螺纹处和火花塞中心电极周围等处。缝隙面容比大，火焰无法传入其中继续燃烧，而且缝隙内的混合气受到两个以上壁面的冷却，故淬冷效应十分强烈而产生大量的未燃 HC。

3）积炭和壁面油膜的吸附效应。气缸壁面上的润滑油膜、沉积在活塞顶部以及燃烧室壁面和进排气门上的多孔性积炭，会吸附未燃混合气及燃料蒸气。这些被吸附的气体在膨胀和排气过程中逐步脱附释放出来，随已燃气体排出气缸而造成排气中 HC 含量的增加。

4）不完全燃烧。发动机在怠速及高负荷工况下运行时，混合气处于 $\alpha < 1$ 的浓混合气状态，且怠速时残余废气系数较大；而当加速或减速时，混合气会暂时过浓或过稀，即使

此时 $\varphi_a > 1$，油气混合也不均匀。在这些条件下，都会造成不完全燃烧而使 HC 排放增加。

5）失火。发动机工作过程中失火现象的发生，是造成大量 HC（体积分数可达 5%）排放的主要原因。因此，对汽油机可靠点燃、防止失火，是控制 HC 排放的重要环节。汽油机易发生失火的条件是，混合气形成过程中局部地方混合气过稀或过浓超过着火界限，或点火时刻不当以及点火系统出现故障时等。

7.1.2　汽油机排放控制技术

车用发动机的排放控制技术大体上分为机内措施和机外措施两种，其中机外措施又分为前处理和后处理。

1. 机内措施

机内措施主要是降低排气管内有害气体的排放。根据发动机起动后排气温度的不同，机内措施又可分为冷机措施和热机措施两种。

（1）冷机措施　在发动机刚起动后的冷机状态下，催化剂的活性差，不宜降低 HC 排放，所以主要采用以下措施：

1）通过精确标定和参数优化，使空燃比在原来的浓状态下适当稀薄化，可有效降低 HC，但要求燃烧稳定。特别是在冷起动过程中，从起动机拖动曲轴旋转开始，喷射时刻随起动转速的变化、喷油量的控制方法及点火时刻等，对 HC 排放影响明显。所以，要求在尽可能减小喷油量的条件下，提高首次喷射完爆率。

2）通过可变气门控制技术等，有效组织进气涡流，改善混合气的形成。

3）通过喷油器结构及喷射压力的提高，改善燃料雾化特性，使喷射微粒化。

4）在结构上，降低活塞的火力岸，减小激冷层，由此降低 HC 排放。

（2）热机措施　机内热机措施可以说是针对发动机常用工况，降低其排放的主要技术措施，就是直接控制或改善发动机的燃烧过程。具体技术措施如下：

1）燃烧系统的改善，包括燃烧室结构的优化设计，充分利用燃烧室内气流特性的同时，有效控制燃烧速度，尽可能减小缝隙容积和激冷层。

2）通过电控技术精确控制空燃比，并结合缸内直喷式技术实现稀薄燃烧。

3）采用可变进气系统，包括可变进气管长度、可变配气相位、可变进气涡流以及汽油机增压等技术，由此使发动机不同工况下达到各参数最佳的工作状态。

4）采用部分气缸休缸控制技术，由此减少小负荷工况下的泵气损失，以提高经济性，同时有效降低 CO 和 HC 排放量。

2. 后处理技术

后处理技术主要是通过催化转化器等来降低发动机向大气环境排出的有害气体的排放量。由于催化转化器都具有一定的工作温度，因此对发动机不同温度状态，其效果不一样。

在发动机冷机状态下，排气温度比较低，达不到催化转化器的工作温度，催化转化器此时不起作用。因此，后处理措施根据排气温度不同也分为冷机措施和热机措施。

（1）冷机措施　在发动机起动或怠速等冷机状态下，催化剂的活性差，净化效果降低，此时采取的主要措施有：

1）提高催化剂的低温活性，以改善低温净化效果。

2）采用两级排气管或两级催化转化器。一级催化转化器尽可能安装在靠近发动机的排气管，只用于起动或怠速等低温工况；当发动机正常工作时排气温度过高，此时关掉一级催化转化器，利用正常安装的二级催化转化器来净化排气。

3）采用低热容量的催化剂或电加热催化转化器。

（2）热机措施　在热机状态下，主要应提高催化转化器的净化能力，为此应当采取以下措施：

1）通过催化剂种类的合理选用和装载量等，提高催化剂性能。

2）采用"蜂窝"高密度催化剂。

3）进行最佳空燃比控制。

3. 前处理

前处理措施主要包括在燃料中加入添加剂，以及废气再循环（EGR）等。

作为前处理，在汽油燃料中少量加入助燃剂，促进燃料的完全燃烧，由此改善经济性和排放特性。乙醇汽油实际上是在汽油中添加少量的乙醇，由此可以改善燃料的抗爆性，同时利用乙醇蒸发热大的特点，降低混合气的进气温度，有利于提高充气效率。

EGR 已成为车用发动机用来降低 NO_x 的主要措施而广泛应用。为了进一步提高 EGR 的效果，可以采用 EGR 中冷系统。

7.2　柴油机的排放控制技术

柴油机的排放控制技术大体上分为机内措施和机外措施两种。机内措施主要以燃烧过程控制为目的，但是对发动机等通过在空气中燃烧进行能量转换的动力装置而言，仅依靠机内措施实现燃烧排放物中有害排放物的零排放几乎是不可能的。为了进一步降低发动机的排放，使之尽可能接近零排放，以达到清洁环境的目的，结合机内措施常采用机外的后处理技术。

7.2.1　机内措施

1. 喷射系统的控制

喷射系统控制的目的，除了良好的雾化特性和喷注与燃烧室良好匹配的基本要求以外，就是控制喷油规律，由此有效地控制燃烧放热规律，达到既节能又降低排放的目的。为此，对车用柴油机的喷射系统提出高压喷射化的要求，并且要求喷射压力、喷射时期、喷油量以及喷油率可控，同时要满足高精度、高响应特性等要求。

为了更精确地控制喷油规律，对喷油器的设计提出了以下两点要求：

1）喷射压力的进一步高压化。现阶段国外高压共轨喷射压力已可达到 180 ~ 200MPa，而泵喷嘴系统最高喷射压力已超过 200MPa，高压化后需要解决的问题就是高压密封性、耐压强度的提高以及相对运动副耐磨性的提高。

2）实现多段脉冲式喷射。目前高压共轨系统可实现每循环六段脉冲喷射，由此在整个循环内合理分配燃料喷射量，控制放热规律，以完善循环效率，提高发动机的整机性能。实现多段喷射需要精确控制各段之间的喷射间隔，所以要求提高喷射器的响应特性。为了进一步提高喷油器的响应特性，已研究开发压电石英晶体式喷油器，由此进一步提高喷油器的响应特性。

2. 新的燃烧方式——低温燃烧技术

柴油机燃烧过程中的主要问题就是微粒（碳烟）和 NO_x 的排放。这两种排放物的生成均与空燃比和燃烧温度有关。而一般控制排放的机内措施对这两种排放物的控制相互矛盾，即降低 NO_x 排放量的措施一般都使微粒排放量增加。所以，作为同时降低微粒和 NO_x 排放量的技术，必须同时控制燃烧温度和空燃比。为此，开发了低温燃烧技术和均质压燃（HCCI）技术。

典型的低温燃烧技术有 MK（Modulated Kinetics）燃烧方式。这种燃烧方式的特点是低温燃烧和预混合燃烧方式的组合，由此达到同时降低 NO_x 和微粒（PM）排放量的目的。

实现 MK 燃烧方式的基本原理是通过 EGR 降低氧含量，同时降低燃烧温度，由此降低 NO_x 排放量。为了同时降低微粒排放量，采用高压喷射以缩短喷射时期，同时结合实施冷 EGR 及提前喷射，以延长着火落后期，实现预混合燃烧，同时达到降低微粒排放量的目的。为了控制预混合燃烧，以燃料喷射持续期间和着火延迟期之差作为预混合化的控制指标。当喷射持续期间小于着火延迟期时，就可以认为是预混合燃烧。因此，通过燃料的十六烷值和压缩比的调节来满足预混合燃烧的条件，实现 MK 燃烧方式。图 7-2 所示为这种 MK 燃烧方式对排放的影响。当无 EGR 时，NO_x 排放量比较高，为了降低 NO_x 排放量，实施 EGR 率为 30% 的废气再循环。虽然 NO_x 排放量降低了，但微粒排放量明显增加，而且喷射持续期间与着火延迟期的差值较大（大于 0），表明扩

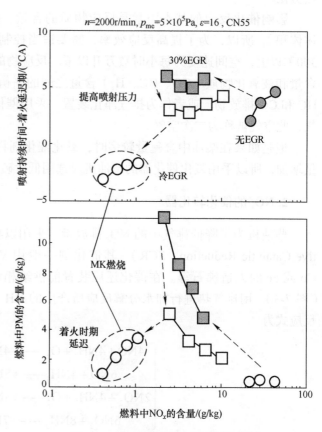

图 7-2 MK 燃烧方式对排放的影响

散燃烧阶段较多。通过提高喷射压力，降低微粒排放量，同时实施冷 EGR，则可以实现预混合燃烧，进一步降低 NO_x 和微粒的排放量。

7.2.2 后处理技术

柴油机一般在平均过量空气系数大于 1.2 的较稀的混合气下燃烧。所以，虽然柴油机的压缩比比汽油机的高，但其燃烧最高温度及排气温度比汽油机的低，而且排气中 CO、HC 排放量也明显少于汽油机。其主要有害排放物是 NO_x 和微粒，以及 CO 和 HC。汽油机可通过三效催化转化器同时净化 NO_x、CO 和 HC 排放，使之控制在很低的水平。柴油机由于平均空燃比比较稀薄，不能用三效催化转化器。因此，根据其有害排放物，柴油机上所采用的主要后处理技术，包括氧化催化转化器、NO_x 的催化转化器以及微粒捕集器等几种。

1. 氧化催化转化器

氧化催化转化器（DOC）只是将排气中的 CO 和 HC 以及微粒中的 SOF 氧化为 CO_2 和 H_2O。作为氧化催化剂，主要用 Pt（铂）和 Pd（钯）等贵金属。为了氧化 HC 和 CO，将 Pt、Pd 独立或两者组合为催化剂。实际使用的 Pt 与 Pd 的质量之比在 2.3/1 左右，一般多使用该比值等于 2/1 或 2.5/1 的催化剂。贵金属 Pd 易受 Pb（铅）的侵蚀，而贵金属 Pt 容易受热劣化。

影响催化反应的基本因素是反应物质的含量、温度以及空间速度（单位时间内的气体体积）。所以，为了提高反应效率，需要适当控制这些因素。一般催化剂的工作温度为 300℃以上，空间速度为每小时数万升以下。反应物的含量中很重要的影响因素就是氧气的含量和被氧化物质（CO、HC、H_2）含量之间的平衡关系。因此，为了在排气过程中氧化 HC 和 CO 排放物，或者作为排气净化装置，采用催化装置时，需要向排气系统供给新鲜空气，此空气被称为二次空气。

但是如果在柴油中含硫量较多时，氧化催化剂将会生成较多硫酸盐，反而使微粒排放量增加，所以采用氧化催化器的柴油机应选用低含硫量的柴油。

2. NO_x 的催化转化器

柴油机为了降低排气中的 NO_x 排放量，采用以氨为还原剂的选择型还原装置（Selective Catalytic Reduction，SCR）。其催化剂一般用 V_2O_5-TiO_2、Ag-Al_2O_3，以及含 Cu、Pt、Co 或 Fe 的人造沸石等。在催化还原装置前供给相对燃料 3%～5% 的 32.5% 含量的尿素（图 7-3），用排气热进行加水分解反应所产生的 NH（氨），对 N 进行选择性还原，其还原反应式为

$$\begin{cases} 4NO + 4NH_3 + O_2 \longrightarrow 4N_2 + 6H_2O \\ 6NO + 4NH_3 \longrightarrow 5N_2 + 6H_2O \\ 2NO_2 + 4NH_3 + O_2 \longrightarrow 3N_2 + 6H_2O \\ 6NO_2 + 8NH_3 \longrightarrow 7N_2 + 12H_2O \end{cases} \tag{7-3}$$

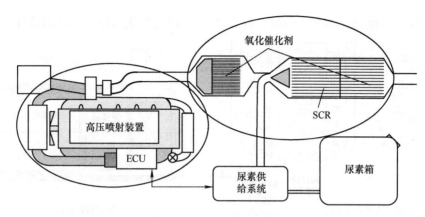

图 7-3　SCR 催化还原系统

上述反应所需要的工作温度范围为 250～500℃。当工作温度过低时，上述 NO 的还原反应不能有效进行；如果温度过高，会造成催化剂过热损伤，而且还会使还原剂 NH_3 直接氧化损耗并生成新的 NO_x，特别是可能生成强温室气体 N_2O，即

$$2NH_3 + 2O_2 \longrightarrow N_2O + 3H_2O \tag{7-4}$$

因此，开发 SCR 催化转化器时必须注意减少 N_2O 的生成。

在发动机稳定工况下，通过各参数的最佳控制，该措施不仅对发动机尾气排放的净化效率可达到 90% 以上，也可改善 200℃ 以下的低温过渡工况下的净化效率。

3. 柴油机微粒捕集器（DPF）

作为专门控制柴油机微粒排放控制的装置，有以壁流式蜂窝状陶瓷为滤芯的微粒滤清器（DPF）。这种滤芯的结构特点是，每相邻的两个孔道，一个在进口处被堵住，另一个在出口处被堵住。这样排气从孔道流入后，必须穿过多孔性陶瓷壁面才能从相邻孔道流出，此时将排气中的 PM 过滤在各流入孔道的壁面上。一般孔道截面积为 2mm × 2mm，壁厚为 0.4mm 左右。蜂窝陶瓷滤芯体积一般是柴油机排量的 1～2 倍，其最大直径在 150～200mm 范围内，长度不超过 150mm。大排量柴油机可用数个滤芯并联工作。在发动机运行过程中，DPF 滤芯上沉积的 PM 逐渐增多，使得排气流动阻力增加，直接影响发动机的性能。因此，必须及时清除堆积在滤芯上的 PM，以恢复到原来低阻力状况，这已成为 DPF 非常重要的问题。而这一清除 PM 的过程称为 DPF 的再生。由于 PM 中绝大部分为可燃物，所以 DPF 再生的最简便的方法就是定期烧掉 PM。DPF 的再生方法有以下几种。

（1）电加热再生系统　这种方法是用电加热器加热 DPF，并供给一定量的空气来烧掉 PM，使 DPF 再生，如图 7-4a 所示。这种再生法采用关闭 DPF 的流动来再生，所以需要多个 DPF。每个 DPF 再生所需的能量比较少，但结构复杂。

（2）连续再生系统　如图 7-4b 所示的连续再生系统，将氧化剂（DOC）和 DPF 前后安装在同一壳体内。安装在前段的氧化剂生成氧化活性很强的 NO_2，由此再生安装在其后部的 DPF。为了提高 DPF 的再生效果，将特殊的氧化催化转化器安装在 DPF 的前段，这样在排气过程中前置的氧化催化转化器中所产生的含有 NO_2 气体的废气直接进入 DPF，在排气流动过程中直接进行再生。同时，在 DPF 中也固化氧化剂以提高低温活性。

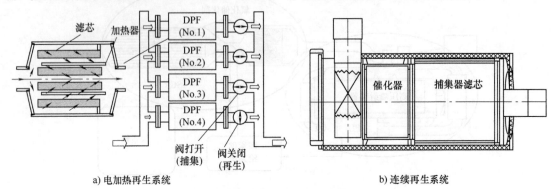

a) 电加热再生系统   b) 连续再生系统

图 7-4　DPF 再生系统

（3）强制氧化催化再生系统　这是一种通过将发动机和氧化催化器的结合，使 DPF 强制升温的 DPF 再生系统。发动机的控制，主要包括喷射时期、EGR、VGT、排气制动等的控制，由此提高排气温度，使之达到前段催化剂的活性温度。也可以结合发动机控制，实施燃料后喷射（如下止点附近喷射），以排出未燃 HC，在前段催化转化器中燃烧，由此加热 DPF 使其达到再生的目的，如图 7-5 所示。

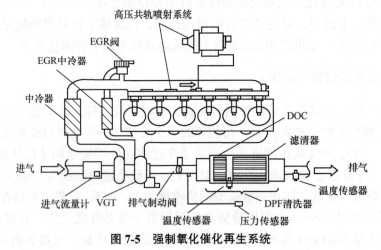

图 7-5　强制氧化催化再生系统

DPF 的主要再生方法见表 7-1。

表 7-1　DPF 的主要再生方法

再生方法		备注
强制再生	电加热	—
	微浓加热	—
	轻柴油燃烧加热	—
	低温等离子氧化	—
	逆流空气喷射清洗	逆洗后，微粒用电加热器烧掉
	发动机控制＋氧化催化	进排气节流，燃料后喷，排气中喷油

（续）

再生方法		备注
	催化剂载体 DPF	—
连续再生	前段氧化催化	生成 NO_2
	催化剂载体 + 前段氧化	—
	燃料添加型催化器	燃料添加剂

4. DPNR 装置

目前，在柴油机上应用比较成功的且可以降低 NO_x 和微粒排放量的排放控制技术，主要由第二代的高压共轨系统、低温燃烧控制技术和排气燃料添加系统以及后处理系统（DPNR 装置 + 氧化剂）组成。

这项技术通过喷油器启喷压力为 180MPa 的高压共轨系统，进行多段喷射控制，同时以 1MPa 的压力向排气喷燃料，以便使 DPNR 内的 NO_x 还原、微粒氧化。这样也可以防止后处理系统受燃料中硫的侵蚀。

DPNR（Diesel Particulate and NO_x Reduction）装置的结构如图 7-6 所示。DPNR 的结构特点是采用陶瓷蜂窝状结构，入口和出口交叉堵塞；在载体内壁设有细孔，保证微粒顺利流动；而在载体壁面和细孔内部固化 NO_x 吸附还原型催化剂，以便将排气中的 NO_x 吸附还原。当稀混合气燃烧时将排气中的 NO_x 吸附，而在浓混合气燃烧时，释放被吸附的 NO_x，在排气中的 HC 和 CO 以及还原剂 Pt 的作用下使之还原为 N_2。对微粒的氧化机理是，在空燃比（混合气浓稀）交变的运转过程中，通过吸附和释放 NO_x 时的氧化还原反应，在催化剂表面上生成活性氧，由此促进微粒的氧化，从而实现低温领域对微粒的氧化，如图 7-7 所示。

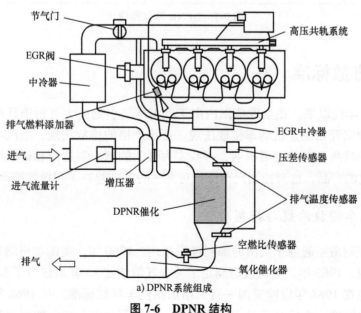

a) DPNR系统组成

图 7-6 DPNR 结构

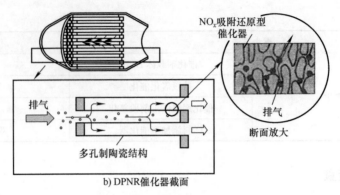

b) DPNR催化器截面

图 7-6　DPNR 结构（续）

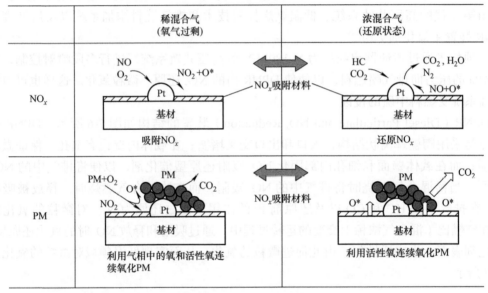

图 7-7　DPNR 净化原理

7.3　汽车排放标准

　　20 世纪 60 年代以来，在全球范围内由于汽车尾气引起的大气污染日趋严重，为解决这一问题许多国家开始制定机动车排放法规。逐步严格的排放法规，给汽车和发动机制造商提出了巨大的挑战和新的发展机遇，一些实力强大的汽车制造商和研发机构也不断推出满足新排放法规的产品，这对控制汽车排放对大气的污染起到了积极的推动作用。

7.3.1　国外汽车排放法规与控制历程

　　汽车排放控制最早起源于美国的加利福尼亚州。1960 年，美国加州颁布了世界上第一部汽车排放法规。1963 年，美国政府制定了《大气清洁法》，其后进行了多次修订和补充，逐步严格化，但在 1968 年以前美国一直采用加州汽车排放标准。从 1968 年起，美国才有了联邦汽车排放标准，之后几乎是逐年严格化。但是到目前为止，加州汽车排放标准仍然是世界上最严格的控制汽车排放的标准。继美国之后，日本和欧洲经济委员会分别于 1966 年和 1970 年相继制定了机动车排放法规和标准。

纵观世界各国汽车排放法规体系，基本上是按照美国、日本和欧洲的汽车排放法规体系建立的，其形成和发展大体上可分为三个阶段。

（1）第一阶段（1966—1974 年）：汽车排放法规的形成阶段　这一阶段，美、日、欧等分别制定了国家汽车排放标准，从控制汽油车曲轴箱窜气排放的 HC 开始，到限制怠速排放的 CO、HC 浓度，然后逐步实施工况法控制尾气中 CO、HC、NO_x 的排放量，见表 7-2。1971 年之前主要是对 CO、HC 的限制，1971 年起，美国加州首先采用 7 工况连续取样对 NO_x 实施控制。1973 年，美国和日本分别采用 LA-4C 工况和 10 工况 CVS 取样增加对 NO_x 的限制。1970 年，欧洲经济委员会制定了统一的 ECE 排放法规，供欧洲各国使用，主要是对 CO、HC 的限制。在此阶段，采用的排放控制技术主要是发动机改造，包括燃烧系统的改进，如稀化空燃比、延迟点火、进气预热等；还有化油器的改进，如由简单化油器改为带有多项净化装置的复杂化油器，并提高化油器的流量控制精度。另外，一些国家开始采用 EGR（废气再循环）装置降低 NO_x 的排放量。

表 7-2　国外 1975 年前汽车排气限制标准

国家	1969	1970	1971	1972	1973	1974	1975	
美国联邦试验规范 CO/(g/mile)[3]	7 工况循环，连续取样，用 NDIR 分析 CO 及 HC				LA-4C 工况 CVS-1 取样[1] 综合分析仪[2]		LA-4CH 工况 CVS-3 取样 综合分析仪[2]	
HC/(g/mile) NO_x/(g/mile)	1.5% 275×10^{-6}	23 2.2	23 2.2	39 3.4	39 3.4 3.0	39 3.4 3.0	15 1.5 3.1	
美国加利福尼亚州试验规范 CO/(g/mile)	7 工况循环，连续取样，用 NDIR 分析 CO、HC 及 NO_x				LA-4C 工况 CVS-1 取样 综合分析仪[2]		LA-4CH 工况 CVS-3 取样 综合分析仪[2]	
HC/(g/mile) NO_x/(g/mile)	1.5% 275×10^{-6}	23 2.2	23 2.2 4.0	39 3.2 3.2	39 3.2 3.0	39 3.2 2.0	9.0 0.9 2.0	
日本 CO/(g/km)	4 工况循环，连续取样，用 NDIR 分析 CO			怠速	10 工况 VCS 取样 综合分析仪[2]		1）10 工况 2）11 工况（g/次）	
HC/(g/km) NO_x/(g/km)	3.0%	2.5%	2.5%	4.5%	18.4 2.94 2.18	18.4 2.94 2.18	1） 2.10 0.25 1.20	2） 60.0 7.0 9.0
法国	怠速 CO 为 4.5%			ECE 标准第 Ⅰ、Ⅱ 类				
原联邦德国	怠速 CO 为 4.5%				ECE 标准第 Ⅰ、Ⅱ 类			

① CVS（Constant Volume Sampling）定容取样法简写。

② 用 NDIR（不分光红外分析仪）分析 CO；用 EID（氢火焰离子化分析仪）分析 HC；用 CLD（化学发光分析仪）分析 NO_x。

③ 美国排气限制标准采用英制，为了便于参考，不作变动（1g/mile = 0.621g/km）。

（2）第二阶段（1975—1992年）：汽车排放法规的加强和完善阶段 美国从1975年实施《马斯基法》并采用FTP-75规程LA-4CH工况，不断强化CO和HC限值，并逐年加强对NO_x的限制。同时，鉴于当时汽车技术水平，规定在大气污染严重的地区实施I/M制度。

日本于1991年在城市10工况循环基础上增加了高速工况，称为10.15工况。10.15工况的排放限值与10工况相比没有改变，但由于增加了高速工况，使NO_x排放量增加，实质上加严了排放限值。美国、日本在1975年后轻型汽车排气限制标准见表7-3。

表7-3 美、日1975年后轻型汽车排气限制标准

国家	试验规范（单位）	时间	限值					
			小轿车			小型货车或客车		
			CO	HC	NO_x	CO	HC	NO_x
美国联邦[1]	LA-4CH/（g/mile）	1976	15	1.5	3.1	20	2.0	3.1
		1977	15	1.5	2.0	20	2.0	3.1
		1980	7.0	0.41	2.0	18	1.7	2.3
		1982[3]	3.4	0.41	1.0	18	1.7	2.3
		1991	3.4	0.41	1.0	10	0.8	1.7
美国加州[1]	LA-4CH/（g/mile）	1976	9.0	0.9	2.0	17	0.9	2.0
		1977	9.0	0.41	1.5	17	0.9	2.0
		1980	9.0	0.41	1.0	17	0.5	2.0
		1983	7.0	0.41	0.4	9	0.5	1.0
		1990	7.0	0.41	0.4	9	0.5	1.0
日本[1][2]	10工况/（g/km）	1976	2.1（2.7）	0.25（0.39）	0.60/0.85[5]（0.80/1.20）	13（17）	2.1（2.7）	1.8（2.3）
		1978	2.1（2.7）	0.25（0.39）	0.25（0.48）	13（17）	2.1（2.7）	1.8（2.3）
		1979	↑	↑	↑	13（17）	2.1（2.7）	1.0/1.2[4]（1.4/1.6）
		1981	↑	↑	↑	13（17）	2.1（2.7）	0.6/0.9（0.84/1.26）
		1991	↑	↑	↑	2.1/13[4]（2.7/17）	0.25/2.1（0.39/2.7）	0.25/0.7（0.48/0.98）
	11工况/（g/次）	1976	60（85）	7.0（9.5）	6.0/7.0[5]（8.0/9.0）	100（130）	13（17）	15（20）
		1978	60（85）	7.0（9.5）	4.4（6.0）	100（130）	13（17）	15（20）
		1979	—	—	—	100（130）	13（17）	8.0/9.0[4]（10.0/11.0）
		1981	—	—	—	100（130）	13（17）	6.0/7.5（8.0/9.5）
		1991	—	—	—	60/100[4]（185/135）	7.0/13（9.5/17）	4.4/6.5（6.0/8.5）

（续）

国家	试验规范（单位）	时间	限值					
			小轿车			小型货车或客车		
			CO	HC	NO$_x$	CO	HC	NO$_x$
日本①②	10.15工况/（g/km）	汽油车1991	2.1（2.7）	0.25（0.39）	0.25（0.48）	—	—	—
		柴油车1986	2.1（2.7）	0.4（0.62）	1992.10 0.7/0.9⑥（0.98/1.26）	—	—	—

① 总质量≤1720kg级标准。
② 日本小型货车指乘员10人以下，总质量2500kg以下四冲程汽油或液化石油气车辆。标准中括号内为最大允许值。
③ 美国联邦对小型柴油货车PM排放标准规定：1982年车型＜0.6g/mile，1985年车型＜0.2g/mile，1992年车型＜0.13g/mile。
④ 用于不同等价惯性质量：1700kg以下车辆/1700kg以上车辆。
⑤ 用于不同等价惯性质量小客车：1000kg以下车辆/1000kg以上车辆。
⑥ 用于车辆总质量≤1265kg/（1266～2500kg），烟度限值50%。

（3）第三阶段（1992年以后）：加强对HC的控制进入低污染车时期 以美国为代表，从1990年大幅度修改《大气清洁法》，要求到2003年以后，对CO、HC和NO$_x$的限制以1993年为基准分别降低到50%、25%和20%，可见法规的强化程度。

美国联邦于1992年后针对轻型车排气限制中，汽油车总质量≤1720kg，耐久性运行50000mile（1mile≈1.6km）内必须达到的排气限制标准见表7-4，其降低HC的措施为逐年提高达标车的生产比例。

表7-4 美国联邦1992年后轻型车排气限制标准 （单位：g/mile）

时间	限值					生产达标车（%）
	CO	NO$_x$	HC		PM	
			总HC	NMHC		
1992	3.4	1.0	0.41	—	0.20	100
1993	3.4	0.4	0.41	—	0.20	100
			—	0.25	0.08	0
1994	3.4	0.4	0.41	—	0.20	60
			—	0.25	0.80	40
1995	3.4	0.4	0.41	—	0.20	20
			—	0.25	0.80	80
1996	3.4	0.4	—	0.25	0.80	100
2003	1.7	0.2	—	0.125	0.08	—

美国加州1992年后总质量≤1720kg的轻型汽、柴油车，耐久性运行50000mile、100000mile内应达到的排气限制标准见表7-5。加州1994年起实施严格的低排放汽车标准（LEV），分三阶段进行，即过渡低排放车（TLEV）、低排放车（LEV）、超低排放车（ULEV），最终达到零排放车（ZEV）。初步要求到1998年ZEV应占汽车生产量的2%，2001年占5%，2003年占到10%。

表 7-5　美国加州 1992 年后轻型车排气限制标准　　　（单位：g/mile）

时间	限值									
	50000mile					100000mile				
	NMOG	HCHO	CO	NO$_x$	微粒	NMOG	HCHO	CO	NO$_x$	微粒
1992	0.39[1] 0.41[2]	—	7.0	0.4	0.08	—	—	—	—	—
1993	0.25[1]	—	3.4	0.4	0.08	0.31[1]	—	4.2	1.0	—
TLEV 1994	0.125	0.015	3.4	0.4	—	0.156	0.018	4.2	0.6	0.08
LEV 1998	0.075	0.015	3.4	0.2	—	0.090	0.018	4.2	0.3	0.08
ULEV 1998	0.040	0.008	1.7	0.2	—	0.055	0.011	2.1	0.3	0.04
ZEV	0	0	0	0	0	0	0	0	0	0

① 指非甲烷碳氢化合物（NMHC）。
② 指总碳氢（THC）。

日本 1992 年以后执行 10.15 工况，其排放限值见表 7-6。2005 年 4 月，日本中央环境会议制定了削减汽车尾气排放目标的规划，主要是加强对柴油车排放的颗粒物（PM）和 NO$_x$ 的控制。同时，日本还提出了对汽油车排放颗粒物的限制规划，从 2009 年起，对安装有 NO$_x$ 还原装置的缸内直喷、稀薄燃烧的汽油机增加新的 PM 排放限制规定，见表 7-7。

表 7-6　日本轻型车排放标准限值

车型	最大总质量（GVW）/t	实施时间	限值						微粒 /（g/km）
			CO		HC		NO$_x$		
			10.15工况 /（g/km）	11工况 /（g/试验）	10.15工况 /（g/km）	11工况 /（g/试验）	10.15工况 /（g/km）	11工况 /（g/试验）	
汽油乘用车	—	2000[1]	0.67（1.27）[3]	19（31.1）	0.08（0.17）	2.2（4.42）	0.08（0.17）	1.4（2.5）	—
汽油载货车	≤1.7	2000[1]	0.67（1.27）	19（31.1）	0.08（0.17）	2.2（4.42）	0.08（0.17）	1.4（2.5）	—
	1.7~2.5	1994[1] 1998[1] 2001[1]	13（17） 6.5（8.42） 2.1（3.36）	100（130） 76（104） 24（38.3）	2.1（2.7） 0.25（0.39） 0.08（0.17）	13（17.7） 7（9.5） 2.2（4.42）	0.4（0.63） ↑ 0.13（0.25）	5（6.6） ↑ 1.6（2.78）	—
柴油载货车	≤1.7	1993[2] 1997[2] 2002[2]	2.1（2.7） ↑ 0.63	—	0.4（0.62） ↑ 0.12	—	0.6（0.84） 0.4（0.55） 0.28	—	0.2（0.34） 0.08（0.14） 0.052
	1.7~2.5	1993[2] 1997[2] 2003[2]	2.1（2.7） ↑ 0.63	—	0.4（0.62） ↑ 0.12	—	1.3（1.82） 0.7（0.97） 0.49	—	0.25（0.43） 0.09（0.18） 0.06

① 1992 年起改为 10.15 工况，g/km。
② 1993 年后改为 10.15 工况，g/km。
③ 括号外为平均值，括号内为最大值。

表 7-7　日本最新柴油车排放目标限值　　　[单位：g/(kW·h)]

车型	限值及下降幅度	PM	NO$_x$	CO	NMHC	实行时间
轿车	限值	0.005	0.08	0.63	0.024	2009
	下降幅度	62%	43%	0	0	
轻型车（<1700kg）	限值	0.005	0.08	0.63	0.024	2009
	下降幅度	62%	43%	0	0	
中型车（GVW 为 1700~3500kg）	限值	0.007	0.15	0.63	0.024	2009 年（>2500）2010 年（≤2500）
	下降幅度	53%	40%	0	0	
重型车（GVW>3500kg）	限值	0.01	0.7	2.22	0.17	2009 年（>12000）2010 年（≤12000）
	下降幅度	63%	目标 65%挑战 88%	0	0	

注：GVW 为车辆总质量；NMHC 为非甲烷碳氢化合物。

欧洲于 1993 年 10 月起执行 EEC/MVEG-1 新法规，同时改用 ECE15+EUDC（郊外高速工况）工况；1996 年起执行 MVEG-2 法规，将 CO 的限值降低约 20%，HC+NO$_x$ 限值降低约 50%，达到 0.5g/km；2000 年起执行 MVEG-3 法规，将 CO 再减少约 1/3，对 HC 和 NO$_x$ 实行分开限制，两者之和降低 60% 以上，相当于美国加州低排放车 LEV 的排放限值。同时，MVEG-3 法规测试时，规定发动机起动后立即采样（2 号法规是起动 40s 后采样），这相当于进一步加严了对 CO、HC 的限制。2005 年起执行 MVEG-4 法规，对 CO 降低约 35%，HC 和 NO$_x$ 各降低约 50%，具体限值见表 7-8。对于总质量 ≤ 3500kg 的轻型货车（或乘员数大于 6 人，但总质量 < 3500kg 的乘用车），按车辆基准质量分成三组给定限值，见表 7-9。

表 7-8　欧洲轻型乘用汽车的排放限值　　　（单位：g/km）

汽油车								
法规	生效日期	CO	HC+NO$_x$	法规	生效日期	CO	HC	NO$_x$
欧洲 1	1993.10	2.72	0.97	欧洲 3	2000.10	1.5	0.2	0.15
欧洲 2	1996.10	2.2	0.5	欧洲 4	2005.10	1.0	0.1	0.08

柴油车									
法规	生效日期	CO	HC+NO$_x$	PM	法规	生效日期	CO	HC+NO$_x$	NO$_x$	PM
欧洲 1	1993.10	2.72	0.97	0.14	欧洲 3	2000.10	0.64	0.56	0.50	0.05
欧洲 2 [1]	1996.10	1.0	0.7	0.08						
欧洲 2 [2]		1.0	0.9	0.1	欧洲 4	2005.10	0.50	0.30	0.25	0.025

[1] 间接喷射式。

[2] 直接喷射式。

表 7-9　欧州轻型货车[①]的排放限值

法规	排放物		基准质量 R_m/kg		
			$R_m \leq 1250$	$1250 < R_m \leq 1700$	$R_m > 1700$
欧州 1 （1993.10）	CO		2.72	5.17	6.90
	HC + NO$_x$		0.97	1.40	1.70
	PM		0.14	0.19	0.25
欧州 2 （1996.10）	汽油	CO	2.2	4.0	5.0
		HC + NO$_x$	0.5	0.6	0.7
	柴油	CO	1.0	1.25	1.5
		HC + NO$_x$	0.7	1.0	1.2
		PM	0.08	0.12	0.17
欧州 3 （2000.10）	汽油	CO	2.3	4.17	5.22
		HC	0.2	0.25	0.20
		NO$_x$	0.15	0.18	0.21
	柴油	CO	0.64	0.80	0.95
		HC + NO$_x$	0.56	0.72	0.86
		NO$_x$	0.50	0.65	0.78
		PM	0.05	0.07	0.10
欧州 4 （2005.10）	汽油	CO	1.00	1.81	2.27
		HC	0.10	0.13	0.16
		NO$_x$	0.08	0.10	0.11
	柴油	CO	0.50	0.63	0.11
		HC + NO$_x$	0.30	0.39	0.46
		NO$_x$	0.25	0.33	0.39
		PM	0.025	0.04	0.06

① 包括乘员数超过 6 人和最大总质量不超过 3500kg 的乘用车。

这一阶段采取的技术措施有：改进催化剂成分、电控发动机技术（包括电控多点燃油喷射、电控点火、电控 EGR 和电控催化器等）、新配方汽油，以及低污染或无污染的代用燃料汽车、混合动力汽车和纯电动汽车等。节能、低污染或无污染已成为今后世界汽车工业的发展方向。

7.3.2　我国汽车排放标准

1. 我国汽车排放标准的建立和完善

我国从 1981 年开始制定标准，于 1983 年首次发布了国家汽车排放标准 GB 3842 ~ 3847，并于 1984 年 4 月 1 日起执行。其中 GB 3842—1983、GB 3843—1983、GB 3844—1983 分别为四冲程汽油车怠速污染物排放标准、柴油车自由加速烟度排放标准和柴油机全负荷烟度排放标准，标准的排放限值见表 7-10 ~ 表 7-12。GB 3845 ~ 3847 为与上述标准相对应的测量方法。

表 7-10　四冲程汽油车怠速污染物排放标准

项目	类别	限值	项目	类别	限值
CO	新生产车	≤ 5%	HC①	新生产车	≤ 2500 × 10⁻⁶
	在用车	≤ 6%		在用车	≤ 3000 × 10⁻⁶
	进口车	≤ 4.5%		进口车	≤ 1000 × 10⁻⁶

① HC 含量限值按正己烷当量。

表 7-11　柴油车自由加速烟度排放标准

项目	类别	限值 / 波许单位
烟度	新生产车①、进口车	≤ 5.0Rb
	在用车	≤ 6.0Rb

① 括新型车及现生产车。

表 7-12　柴油机全负荷烟度排放标准

项目	类别	限值 / 波许单位
烟度	新型柴油机、进口汽车柴油机	≤ 4.0Rb
	现生产柴油机	≤ 4.5Rb

此后，我国又发布的汽车排放标准为 GBN 267—1987、GB/T 6456—1986，该标准对汽车及工程机械用柴油机的排放试验方法及排放的最高值做出了规定，于 1987 年 4 月 1 日起执行。这一标准在 1983 年的标准上前进了一大步，再不是单一工况下的限制值，而是采用 13 工况测得的排放浓度的加权统计限定值。另外，该排放标准对 NO_x 的排放量也做出了相应限制。该标准中的排放限值见表 7-13。1989 年，我国又制定了 GB 11641—1989《轻型汽车排气污染物排放标准》和 GB/T 11642—1989《轻型汽车排气污染物测试方法》。

表 7-13　汽车及工程机械用柴油机排放限值①　　［单位：g/(kW·h)］

柴油机配套用途	NO_x	CO	HC
汽车及其他道路运输车辆	18	34	3
工程机械	20		

① 按 13 工况进行 1 次排放试验的平均排放量不得超过的允许限值。

此后我国对国家排放标准进行了修订和完善，于 1993 年 11 月批准、1994 年 5 月 1 日起实施的国家 7 项排放标准有：轻型汽车排气污染物排放标准（GB 14761.1—1993）、车用汽油机排气污染物排放标准（GB 14761.2—1993）、汽油车燃油蒸发污染物排放标准（GB 14761.3—1993）、汽车曲轴箱污染物排放标准（GB 14761.4—1993）、汽油车怠速污染物排放标准（GB 14761.5—1993）、柴油车自由加速烟度排放标准（GB 14761.6—1993）、汽车柴油机全负荷烟度排放标准（GB 14761.7—1993）。

GB 14761 系列标准为我国当时最为全面和完善的国家排放标准，污染物的限值是按照汽车的基准质量确定的，同时标准限值分为型式认证试验限值和产品一致性检查试验限值，对曲轴箱污染物排放及汽油车的蒸发排放污染都做了限制。产品一致性试验是为了检查成批生产的汽车排放和蒸发排放部件与型式认证车辆及部件的一致性。

2. 与国际接轨的国家排放标准

国家技术监督局曾于 1999 年 3 月 10 日颁布了四项国家汽车排放标准，分别是 GB 14761—1999《汽车排放污染物限值及测试方法》、GB 17691—1999《压燃式发动机和装用压燃式发动机的车辆排气污染物限值及测试方法》、GB 3847—1999《压燃式发动机和装用压燃式发动机的车辆排气可见污染物限值及测试方法》、GB/T 17692—1999《汽车用发动机净功率测试方法》。这四项国家排放标准等效采用了欧洲经济委员会排放法规体系，限值为欧洲 20 世纪 90 年代初期水平，比原有标准加严了 80%。该标准同样适用于液化石油气汽车、压燃天然气汽车。当时计划于 2000 年 1 月 1 日起实施，但是于 1999 年对当时我国生产的全部类型的轻型车抽检结果显示，没有一辆汽车达到标准的限值要求。

因此，国家环保局和国家质量监督检验局于 2001 年 4 月 16 日又颁布了 GB 18352.1—2001《轻型汽车污染物排放限值及测量方法（Ⅰ）》、GB 18352.2—2001《轻型汽车污染物排放限值及测量方法（Ⅱ）》和 GB 17691—2001《车用压燃式发动机排气污染物排放限值及测量方法》，标准等效采用了欧洲经济委员会的排放法规和欧洲联盟关于防止汽车排放污染大气的法律的全部技术内容。明确标准的限值和测试方法等同于欧洲 1 号法规和 2 号法规，使我国的排放标准体系实现了与国际接轨。标准适用于装燃用优质无铅汽油（铅含量小于 5mg/L）的点燃式发动机的 M_1 类、M_2 类、N_1 类、N_2 类的所有车辆。

GB 18352.1—2001 和 GB 18352.2—2001 规定了适用范围内车辆的汽车污染物排放、曲轴箱气体排放、蒸发排放的标准限值和执行时间，见表 7-14、表 7-15。GB 17691—2001 规定的排气污染物排放限值见表 7-16。

表 7-14　轻型汽车污染物排放限值（GB 18352.1—2001）　（单位：g/km）

车辆定型	基准质量 R_m/kg	限值							执行时间
		CO		HC + NO$_x$			PM[1]		
		点燃式发动机	压燃式发动机	点燃式发动机	非直喷压燃式发动机	直喷压燃式发动机	非直喷压燃式发动机	直喷压燃式发动机	
第一类车	全部	2.72（3.16）[4]		0.97（1.13）	1.36[2]（1.58）	0.14（0.18）	0.20[2]（0.25）		2000.1.1（2000.7.1）
第二类车	$R_m \le 1250$	2.72（3.16）		0.97（1.13）	1.36[2]（1.58）	0.14（0.18）	0.20[2]（0.25）		2001.1.1（2001.10.1）
	$1250 < R_m \le 1700$	5.17（6.00）		1.40（1.60）	1.96[3]（2.24）	0.19（0.22）	0.27[3]（0.31）		
	$R_m \le 1700$	6.90（8.00）		1.70（2.00）	2.38[3]（2.80）	0.25（0.29）	0.35[3]（0.41）		

① 只适用于装用压燃式发动机的车辆。
② 表中所列的以直喷式柴油机为动力的车辆的排放限值的有效期为 2 年。
③ 表中所列的以直喷式柴油机为动力的车辆的排放限值的有效期为 1 年。
④ 括号外数据和时间为认证试验限值和执行时间，括号内数据和时间为一致性检查限值和执行时间。

表 7-15　轻型汽车污染物排放限值（GB 18352.2—2001）　（单位：g/km）

车辆定型	基准质量 R_m/kg	限值							执行时间
		CO		HC + NO$_x$			PM		
		点燃式发动机	压燃式发动机	点燃式发动机	非直喷压燃式发动机	直喷压燃式发动机	非直喷压燃式发动机	直喷压燃式发动机	
第一类车	全部	2.2	1.0	0.5	0.7	0.9	0.08	0.10	2004.7.1 （2005.7.1）[1]
第二类车	$R_m \leq 1250$	2.2	1.0	0.5	0.7	0.9	0.08	0.10	2005.7.1 （2006.7.1）[1]
	$1250 < R_m \leq 1700$	4.0	1.25	0.6	1.0	1.3	1.12	0.14	
	$R_m > 1700$	5.0	1.5	0.7	1.2	1.6	0.17	0.20	

① 括号内为生产一致性检查执行时间。

表 7-16　车用压燃式发动机排气污染物排放限值（GB 17691—2001）　[单位：g/(kW·h)]

项目	实施阶段	实施时间	CO	HC	NO$_x$	PM	
						≤ 85kW[1]	> 85kW[1]
型式认证	1	2000.9.1	4.5	1.1	8.0	0.61	0.36
	2	2003.9.1	4.0	1.1	7.0	0.15[2]	0.15[2]
生产一致性	1	2001.9.1	4.9	1.23	9.0	0.68	0.40
	2	2004.9.1	4.0	1.1	7.0	0.15[2]	0.15[2]

① 指发动机功率。
② 第2阶段型式认证和生产一致性检查限值一致。

　　我国还于 2000 年 12 月 28 日发布了在用汽车排放控制的 GB 18285—2000《在用汽车排气污染物限值及测试方法》，标准规定在用汽车排气污染物排放检测采用双怠速和加速模拟工况试验。其中加速模拟工况试验限值和试验方法是参照美国国家环保局于 1996 年 7 月发布的标准 EPA-AA-RSPD-IM-96-2《加速模拟工况试验规程、排放标准、质量控制要求及设备技术要求技术导则》制定的。对于装用压燃式发动机按 GB 18352.1—2001 通过认证的车辆，使用透光式烟度计进行自由加速可见污染物试验。该标准的限值和执行时间见表 7-17 ~ 表 7-19。

表 7-17　装用点燃式发动机的车辆双怠速工况试验排气污染物排放限值

车辆类型	怠速		高怠速	
	CO（%）	HC/10⁻⁶[1]	CO（%）	HC/10⁻⁶[1]
2001 年 1 月 1 日以后上牌照的 M₁[2]类车辆	0.8	150	0.3	100
2001 年 1 月 1 日以后上牌照的 N₁[3]类车辆	1.0	200	0.5	150

① HC 体积分数值按正己烷当量。
② M₁ 指车辆设计乘员数不超过 6 人，且车辆的最大总质量不超过 2500kg。
③ N₁ 还包括车辆设计乘员数超过 6 人，或车辆的最大总质量超过 2500kg 但不超过 3500kg 的 M 类车辆。

表 7-18 装用点燃式发动机的车辆加速模拟工况试验排气污染物排放限值

车辆类型	基准质量 R_m/kg	ASM5025			ASM2540		
		HC/10^{-6}[①]	CO（%）	NO/10^{-6}	HC/10^{-6}[①]	CO（%）	NO/10^{-6}
2001 年 1 月 1 日以后上牌照的 M_1[②] 类车辆两则	<1050	260	2.2	2500	260	2.4	2300
	<1250	230	1.8	2200	230	2.2	2050
	<1470	190	1.5	1800	190	1.8	1650
	<1700	170	1.3	1550	170	1.5	1400
	<1930	150	1.1	1350	150	1.3	1250
	<2150	130	1.0	1200	130	1.2	1100
	<2500	120	0.9	1050	120	1.1	1000
2002 年 1 月 1 日以后上牌照的 N_1[③] 类车辆	<1050	260	2.2	2500	260	2.4	2300
	<1250	230	1.8	2200	230	2.2	2050
	<1470	250	2.3	2700	250	3.2	2600
	<1700	190	2.0	2350	190	2.7	2200
	<1930	220	2.1	2800	220	2.9	2600
	<2150	200	1.9	2500	200	2.6	2300
	<2500	180	1.7	2250	180	2.4	2050
	<3500	160	1.5	2000	160	2.1	1800

① HC 体积分数值按正己烷当量。
② M_1 指车辆设计乘员数不超过 6 人，且车辆的最大总质量不超过 2500kg。
③ N_1 还包括车辆设计乘员数超过 6 人，或车辆的最大总质量超过 2500kg 但不超过 3500kg 的 M 类车辆。

表 7-19 装用压燃式发动机的车辆自由加速试验烟度排放限值

车辆类型	检测类别	限值
1995 年 7 月 1 日以前生产的在用车	波许烟度值 /Rb	4.7
1995 年 7 月 1 日起生产的在用车	波许烟度值 /Rb	4.0
2001 年 1 月 1 日以后上牌照的在用车	光吸收系数 /m^{-1}	2.5
2001 年 1 月 1 日以后上牌照的装配废气涡轮增压器的在用车	光吸收系数 /m^{-1}	3.0

为了控制汽车排放对城市空气质量的影响，北京市和上海市还相继制定了比国家标准更严格的地方标准。北京市 1994 年出台的地方标准 DB 11/044—1994 就采用双怠速检测控制汽油车怠速污染物的排放，1998 年北京市根据中华人民共和国《大气污染防治法》制定了地方标准 DB 11/105—1998《轻型汽车排气污染物排放标准》，于 1999 年 1 月 1 日起执行，相当于国家标准 GB 18352.1—2001 的排放限值。

3. 现行国家排放标准

2005 年 4 月 15 日，国家环境保护总局和国家质量监督检验检疫总局联合发布了 GB 18352.3—2005《轻型汽车污染物排放限值及测量方法（中国Ⅲ、Ⅳ阶段）》，标准等效采用了欧洲经济委员会的排放法规和欧洲联盟关于防止汽车排放污染大气的法律的全部技术内容，明确标准的限值和测试方法等同于欧洲 3 号法规和 4 号法规，排放限值见表 7-20。该标准替代了 GB 18352.2—2001，相对于 GB 18352.2—2001 标准加严了排放限值；改变了 I 型试验（常温下冷起动后排气污染物排放试验）和 IV 型试验（蒸发污染物排放试验）的试验规程；增加了 VI 型试验（低温下冷起动后排气中 CO 和 HC 排放试验）的要求、双怠速试验的内容、车载诊断（OBD）系统及其功能的要求、在用车符合性检查及其判定规程、燃用 LPG 或 NG 轻型汽车的特殊要求和作为独立技术总成的替代用三元催化转化器的型式核准要求；修订了试验用燃料的技术要求。中国 III 阶段排放标准于 2007 年 7 月 1 日开始实施，中国 IV 阶段排放标准于 2010 年 7 月 1 日开始实施。

表 7-20　轻型汽车污染物排放限值（GB 18352.3—2005）　　（单位：g/km）

阶段	车辆定型	级别	基准质量 R_m/kg	限值								
				CO		HC		NO$_x$		HC + NO$_x$		PM
				汽油车	柴油车	汽油车	柴油车	汽油车	柴油车	汽油车	柴油车	柴油车
III	第一类车	—	全部	2.30	0.64	0.20	—	0.15	0.50		0.56	0.050
	第二类车	I	$R_m \leqslant 1305$	2.30	0.64	0.20	—	0.15	0.50		0.56	0.050
		II	$1305 < R_m \leqslant 1760$	4.17	0.80	0.25	—	0.18	0.65		0.72	0.070
		III	$1760 < R_m$	5.22	0.95	0.29	—	0.21	0.78		0.86	0.100
IV	第一类车	—	全部	1.00	0.50	0.10	—	0.08	0.25		0.30	0.025
	第二类车	I	$R_m \leqslant 1305$	1.00	0.50	0.10	—	0.08	0.25		0.30	0.025
		II	$1305 < R_m \leqslant 1760$	1.81	0.63	0.13	—	0.10	0.33		0.39	0.040
		III	$1760 < R_m$	2.27	0.74	0.16	—	0.11	0.39		0.46	0.060

7.4　发动机噪声及控制

发动机是汽车的主要噪声源。一般轿车车外加速行驶噪声中，发动机噪声约占 55%；大、中型汽车车外加速行驶噪声中，发动机噪声约占 65%。随着汽车噪声标准的提高，发动机噪声问题显得日益突出，国内外都非常重视降低汽车发动机噪声。如日本大型汽车的发动机噪声已降到仅占车外总噪声的 30%。由此可见，为了降低汽车噪声总水平，首先应以控制发动机噪声为主要目标。

7.4.1　发动机噪声的分类

按照噪声辐射的方式，可将汽车发动机的噪声分为两大类，即直接向大气辐射的和通过发动机表面向外辐射的。直接向大气辐射的噪声源有进、排气噪声和风扇噪声，它们都是由气流振动而产生的空气动力噪声。发动机内部的燃烧过程和结构振动所产生的噪声，是通过发动机外表面以及与发动机外表面刚性连接的零件的振动向大气辐射的，因此称为发动机表面辐射噪声。

根据发动机噪声产生的机理，又可分为燃烧噪声和机械噪声。燃烧噪声的发生机理相当复杂，主要是由于气缸内周期性变化的压力作用而产生的，与发动机的燃烧方式和燃烧速度密切相关。机械噪声是发动机工作时各运动件之间及运动件与固定件之间作用的周期性变化的力所引起的，它与激发力的大小、发动机结构动态特性等因素有关。

一般说来，在低转速时，燃烧噪声占主导地位；在高转速时，由于机械结构的冲击振动加剧而使机械噪声上升到主导地位。实际上很难将燃烧噪声与机械噪声区分开，因为它们之间有着密切的联系，燃烧噪声的大小对机械噪声有影响，严格地说，机械噪声也是发动机气缸内燃料燃烧间接激发的噪声。但为了研究方便，把气缸内燃烧所形成的压力振动并通过缸盖和活塞—连杆—曲轴—缸体的途径向外辐射的噪声称为燃烧噪声；把活塞对缸套的敲击，以及正时齿轮、配气机构、供油系等运动机械撞击所产生的振动激发的噪声称为机械噪声。

发动机噪声的基本组成如图 7-8 所示。

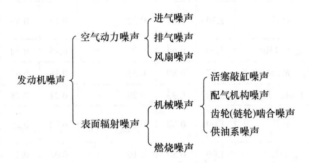

图 7-8 发动机噪声基本组成

7.4.2 燃烧噪声及其控制

1. 燃烧噪声的产生及特点

汽油机正常工作时，燃烧柔和，噪声比较小，但当发生爆燃和表面点火等不正常燃烧时，将产生较大的噪声，主要是 4000 ~ 6000Hz 的高频爆燃声和 500 ~ 2000Hz 的工作粗爆声。其声压级与转速之间的关系为

$$L_p = 50 \lg n + K_g \tag{7-5}$$

式中　n——汽油机转速；

　　　K_g——汽油机固有常数。

柴油机燃烧噪声在发动机噪声中占有相当大的比例，其主要是频率为 1000Hz 以上的高频噪声，一般比汽油机高出 6 ~ 8dB（A）。这里主要讨论柴油机的燃烧噪声。因为柴油机的燃烧过程直接影响这种噪声的产生及强弱，所以本节从柴油机燃烧过程的四个阶段来分析其噪声的产生和特点。

1）在滞燃期内：燃料并未燃烧，气缸中的压力和温度变化都很小，对噪声的直接影响甚微。但滞燃期对燃烧过程的进展有很大影响，因此对发动机燃烧噪声起着间接的影响作用。

2）在速燃期内：燃料迅速燃烧，气缸内压力迅速增加，直接影响发动机的振动和噪声。影响速燃期内压力增长率的主要因素是着火延迟期的长短和供油规律。着火延迟期越长，在此期间喷入气缸的燃料越多，压力增长率就越高，意味着柴油机的冲击载荷越大，使柴油机内零件敲击严重，从而增加了柴油机的结构振动和所辐射的噪声。

3）在缓燃期内：气缸内压力有所增长，但增长率较小，因此能激发起一定程度的燃烧噪声，但对噪声的影响不显著。

4）在补燃期内：因活塞下行且绝大多数燃料已在前两个时期内燃烧完毕，所以对燃烧噪声影响不大。

综上所述，燃烧过程所激发的噪声主要集中在速燃期，其次是缓燃期。燃烧噪声主要表现在两个方面：一是由气缸压力急剧变化引起的动力负荷产生振动和噪声，其频率相当于各传声零件的自振频率；二是由气缸内气体的冲击波引起的高频振动和噪声，其频率为气缸内气体的自振频率。

柴油机燃烧噪声的声压级与转速之间的关系为

$$L_p = 30 \lg n + K_d \tag{7-6}$$

式中　K_d——柴油机固有常数。

燃烧噪声与发动机燃烧过程有直接的关系，而燃烧过程又与燃料的性质、压缩比、供油系统的各参数（如供油提前角、供油规律，喷油器孔径、孔数及喷油压力）、发动机的结构型式（如风冷、水冷）、燃烧室形状（如 ω 形、盆形、球形、涡流室及预燃室）、发动机进气状态（如进气温度、压力），以及发动机运转工况和技术状况等各种因素均有密切关系。因此，控制燃烧噪声应从改善燃烧过程出发。

2. 燃烧噪声的控制

汽油机主要是通过根据压缩比选择合适牌号的燃油、适当推迟点火提前角、及时清除燃烧室积炭来抑制爆燃和表面点火现象的产生，从而控制燃烧噪声。

控制柴油机燃烧噪声的根本措施是降低燃烧时的压力增长率。由于压力增长率取决于着火延迟期和着火延迟期内形成的可燃混合气的数量和质量，因此可以通过选用十六烷值高的燃料、合理组织喷射以及选用低噪声燃烧室来实现。控制柴油机燃烧噪声的具体措施如下：

1）适当延迟喷油定时。由于气缸内压缩温度和压力是随曲轴转角变化的，喷油时间的早晚对于着火延迟期长短的影响通过压缩压力和温度而起作用。如果喷油早，则燃料进入气缸时的空气温度和压力低，着火延迟期变长；反之，适当推迟喷油时间可使着火延迟期缩短，燃烧噪声减小。但喷油过迟，燃料进入气缸时的空气温度和压力反而变低，从而又使着火延迟期延长，燃烧噪声增大。如单从降低噪声的角度来讲，希望适当推迟喷油时间，即减小喷油提前角，但喷油正时延迟将影响柴油机的动力性和经济性。

2）改进燃烧室结构形状。燃烧室的结构形状与混合气的形成和燃烧有密切关系，不但直接影响柴油机的性能,而且影响着火延迟期、压力升高率,从而影响燃烧噪声。根据混合气的形成及燃烧室结构的特点,柴油机的燃烧室可分为直喷式和预燃式两大类。在其他条件相同的情况下,直喷式燃烧室中的球形和斜置圆桶形燃烧室的燃烧噪声最低,预燃式燃烧室的燃烧噪声一般也较低;但 ω 形直喷式燃烧室和浅盆形直喷式燃烧室的燃烧噪声最大。试验表明,若用球形燃烧室代替 ω 形燃烧室,可使柴油机的总噪声降低 3 ~ 6dB(A)。

3)提高废气再循环率和进气节流。提高废气再循环率就可减小燃烧率,使发动机获得平稳的运转,因此对降低燃烧噪声有明显的作用。其中

废气再循环率 =[参与废气再循环气体流量 /(吸入空气量 + 参与废气再循环气体流量)]
× 100%

而进气节流可使气缸内的压力降低并使着火时间推迟,因此,进气节流不但能降低噪声,而且对减少柴油机所特有的角速度波动和横向摆振也很有作用。

7.4.3 机械噪声及其控制

发动机的机械噪声是发动机运转过程中,各零部件受流体压力和运动惯性力的周期性变化作用而引起振动和相互冲击所激发的噪声。发动机高速运转时,机械噪声在发动机噪声中占主导地位,另外,机械噪声还受发动机制造工艺水平的制约。

机械噪声主要包括活塞敲缸噪声、配气机构噪声、齿轮啮合噪声、供油系噪声、不平衡力引起的噪声等。

1. 活塞敲缸噪声及其控制

活塞对气缸壁的敲击,通常是发动机最大的机械噪声源。敲击的强度主要取决于气缸的最大爆发压力和活塞与气缸之间的间隙。因此,这种噪声既和燃烧有关,又和活塞的具体结构有关。大功率柴油机上,这种敲击力高达数吨,能激发出很强的噪声。在冷起动后以及怠速工况下,由于活塞和缸壁的间隙较大,这种敲击噪声相当突出。

由于活塞与气缸之间存在间隙,在活塞的往复运动中,作用于活塞上的气体压力、惯性力和摩擦力周期性变化方向,使活塞在侧向力作用下,在上、下止点附近发生方向突变,产生横向运动冲击气缸壁产生噪声。这一噪声是发动机的最大机械噪声源,而且发动机高速运转时,活塞的这种换向的横向运动以极高速度进行,形成对缸壁的强力冲击,特别是换向发生在膨胀行程开始时,这种冲击将更为严重。

影响活塞敲缸声的因素有活塞与气缸的间隙、活塞销孔的偏移、活塞的高度、活塞环在活塞上的位置,以及气缸润滑条件、发动机转速、气缸直径等。

控制活塞敲缸噪声的措施如下:

1)在满足使用和装配的前提下,尽量减小活塞与气缸之间的间隙。减小间隙可以减小甚至消除活塞横向运动的位移量,从而减轻或避免活塞对缸壁的冲击,达到降噪的目的。若能保证发动机在冷态和热态下,此间隙值变化不大,将会使降噪效果更佳。为了实现这一目的,现代汽车发动机在活塞结构设计上采取了一些措施:针对活塞上部的膨胀量大于

其下部的情况，将活塞制成直径上小下大的锥形，使其在气缸中工作时上下各处的间隙近于均匀；采用椭圆形裙部；在汽油机的铝合金活塞最下面一道环槽上切一横槽，以减少从头部到裙部的传热；在裙部车纵向槽，使裙部具有弹性，从而减小导向部分间隙等。此外，为了适应高压缩比、高转速发动机的强度和刚度要求，可采用镶钢片活塞，即在铝合金活塞中镶入热膨胀系数比铝合金小的材料，以阻碍活塞裙部推力面上的膨胀，从而减小活塞裙部的装配间隙，达到降低噪声的目的。这种镶钢片活塞在汽油机和柴油机上都有应用。

2）活塞销孔向主推力面方向偏移，使活塞的换向提前到压缩终了前，同时可以使活塞换向的横向运动方式由原来的整体横移冲击变为平滑过渡，可起到显著的降噪作用。现代汽车上普遍采用这种降噪措施，但应注意偏移量大小的控制，过大的偏移量会增大活塞承受尖角负荷的时间，引起气缸早期磨损，损失有效功率。

3）在可能的情况下适当加大活塞裙部长度，增大支承面。

4）增加活塞表面的振动阻尼。采用底油环或在裙部表面覆盖一层可塑性材料，增加振动阻尼，缓冲或吸收活塞敲击的能量，也可明显降低活塞敲缸声。例如，在活塞裙部表面涂一层聚四氟乙烯，然后再外加一层厚度为 0.2mm 的铬氧化物。

2. 配气机构噪声及其控制

在配气机构中，凸轮和挺杆间的摩擦振动、气门的不规则运动、摇臂撞击气门杆端部以及气门落座时的冲击等均会发出噪声。

影响配气机构噪声的主要因素有凸轮型线、气门间隙和配气机构的刚度等，因此控制噪声应从以下几方面着手：

1）减小气门间隙。发动机低速运转时，气门传动链的弹性变形小，配气机构噪声主要来源于气门开、闭时的撞击。减小气门间隙可减小因间隙存在而产生的撞击，从而减小噪声。采用液力挺杆，可以从根本上消除气门间隙，从而消除传动中的撞击，并可有效地控制气门落座速度，因而可使配气机构的噪声显著降低。

2）提高凸轮加工精度和减小表面粗糙度。图 7-9 所示给出了两种用不同加工方法制造的凸轮的噪声级。凸轮 A 是用常规方法加工出来的，通过测量凸轮升程发现，在气门关闭的缓冲段存在无规则的波纹；凸轮 B 是提高磨削速度加工出来的。试验表明，凸轮 A 比凸轮 B 有更大的噪声，特别是当发动机转速为 2000r/min 时，噪声级可相差 6dB（A）。

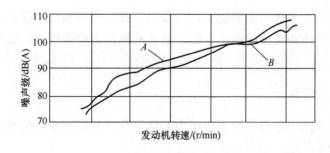

图 7-9　凸轮型线加工精度与气门噪声的关系

3）减轻驱动元件质量。在相同的发动机运转速度下，减轻配气机构驱动元件质量即减小了惯性力，从而降低配气机构所激发的振动和噪声。缩短推杆长度是减轻机构质量并提高刚度的一项有效措施。在高速发动机上，应尽量把凸轮轴移近气门，甚至取消推杆，构成所谓顶置式凸轮轴，这对减小噪声、改善发动机动力特性是有利的。

4）选用性能优良的凸轮型线。设计凸轮型线时，除保证气门最大升程、气门运动规律和最佳配气正时外，采用几次谐波凸轮，降低挺杆在凸轮型线缓冲段范围内的运动速度，从而减小气门在始升或落座时的速度，降低因撞击而产生的噪声。

3. 供油系噪声及其控制

供油系统的噪声主要是由于喷油泵和高压油管系统的振动所引起的，主要是几千赫兹以上的高频声，可分为流体性噪声和机械性噪声。

流体性噪声包括以下几类：

1）喷油泵压力脉动激发的噪声。这种压力脉动将激发泵体产生振动和噪声，同时还使燃油产生很大的加速度，从而冲击管壁而激发噪声。

2）空穴现象激发的噪声。这是当油路在中、高压力急速脉动的情况下，油中含有的空气不断地形成气泡又破灭，从而产生所谓空穴噪声。

3）供油系统管道的共振噪声。当油管中供油压力脉动的频率接近或等于管道系统的固有频率时，会引起共振，并激发噪声。

机械性噪声之一是喷油泵凸轮和滚轮体之间的周期性冲击和摩擦，特别是当回位弹簧的固有频率和这种周期性的冲击接近时，会产生共振，使噪声加剧。另一个主要的机械性噪声是喷油泵产生的噪声，主要是由周期性变化的柱塞上部的燃油压力、高压油管内的燃油压力以及发动机往复运动惯性力激发泵体自身振动而引起的，其大小与发动机转速、泵内燃油压力、供油量及泵的结构有关。试验表明：凸轮轴转速增加一倍，喷油泵噪声约增加 8 ～ 15dB（A）；燃油压力由 0 增至 150MPa 时，噪声增加 9dB（A）；供油量由 0 增至 100% 时，噪声仅增加 3 ～ 4dB（A），说明供油量对喷油泵噪声影响较小。为了减小喷油泵噪声，可提高喷油泵的刚性，采用单体泵及选用损耗系数较大的材料作为泵体，以减少因泵体振动而产生的噪声。

7.4.4 空气动力噪声及其控制

汽车发动机空气动力噪声主要包括进气噪声、排气噪声和风扇噪声，主要是由于气流扰动及气流与其他物体相互作用而产生的，是发动机的主要噪声源，也是易于采取降噪措施的对象。

1. 进气噪声及其控制

进气门周期性开闭引起进气管道内压力起伏变化，从而形成进气噪声，是仅次于排气噪声的发动机主要噪声源。

当进气门开启时，活塞由上止点下行吸气，其速度由 0 突变到最大值 25m/s 左右，气体分子必然以同样的速度运动，这样在进气歧管内就会产生一个压力脉冲，从而形成强烈的脉冲噪声。另一方面，在进气过程中气流高速流过进气门流通截面，会形成强烈的涡流噪声，其主要频率成分在 1000 ~ 2000Hz 范围内。

当进气门突然关闭时，必然引起进气歧管内空气压力和速度的波动，这种波动由气门处以压缩波和稀疏波的形式沿管道向远方传播，并在管道开口端和关闭的气门之间产生多次反射，在此期间进气歧管内的气流柱由于振动会产生一定的波动噪声。

进气噪声的大小与进气方式、进气门结构、缸径及凸轮线型设计等有关。同一台发动机进气噪声受发动机转速影响较大，与转速的关系为

$$L = 45 \lg n + K \tag{7-7}$$

式中　K——与进气系统有关的常数。

为了控制进气噪声，一方面要设计合适的空气滤清器，在允许的情况下，尽量加大空气滤清器的长度或断面，以增大容积，并保持空气滤清器清洁；另一方面在进气系统设置进气消声器。为了既满足进气和滤清的要求，又满足降低噪声的要求，通常将进气消声器和空气滤清器设计结合起来考虑。对于噪声指标要求较严的客车，往往需要另加进气消声器。非增压柴油机的进气消声器可采用抗性扩张式或共振式消声器，也可采用阻抗复合式消声器。对于涡轮增压柴油机的进气噪声，因其含有明显的高频特性，所以应选阻性消声器或阻抗复合式消声器。

2. 排气噪声及其控制

排气噪声是发动机最主要的噪声源，往往比发动机本体噪声高出 10 ~ 15dB（A）。当发动机的排气门突然开启后，废气会以很高的速度冲出，经排气歧管冲入大气，整个排气过程表现为一个十分复杂的不稳定过程。在此过程中，必然产生强烈的排气噪声，其中以废气通过排气门时产生的涡流噪声最强烈。排气噪声的基频是发动机的发火频率，在整个排气噪声频谱中呈现出基频及其高次谐波的延伸。

发动机排气噪声的频率可按下式进行计算：

$$f_1 = \frac{ni}{60\tau} k \tag{7-8}$$

式中　k——谐波次数；

　　i——气缸数；

　　n——发动机曲轴转速（r/min）；

　　τ——冲程系数，二冲程发动机取 $\tau = 1$，四冲程发动机取 $\tau = 2$。

图 7-10 所示是某中型汽车汽油机的排气噪声频谱，在基频处取得最大值噪声级，而 $k > 2$ 的高次谐波噪声级都较低。

因此，排气噪声可归结为：①周期性排气噪声是气门开启时气流急速流出，压力剧变而产生的压力波；②涡流噪声是高速气流流经排气门和排气歧管时产生的涡流；③空气柱共鸣噪声是排气系统中空气柱在周期性排气噪声激发下产生的共鸣。此外还包括废气喷柱和冲击噪声。

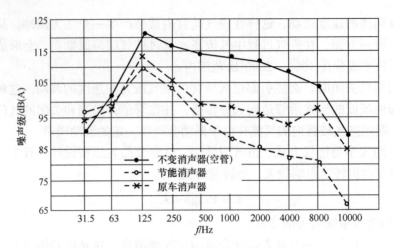

图 7-10　中型汽车汽油机额定工况排气噪声频谱

对发动机排气噪声的控制，也可以从以下两个方面采取措施：

1）对噪声源采取措施，这需要从排气噪声的发生机理分析入手，采取相应对策。在不降低发动机性能、不对排气系统做大改动的情况下，改进排气歧管的布置，使吹过管口的气流方向与管的轴线方向夹角保持在最不易发生共振的角度范围内；合理设计各歧管的长度，使管的声共振频率错开；使各排气歧管管口及各管之间连接处都有较大的过渡圆角，减小断面突变，避免管口的尖锐边缘，以减弱声共振作用；降低排气门杆、气门、歧管和排气歧管内壁面的表面粗糙度，以减小紊流附面层中的涡流强度；在保证排气门刚度和强度的条件下，尽可能减小排气门杆直径等。

2）采用排气消声器和减小由排气歧管传来的结构振动。排气消声器是普遍采用的最有效的降噪措施。为了控制排气歧管传递的结构振动，可改进排气歧管结构以获得适宜的振动传递特性，或对排气歧管采取隔振措施，均可起到控制振动、降低噪声的作用。消声器按消声机理的不同，可分为阻性消声器、抗性消声器和阻抗复合式消声器三大类。阻性消声器主要利用吸声材料增大声阻来消声，具有良好的中、高频消声效果。抗性消声器则是利用管道截面突变、旁支管和共振腔等造成声传播时阻抗失配，从而达到消声的目的。这类消声器对中、低频消声效果良好，因而在汽车、拖拉机中应用较普遍。阻抗复合式消声器综合了上述两种的特点，兼有阻性和抗性的作用，消声频带宽，主要用于声级很高的低、中频宽带消声。

3. 风扇噪声及其控制

风扇噪声由旋转噪声和涡流噪声组成。旋转噪声又叫叶片噪声，是由于旋转着的叶片周期性地切割空气，引起空气的压力脉动而产生的，其基频为

$$f_1 = \frac{nZ}{60} \qquad (7\text{-}9)$$

式中　　n——风扇转速（r/min）；

　　　　Z——叶片数。

除基频外，其高次谐波有时也较突出。

风扇转动时使周围气体产生涡流。此涡流由于黏滞力的作用又分裂成一系列分离的小涡流。这些涡流及其分裂过程使空气发生扰动，形成压缩与稀疏过程，从而产生涡流噪声。涡流噪声一般是宽频带噪声，主要峰值频率为

$$f_{max} = k\frac{v}{d} \tag{7-10}$$

式中　　v——风扇圆周速度（m/s）；

d——叶片在气流入射方向上的厚度（m）；

k——常数，取值范围为 0.15 ~ 0.22。

控制风扇噪声可以从以下几方面着手：

1）适当选择风扇与散热器之间的距离。试验表明，汽车风扇与散热器之间的最佳距离为 100 ~ 200mm，这样既能很好地发挥风扇的冷却能力，又能使噪声最小。

2）因为风扇叶片附近涡流的强度与叶片形状有密切关系，故可改进叶片形状，使之有较好的流线型和合适的弯曲角度，从而降低涡流强度，达到控制噪声的目的。

3）试验表明，叶片材料对其噪声也有一定的影响。铸铝叶片比冲压钢板叶片的噪声小，有机合成材料（如玻璃钢、高强度尼龙等）叶片比金属叶片噪声小。

4）在汽车行驶过程中，风扇必须工作的时间一般不到 10%，因此装风扇离合器使风扇仅在必要的时间工作，不仅可以减少发动机功率损耗和使发动机经常处在适宜的温度下工作，还可起到降低噪声的作用。

5）叶片非均匀分布。例如，四叶片风扇的叶片间夹角布置为 70° 和 110°，可有效降低风扇噪声频谱中那些突出的线状频率尖峰，使噪声频谱变得较为平坦，从而起到降噪作用。

复习思考题

一、填空题

1. 在燃烧过程中，NO_x 的生成与发动机的工作_____有关。

2. 发动机温度越低，HC 化合物排放量越_____。

3. 单纯增压，柴油机的_____排放将减少，_____排放将增加。

4. 排气消声器的作用是降低从排气管排出废气的_____以消除废气中的火焰、火星和减少噪声。

二、选择题

1. 以下发动机排气处理技术中，属于机内净化技术的是（　　）。

A. 废气再循环　　　　　　　　　　　B. 三效催化器

C. 微粒捕集器　　　　　　　　　　　D. 碳纤维吸附净化

2. 废气再循环（EGR）可以降低（　　）的排放。

A. NO_x B. HC

C. CO   D. NO_x、HC 和 CO

三、简答题

1. 发动机排放污染物质有哪些？对人和环境有哪些影响？

2. 发动机各种污染物是怎样产生的？与哪些因素有关？

3. 如何降低汽油机和柴油机的排放污染物含量？

4. 发动机各种噪声产生的原因是什么？与哪些因素有关？

5. 降低发动机噪声有哪些措施？

6. 发动机噪声限值是怎样的？如何估算发动机噪声？

第 8 章 电动汽车驱动电机

【内容及要点】

本章主要内容包括电动汽车驱动电机的概念、分类，不同类型驱动电机的结构及工作原理，以及电机的应用实例等。

教学目的要求掌握电机的基本概念、认识不同类型电机的结构、理解直流电机的工作原理、能计算电机的基本参数。

8.1 概述

8.1.1 电机在汽车中的运用

汽车电机是一种在汽车上进行机械能和电能转换的电磁机械装置。电机只能转换或传递能量，它本身不是能源。电机在能量转换过程中，不能自行产生能量，必须遵守能量守恒原则。

电机技术的发展是和汽车的发展相辅相成的。一方面，电机是汽车必不可少的部件之一，如果没有电机，汽车将不具备电源（发电机），也无法起动（起动机），甚至不能供给燃油（燃油泵电机）。汽车电机技术如此重要，以至于有人通过比较汽车上微特电机的数量来判断汽车的豪华性。据统计，一辆高档发动机驱动的轿车中安装有多达 120 台的电机，这些电机遍布整车。更为重要和迫切的是，地球上的燃油储量是有限的，随着汽车的增加，燃油的消耗量越来越多，利用电机作为驱动汽车的动力源将是不可避免的。另一方面，大批量的汽车生产和较大的研发投入反过来也促进了电机技术的发展。因此，汽车电机技术受到了人们越来越多的关注，并逐渐发展为一个独立的研究方向。

汽车电机可分为传统汽车使用的汽车发电机、起动机，刮水器、车窗、座椅、风扇等微特电机，以及电动汽车驱动电机。电机在汽车上的应用如图 8-1 所示。从底盘系统中的电动转向助力（EPS）、主动悬架、制动防抱死系统（ABS）、电子驻车系统，到发动机系统中的电子节气门控制电机、废气排放电机、涡轮增压电机、起动电机、各类风扇、水泵、电控阀，再到前照灯随动（AFS）、风窗刮水器、电动车窗、电动后视镜、电动座椅等，电机已成为汽车电控系统中最为重要的执行器部件。可以预见，未来更多、更高性能的车用电控执行器也都将通过电机来完成，电机技术已成为汽车工程学科的重要组成部分。

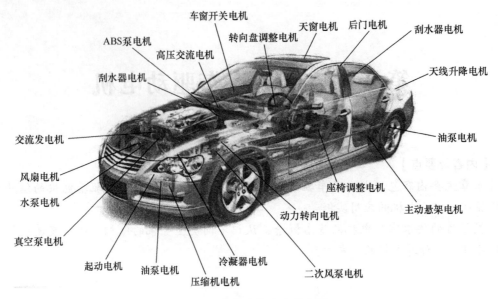

图 8-1　电机在汽车上的应用

电机除在传统燃油汽车中广泛应用外，也是新能源汽车的关键核心部件。新能源汽车的定义为：采用新型动力系统，完全或主要依靠新型能源驱动的汽车。新能源汽车主要包括纯电动汽车、混合动力电动汽车及燃料电池电动汽车。新能源汽车以电池为主要动力源，全部或部分由电机驱动，又称为电动汽车。对于混合动力，根据发动机、电动机、发电机、电池和变速器的不同组合分为串联式混合动力、并联式混合动力和功率分流式混合动力；根据动力混合程度，分为微混合动力、中度混合动力、全混合动力、插电式混合动力，各种混合动力方式的功能和用途概述见表 8-1。电机作为混合动力电动汽车中的部分动力来源，对于降低汽车能耗和减少排放起到了积极的作用，混合动力电动汽车作为新能源汽车中的一种，占据了一定的市场份额。

表 8-1　不同的混合动力方式的功能和应用

项目	微混合	中度混合	全混合	插电式混合
结构	更有效的起动机和可控的发电机或传动带式起动机 / 发电机	曲轴起动机 / 发电机（KSG）	离合器作用于发动机或多台电机	电驱动带有发动机作为增程器
功能	· 起 / 停 · 有限的回收系统	· 起 / 停 · 能量回收 · 电器增压机 · 发电机运行 · 有限制的电动行驶（低速）	· 起 / 停 · 能量回收 · 电器增压机 · 发电机运行 · 短途的电动行驶	· 起 / 停 · 能量回收 · 增强器 · 发电机运行 · 中程的电动行驶 · 外置充电装置
电机功率	2 ~ 3kW	10 ~ 15kW	>>15kW	>>15kW
电压值	12 ~ 42V	42 ~ 150V +12V 车载电源	> 260V +12V 车载电源	> 200V +12V 车载电源

（续）

项目	微混合	中度混合	全混合	插电式混合
采用的典型电池技术	铅酸，AGM	镍氢、锂离子电池、超级电容＋铅酸	镍氢、锂离子电池（＋铅酸）	镍氢、锂离子电池（＋铅酸）
节能率	5%～10%	10%～20%	＞20%	—
车型	Greenline Hybrid（2007）	Chevrolet Siverado（2004）	Audi Q7 Hybrid（2005）	Volvo Recharge

纯电动汽车是指利用动力电池作为储能动力源，通过电池向电机提供电能，驱动电机运转，从而推动汽车前进的一种新能源汽车。电动汽车驱动电机是将电能转换为机械能并为汽车行驶提供驱动力的电气装置，该装置也具备机械能转换为电能的功能。驱动电机控制器是控制动力电源与驱动电机之间能量传输的装置，由控制信号接口电路、驱动控制电路和驱动电路组成。驱动电机、驱动电机控制器以及必需的辅助装置（如减速器、变速器等）的组合称为驱动电机系统。其动力总成根据电机的位置和数量、变速器类型以及传动齿轮的数量来分类，可分为如下 3 种主要结构形式。

1. 单电机单减速齿轮

单电机单减速齿轮形式是纯电动汽车广泛采用的最简单的结构布局，与传统汽车相比，少了离合器和变速器。如图 8-2 所示，电机从电池获得能量后，通过单减速齿轮向差速器 D 输出转矩，从而驱动汽车。通常把电机、电机控制器、减速齿轮和差速器集成在一起，形成紧凑的电驱动一体化总成，能有效减少车辆的质量和安装空间。

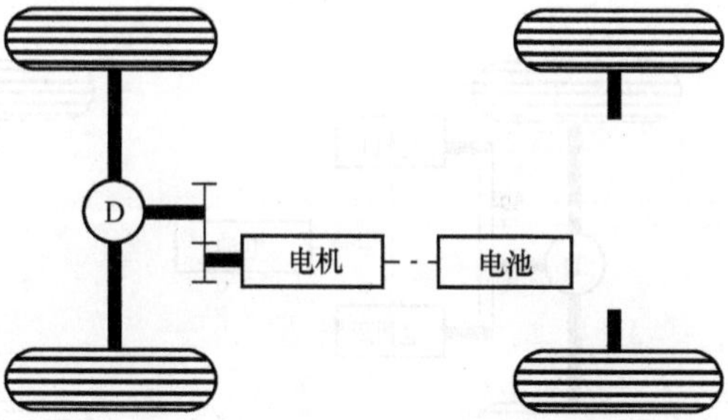

图 8-2　单电机单减速齿轮驱动形式

单减速齿轮传动比可变齿轮传动更具成本效益，较少的齿轮对、无液压元件使得传动系统损耗很小；其缺点是电机在低速或高速时转矩输出比较低，低速时效率降低。

2. 单电机多级变速器

相比单电机单减速齿轮形式，单电机多级变速器形式在电机和差速器之间增加了多级变速器（图 8-3），除了没有离合器等动力耦合装置外，其结构上更加类似于传统汽车。这种形式弥补了单减速齿轮形式的缺点，传动效率相比单减速齿轮可提高 2～5 个百分点。

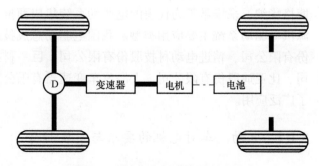

图 8-3　单电机多级变速器驱动形式

3. 多电机

如图 8-4 所示，给出了多电机纯电动汽车的主流结构形式。图 8-4a 表示前桥和后桥上各放置了一台电机，这种形式比较灵活，根据两台电机的工作状态，汽车可以工作于前驱（FWD）模式、后驱模式（RWD）或者全驱（AWD）模式。图 8-4b 采用了两台相同的电机驱动，其中没有变速器和差速器，直行时两台电机提供相同的转矩；转向时，两台电机的控制器协调控制，形成驱动轮之间的转速差。图 8-4c 中的两台电机分别连接到行星齿轮（PGS）的太阳轮和外齿圈，两台电机以不同的固定齿数比驱动汽车。图 8-4d 中 4 台轮毂电机分别进行驱动，电机所需安装空间较小，相比其他形式，轮毂电机充分释放了车内空间，同时能灵活地采用多种驱动模式。

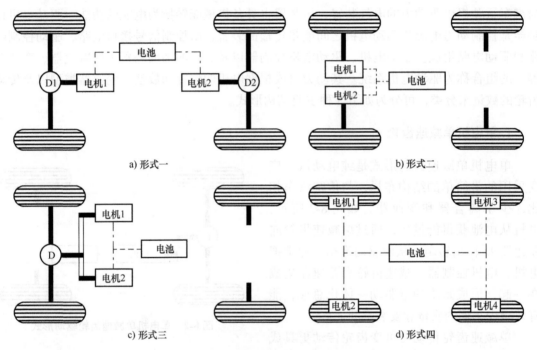

图 8-4　多电机驱动结构形式

纯电动汽车方面，电机、电机控制器与减速驱动器深度集成的电驱动一体化总成是新能源汽车领域发展的主要技术方向。国外以日本电产、博世、大陆汽车、麦格纳、吉凯恩、博格华纳、采埃孚等为代表的电驱动系统集成商推出了电驱动一体化总成产品，成为新能源汽车驱动系统主要应用类型。我国电驱动总成技术起步与国外基本同步，上海电驱动股份有限公司、精进电动科技股份有限公司、巨一科技股份有限公司、苏州汇川技术有限公司、比亚迪股份有限公司、上海汽车变速器有限公司等均推出了三合一电驱动总成，获得了广泛应用。

8.1.2　电动汽车对电机的要求与发展趋势

电动汽车在满足汽车的日常行驶功能外，还要考虑到续驶里程问题，因此对于驱动电机要求较为严格。此外，驱动电机作为动力源应当考虑到电机对于环境的适应能力，例如极端低温和高温情况下的工作状况等。这些要求直接决定了汽车电机应具有的特点，这也是汽车电机的主要发展趋势。2022 年，全球电动汽车驱动电机市场规模大约为 597 亿元（人民币），预计 2029 年将达到 4141 亿元，2023—2029 年期间年复合增长率（CAGR）为 31.5%。全球电动汽车驱动电机主要厂商有 FUKUTA、比亚迪、大洋电机和北汽新能源等，全球前四大厂商共占有超过 40% 的市场份额。目前中国是全球最大的电动汽车驱动电机市场，占有全球超过 45% 的市场份额，排在中国之后的是美国和欧洲市场，二者共占有超过 50% 的市场份额。

1. 较高的功率密度和瞬时功率

功率密度是指单位体积或单位质量内的功率输出能力。对于电动汽车而言，功率密度大意味着电机可以提供更大的功率输出，从而实现更强的加速性能和更高的行驶速度。同时，功率密度大也有助于减小电机的体积和质量，提高整个电动汽车的能源利用效率和车辆的操控性能。为了实现高效率和大功率密度，驱动电机采用了一系列技术和设计措施。其中包括优化电机的磁路设计，提高电机的铁心、永磁体和绕组材料的性能和结构，改善电机控制算法等。这些措施可以降低电机的内部损耗、提高电机的能量转换效率，并实现更高的功率密度。

需要注意的是，驱动电机的效率和功率密度之间有时会存在一定的权衡关系。在设计过程中，需要综合考虑电机的效率和功率密度，以满足电动汽车在续驶里程和性能方面的需求。

1998 年，日产公司开发的永磁同步电机最高效率可达 95%，功率密度达到 1.59kW/kg。2020 年，我国乘用车驱动电机产品功率密度已经达到 3.8 ~ 4.5kW/kg（峰值功率 / 有效质量），转矩密度为 7.1N·m/kg，最高转速提高至 13000r/min 以上；商用车驱动电机转矩密度达到 18N·m/kg 以上，最高转速达到 3500r/min 以上。在国外乘用车方面，宝马 i3 的驱动电机功率密度约为 3.8kW/kg；通用 Bolt 的驱动电机功率密度约为 4.6kW/kg，转矩密度约为 12.7N·m/kg。

驱动电机系统还应该有很强的过载能力、较快的转矩响应。电动汽车起动和爬坡时速度较低，但要求转矩较大；正常运行时需要的转矩较小，而速度很高。低速时为恒转矩特性，高速时为恒功率特性，且电机的运行速度范围应该较宽。

鉴于电动汽车驱动电机的功率密度、绕组电负荷都比普通电机高，易造成绕组发热严重，高速运行时铁损较大，因此对电机的冷却性能的要求也更高。早期电动汽车采用强制风冷，现在大多数都采用了循环油冷方式，将冷却油依一定路径经过定子和转子。最新的技术有采用喷油冷却的，即将雾状冷却油直接喷在发热的导体上，冷却效果更好。

需要注意的是，驱动电机提供的转矩是与电机的设计有关的。电机的设计参数、电流控制以及电机控制算法都会影响转矩输出的大小。为了满足低速时的转矩需求，驱动电机可能采用特殊设计和控制策略，如低速大转矩模式或者功率分配算法，这些措施可以确保在低速行驶时有足够的转矩输出。

2. 宽转速范围内较高的效率

电机的效率直接决定了新能源汽车的能耗水平。为了增加一次充电行驶距离，电机应有较高的效率。电动汽车的续驶里程受限于电池的能量储存容量。因此，为了最大限度地利用电池中的能量，驱动电机需要具备高效率。高效率的驱动电机能够将更多的电能转化为机械能，减少能量损失和热量产生，从而提高车辆的行驶效率和续驶里程。通过降低电机内部损耗并提高电机的能量转化效率，可以实现高效率的驱动系统。在电动汽车循环工况下，电机运行工况图谱在运行区内杂乱分布，应基于循环工况，考虑电动汽车是变速工作的，综合利用变速器和电机结构参数的优化手段，使电机在更多的运行工况下都具备较高的综合效率。

为满足电动汽车低速爬坡和高速超车等需求，驱动电机也需要具备较大的调速范围，保证其在宽转速范围内运行，通过调整驱动电机的转速，在较高的转速范围内提供足够的转矩输出，以适应不同的驾驶模式。驱动电机的调速范围与电机的设计和控制有关。一些电动汽车采用多级变速器或者直接驱动的设计，可以实现更广泛的调速范围。此外，电机控制系统中的智能算法和电流控制技术也可以提供更高效的调速性能，以满足不同驾驶需求下的转矩输出要求。

3. 系统实现集成化

电机和机械、控制系统的集成不仅是结构上的整合，还要求变速器特性和电机特性互相配合，加上适合两者的控制系统，从而实现真正的耦合集成。

电动汽车驱动电机首先要和控制器实现集成，控制器作为控制电动汽车驱动电机的设备，通过接收整车控制器和控制机构（制动踏板、加速踏板、换档机构）传送的控制信息，对驱动电机转速、转矩和转向进行控制，并可同时对动力电池的输出进行相应控制。

电动汽车驱动电机还可能需要和变速器集成，以提高运行效率，取得较宽的转速范围。在混合动力汽车中，电机还和机电耦合动力总成系统集成，使得电机和变速器之间的联系更加紧密。

电动汽车驱动电机也可以和车轮轮毂、发动机飞轮等实现集成。以分布驱动的轮毂电机为例，这种全新设计的底盘系统将电机和动力传动装置进行一体集成，简化了其他部件的设计。

4. 较高的可靠性

我国幅员辽阔，气候和温度的差异很大，最冷的地方温度可达 −50℃，最热的地方地表温度可达 80℃。汽车可能会经常从 −40 ~ 40℃的环境下往返行驶，这些温度变化容易使电机的各种材料受到负面影响，如低温可能使绝缘材料开裂、结构件产生变形和应力，密封和紧固件也可能受到影响。因此电机还应坚固、可靠，以及有一定的防尘防水能力，电机在大批量生产之前，应该进行相应的环境试验，包括高低温试验、三防（防湿热、防霉菌、防盐雾）试验、机械过载（振动、冲击、加速度）试验等。

较低温度环境，驱动电机需要采取以下措施：

1）电机材料选择。选择能够在低温下保持良好性能的材料，如耐低温的绝缘材料和磁性材料。

2）加热系统。在电动汽车起动时，提供电机加热系统，以提高电机的工作温度，并确保电机的正常操作。

3）密封设计。电机需要具备良好的密封设计，防止潮气或水分进入电机内部，避免出现结冰或腐蚀等问题。

高温环境可以采取以下措施：

1）冷却系统。为电机提供冷却系统，例如利用冷却剂或散热片来降低电机的温度，确保电机在较高温度下的稳定运行。

2）优化散热设计。设计电机外壳和散热结构，以最大限度地提高散热效率，减少热量积聚和温度升高。

3）耐高温材料。采用能够耐受高温的材料，如高温绝缘材料和高温耐受性较好的磁性材料。

通过以上的适应性措施，驱动电机能够在较低和较高的温度范围内正常运行。这样可以确保电动汽车在不同气候条件下都能够提供可靠的动力输出，并保证驱动系统的稳定性和持久性。

较高的可靠性应保证在一定里程内电机不会出现故障，电机的可靠性与其设计和制造质量密切相关。在设计阶段，应考虑诸如电机结构、材料选择、磁性设计等因素，以确保电机在长期使用过程中不会出现故障。在制造过程中，需要严格执行质量控制标准，确保电机的每个组件和工艺都符合设计要求。

1）耐久性测试。为了验证电机的可靠性，在开发过程中通常进行耐久性测试。这些测试模拟电机在实际使用条件下的工作情况，例如高温、低温、高速运行等，以评估电机的性能和耐久性。通过这些测试，可以发现潜在问题，并对电机进行改进，从而提高其可靠性。

2）温度管理。适当的温度管理可以大大提高电机的可靠性。如前文所述，为了适应较低和较高的温度环境，需要采取恰当的冷却和加热措施，以确保电机在正常工作温度范围内运行。这有助于减少电机的热量积聚和温度升高，降低故障的发生概率。

3）维护和保养。定期维护和保养是确保电机可靠性的重要措施，例如，定期更换润滑剂、检查电机绝缘状态、清洁风道等，可以预防问题的发生，并延长电机的使用寿命。

4）故障诊断和监测系统。安装故障诊断和监测系统可以及时检测和诊断电机可能出现的故障。这些系统可以监测电机的运行参数、温度和振动等，一旦发现异常情况，将及时发出警告，以便采取相应的维修措施。

对于应用在十分重要场合的电机，还应当要求电机及控制系统具备一定的容错运行能力，使汽车能在故障下"跛行"运行。

5. 环境友好

电动汽车驱动电机要求低噪声、低振动，产生的电磁辐射较小，同时也不容易受到其他电磁波的干扰。

降低稀土钕的消耗也是汽车的一个重要发展趋势。由于稀土资源较为匮乏并且不可再生，因此大批量生产的电动汽车应当尽量采用少钕或无钕的材料。

6. 成本控制，兼顾价格和性能

在设计电机时，可以通过优化材料的选择来降低成本。选择经济实惠但质量良好的材料，例如高性能磁铁、合适的导线材料等，以平衡价格和性能需求。

1）制造工艺优化。改进和优化制造工艺可以降低生产成本。优化工艺包括提高工艺效率、减小废品率、简化生产流程等。通过引入自动化设备和智能制造技术，可以提高生产效率和一致性，并降低人力成本和错误率。

2）设计标准化与模块化。采用标准化设计和模块化构架可以降低研发和制造成本。标准化设计可以减少开发时间和成本，而模块化构架可以提高生产效率和组装灵活性。同时，通过模块化构架，也方便后续维护和升级。

3）效率与成本平衡。在设计电机时，需要在效率和成本之间进行平衡。高效的电机通常具有更好的性能，但设计时需权衡性能需求和成本预算，以找到最佳的平衡点。

4）供应链管理与采购策略。建立良好的供应链管理和采购策略可以降低材料和零部件的成本。与可靠的供应商建立长期合作关系，进行合理的采购计划，可以获得更优惠的价格，并确保供应的稳定性。

5）成本监控与优化。在整个开发和生产过程中，需要进行成本监控和优化。定期进行成本分析，识别潜在的成本节约机会，并采取相应的措施进行成本优化。

8.1.3 电机的基本概念及分类

1. 电机的分类

电机是用于电能与机械能之间的相互转换，一般把用于将电能转换为机械能的电机称为电动机，把用于机械能转换为电能的电机称为发电机。电动机和发电机的工作状态并不是绝对的。一般用平面坐标系的四个象限描述电机的工作状态，如图 8-5 所示。

在该坐标系中，横轴为电机转速，纵轴为电机输出电磁转矩。一般定义转速转矩之积为正时，代表电机输出机械功率为正，反之为负。当输出机械功率为正时，电能转化为机械能，为图中第一、三象限，电机处于电动机运行状态；反之，第二、四象限电机输出机械功率为负，处于发电机运行状态。

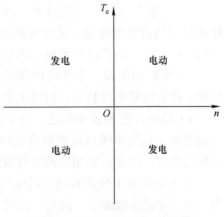

图 8-5 电机工作状态的四象限

电机除了可以被分为电动机和发电机之外，还有多种分类方式。根据电机的运动形式，可以将其分为旋转电机和直线电机。一般常见的电机属于旋转电机，它通过转子旋转输出或输入机械能；在直线电机中，其运动部件由转子变为动子，动子通过直线运动输出或输入机械能。直线电机在自动控制领域应用较广，因为一般的运动控制都是直线运动，所以若由直线电机直接驱动，则可以获得更快的动态响应速度。我们在生活中看到的磁悬浮列车就是直线电机的典型代表，可以发现，磁悬浮列车上并没有车轮等旋转部件，它直接通过轨道磁场与列车磁场的相互作用，实现列车的悬浮和驱动。

从电机结构上看，根据其是否具有换向器和电刷，又可分为有刷电机和无刷电机。无刷电机由于没有换向器、电刷等易损耗的部件，在新能源汽车的驱动电机中被广泛应用。

按照电机的原理或者电源分类，可以将其分为直流电机和交流电机。直流电机即直接用直流电源供电的电机。直流电机虽然控制简单，但受到机械换向器的限制，这种电机并不适用于高速、大功率的场合，且可靠性和耐久性也不如交流电机，所以正在逐步被交流电机所取代。交流电机即直接用交流电源供电的电机，交流电机又分为交流异步电机（又称为感应电机）和交流同步电机。

至今为止，电动汽车采用的驱动电机主要包括直流电机、交流异步电机、永磁同步电机、直流无刷电机、开关磁阻电机、轮毂电机等。驱动电机分类如图 8-6 所示。

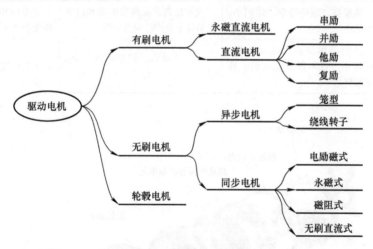

图 8-6 驱动电机分类

运行过程中，直流电机的气隙磁场相对转子旋转，同步电机的气隙磁场相对于定子旋转，而异步电机的气隙磁场相对定子和转子都旋转。由于定子和转子产生的磁通（磁通量的简称）分量的相互作用，所以产生了转矩。而转子旋转完成了电能 - 机械能间的能量转换。开关磁阻电机磁路始终以磁阻最小为转动原则，当绕组通直流电时，会在气隙中形成直流磁通，该磁通从定子流向转子，再回到定子形成回路，回路始终从小磁阻的路径通过，电机转子齿将不断尝试通过最小磁阻通道与定子齿对齐，从而在此过程中产生转矩。同步电机中的永磁无刷直流电机和永磁无刷交流电机结构类似，绕组设计上，永磁无刷交流电机注重气隙磁密的正弦性考虑，反电动势波形为正弦波；永磁无刷直流电机的磁路设计成具有梯形波的气隙磁密，反电动势波形为梯形波。

表 8-2 列出了常见 4 种电机的优缺点。目前已有越来越多的电动汽车采用性能先进的

轮毂电机（又称电动机，In‑wheel Motor），轮毂电机技术又称车轮内装电机技术，它用电机（多为永磁无刷式）直接驱动车轮，其最大特点就是将动力、传动和制动装置都整合到轮毂内，如图 8-7 所示。它因为无传统汽车的变速器、传动轴、驱动桥等复杂的机械传动部件，所以将电动车辆的机械部分大大简化。除了结构更为简单之外，采用轮毂电机驱动的车辆可以获得更好的空间利用率，同时传动效率也要高出不少。此外，由于轮毂电机具备单个车轮独立驱动的特性，因此无论前驱、后驱还是四驱形式，它都可以比较轻松地实现，全时四驱在轮毂电机驱动的车辆上实现起来非常容易。同时，轮毂电机可以通过左右车轮的不同转速甚至反转实现类似履带式车辆的差动转向，大大减小了车辆的转弯半径，甚至可以实现原地转向。

表 8-2 电动汽车电机优缺点比较

电机类型	优点	缺点	应用现状
直流电机	成本低、易控制、调速性能良好	转速低、功率密度低、体积大、可靠性差、维护频繁	应用越来越少
异步电机	结构简单、可靠性好、成本易控制、易于维修	体积较大、效率较低、自身调速性差	主要应用于欧美产的新能源汽车，如 Tesla
永磁同步电机	效率高、结构简单、体积小、质量小	成本较高、在高温振动和过电流条件下会产生磁性衰退	主要应用于日系以及国产新能源汽车，如荣威 E50
开关磁阻电机	结构简单坚固、可靠性高、质量小、成本低、温升低、易于维修	转矩波动大、控制系统复杂、噪声和振动较大	主要应用电动大巴车

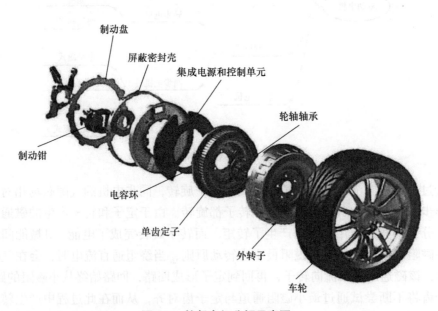

制动盘
屏蔽密封壳
集成电源和控制单元
轮轴轴承
制动钳
电容环
单齿定子
外转子
车轮

图 8-7 轮毂电机分解示意图

无论纯电动汽车还是燃料电池电动汽车，都可以用轮毂电机作为主要驱动力，即使是对于混合动力车型，也可以采用轮毂电机作为起步或者急加速时的动力。当然，轮毂电机也存在一些缺点。例如，由于簧下质量和轮毂的转动惯量增大，影响了车辆的操控性；电制动性能有限，维持附加的机械制动系统运行需要消耗更多的电量；此外，由于轮毂电机工作的环境恶劣，因此对密封方面也有较高要求；同时，在设计上还需要考虑轮毂电机的散热问题。

2. 电机的基本概念

以下对电机的一些基本概念进行说明。

1）驱动电机系统：通过有效的控制策略将动力电池提供的直流电转化为交流电，实现电机的正转以及反转控制；在减速/制动时将电机发出的交流电转化为直流电，将能量回收给动力电池或者提供给超级电容等储能设备。

2）驱动电机：将电能转换成机械能为车辆行驶提供驱动力的电气装置，该装置也可具备机械能转化成电能的功能。

3）驱动电机控制器：控制动力电源与驱动电机之间能量传输的装置，由控制信号接口电路、驱动电机控制电路和驱动电路组成。

4）输入输出特性：表示驱动电机、驱动电机控制器或驱动电机系统的转速、转矩、功率、效率、电压、电流等参数间的关系。

5）额定电压：在额定工况运行时，电机定子绕组应输入的电压值。

6）额定电流：在额定电压下，电机轴上输出的机械功率为额定功率时，电机定子绕组通过的电流值。

7）额定转速 $n_{r(rated)}$：在额定电压输入下（对交流电机，包括额定频率），以额定功率输出时对应的电机转速 $\omega_{r(rated)}$。$n_{r(rated)}$ 和 $\omega_{r(rated)}$ 的单位分别是 r/min 和 rad/s，两种转速量之间的关系为

$$n_{r(rated)} = 60 \times \frac{\omega_{r(rated)}}{2\pi} \tag{8-1}$$

8）额定转矩 $T_{r(rated)}$：电机在额定转速下输出额定功率时的输出转矩，这个参数也被称为满载转矩。

9）额定功率 $P_{r(rated)}$：当电机运转在额定转矩和转速时可输出的功率。有

$$P_{r(rated)} = T_{r(rated)}\omega_{r(rated)} \tag{8-2}$$

10）峰值转矩：电机在不超过电机和交换器的电流和温度限值的情况下可以运行的最大转矩。峰值转矩一般用于间歇性运转而不是连续运转。

11）峰值功率：在规定的时间内，电机允许输出的最大输出功率。

12）最高工作转速：相应于电动汽车最高设计车速的电机转速。

13）最高转速：在不带载条件下，电机允许旋转的最高转速。

14）堵转转矩：电机转子在所有角位堵住时所产生的转矩最小测得值。

15）机械效率：在额定运行时，电机轴上输出的机械功率与电机电源输入到电机定子绕组上的电功率之比。

8.2 驱动电机结构及工作原理

8.2.1 直流电机

1. 直流电机的结构及其用途

直流电机分为有刷直流电机和无刷直流电机，这种电机通过直流电源供电，由此得名。有刷直流电机是通过机械换向器进行电流换向的直流电机。虽然有刷直流电机由于其电刷需要定期维护、寿命相对较短等问题，在很多场合正逐渐被交流电机所取代，但考虑到其控制系统简单、成本低等优点，在汽车电控系统中仍有广泛的应用。

直流电机由定子和转子两部分组成。定子上的绕组称为励磁绕组，用于产生恒定磁场，称为励磁磁场，所以励磁绕组也可以用永磁体取代（此时称为永磁有刷直流电机）。转子上绕组称为电枢绕组，其中的电流与励磁磁场相作用，产生转矩。因此，一般直流电机通过调节作用在电枢绕组上的电流，控制直流电机的转速与转矩。电枢绕组端头引出，并分别连接在相互绝缘的触片上，这些触片称为换向片，由这些换向片组成换向器。电源连接在电刷上，通过与换向器接触，向电枢绕组供电。电励磁有刷直流电机的主要组成部分如图 8-8 所示。

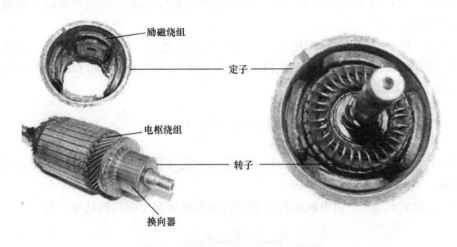

图 8-8 电励磁有刷直流电机的组成

有刷直流电机在汽车电控中多被作为小功率执行器使用，一个典型的应用就是发动机的节气门。发动机节气门一般采用"直流电机＋减速齿轮"的驱动结构，只需在对应电枢绕组上施加直流电压，就可以实现对节气门阀片开度的控制。有刷直流电机另一个典型应用是发动机系统中的起动机。与节气门不同的是，起动机的驱动电流要求很大，可达几百安培，所以其绕组需要较大的截面积，由粗铜线绕制而成，起动机不要求实时精确的转矩或转速控制，所以一般直接采用继电器控制起动机的起停。

永磁无刷直流电机的电枢绕组放在定子上，转子铁心上装有用永磁材料制成的永磁体，为使定子绕组中电流方向能随线圈边所在的磁场极性交替变幻，因此需要将定子绕组和逆变器链接，并安装转子位置检测器，检测转子磁极的空间位置，根据转子空间位置控制逆变器中功率开关器件的通断，从而控制电枢绕组的导通情况，位置检测器和逆变器起到了电子换向器的作用，电子换向器取代了机械电刷和换向器，消除了电刷的滑动接触机构。永磁无刷直流电机结构如图 8-9 所示。

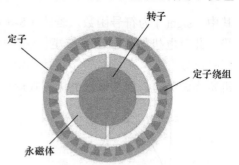

图 8-9　永磁无刷直流电机本体截面示意图

2. 直流电机的工作原理

假设在均匀磁场 B 中放置可沿中心轴线旋转的单匝矩形线圈，在线圈中通入直流电流 I，线圈几何尺寸及其与磁场的相对位置如图 8-10 所示，线圈的两条长度为 l 的边受到电磁力的作用，分别为 F_1、F_2。因为磁场均匀且线圈各条边中的电流均为 I，所以可以令 $F = F_1 = F_2$，此时线圈受到的转矩可以表示为

$$T = 2Fr \tag{8-3}$$

将电磁力 $F = IBl$ 代入式（8-3）可以得到

$$T = IBS \tag{8-4}$$

式中　I——导体中的电流；

　　　S——线圈面积的矢量形式。

式（8-4）也可以写作标量形式为

$$T = BSI\sin\theta \tag{8-5}$$

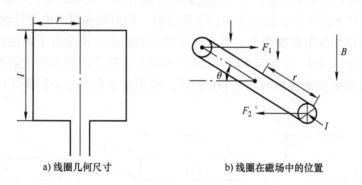

a) 线圈几何尺寸　　　　　　b) 线圈在磁场中的位置

图 8-10　线圈示意图

根据式（8-4）和式（8-5）都可以看到，在磁场恒定的情况下，单匝线圈在磁场中不同角度，所受到的转矩呈正弦分布，可以表示为图 8-11a 所示的曲线。在该线圈旋转过程中，若转速恒定为正，则旋转一周所做的功为 0，即前 180° 区间所做功为正，以电动机方式运行，后 180° 区间所做功为负，以发电机方式运行。为了使该单匝线圈在一个周期内输出转矩方向一致，可以控制线圈中的电流使得

$$\text{sign}(I) = \text{sign}(\sin \theta) \qquad (8\text{-}6)$$

其中，sign( )为符号函数。若式（8-6）成立，则转矩波形可以表示为如图 8-11b 所示的曲线，此时电机始终输出正转矩，保持以电动机方式运行，实现将电能持续转换为机械能。同时可以发现，若此时转子转速为负或式（8-6）中电流符号设定为与正弦符号相反，则电机始终做负功，保持以发电机方式运行，即实现了机械能向电能的转换。

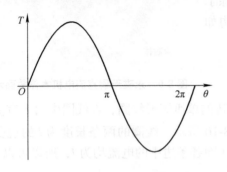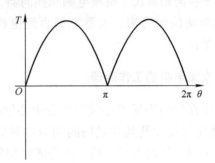

a)通入方向不变的电流   b)通入与转角正弦同符号的电流

图 8-11 单匝线圈的转矩输出特性

在直流电机中，式（8-6）中的电流方向控制是通过换向器实现的。如图 8-12 所示，电源电压 u 通过电刷作用在转子的换向器上，向电枢绕组（转子线圈）供电。若转子沿顺时针旋转，当转子位置角 $\theta = 90°$ 时，线圈位于上方的导体内电流流出纸面，受到向右的电磁力作用；同时位于下方的导体内电流流入纸面，受到向左的电磁力作用，从而产生转矩。因为此时电磁力垂直于线圈平面，力臂为 l，所以此时转矩最大。随着转子的旋转，当 $\theta = 180°$ 时，线圈处于水平位置，两条边受到的电磁力在一条直线上，力臂为 0，所以不产生转矩。但由于转子的惯性，转子会转过水平位置，同时换向器与电刷接触位置发生改变，电源电压 u 反向作用在电枢绕组上，实现电枢电流的换向。正是由于电流在 $\theta = 180°$ 时发生换向，转子在 $0° \sim 180°$ 区间与 $180° \sim 360°$ 区间对应转子位置角所受到的电磁力完全相同，所以这一过程的转矩输出与图 8-11b 相同，即实现了在一个旋转周期内以同方向输出转矩。

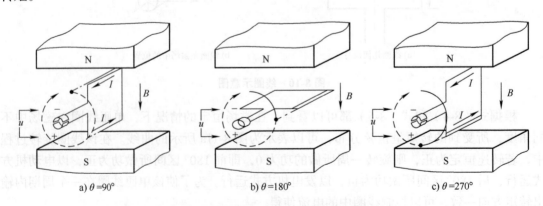

a) $\theta = 90°$ b) $\theta = 180°$ c) $\theta = 270°$

图 8-12 直流电机工作原理示意图

以上转子旋转过程的受力分析也可以通过考虑转子线圈产生的磁场方向进行。根据右手定则可知，当 $\theta = 90°$ 时，转子线圈产生的磁场方向向右，而定子磁场方向向下，超前转子磁场 90°，产生最大转矩；当 $\theta = 180°$ 时，转子线圈产生的磁场方向向下，与定子磁场同向，不产生转矩。所以可以认为，电磁转矩是定、转子磁场相互作用的结果，其大小正比于定转子磁场的矢量积。这一结论不仅适用于直流电机，同样适用于交流电机。

虽然以上基于单匝矩形线圈在磁场中旋转受力的讨论包含了直流电机转矩输出的基本原理，但与实际的直流电机仍存在一定差别。可以看到，图 8-12 中的结构输出转矩的波动非常明显，且在 $\theta = 0°$、$\theta = 180°$ 的位置下，电机是无法起动的。实际的直流电机结构要比图 8-12 中的结构复杂得多，包括更为复杂的绕组布置、加入定转子铁心、更多的磁极数等。所以，气隙磁感应强度及其产生的电磁转矩不但受到励磁绕组（永磁体）的影响，同时也由一系列条件共同决定，如绕组布置、气隙长度、开槽、极面形状等。下面以一个例子说明添加多个绕组线圈对直流电机转矩输出特性的改善作用。图 8-13a 所示为多线圈电枢绕组的直流电机示意图，可以认为，该电枢绕组结构等效于将 6 个相同的单匝线圈（见图 8-12）互差 30° 均匀地分布在电机转子圆周上，每个线圈夹角是 30°。因为该结构每隔 30° 转角重复一次，且换向器轴线与励磁磁场相垂直，所以每隔 30°，定转子相互作用的电磁转矩达到一次最大值。基于前文对电磁转矩产生原理的分析，可以得到其输出的转矩波形如图 8-13b 所示。可见，通过加入多个线圈，直流电机的输出转矩波动大幅降低了。实际直流电机中，通过对绕组布置、磁极形状等电机结构参数的优化设计，可以很好地消除直流电机的转矩波动。

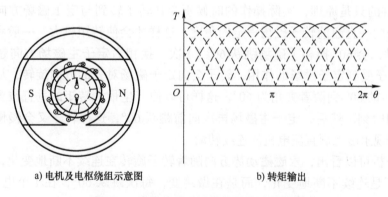

a) 电机及电枢绕组示意图　　　　　　b) 转矩输出

图 8-13　电枢绕组设计对转矩波动的影响

直流有刷电机由定子绕组通入直流励磁电流，产生励磁磁场，主电路引入直流电源，经电刷传给换向器，再经换向器将此直流电转化为交流电，引入电枢绕组，产生电枢电流，从而产生电枢磁场，电枢磁场与励磁磁场合成气隙磁场，电枢绕组切割合成气隙磁场，产生电磁转矩。

直流无刷电机的工作原理是当某个定子绕组通电时，这个电流和转子的永磁磁极相互作用，进而产生电磁转矩来促使转子旋转。转子位置传感器将转子磁极所在位置信息转化为电信号传给控制器来控制线路开关，从而使定子的各个绕组按照一定的顺序来进行导通，定子相电流随着位置传感器所发出去信号来进行一定交替次序的换向。如图 8-14 所示，下面以绕组星形联结为例，说明其工作原理。

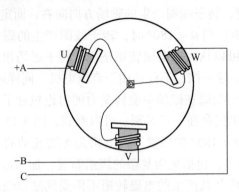

图 8-14　绕组星形联结的接线图

整个电机引出 3 根线 A、B、C，当它们之间两两通电时，有 6 种情况，分别是 AB、AC、BC、BA、CA 和 CB。如图 8-15 所示，分别描述了这 6 种情况下每个通电线圈产生的磁感应强度的方向和两个线圈的合成磁感应强度的方向。

在图 8-15a 中，AB 相通电，中间的转子（图中未画出）会尽量往长箭头方向对齐。当转子到达图 8-15a 中长箭头位置时，外线圈换相，改成 AC 相通电。这时转子会继续运动，并尽量往图 8-15b 中的长箭头处对齐。当转子到达图 8-15c 中箭头位置时，外线圈再次换相，改成 BC 相通电，以此类推。当外线圈完成 6 次换相时，内转子正好旋转 1 周（即360°）。

图 8-15 讲的只是原理，实际操作的时候不会让转子转到与定子磁场方向对齐，而是定子主磁场方向一直超前转子磁场一定的角度，这样才会使转矩较大。一般利用霍尔传感器检测位置时，会 60° 换相（磁场跳跃 60°）1 次，换相后定子主磁场方向超前转子磁场120°，由于转子受到定子磁场的作用，转子会向定子磁场对齐的方向旋转，从与定子主磁场方向 120° 转动 60° 到两者夹角为 60°，这样可以使产生最大转矩的垂直位置正好处于本次通电的中间时刻。然后，定子主磁场再次向前跳跃 60°，这样转子又会慢慢跟上来，如此往复就可实现永磁无刷直流电机的连续转动。

由以上分析可以看出，永磁磁动势方向随着转子旋转在连续不断地变化，而电枢磁动势的方向并不是连续不断地变化，而是在做跳变，每次跳跃 60°，在 1 个电角度周期内，只有 6 个位置，因此这种控制方式也称为三相 6 状态法。另外，在任一时刻，只有两只功率半导体器件导通，1 个属于上桥臂，另 1 个属于下桥臂；电枢中也只有两相绕组中有电流；每个连续导通 120° 后关断，因此还可以称这种控制方式为两两导通 120° 型。除此之外，永磁无刷直流电机的控制方式还有三三导通 180° 型和两三轮流导通 150° 型，但两两导通120° 型用得最多。

总结以上对永磁无刷直流电机工作原理的分析，可以得出以下结论：

1）在 1 个电角度周期内，三相定子绕组在空间共产生 6 个电枢合成磁动势位置。

2）转子每转过 60° 的电角度，定子绕组就换流 1 次，相应的电枢磁动势就跳变 1 次。

3）在这 6 个连续跳变的电枢磁动势作用下，转子永磁磁动势随转子旋转。

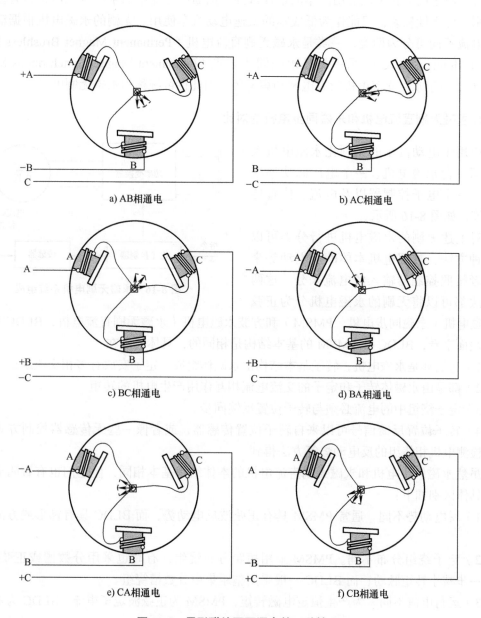

a) AB相通电   b) AC相通电

c) BC相通电   d) BA相通电

e) CA相通电   f) CB相通电

图8-15　星形联结两两通电的6种情况

4）尽管电枢合成磁动势是跳变的，它与永磁磁动势的夹角在60°～120°变化，但从平均意义上来看，这两者是相对静止并且是相互垂直的。这表明永磁无刷直流电机具有和有刷直流电机相同的电磁关系，从而决定了其机械特性和调速性能与有刷直流电机的相似性。

8.2.2　永磁同步电机

丰富的稀土资源为我国发展永磁电机提供了天然优势，研究和开发高性能永磁驱动电机对我国电动汽车实用化和产业化非常有益。同时，汽车用永磁电机在结构和效率上的显著优势，使之成为新一代电动汽车的最佳选择。前面已经介绍的永磁直流电机带有换向器和电刷，可靠性较差，只能作为低成本的低速电动汽车使用。无刷的永磁电机根据输入电机的电流不同可分为两类，一类是永磁无刷直流电机（Permanent Magnet Brushless Direct Current Motor，BLDC），另一类是永磁同步电机（Permanent Magnet Synchronous Motor，PMSM）。由于永磁交流电机没有电刷和集电环，因此也可统称为永磁无刷电机。

1. 永磁无刷直流电机和永磁同步电机的对比

应用于电动汽车的无刷化永磁电机系统包括一台永磁电机、一个电压源功率变换器、一个电子控制器以及电流、位置传感器等，如图 8-16 所示。

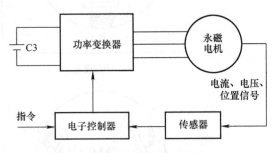

图 8-16　永磁无刷电机系统组成

对上述无刷的永磁电机进行分类可以有两种方法：按照电机本体的反电动势来分或者按照控制器输入的电流来分。这两种方法都可以将无刷的永磁电机分为正弦波永磁电机（永磁同步电机，PMSM）和方波永磁电机（永磁无刷直流电机，BLDC）。

表面来看，BLDC 和 PMSM 的基本结构是相同的，具体表现在：

1）它们都是永磁电机，转子基本结构由永磁体组成，定子安放有多相交流绕组。

2）都是由永磁体转子和定子的交流电流相互作用产生电机的转矩。

3）定子绕组中的电流必须与转子位置反馈同步。

4）转子位置反馈信号可以来自转子位置传感器，或者像一些无传感器控制方式那样通过检测电机相绕组的反电动势等方法得到。

虽然永磁同步电机和永磁无刷直流电机的本体结构基本相同，但它们也有着明显的区别，具体区别如下：

1）反电动势不同。通常 PMSM 具有正弦波反电动势，而 BLDC 具有梯形或方波反电动势。

2）定子绕组分布不同。PMSM 采用短距分布绕组，有时也采用分数槽或正弦绕组，以进一步减小转矩脉动；而 BLDC 一般采用整距集中分数槽绕组。

3）运行电流不同。为产生恒定电磁转矩，PMSM 为正弦波定子电流；BLDC 为矩形波电流。

4）永磁体形状不同。PMSM 永磁体形状呈抛物线形，在气隙中产生的磁密尽量呈正弦波分布，非均匀气隙等手段也可以实现上述功能；BLDC 永磁体形状呈瓦片形，在气隙中产生的磁密呈梯形波分布。

5）运行方式不同。PMSM 采用三相同时工作，每相电流相差 120° 电角度、要求有位置传感器，需要精确的位置角度信号。BLDC 采用绕组两两导通的方式、每相导通 120° 电角度，每 60° 电角度换相，只需要换相点位置检测信号。

6）调制方式不同。PMSM 通常采用 PWM 脉宽调制技术，而 BLDC 大多采用成本较低的电流滞环控制。

图 8-17 所示为永磁无刷直流电机和永磁同步电机结构图。

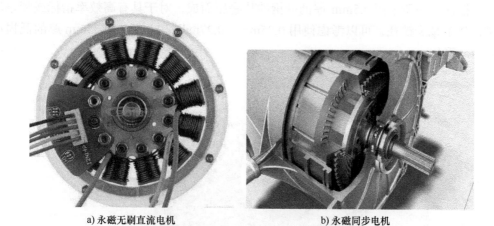

a) 永磁无刷直流电机   b) 永磁同步电机

图 8-17　永磁无刷直流电机和永磁同步电机结构

理论上讲，永磁同步电机的反电动势和供电电流波形均是正弦波；永磁无刷直流电机的反电动势和供电电流波形均是方波。但实际上，两者的区分并没有这么明显。为了降低高次谐波，现在的永磁无刷直流电机的反电动势也与正弦波近似，反电动势为方波的电机使用正弦波电流驱动也可以正常运行。

2. 永磁同步电机的基本结构

永磁同步电机的基本结构如图 8-18 所示，主要包含一个装有三相电枢绕组的定子和一个装有永磁磁极的转子，与感应电机相比，由于不存在笼条和端环，永磁同步电机结构相对简单。另外，由于转子的附加热损耗较小，因而该类电机一般不需要在转子或者转轴上安装强制风冷风扇。

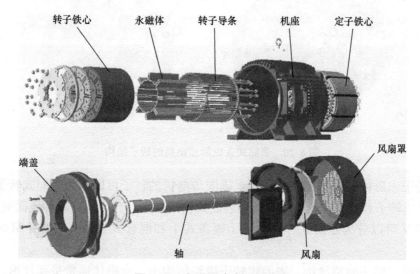

转子铁心　永磁体　转子导条　机座　定子铁心

风扇罩

端盖

轴　风扇

图 8-18　永磁同步电机部件图

　　永磁同步电机的定子与普通电机的基本相同，由电枢铁心和电枢绕组构成。如图 8-19 所示。电枢铁心一般采用 0.5mm 厚的硅钢冲片叠压而成，对于具有高效率指标或频率较高的电机，为了减少铁耗，可以考虑使用 0.25mm、0.27mm、0.3mm、0.35mm 厚的低损耗冷轧无取向硅钢片。

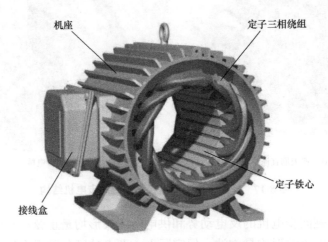

图 8-19　永磁同步电机的定子结构

　　电枢绕组普遍采用短距分布绕组，对于极数较多的电机，普遍采用分数槽集中绕组。需要进一步改善电动势波形时，可以考虑采用正弦绕组或其他绕组。

　　永磁同步电机的转子主要由永磁体、转子铁心和转轴等构成，表贴式转子示意图如图 8-20 所示。其中，永磁体主要采用铁氧体永磁和钕铁硼永磁材料；转子铁心可根据磁极结构的不同，选用实心钢或采用钢板、硅钢片冲制后叠压而成。

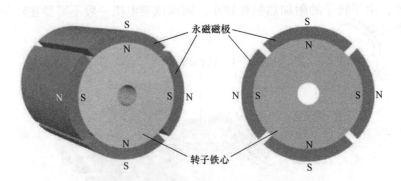

图 8-20　表贴式永磁同步电机的转子结构

　　按照转子永磁体磁路结构的不同，永磁同步电机的转子可以分为表面式转子、内置式转子、爪极式转子和盘式转子 4 种，其中表面式转子又可以分为表贴式和表面嵌入式两种，内置式转子又可以分为径向式、切向式（辐条式）和混合式 3 种。下面介绍这两种磁路结构。

　　（1）表面式转子磁路结构　　表面式转子磁路结构中，永磁体通常呈瓦片形，并位于转子铁心的外表面上，永磁体提供磁通的方向为径向。表面式结构分为凸出式和嵌入式两种，如图 8-21 所示。对采用稀土永磁材料的电机来说，由于永磁材料的相对回复磁导率接近 1，所以表面凸出式转子在电磁性能上属于隐极转子结构；而嵌入式转子的相邻两永磁磁极间有着磁导率很大的铁磁材料，故在电磁性能上属于凸极转子结构。

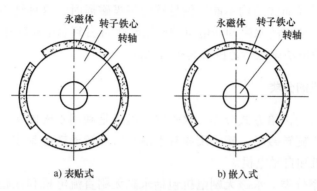

a) 表贴式　　　　　　　　　b) 嵌入式

图 8-21　表面式转子磁路结构

表面凸出式（表贴式）转子结构具有结构简单、制造成本较低、转动惯量小等优点，在方波永磁同步电机和恒功率运行范围不宽的正弦波永磁同步电机中得到了广泛应用。此外，表贴式转子结构中的永磁磁极易于实现最优设计，使之成为能使电机气隙磁极波形趋近于正弦波的磁极形状，可显著提高电机乃至整个传动系统的性能。

表面嵌入式转子结构可充分利用转子磁路不对称性所产生的磁阻转矩，提高电机的功率密度，动态性能较凸出式有所改善，制造工艺也较简单，常被某些调速永磁同步电机采用，但漏磁系数和制造成本都较凸出式大。

（2）内置式转子磁路结构　内置式结构的永磁体位于转子铁心内部，永磁体外表面与定子铁心内圆之间有铁磁物质制成的极靴，极靴中可以放置铸铝笼条或铜条笼，起阻尼或起动作用，动态、稳态性能好，广泛用于要求有异步起动能力或动态性能高的永磁同步电机。内置式转子内的永磁体受到极靴的保护，其转子磁路结构的不对称性所产生的磁阻转矩也有助于提高电机的过载能力或功率密度，而且易于弱磁扩速。

按永磁体磁化方向与转子旋转方向的相互关系，内置式转子结构可分为径向式、切向式和混合式 3 种，如图 8-22 所示。

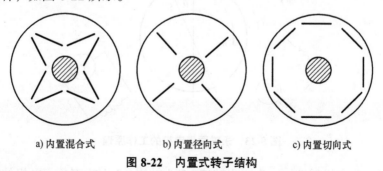

a) 内置混合式　　　　　b) 内置径向式　　　　　c) 内置切向式

图 8-22　内置式转子结构

径向式转子结构的永磁同步电机的磁钢或者放在磁通轴的非对称位置上，或同时利用径向、切向充磁的磁钢以产生高磁通密度。该结构的优点是漏磁系数小、转轴上不需要采取隔磁措施、极弧系数易于控制、转子冲片机械强度高、安装永磁体后转子不易变形等。

切向式转子结构的转子有较大的惯性，漏磁系数较大，制造工艺和成本较径向式有所增加。其优点是一个极距下的磁通由相邻两个磁极并联提供，可得到更大的每极磁通。尤其当电机极数较多、径向式结构不能提供足够的每极磁通时，这种结构的优势就显得更为突出。此外，采用该结构的永磁同步电机的磁阻转矩可占到总电磁转矩的 40%，对提高电机的功率密度和扩展恒功率运行范围都是很有利的。

3. 永磁同步电机的分类

（1）按励磁电流的供给方式分类　永磁同步电机是利用永磁体建立转子励磁磁场的同步电机，其定子产生旋转磁场，转子用放有永磁材料的转子铁心制成。按励磁电流供给方式，可分为他励电机和自励电机。

（2）按供电频率分类　永磁无刷电机包括永磁无刷直流电机和永磁无刷交流电机两种类型，作为电机运行时均需变频供电。前者只需要方波型逆变器供电，后者需要正弦波型逆变器供电。

（3）按气隙磁场分布分类　可分为两类，其中，正弦波永磁同步电机的磁极采用永磁材料，输入三相正弦波电流时，气隙磁场按正弦规律分布，简称为永磁同步电机；

梯形波永磁同步电机的磁极仍为永磁材料，但输入方波电流，气隙磁场呈梯形波分布，性能更接近于直流电机。用梯形波永磁同步电机构成的自控变频同步电机又称为无刷直流电机。

4. 永磁同步电机的工作原理

永磁同步电机的工作原理是基于正弦波反电动势和正弦波电枢电流之间的相互作用，如图 8-23 所示。

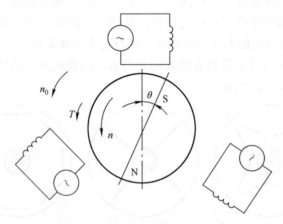

图 8-23　永磁同步电机的工作原理

图 8-23 中 n 为电机转速；n_0 为同步转速；T 为转矩；θ 为功率角。电机的转子是一个永磁体，N、S 极沿圆周方向交替排列，定子可以看成是一个以速度 n_0 旋转的磁场。电机运行时，定子存在旋转磁动势，转子像磁针在旋转磁场中旋转一样，随着定子的旋转磁场同

步旋转。

同步电机转速可表示为

$$n = n_0 = \frac{60 f_s}{p} \qquad (8\text{-}7)$$

式中　f_s——电源频率；

　　　p——电机极对数。

永磁同步电机具有平衡的三相正弦分布的气隙磁通和正弦分布的电枢绕组。感应出的三相反电动势波形可以表示为

$$e_a = E_m \sin(\omega t) \qquad (8\text{-}8)$$

$$e_b = E_m \sin(\omega t - 120°) \qquad (8\text{-}9)$$

$$e_c = E_m \sin(\omega t - 240°) \qquad (8\text{-}10)$$

式中　E_m——反电动势幅值；

　　　ω——角频率。

为了正常运行，电机输入如下的三相平衡正弦电流：

$$i_a = I_m \sin(\omega t - \phi) \qquad (8\text{-}11)$$

$$i_b = I_m \sin(\omega t - 120° - \phi) \qquad (8\text{-}12)$$

$$i_c = I_m \sin(\omega t - 240° - \phi) \qquad (8\text{-}13)$$

式中　I_m——电流幅值；

　　　ϕ——相电流和反电动势之间的相位差。

因此，如图 8-24 所示，转换的电功率为

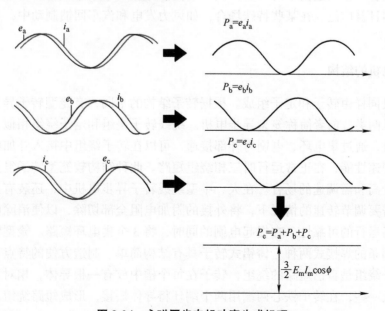

图 8-24　永磁同步电机功率生成机理

$$P_c = e_a i_a + e_b i_b + e_c i_c = \frac{3E_m I_m}{2}\cos\phi \qquad (8-14)$$

因此，该永磁同步电机产生的转矩为

$$T_e = \frac{P_c}{w_r} = \frac{3E_m I_m}{2w_r}\cos\phi \qquad (8-15)$$

在给定速度 ω_r 时，转矩值恒定。显然，通过将电枢电流和反电动势的相位差控制为零可以将转矩最大化。

总结永磁同步电机的工作原理，其定子是三相对称绕组，三相正弦波电压在定子三相绕组中产生对称三相正弦波电流，并在气隙中产生旋转磁场。旋转磁极与已充磁的转子磁极相互作用，带动转子与旋转磁场同步旋转并试图使定子、转子磁场轴线对齐。当外加负载制动转矩后，转子磁场轴线将落后定子磁场轴线1个功率角，负载越大，功率角越大，直到一个极限角度，电机停止工作。由此可见，同步电机在运行中，转速必须与频率严格成比例旋转，否则会失步停转。所以，它的转速与旋转磁场同步，其静态误差为零。在负载扰动下，只是功率角变化，而不引起转速变化，它的响应时间是实时的。

8.2.3 异步电机

异步电机也称感应电机，这类电机的转速与电源频率之间没有特别严格的固定关系，在电动汽车尤其是商用运输车和高性能乘用车上应用普遍且极具优势。其转速随负载的变化而变化，但变化范围很小。异步电机的定子和转子之间能量的传递是靠电磁感应实现的，这也是称其为感应电机的原因。

大多数的异步电机作为电动机运行，具有以下优点：结构简单、制造方便、价格低廉、坚固耐用。随着变频调速技术的发展，其调速性能得到了很大的改善，在电动汽车等调速系统中的应用日益广泛。在某些特殊场合，如风力发电和汽车回馈制动中，异步电机也用作发电机。

1. 异步电机的结构

异步电机同样由转子和定子组成。根据转子结构的不同，有笼型转子异步电机和绕线转子异步电机两类，前者简称笼型异步电机。绕线转子绕组和定子绕组相似，在转子槽内嵌有三相绕组，通过集电环、电刷与外部接通，可以在转子绕组中接入外加电阻以改善电机的起动和调速性能，在正常运行时三相绕组短路。此种结构较笼型转子复杂，只用于起动性能要求较高和需调速的场合。在大、中型绕线转子异步电机中，还装有提刷装置，在起动完毕不需要调节转速的情况下，将外接的附加电阻全部切除，以便消除电刷与集电环的摩擦，提高运行的可靠性，在提起电刷的同时，将3个集电环短路。笼型转子分为铝制的铸铝式和铜条的焊接式两种。铸铝式转子具有结构简单、制造方便的特点，应用非常广泛。笼型转子绕组是自己短路的绕组，转子在每个槽中放有一根导体，相对于转子铁心而言导体较为长一些，在转子铁心两端用两个端环将导体短接，形成短路绕组。笼型转子绕组自行闭合构成短路绕组，若去掉转子铁心，转子绕组的外形好像一只"鼠笼"，笼型转子的称呼便由此而来。

（1）定子　异步电机的定子由定子铁心、定子绕组和机座3个主要部分组成，如图8-25所示。机座主要用来支承定子铁心和固定端盖，因此要求有足够的机械强度和刚度。汽车用异步电机的机座一般采用铸铝制成，外壳上需要有风冷散热筋或者液冷通道。

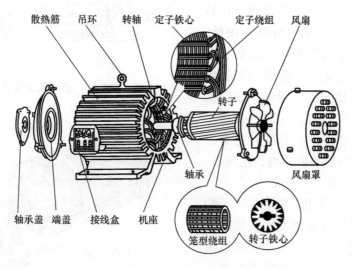

散热筋　吊环　转轴　定子铁心　定子绕组　风扇

转子

轴承　　　风扇罩

轴承盖　端盖　接线盒　机座

笼型绕组　转子铁心

图 8-25　三相异步电机结构图

定子铁心是主磁路的一部分，为了减少磁场在定子铁心中产生的磁滞损耗和涡流损耗，铁心由厚度为0.5mm或更薄的硅钢片叠成。在定子铁心内圆上有均匀分布的槽，用来嵌放定子绕组。

定子的三相绕组对称地放置在定子铁心槽内，绕组分单层和双层两种形式，绕组与铁心间有槽绝缘。三相定子绕组可连接成星形联结或三角形联结。

1）机座。是电机的外壳，起着支承电机的作用，通常用铸铁铸成，也有用铝合金铸成的。大型电机机座多采用钢板拼焊而成。

2）定子铁心。定子铁心是磁路的一部分，用0.5mm厚的硅钢片叠压成整体的中空圆柱形后装入机座内，外壁与机座配合，内壁开槽，槽内嵌置定子绕组。为了减小涡流损耗，叠片间需经绝缘处理。

3）定子绕组。是电机的电路部分，小型电机的定子绕组用高强度漆包圆铜线或铝线绕制而成；大型电机导线截面较大，采用矩形截面的铜或铝线制成线圈嵌置在定子槽内。绕组与槽壁间用绝缘材料隔开。

（2）转子　转子由转子铁心、转子绕组和轴等组成。转子铁心是导磁的主要路径，由厚0.5mm的硅钢片叠成，转子铁心固定在轴或转子支架上，转子铁心呈圆柱形，在铁心外圆冲有均匀分布的槽。转子绕组与定子绕组的关系相当于变压器二次绕组与一次绕组。

1）转轴。转轴一般由中碳钢做材料，起到支撑、固定转子铁心和传递功率的作用。

2）转子铁心。转子铁心也是电机磁路的一部分，用0.5mm厚的硅钢片叠压成整体的圆柱形套装在转轴上，转子铁芯外圆的槽内嵌置转子绕组。

3）转子绕组。异步电机有笼型和绕线式两类，其区别在于转子绕组的结构不同，绕线式电机结构较复杂，一般用于对起动和调速性能要求较高的场合。

① 笼型转子绕组。笼型转子绕组没有铁心时，整个绕组的外形就像一个鼠笼，如图8-26所示。在转子铁心上也有槽，各槽里都有一根铜或铝制导条作转子导体。在导条的两端用短路环短接，形成闭合回路。中大型和对性能有特殊要求的电机导条是铜的，制造时把裸铜条插入转子铁心槽中，再用铜环套在两端铜条的头上，并焊接在一起；多数小型电机的导条是铝制的，制造时把叠好的转子铁心放在铸铝的模具内，把笼条、端环和端部的内风扇一次铸成。

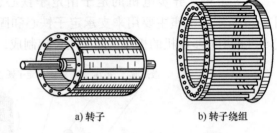

a) 转子　　　　　b) 转子绕组

图8-26　铜条笼型转子和绕组

② 绕线式转子绕组。绕线式转子绕组和定子三相对称绕组类似，嵌置在转子槽内，如图8-27所示。三相绕组尾端在内部接成星形，首端由转子轴中心孔引出接到集电环，集电环经电刷再串入外接电阻，可以改善电机的起动和调速性能。有的绕线式电机还装设有提刷装置，在串入的外接电阻起动完毕后，把电刷提起，三相集电环直接短路，减小运行中的损耗。

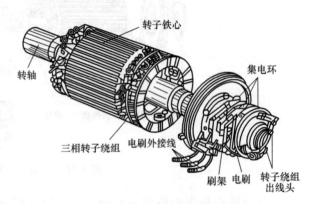

图8-27　绕线式三相异步电机的转子

（3）气隙　气隙是电机定、转子之间的空气间隙。气隙大小对异步电机的性能有很大的影响。气隙大，则整体磁路的磁阻大，要建立同样大小的旋转磁场就需较大的励磁电流。励磁电流基本上是无功电流，为降低电机的励磁电流、提高功率因数，气隙应尽量小。一般气隙长度应为机械上所容许达到的最小值，中小型异步电机气隙一般为0.2～2mm。

从电磁关系上看，异步电机与变压器十分相似。异步电机的定子绕组相当于变压器的一次绕组，转子绕组相当于变压器的二次绕组，因此经常把异步电机等效为一台二次绕组短路的带空气隙的变压器，以便于对异步电机的稳态运行进行分析。

2. 异步电机的工作原理

异步电机是一种常见的交流电机，其工作原理建立在电磁感应定律和电磁力定律基础上的，如图8-28所示。具体分析如下：

1）给异步电机对称的三相绕组中通以对称三相电流时，在电机气隙内产生一个转速为 $n_s = 60f/p$ 的

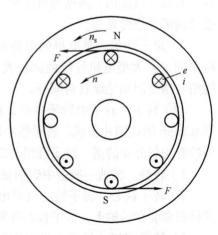

图8-28　异步电机工作原理

逆时针旋转磁场，设其旋转方向如图 8-28 所示。

2）该磁场切割转子导体，在转子导体内产生感应电动势，该电动势可以用右手定则判定。

3）由于转子电路接近于纯电阻性，在上述感应电动势下，转子导条中将流过与电动势同相位的短路电流。

4）转子的载流导体在定子磁场中受力，受力方向如图 8-28 所示，从而产生电磁转矩，使转子沿着旋转磁场方向旋转。

若在转子轴上加机械负载，异步电机就拖动负载旋转。此时，电机从电源吸收电能，通过电磁感应转换为轴上输出的机械能，这就是异步（感应）电机的工作原理。

3. 异步电机的结构参数

由前面分析可知，电机转子转动方向与磁场旋转的方向一致，但转子转速 n 不可能达到与旋转磁场的转速 n_0 相等，两者之间的相对速度 n_0-n 称为转速差，简称转差。转子转速低于定子磁场的部分用于产生转子电流，相当于同步电机的励磁。定义转差速度与同步转速之比为转差率，用 s 表示，即

$$s = \frac{n_0 - n}{n_0} \tag{8-16}$$

转差率是异步电机的一个重要参数，根据其正负和大小可以判断电机的运行状态，异步电机的运行状态分为电动机运行状态、发电机运行状态和电磁制动运行状态 3 种。

对于一个 50Hz 的交流电源系统来说，极对数量、极的个数以及转速三者之间的对应关系见表 8-3。

表 8-3 极对数、极数、转速三者之间的对应关系

极对数 p	1	2	3	4	6
极数	2	4	6	8	12
$n_0/(\text{r/min})$	3000	1500	1000	750	500

[例 1] 一台三相异步电机，电源频率 $f_1 = 50\text{Hz}$，其额定转速 $n_N = 975\text{r/min}$。试求电机的极对数 p 和额定负载下的转差率 s。

解： 根据异步电机转子转速与旋转磁场同步转速的关系可知：$n_0 = 1000\text{r/min}$，即极对数 $p = 3$。

额定转差率为

$$s = \frac{n_0 - n}{n_0} = \frac{1000 - 975}{1000} = 0.025$$

在电动汽车异步电机参数计算中还经常用到额定功率、额定电流、效率等参数。额定功率是指电机在额定运行时轴上输出的机械功率 P_2，它小于从电源吸取的电功率 P_1。

$$P_N = \sqrt{3} U_N I_N \eta_N \cos\varphi_N \tag{8-17}$$

式中　$\cos\varphi_N$——额定运行时的功率因数；

　　　η_N——额定运行时的效率。

[例2] Y180M—2型三相异步电机，$P_N = 22\text{kW}$、$U_N = 380\text{V}$、$I_N = 42.2\text{A}$，定子三相绕组采用三角形联结，$\cos\varphi_N = 0.89$、$f_N = 50\text{Hz}$、$n_N = 2940\text{r/min}$。求额定运行时：①转差率；②定子绕组的相电流；③输入有功功率；④效率。

解：

① 由型号知 $2p = 2$，即 $p = 1$，因此 $n_0 = 3000\text{r/min}$，故

$$s_N = \frac{n_0 - n_N}{n_0} = \frac{3000 - 2940}{3000} = 0.02$$

② 由于定子三相绕组为三角形联结，故相电流为

$$I_{1p} = \frac{I_N}{\sqrt{3}} = \frac{42.2}{\sqrt{3}}\text{A} = 24.4\text{A}$$

③ 输入有功功率为

$$P_{1N} = \sqrt{3}U_N I_N \cos\varphi_N = 1.732 \times 380 \times 42.2 \times 0.89\text{W} = 24.72\text{kW}$$

④ 效率

$$\eta_N = \frac{P_N}{P_{1N}} \times 100\% = \frac{22}{24.72} \times 100\% = 89\%$$

4. 异步电机的运行状态

（1）发电机运行状态　如果用原动机将异步电机转子强制加速，使电机的转速 n 高于同步转速 n_0，此时转子的转向与定子旋转磁场的转向相同，且 $n > n_0$，即 $s < 0$，磁场切割转子导条的方向与电动机状态相反，电磁转矩方向与转子转向相反，为制动性质，此时转子从原动机输入机械功率，通过电磁感应作用由定子输出电功率，电机处于发电机运行状态，见表8-4。

表8-4　异步电机的各种运行状态

状态	制动运行状态	堵转状态	电动机运行状态	理想空载状态	发电机运行状态
转子转速 n	< 0	0	$0 < n < n_0$	n_0	$> n_0$
转差率 s	> 1	1	$0 < s < 1$	0	< 0

（2）电动机运行状态　当转子的转向与定子旋转磁场的方向相同且转速小于同步转速 n_0，即 $0 < s < 1$ 时，为电动机运行状态，见表8-4。此时转子中产生电动势和电流，从而产生电磁转矩，在该转矩作用下转子沿旋转磁场方向以转速 n 旋转，此时电磁转矩为拖动性质，即与转速方向一致。在电动机运行状态下，电机的实际转速取决于负载的大小。

（3）电磁制动运行状态　如果外力的作用使转子逆定子旋转磁场的方向旋转，则 $s > 1$，转子导条中电动势、电流及电磁转矩的方向仍与电动状态相同。这时电磁转矩的方向与旋转磁场的转向相同，但与转子转向相反，所以电磁转矩为制动性质，称为电磁制动

状态。在这种情况下从转子输入机械功率，从定子输入电功率，两部分功率一起转换为电机内部的损耗。

8.2.4 开关磁阻电机

1. 开关磁阻电机的结构

开关磁阻电机是一种由磁阻电机和开关电源组成的机电一体化的电机，其结构与常见的电机有着较大的区别。它是由开关磁阻电机、功率变换器、控制器与位置检测器 4 部分组成。它的定子和转子都是凸极式的，转子和定子的设计都是在突出的磁极上用硅钢冲压件完成。在这种电机中，定子凸极与转子凸极的个数是不一样的，一般定子比转子要多两个。开关磁阻电机结构如图 8-29 所示。

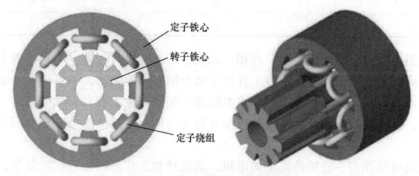

定子铁心
转子铁心
定子绕组

图 8-29 开关磁阻电机结构示意图

（1）相数和极数的关系 相数指的是电机的定子绕组数量，也可以理解为电机的输入电源的相数。在开关磁阻电机中，相数越多，电机的转矩和输出功率通常会增加，这是因为更多的相数意味着更多的绕组，从而提供更大的电流和磁场。

在实际应用中，选择适当的相数和极数是非常重要的。不同的应用场景和工作要求可能需要不同的配置。通常情况下，通过调整相数和极数可以获得更好的性能匹配，以满足特定的需求。

开关磁阻电机的输出转矩为磁阻性质，为了保证电机能够连续旋转，当某一相的定子齿与转子齿的轴线对齐时，相邻的定、转子齿的轴线应错开 $1/m$ 个转子极距。为了避免单边磁拉力现象的发生，电机必须为对称结构，即定、转子极数为偶数。通常，开关磁阻电机的相数 m 与定、转子极数需满足如下约束关系：

$$\begin{cases} N_s = 2km \\ N_r = N_s + 2k \end{cases} \tag{8-18}$$

式中　N_s——定子极数；

　　　N_r——转子极数；

　　　m——相数；

　　　k——正整数。

一般为了降低开关频率、减少转矩脉动，定子齿极数应多于转子齿极数。表8-5是开关磁阻电机常用的相数与定、转子极数的组合。

表8-5　SRM常用的相数、定、转子极数组合

m	N_s	N_r
2	4	2
	8	4
3	6	2
	6	4
	6	8
	12	8
4	8	6
5	10	4

开关磁阻电机可以设计成单相、两相、三相、四相或更多相数，不同相数下的定、转子极数有不同的组合搭配。相数增多，有利于减少输出转矩脉动，但多相下的电机结构复杂、主开关器件增多，控制系统和生产成本增加；相数减少，有利于降低成本，但使得转矩脉动加大，且两相以下的开关磁阻电机没有自起动能力。常见的是三相和四相开关磁阻电机。

开关磁阻电机作为一种特殊类型的电机，其设计和工作原理相对比较复杂，涉及许多其他因素的影响。因此，在实际应用中，还需要综合考虑电机的控制方式、电源电压、载荷特性等因素，以获得最佳的性能和效果。

（2）单相开关磁阻电机　单向开关磁阻电机是一种特殊类型的开关磁阻电机，也被称为单向开关磁阻直流电机。它采用开关磁阻原理工作，并具有单向旋转的特性。

单相开关磁阻电机的功率电路只需要一个开关管和一个续流二极管，所需功率变换器的成本最低，定子绕组数和引线最少。因此，单相开关磁阻电机可以作为小功率电机，在家用电器和轻工业设备等领域具有应用前景。

但是，单相开关磁阻电机存在不能自起动的问题，需要有足够的系统转动惯量使电机克服转矩"死区"，使得电机的转动得以持续。图8-30所示是利用永磁材料辅助起动的单相开关磁阻电机。定子上有4个极，垂直方向的两个磁极上绕有线圈，串联成一相；在水平方向上分布一对永磁磁极。转子沿圆周方向分布着长度不等的两对磁极。当定子绕组断电后，在永磁体的作用下，转子逐渐停止在图中长极轴线与永磁极轴线重合的位置。当定子绕组通电时，转子受到扭曲磁力线的切向磁拉力作用，

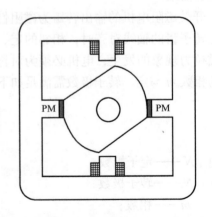

图8-30　利用永磁体起动的单相开关磁阻电机

实现图 8-28 所示的位置开始的自起动。另外，单相开关磁阻电机还有其他的自起动形式，如在转子极间嵌入铝块或铜块，利用涡流反应转矩辅助起动等。

与其他类型的开关磁阻电机相比，单向开关磁阻电机具有以下优势：

1）构造简单：它由较少的零部件组成，结构相对简单，易于制造和维护。

2）响应快速、效率高：由于没有传统电机中的机械电刷和换向器或集电环等部件，所以具有更快的响应速度，并且减少了摩擦和能量损耗，从而提高了效率。

3）低噪声：由于没有机械电刷的摩擦和触点的干扰，工作时通常噪声较低。

4）可控性强：由于磁场可以通过控制电流来改变，因此具有良好的可控性。

单向开关磁阻电机在某些特定应用场景中具备一定的优势，如电动工具、自动门窗、机器人等。由于其单向旋转的特性，不适合需要双向旋转或动态反转的应用。在选择使用时，需要根据具体的需求和要求来判断是否适合采用单向开关磁阻电机。

（3）两相开关磁阻电机　两相开关磁阻电机是一种采用两相绕组的开关磁阻电机，也被称为双相开关磁阻直流电机。它利用开关磁阻原理工作，并且具有双相供电和控制的特点。

图 8-31 所示为常规两相开关磁阻电机的结构示意图。在定、转子磁极中心线对齐位置和定子极中心与转子槽中心位置对齐处不具备自起动能力，且存在较大的转矩"死区"。为了可靠地自起动，通常两相开关磁阻电机采用不对称转子结构或不对称定子结构。

图 8-32 所示为一种采用定子磁极偏移的两相开关磁阻电机。其中一相的磁极中心线偏离原来的对称线一定的角度，使得转矩分布不再对称，保证转子在任意位置都可以自起动。另外，可以把转子设计成凸轮结构或采用阶梯形气隙，可以使磁路不对称，避免了转矩"死区"，从而使电机可以自起动。

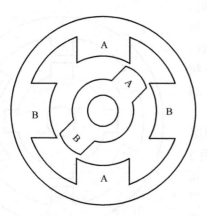

图 8-31　常规两相开关磁阻电机结构示意图

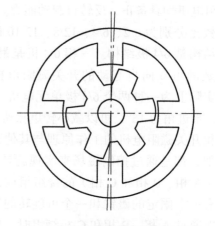

图 8-32　定子磁极偏移的两相开关
磁阻电机结构示意图

两相开关磁阻电机结构简单、连接线少、控制器成本低。槽的空间大，为减少绕组铜耗提供了方便。大的定子铁心截面使定子具有较高的机械强度，有利于降低电机的噪声。相对较低的换流频率，也降低了铁心的损耗。此外，不对称位置处的大气隙提高了电感的比值，有利于产生较大的转矩。因此，如果不要求同时具备正、反转向，可以优先选择具有自起动能力的两相开关磁阻电机。

两相开关磁阻电机的工作原理如下：它由两个相位（A 相和 B 相）的绕组组成，每个相位上都有一个固定的磁铁和一个可旋转的铁心；当电流通过 A 相绕组时，磁场将使得 A 相铁心定位于一个特定的位置；同样，当电流通过 B 相绕组时，磁场将使得 B 相铁心定位于另一个特定的位置。这样，通过控制 A 相和 B 相的电流方向和大小，可以实现电机的旋转。

两相开关磁阻电机相对于其他类型的开关磁阻电机具有以下特点：

1）控制简单。由于只有两个相位，所以控制相对简单，只需要控制两相绕组的电流方向和大小即可实现旋转。

2）较高的转矩输出。两相开关磁阻电机相对于单相开关磁阻电机来说，具有较高的转矩输出能力。这是因为两个相位的绕组可以产生更强的磁场，从而提供更大的转矩。

3）较宽的转速范围。两相开关磁阻电机通常具有较宽的转速范围，可以适应不同的工作要求。

4）较高的效率。两相开关磁阻电机具有较高的效率。

两相开关磁阻电机具有广泛的应用，如家用电器、自动化设备、精密仪器和机械等。在选择和应用时，还需要考虑电机的功率、输入电压、控制方式等因素，以确保电机能够满足特定的需求。

（4）三相开关磁阻电机　三相开关磁阻电机是一种采用三相绕组的开关磁阻电机，也被称为三相开关磁阻直流电机。它利用开关磁阻原理工作，并且具有三相供电和控制的特点。

三相开关磁阻电机是此类电机中一种常见的结构，如图 8-33 所示。三相及三相以上的开关磁阻电机均具备正、反转自起动能力。三相定、转子极数比分别为 6/2、6/4、12/8、12/10 极等，最常见的结构是 6/4 极结构。三相 6/4 极是最少极数、最少相数的可双向自起动的开关磁阻电机；三相 12/8 极实际上为一种两个 6/4 极单元电机，每转 24 个步距，步进角为 15°，可以减小转矩脉动。

三相开关磁阻电机的工作原理与其他开关磁阻电机类似，都是通过控制磁场来实现旋转。它由 3 个相位（A 相、B 相和 C 相）的绕组组成，每个相位上都有一个固定的磁铁和一个可旋转的铁心。当电流依次通过 A 相、B 相和 C 相绕组时，磁场将使得各个相位的铁心定位于特定的位置。通过不同相位的电流方向和大小的组合，可以实现电机的旋转。

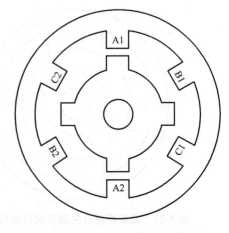

图 8-33　三相开关磁阻电机的结构

三相开关磁阻电机相对于其他类型的开关磁阻电机具有以下特点：

1）高效率和高功率输出。三相开关磁阻电机的 3 个相位同时工作，可以提供更强的磁场和更大的输出功率，从而得到更高的效率和输出转矩。

2）平稳运行。由于 3 个相位的电流存在间隔，可以实现更平滑的旋转运行，减少了振动和噪声，运行比较平稳。

3）较宽的转速范围。三相开关磁阻电机通常具有较宽的转速范围，以适应多种工作要求。

4）可控性和可变速性。通过控制 3 个相位电流的大小和相位差，可以实现电机的可控性和可变速性。

三相开关磁阻电机广泛应用于工业领域，如风力发电机组、电动车辆、机械设备和自动化系统等。在选择和应用时，需要考虑电机的功率、输入电压、控制方式等因素，以确保电机能够满足具体的需求。

（5）四相开关磁阻电机　四相开关磁阻电机是一种使用 4 个相位绕组和开关磁阻原理的直流电机。

与三相开关磁阻电机相比，四相开关磁阻电机的起动性能更好，转矩波动也更小，但此种电机和控制器的成本都有所增加。常见的四相开关磁阻电机是 8/6 极结构，如图 8-34 所示，每转有 24 个步距，步进角为 15°。此外，还有 8/10 极结构，每转 40 个步距，步进角为 9°。

四相开关磁阻电机的工作原理类似于其他开关磁阻电机。它包含 4 个相位（A 相、B 相、C 相和 D 相）的绕组，每个相位上都有一个固定的磁铁和一个可旋转的铁心。通过依次控制每个相位的电流方向和大小，可以实现电机的旋转。

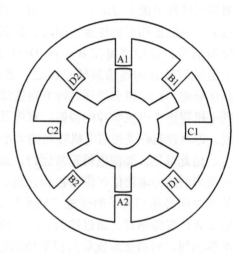

图 8-34　四相 8/6 极开关磁阻电机

与三相开关磁阻电机相比，四相开关磁阻电机可以提供更高的精度和平滑性，因为具有更多的相位绕组。它还可以提供更大的功率输出和转矩，并且可具有更高的效率。

四相开关磁阻电机不像三相异步电机或直流无刷电机等那样在工业中广泛应用，它可能是一种相对较新或较特殊的电机类型。在具体的应用中，需要根据电机的功率需求、输入电压、控制方式等因素进行选择。

（6）五相及以上开关磁阻电机　五相及以上开关磁阻电机是一种采用五相及以上绕组的开关磁阻电机，它利用开关磁阻原理工作，并且具有五相及以上供电和控制的特点。

采用五相或更多相数的开关磁阻电机可以获得更为平顺的电磁转矩，大幅度降低转矩波动，还可以获得稳定的开环工作状态（无位置传感器）。但具有明显的缺点：电机和控制器的成本和复杂程度较高。

2. 开关磁阻电机的工作原理

开关磁阻电机的结构和工作原理与传统交直流电机有着本质的区别。开关磁阻电机是根据磁阻效应运行的，它遵循"磁阻最小原理"，即磁通总是沿磁阻最小的路径闭合。当定子某相的绕组通电时，所产生的磁场由于磁力线的扭曲而产生切向磁拉力，试图使相近的转子极旋转到其轴线与该定子极轴线对齐的位置，该位置即为磁阻最小的位置。利用这个原理，由于定子的数量较多故而拥有多条主轴线，这时候只需要控制定子产生磁场的顺序不一样，就能够一直利用磁阻转矩，使转子向磁阻最小的方向转动，从而产生维持电机运转的连续转矩。因此开关磁阻电机的结构原则是要求转子旋转时磁路的磁阻要有尽可能大的变化。下面以四相 8/6 极开关磁阻驱动电机为例说明开关磁阻电机的工作原理。

图 8-35 中仅画出了定子其中的 A 相绕组。当 B 相绕组受到激励时，为减少磁路的磁阻，转子顺时针旋转，直到转子极 2 与定子极 B 相对，此时磁路的磁阻最小（电感最大）。如果切断绕组 B 的激励，给绕组 A 施加激励，磁阻转矩使转子极 1 与定子极 A 相对。转矩方向一般指向最近的一对磁极相对的位置。因此，根据转子位置传感器的反馈信号，各相绕组按 B—A—D—C 的顺序导通，使转子沿顺时针方向连续旋转；反之，若按 D—A—B—C 的顺序导通，则电机会按逆时针方向连续旋转。通过控制加到电机绕组中电流脉冲的幅值、宽度及其与转子的相对位置，即可控制开关磁阻电机转矩的大小与方向。

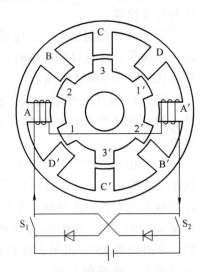

图 8-35　四相 8/6 极开关磁阻电机
工作原理图

由此可见，要使电机正常运行，要有变频电源产生的一系列的脉冲电流依次供给各相绕组。各相绕组的导通与关断时间必须与转子的位置"同步"。所以，电机的轴上应安装位置传感器，通过控制系统来执行定子各相绕组的准确换相，以确保形成单向和平稳的电磁转矩。开关磁阻电机的转向与相绕组的电流方向无关，仅取决于相绕组的通电顺序，在多相电机的实际运动中，也经常出现两相或两相以上绕组同时导通的情况。

对于 m 相的开关磁阻电机，定子极数为 N_s、转子极数为 N_r，则转子极距为

$$\tau_r = \frac{2\pi}{N_r} \tag{8-19}$$

每相绕组通电、断电 1 次转子转过的角度定义为步距角，其值为

$$\alpha_p = \frac{\tau_r}{m} = \frac{2\pi}{mN_r} \tag{8-20}$$

转子旋转 1 周转过 360°（或 2π 弧度），每转步长为

$$N_p = \frac{2\pi}{\alpha_p} = mN_r \tag{8-21}$$

由于转子每旋转 1 周，定子 m 相绕组需要轮流通电 N_t 次，因此开关磁阻电机的转速 n（r/min）与每相绕组的通电频率 f_φ 之间的关系为

$$n = \frac{60f_\varphi}{N_r} \tag{8-22}$$

而功率变换器的开关频率为

$$f_e = mf_\varphi = mN_r \frac{n}{60} \qquad (8\text{-}23)$$

开关磁阻电机的控制通常通过精确地控制定子绕组的电流来实现。利用传感器可以得到转子位置信息，然后使用电子控制器计算和调整定子的电流以实现所需的转速和转矩。

开关磁阻电机由于不需要永磁体，具有结构简单、成本低、可靠性高等优点。它们通常用于需要高转矩和高速度响应的应用，例如汽车驱动系统、工业驱动系统等。

由于开关磁阻电机的特殊工作原理，其振动和噪声较大，对控制系统的要求也较高。因此，在具体应用中需要综合考虑其特点和优势，并进行相应的设计和控制策略。

8.2.5 轮毂电机

1. 轮毂电机的结构

轮毂电机顾名思义就是嵌套在车轮轮辋内部，直接驱动车轮旋转而不需要复杂的传动系统的一种电机。它最大化地提升了电动汽车的可利用空间，能大幅提高传动效率、简化动力系统，有利于电动汽车轻量化设计，增加电动汽车的续驶里程。而且，采用多个轮毂电机协同驱动，线控动力系统可以灵活分配车轮转矩，彻底避免了传统机械式差速器的缺点，可大幅提高车辆的操控性能。轮毂电机可采用永磁无刷、开关磁阻等电机类型。

轮毂电机按是否采用减速机构，可以分为带减速机构的轮毂电机和直驱式轮毂电机。带减速机构的轮毂电机采用了高速内转子电机，并且配备固定传动比的减速器，从而达到较高的功率密度，转速可以达到更高。而大多数轮毂电机都是不带减速机构的，称为直驱式轮毂电机。直驱式轮毂电机又可以根据永磁体和定转子位置不同分为内转子电机、外转子电机和轴向电机。

图 8-36 所示为法国 TM4 公司设计制造的一体化轮毂电机，永磁体转子是轮辋的一部分，将轮胎直接安装在永磁体外转子上，制动鼓与电机转子设计成一体，实现电机转子、轮辋以及制动器的集成，减轻轮毂电机系统对非簧载质量的增加量，电机的额定转矩为 600N·m，峰值转矩更是达到了 1700N·m，额定功率为 37kW，额定工况下的电机效率可达到 96.3%，质量仅有 26kg。但该电机结构复杂，加工精度要求高，温升高、维护困难，电机轴向长度限制严格。

2. 轮毂电机的特点分析

目前大部分电动汽车采用集中电机驱动的动

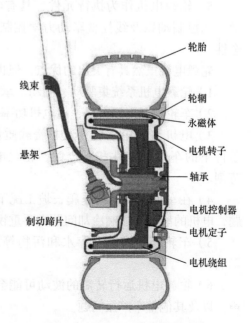

图 8-36 TM4 一体化轮毂电机

力系统结构形式。这种结构形式可以沿用发动机动力汽车的部分传动装置，布置在原发动机舱中，继承性好；还能采用电机和减速机构，乃至控制器的集成结构形式，结构紧凑，便于处理电机冷却、隔振以及电磁干扰等问题。

但这种传统的集中电机驱动系统也有着其显著的缺点：一是传动链长、传动效率低；二是通常要求使用高转速大功率电机，对电机性能要求高。

针对上述问题，新型的分布式驱动电机系统应运而生。分布式驱动电机系统相对于集中电机驱动系统具有以下优点：

1）以电子差速控制技术实现转弯时内外车轮以不同转速转动，而且精度更高。

2）取消机械差速装置，有利于动力系统减小质量、提高传动效率、降低传动噪声。

3）有利于整车总布置的优化和整车动力学性能的匹配优化。

4）多个冗余电机分布驱动，具有故障备份功能，可靠性高。

分布式电机驱动通常有轮毂电机和轮边电机两种方式。所谓轮边电机方式是指每个驱动车轮由一台电机驱动，但是电机不是集成在车轮内，而是通过传动装置（例如传动轴）连接到车轮。采用轮边电机方式的驱动电机属于簧载质量范围，悬架系统隔振性能好。但是，安装在车身上的电机对整车总布置的影响很大，尤其是在后轴驱动的情况下。由于车身和车轮之间存在很大的变形运动，对传动轴的万向传动也有一定的限制。

与轮边电机方式相比，轮毂电机方式具有以下优点：

1）可以完全省略传动装置，整体动力利用效率大大提高。

2）轮毂电机使整车总布置可以采用扁平化的底盘结构形式，车内空间和布置自由度得到极大的改善。

3）车身上几乎没有大功率的运动部件，整车振动、噪声和舒适性得到极大的改善。

4）轮毂电机方式便于实现四轮驱动形式，有利于极大地改善整车的动力性能。

5）轮毂电机作为执行元件，具有响应速度快和准确等优点，便于实现包括线控驱动、线控制动以及线控整车动力学控制在内的整车动力学集成控制，提高整车的主动安全性。

轮毂电机虽然具有突出的优点，但也带来了新的技术挑战，主要有：

1）轮毂电机系统集驱动、制动、承载等多种功能于一体，优化设计难度大。

2）车轮内部空间有限，对电机功率密度性能要求高，设计难度大。

3）电机与车轮集成导致非簧载质量较大，恶化悬架隔振性能，影响不平路面行驶条件下的车辆操控性和安全性，轮毂电机将承受很大的路面冲击载荷，电机抗振要求苛刻。

4）在车辆大负荷低速爬长坡工况下，容易出现冷却不足导致的轮毂电机过热烧毁问题，电机的散热和强制冷却问题需要重视。

5）车轮部位容易积存水和污物等，导致电机被腐蚀破坏，电机寿命、可靠性会受影响。

6）轮毂电机运行转矩的波动可能会引起汽车轮胎、悬架以及转向系统产生振动和噪声，以及其他整车声振问题。

8.3 驱动电机应用实例

目前国内外车企在电动汽车的驱动电机选择方面采用了不同的电机类型，下面举例加以说明。

8.3.1 直流电机

几乎所有类型的直流电机驱动，即他励直流电机、串励直流电机、并励直流电机和PM（定子采用励磁绕组或永磁体产生磁场励磁的励磁电路）直流电机的电机驱动系统，都曾被应用于电动汽车。其中他励直流电机和串励直流电机已被广泛应用于电动汽车的驱动系统中。

GMC 概念电动汽车 G-Van 是采用他励直流电机作为电动汽车推进动力的代表，如图 8-37 所示。这是在 1990 年北美洲第一个符合联邦机动车安全标准认证的可用于批量生产的电动汽车。该 G-Van 电动汽车采用 Nelco N200ML012 型号的他励直流电机，可以提供 45kW 的额定功率和 323N·m 的转矩，变速器传动比为 1.85∶1，正向和反向固定传动齿轮，车辆的最高速度为 88km/h。该车安装了约 40kW·h 的 SAFT 镍镉电池组，在 J227a-C 驱动周期下，它可以在载重 3538kg 情况下行驶 96km，电池组是采用非车载氯化物充电器进行充电，完全充电需要约 8h。

菲亚特 Panda Elettra 是具有代表性的采用串励直流电机驱动作为电动推进的电动汽车，如图 8-38 所示。它于 1990 年推出，且是第一批大规模生产的电动汽车车型之一。该车采用了 Thrige-Titan TTL180C 系列直流电机，可以在 2500r/min 下提供 9.2kW 的额定功率；配备了一台 4 速变速器，可以提供 70km/h 的最高速度。为了容纳大约 9kW·h 的铅酸蓄电池组，该车只有两个座位，且每次充电的行驶里程仅为 77km 左右；电池组质量为 350kg，充电时间为 8h。

图 8-37　GMC 概念电动汽车 G-Van

图 8-38　菲亚特 Panda Elettra

Smart Fortwo Electric Drive 推出于 2007 年，是 Smart Fortwo 的电动版，戴姆勒公司当时计划将其在全球主要市场进行量产。如图 8-39 所示，该车采用单速传动的 55kW 永磁无刷直流电机驱动，最高速度为 120km/h；配备了 17.6kW·h 锂离子电池，单次充电可以行驶 140km；由于具有 130N·m 的转矩，0—100km/h 加速时间为 11.5s，与传统的 Smart Fortwo 不分上下。

图 8-39　Smart Fortwo Electric Drive

8.3.2　异步（感应）电机

福特西门子推出一种水冷式异步电机，其额定功率为33kW，峰值功率为67kW，质量为65kg。该电机针对后轮驱动设计，其中，减速齿轮和差速器与电机集成在一起。该电机及其衍生产品已成功应用在不同的电动汽车中，例如福特的旗舰型电动汽车——福特 Ranger EV，如图 8-40a 所示。福特 Ranger EV 为一种皮卡汽车，其配备了最大转速为13000r/min 的 6 极异步电机和减速比为 3∶1 的单速齿轮。作为采用了 1997 年最先进的驱动系统，EV1 成为了当年通用汽车的旗舰型电动汽车，如图 8-40b 所示。该车型是一种采用了三相异步电机和双减速比为 10.95∶1 的单速驱动桥前驱电动跑车。该车型在 0～7000r/min 范围内能够输出 149N·m 轴转矩，在 7000～14000r/min 范围内能够输出 102kW 驱动功率，最高速度为 128km/h，0—96km/h 加速时间在 9s 以内。尽管消费者对于 EV1 的反响不错，但是，由于其高昂的造价使得通用汽车不得不在 2002 年停止生产 EV1。此后，高性能电动跑车在 2006 年的旧金山国际车展上才得以重新露面。展会期间，特斯拉跑车展示了其流线造型和卓越的性能，如图 8-40c 所示。特斯拉跑车由特斯拉汽车公司在 2008—2012 年期间生产，该款跑车采用三相四极异步电机，其中，最大转矩为 400N·m，最高速度为 14000r/min，电机质量小于 32kg，平均效率为 90%；整车质量约为 1200kg，采用后驱方式；装有传动比为 8.28∶1 的单速固定齿轮箱，0—96km/h 加速时间仅为 3.7s，可达到200km/h 最高速度。特斯拉还为其配备了 53kW·h 锂离子电池，单次充电可以在美国环保署（EPA）循环路况标准下行驶 393km。

梅赛德斯奔驰 EQC 纯电车型如图 8-40d 所示，其双电机选择了交流异步电机，总功率为 300kW，总转矩为 730N·m，动力性较强。

8.3.3　永磁同步电机

永磁同步电机在电动汽车中的应用较多，如图 8-41a 所示。日产 Leaf 是一种领先、环保、经济和家用的五座两厢电动汽车，由日产于 2010 年推出，自 2010 年以来其占据世界电动汽车市场的较大份额。通过采用车载 24kW·h 锂离子电池，该款车型每次充电可以在 EPA 驾驶模式下行驶 135km。相应的驱动系统采用 80kW 和 254N·m 前轴永磁同步电机，通过单速传动系统，该车能够提供超过 150km/h 的最高速度。

a) 福特的旗舰型电动汽车——福特Ranger EV

b) 通用汽车的旗舰型电动汽车EV1

c) 采用感应电机驱动的特斯拉跑车

d) 梅赛德斯奔驰EQC

图 8-40　采用异步（感应）电机的车型实例

　　销量较好的比亚迪汉 EV（图 8-41b）、比亚迪唐 EV（图 8-41c）等比亚迪系列车型大多采用永磁同步电机，驱动电机所达到的最大功率和最大转矩也能满足我们日常对于汽车的需要。例如比亚迪汉 EV，驱动电机功率可达 180kW，最大转矩能达到 350N·m。相对于比亚迪，小鹏旗下的产品所配备的驱动电机同样为永磁同步电机，但是能提供更大的功率和转矩。比如小鹏 G6（图 8-41d）为后驱单电机能够提供 218kW 的最大功率和 440N·m 的最大转矩。相对于单电机，双电机必然能够提供更大的转矩和功率，但是一般双电机的电动汽车前后电机都是不同的。比如小鹏 G9（图 8-41e）双电机四驱版，前为交流异步电机，后为永磁同步电机，能够达到 405kW 的总功率和 717N·m 的最大转矩，其动力性可想而知。

　　特斯拉 Model 3（图 8-41f）单电机版选择了永磁同步电机，双电机版选择了前异步电机，后永磁同步电机，0—100km/h 加速时间为 3.3s，续驶里程为 675km。Model Y 同样做出了如此选择。相对于单电机、双电机和四电机，Model S 有款车型选择了三电机，并且全部为永磁同步电机，能够提供 750kW 的总功率。

a) 日产Leaf电动汽车

b) 比亚迪汉EV

c) 比亚迪唐EV

d) 小鹏G6

e) 小鹏G9

f) 特斯拉Model 3

图 8-41　采用永磁同步电机的车型实例

8.3.4　轮毂电机

德国舍弗勒公司与美国福特汽车共同推出了 eWheelDrive 轮毂电机，如图 8-42a 所示。它采用高度集成化技术，将轮毂所需的电机、电子控制器、制动和冷却系统全部安装于轮辋内。该电机最大功率为 40kW，平均输出功率为 33kW，最大输出转矩为 700N·m。为保证电机运行效率，该电机还采用了轮毂电机液冷技术，这使得 eWheelDrive 轮毂电机获得了较大的过载系数和较长的使用寿命。但是由于液冷设计结构复杂、密封要求高、轮毂电机工作环境恶劣，需要较高的加工和装配精度，从而导致电机成本较高。而且单个电机总成的质量超过 50kg，过大的非簧载质量降低了电动汽车的操纵稳定性和平顺性。

2017 年 4 月，英国 Protean 公司设计的 Protean PD18 型号轮毂电机（图 8-42b）在天津量产。该电机将逆变器和电机本体集成在一起，不需要其他的电力电子元器件和机械传动齿轮，电机净质量为 35kg，最高转速 1600r/min，最大转矩为 1250N·m，额定转矩为 650N·m，最大功率为 75kW，额定功率为 54kW。

a) eWheelDrive 轮毂电机

b) Protean PD18 型号轮毂电机

图 8-42　轮毂电机

8.3.5　轮边电机

电动汽车的电驱动有两种常见方式——集中式和分布式。集中式是一台电机控制左右两个车轮，电动四驱版使用两台集中式电机分别控制前后两对车轮。分布式电机是 4 个车轮都可以由单独的电机驱动，每个车轮都能有自由的转速和旋转方向。

分布式电机又分为轮边电机和轮毂电机。轮毂电机是把电机直接做到轮毂里，轮边电机是装在车轮边上的电机，通过传动输出轴连接到车轮上。

在商用车领域，轮边电机的应用很广泛。例如，采埃孚最为人熟知的 ZF-AVE130 轮边驱动技术，如图 8-43 所示，就大量运用在 10 ~ 18m 的客运车辆上。ZF-AVE130 在两个后轮上各配备了一个带有两级减速机构的驱动电机，取消传动系统（车桥、传动轴）的机械硬联接，实现对车轮的独立控制。

图 8-43　ZF-AVE130 轮边驱动

在乘用车领域，比亚迪仰望 U8 是我国首个搭载轮边电机的量产车型，如图 8-44 所示。仰望 U8 搭载了 4 个轮边电机，电机类型为永磁同步电机，可以独立控制 4 个车轮的转矩，相当于每一个车轮的转矩控制都能实现可增可减、可正可负。也就是说，单个车轮可以独立进行驱动、制动、前进和后退，可以实现横向移动、原地掉头或者水陆两栖。该车能提供 880kW 的最大功率和 1280N·m 的最大转矩，并且作为自重较大越野车，0—100km/h 加速仅需 3.6s。

图 8-44　比亚迪仰望 U8

复习思考题

一、填空题

1. 从电机结构上看，根据其是否具有换向器和电刷，又可分为＿＿＿＿＿电机和无刷电机。

2. 当电机运转在额定转矩和转速时可输出的功率为＿＿＿＿＿。

3. 在额定运行时电机轴上输出的机械功率与电机在额定运行时电源输入到电机定子绕组上的功率之比为＿＿＿＿＿。

4. 永磁同步电机的转子主要由＿＿＿＿＿、转子铁心和转轴等构成。

5. 按照转子永磁体磁路结构的不同，永磁同步电机的转子可以分为＿＿＿＿＿转子、内置式转子、爪极式转子和盘式转子 4 种。

二、选择题

1. 将电能转换成机械能为车辆行驶提供驱动力的电气装置，也可具备机械能转化成电能的功能的是（　　）。

A. 发动机　　　　　B. 驱动电机　　　　　C. 驱动电机控制器　　D. 直流母线电压

2. 在规定的时间内，电机允许输出的最大输出功率为（　　）。

A. 额定功率　　　　B. 最大功率　　　　　C. 限值功率　　　　　D. 峰值功率

3. 开关磁阻电机是根据磁阻效应运行的，它遵循（　　）原理。

A. 磁阻最小   B. 磁阻最大   C. 无磁阻   D. 电流最大

4.（　　　）是利用电磁原理将机械能转换成电能的设备。

A. 发电机   B. 电动机   C. 变压器   D. 熔断器

5. 将直流电能转换成机械能的电机的是（　　　）。

A. 直流电机   B. 交流电机   C. 同步电机   D. 异步电机

6. 三相异步电机在额定工作状态下运行时，定子电路输入的是（　　　）。

A. 额定电流   B. 最大电流   C. 相电流   D. 线电流

7. 三相异步电机旋转磁场的旋转方向决定于通入定子绕组中的三相交流电源（　　　）。

A. 电压   B. 频率   C. 电流   D. 相序

8. 异步电机转子的转速一定（　　　）旋转磁场的转速。

A. 等于

C. 小于   B. 大于

                                         D. 随转子转速变化

三、简答题

1. 简述永磁同步电机的结构与工作原理。查阅资料了解永磁同步电机的应用情况。

2. 电动汽车常用的驱动电机类型有哪些？

3. 轮毂电机的特点有哪些？查阅资料了解轮毂电机的应用情况。

第9章　电动汽车的驱动电机特性

【内容及要点】

本章重点介绍直流电机、永磁同步电机、异步电机、开关磁阻电机的工作特性以及电动汽车用驱动电机的测试。使读者能够理解并掌握直流电机和永磁同步电机的工作特性，并根据车辆的使用需求进行驱动电机的选择。

9.1　概述

9.1.1　驱动电机的选择

选择新能源汽车驱动电机的关键是电机的机械特性，可以用转矩 – 转速特性和功率 – 转速特性曲线来表示，并可作为选择电机的参考依据。在选择新能源汽车的驱动电机时，可以向电机生产厂家提出所需要的性能参数，以作为选择电机的依据。

（1）额定电压的选择　电机电压的选择，主要依据车辆总体参数的要求来设计，车辆的自重、动力电池等相关参数确定后，才能确定电机的电压、转速等参数，即当车辆自重、动力参数等确定后，动力电池的个数就确定了，电机的电压等级也随之确定。但总体要求是尽可能提高电压等级，这样就可以使电机在满足驱动要求的情况下，使电机的功率小一些，电机的电流也小一些，这样动力电池的容量选择、安装空间、安装方式等就更容易处理。

（2）额定转速的选择　根据电动汽车的动力性能要求，需要选择不同转速的驱动电机。

1）低速电机。低速电机的转速为 3000 ~ 6000r/min，扩大的恒功率区的低速电动机额定转矩高、转子电流大、电机尺寸和质量较大，且相应的控制器的尺寸也较大，各种电器的损耗较大，但减速器的速比较小，一般低速电机的转动惯量大、反应慢，不太适用于电动汽车。

2）中速电机。中速电机的转速为 6000 ~ 10000r/min，它的各种参数介于低速电机和高速电机之间。

3）高速电机。高速电机的转速为 10000 ~ 15000r/min，扩大的恒功率区宽，尺寸和质量较小，相应的控制器的尺寸也较小，各种电器内在的损耗较小。但其减速器的速比要大大增加，通常需要采用行星齿轮传动机构。高速电机的使用主要受电池材料的性能、高速轴承的承载能力的限制。一般高速电机的转动惯性小、起动快、停止也快，电动汽车常采用高速电机作为驱动电机。

9.1.2 驱动电机的工作界限

电机的特性在于其工作范围介于两个不同的工作界限之间。首先有所谓的额定尺寸、额定转矩 T_N 和额定功率 P_N，这些值跟电机的热负荷和机械负荷无关。除此之外，还有所谓的过载范围，这一范围内电机可以在短时间高负荷运转。在过载范围内最大转矩为 T_{max}，最大功率为 P_{max}，这些最大值只允许短时间出现。最大值出现的时间由绕组温度、组件承受负荷的机械强度以及对电机寿命的影响决定。如果电机长期在过载范围内工作或者经常瞬间过载，形成的强电流会导致电机过热。绝缘绕组的绝缘等级在此起到决定性作用。为了防止电机过载，绕组端部（最热处）的温度经过测量并传送到电子控制装置上，通过在线温度模型可以得出电机状态并进行预测，或在必要时调小电机的功率。

在某些情况下，负荷过大可能迅速达到电机的热极限值，导致电机寿命下降。转速过快可能直接造成机械损坏，导致机械故障。此处指的是离心力过大使转子被抛出，也就是说，转子的组成部分松脱，可能破坏整个电机。

在混合动力电动汽车上，电机不需要一直在最大电负荷情况下运转，其过载能力呈现出各种结构方面的可能性，所以尺寸略小的电机也可以达到平均的负荷要求，且峰值功率时，如加速过程或增压发动机克服增压压力形成过程（起步滞后 – 涡轮迟滞）可通过电机的过载能力进行弥补。质量、空间要求和成本均有优势，低负荷时的效率更高。因此，根据电机的位置和尺寸，其过载能力在 1～2.5 倍之间，也就是说电机可承受的最大短时负荷为额定负荷的 2.5 倍。

9.1.3 驱动电机的特性

发动机和电机的特性曲线完全不同。发动机在空转速度时仍可输出转矩，而电机的工作转速范围可低至 0，这样在车辆静止时仍可以输出最大转矩。如果可以控制转矩，那么转矩可以为正也可以为负，即电动机和发电机可以两个方向操作（四象限运行），如图 9-1 所示。该特性曲线图适用于一个给定的电源电压和某个指定过载时间。

在从静止状态到达到基础转速的基本转速范围内，可以调节额定转矩 T 及最大转矩 T_{Nmax}。在该范围内，由于转速增加而转矩 T_N 恒定不变，机械功率线性递增，直至达到额定功率，如图 9-2 所示。

基础转速以下时，电流与转矩成正比，电压和转速成正比。当达到最高电压时，电机中的磁通必须降低，以保证电压恒定。因此这一范围也称为弱磁范围。磁场减弱导致了转矩减小。如果这时是成反比的旋转速度，得出一个恒定功率。转速范围要覆盖整个恒转矩区和恒功率区。在调速范围，要具备快速的转矩响应特性。永磁无刷直流电机转矩密度较高，但它在恒功率区很难高速运行，限制了其最大的调速范围。感应电机易实现恒功率区弱磁升速，也得到较广泛的应用。从电动汽车的行驶工况可以看出，驱动电机不止工作在额定点，因此要求电机在整个转矩 – 转速特性区内都要有高效率。这对电机设计是很困难的。因此，选用电机时应使其在频繁工作区有高效率。

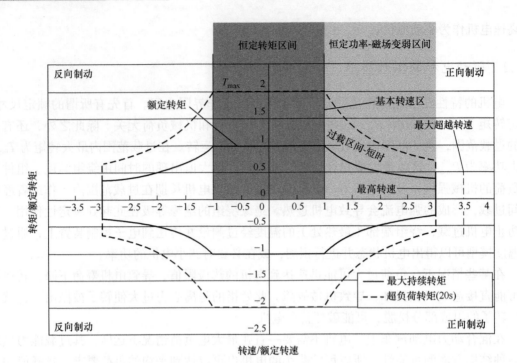

图 9-1　电机的理想 T/n 运行曲线

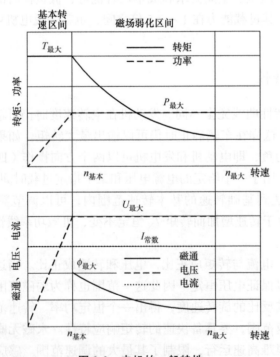

图 9-2　电机的一般特性

相对于发动机，电机可以在车辆从静止状态起动时输出转矩。因此在带有电机的传动链上不需要离合器（起步离合）。电机的转矩特性基本与车辆驱动轮所需的转矩相对应，如

图 9-3b 所示。对于安装发动机的车辆，作用于驱动轮的牵引力必须根据相应的功率和车辆行驶速度通过换档来设定，图 9-3a 所示为传统发动机配备 5 档手动变速器的驱动力曲线。而电机的转矩特性更接近于理想转矩需求。因此，一般情况下，电驱动装置可以取代手动变速器，可以根据需要增加一个变速机构，用于调节电机的转速范围。

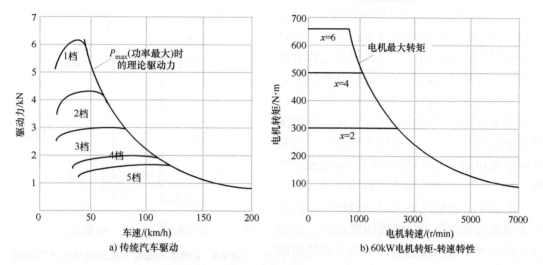

a) 传统汽车驱动   b) 60kW电机转矩-转速特性

图 9-3　传统汽车驱动与电机驱动对比

图 9-3b 所示为一台具有不同转速比（驱动电机最高工作转速与额定转速的比值 x，$x =$ 2，4，6）的 60kW 电机的转矩 – 转速特性曲线。显然该电机具有大范围的恒功率区域，其最大转矩能显著提高，除了加速和爬坡性能得以改善，传动装置也可简化，但是每种形式的电机都有其固有的最高转速比的限值，例如，由于永磁体磁场难以衰减，因此永磁电机具有较小的转速比（$x < 2$）；对于开关磁阻电机，其转速比可大于 6；对于异步电机，其转速比约为 4。

9.2　直流电机的特性

直流电机能将直流电能转换成机械能或将机械能转换成直流电能，直流电机于 1832 年被发明出来，已被使用了一个多世纪，自从交流电机问世以来，在很多领域，用于电力驱动的直流电机已经逐步被淘汰。但为简单起见，在一些低端或越野电动汽车中仍然主要采用直流电机。

9.2.1　直流电机的励磁方式

从前文所述直流电机的原理和结构可知，其主磁极的励磁方式有永磁式和电励磁式两种，采用电励磁式需要为励磁绕组供电，可分为他励和自励两类供电方式，而自励又分为并励、串励和复励三种。

激励磁场的电流由外接电源提供的直流电机称为他励式直流电机，如图 9-4a 所示。他励式电机需外接电源电压 U_f，励磁电路和电枢电路分别由不同的电压源供电，从而可以对它们的电压进行独立控制。更多情况下，励磁电压从电枢电压取出，这种直流电机为自励式。自励式直流电机不需要用单独的电源来励磁，因此更常见。

通常，励磁绕组的电阻比电枢绕组电阻大很多，将励磁电路和电枢电路直接并联，励磁绕组不会从电枢分流过多的电流，而且由于相同的电压源供电，可以同时控制它们的电流，这种将励磁绕组与电枢并联的电机叫并励式电机，如图 9-4b 所示。另一种自励直流电机励磁绕组的连接方式是将励磁绕组与电枢绕组串联，从而使得其励磁电流和电枢电流相同，这就可以同时控制电流，如图 9-4c 所示，这种连接方式称为串励式。串励式电机中，电枢电流流过励磁绕组，因此要求励磁绕组阻值小、线圈匝数也少。串励方式极少用于直流发电机，因为励磁绕组串联产生的电压降，使得感应电动势和负载电

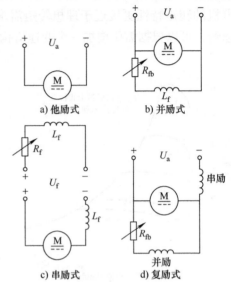

图 9-4 4 种不同励磁方式的电机电路原理图

压必然不同，而且随负载电流变化而变化。因此，串励式发电机的电压调整率差。还有一种复励式电机，即将并励式和串励式组合，如图 9-4d 所示。若串励绕组产生的磁通势与并励绕组产生的磁通势方向相同，称为积复励；若两个磁通势方向相反，则称为差复励。

由于使用换向器与电刷，使得电励磁直流电机存在一个基本问题，换向器会引起转矩脉动并限制运行转速，且电刷由于摩擦会产生射频干扰。此外，由于机械磨损，在达到一定程度后，换向器和电刷就需要更换或修理，因此限制了这种直流电机在现代电动汽车上的使用。

9.2.2 直流电机的运行特性（电动特性）

直流电机的运行特性主要包括直流电机的工作特性和机械特性。对于一定的电机拖动系统而言，当负载的工作状况改变时，电机的输出机械功率也会改变。根据电机的运行原理（功率、转矩、电压平衡规律），电机的转速 n、转矩 T、电枢电流 I_a 以及效率 η 都随电机输出机械功率 P_2 的变化而变化，这种变化规律称为电机的工作特性。它是表明电机运行性能的最基本的特性。

1）转速 n 和电枢电流 I_a 的关系，即 $n = f(I_a)$，称为转速特性。

2）转矩 T 和电枢电流 I_a 的关系，即 $T = f(I_a)$，称为转矩特性。

3）将转速 n 与电磁转矩 T 之间的关系，即 $n = f(T)$，称为机械特性。

4）将效率 η 与电磁转矩 T 之间的关系，即 $\eta = f(T)$，称为效率特性。

以上特性均为电机的运行特性。其中以机械特性最为重要，它指明了电机在静态运行（电机的转速和转矩以及电枢电流保持恒定运行）时的性能，并且决定着电机拖动系统过渡

过程（电机的转速和转矩以及电枢电流随时间而变化）的特性。

1. 他励直流电机的运行特性

在早期的电动汽车中，他励直流电机应用较多。下面以他励直流电机为代表分析直流电机的运转特性。

图 9-5 所示为直流电机电枢绕组等效电路示意图，由此可得电机转速特性的一般表达式为

$$n = \frac{U - R_a I_a}{C_e \phi} = \frac{U}{C_e \phi} - \frac{R_a}{C_e \phi} I_a \tag{9-1}$$

式中　R_a——电枢回路总电阻；

　　　C_e——系数；

　　　ϕ——磁通。

当 $I_a = 0$ 时，转速 $n = n_0 = \dfrac{U}{C_e \phi}$，称为额定理想空载转速，是一个常数。当 I_a 由零加大时，式（9-1）等号右边第二项 $\dfrac{R_a}{C_e \phi} I_a$ 加大，因而 $n < n_0$，故转速特性是一条向下倾斜的直线，如图 9-6 所示的转速曲线。常将 $\dfrac{R_a}{C_e \phi} I_a$ 称为转速降 Δn，故有

$$\Delta n = \frac{R_a}{C_e \phi} I_a \tag{9-2}$$

由式（9-2）可以看出，转速下降的原因是由于电枢电阻 r_a 的存在。ϕ 和 I_a 是产生电磁转矩使电机旋转的必要条件，而不是产生转速降的原因。但转速降的多少也与 ϕ 和 I_a 的大小有关。在电枢电流为额定值时，对应的转速降为额定转速降 Δn_N。一般情况下，对他励电机而言，$\Delta n_N = (0.03 \sim 0.08) n_N$，其值很小。因此，直流他励电机的转速特性是一根微微向下倾斜的直线。

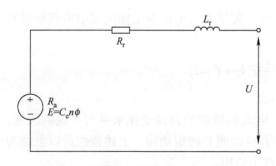

图 9-5　直流电机电枢绕组等效电路

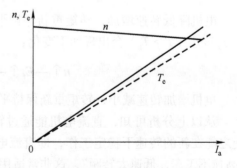

图 9-6　他励直流电机的转速特性和转矩特性

2.起动特性

电机在恒定直流母线电压作用下,转速从 0 增加到稳定运行速度的整个过程称为起动过程。电机在恒定直流母线电压作用下,转速从 0 上升至稳定值过程中的转速、电流变化曲线称为起动特性。电机起动瞬间转速和反电动势均为 0,此时的起动电枢电流为

$$I_\mathrm{a} = \frac{E_\mathrm{a} - U}{R_\mathrm{a}} \tag{9-3}$$

式中　E_a——电枢绕组电动势;

　　　R_a——电枢电路电阻;

　　　I_a——电枢电流。起动过程中的转速和电枢电流曲线如图 9-7 所示。从图 9-7 中可以看出,由于电枢绕组阻值一般较小,起动电流在短时间内会很大,可能达到正常工作电流的几倍乃至十几倍,电枢绕组通过最大电流 $I_\mathrm{sm} = U/R_\mathrm{s}$。在允许范围内,起动电流大有助于转子加速,满载时电机也能很快起动。以额定工况为例,电机刚起动时转速和反电势均为零,起动瞬间电枢电流迅速增大,使电磁转矩 T 较负载转矩 T_z 大很多,转速迅速增加;转速增加引起反电势增大 E_f,电枢电流 I_s 增长变缓直至达到极大值,然后开始减小。电流减小导致电磁转矩减小,于是转速上升的加速度变小。当电磁转矩和负载转矩达到动态平衡时,转速稳定在额定值,整个电机系统保持稳态运行。

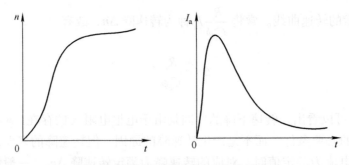

图 9-7　起动过程的转速和电枢电流曲线

如果直流电机在工作过程中负载增大($T < T_\mathrm{z}$),将会出现如下的变化:

$$n\downarrow\ —E_\mathrm{f}\downarrow\ —I_\mathrm{a}\uparrow\ —T\uparrow\ \rightarrow T = T_\mathrm{z}$$

电机降低转速增加,转矩重新保持平稳运行。如果直流电机在工作过程中出现负载转矩 T_z 变小($T > T_\mathrm{z}$)会出现如下变化:

$$n\uparrow\ —E_\mathrm{f}\uparrow\ —I_\mathrm{a}\downarrow\ —T\downarrow\ \rightarrow T = T_\mathrm{z}$$

电机增加转速减小,转矩重新保持平稳运行。

从以上分析可知,直流电机能通过转速、电流和转矩的自动变化来平衡负载的改变,使之能在新的转速下稳定工作,即直流电机具有自动调节转矩功能。上述特性可以总结为"高速不飞车,低速大转距",这非常适用电动汽车使用。

值得注意的是,如果他励直流电机在运行过程中励磁回路断开,将会使气隙磁通骤然

下降到剩磁磁通，感应电动势很小，由于机械惯性的作用，转速不能突然改变，电枢电流急剧增大，会出现下面两种情况：

1）若电机重载，所产生的电磁转矩小于负载转矩，转速下降，电机减速直至停转，停转时，电枢电流为起动电流，引起绕组过热将电机烧毁。

2）若电机轻载，所产生的电磁转距远大于负载转矩，使电机迅速加速，造成"飞车"。这两种情况都是非常危险的，特别是后一种，很可能造成设备和人身伤害事故。

3. 转矩特性

他励直流电机的转矩特性是指外加电压和励磁电流为额定值时，电磁转矩与电枢电流之间的关系，即 $T_e = f(I_a)$。

根据直流电机的电磁转矩表达式 $T_e = C_T\phi I_a$（C_T 为反电动势常数）可知，磁路不饱和时，气隙磁通随电枢电流的增加而略有减小，转矩特性略微向下弯曲，如图9-6虚线所示。

4. 机械特性

他励直流电机的机械特性是指当电机加上一定的电压 U 和一定的励磁电流 I_f 时，转速与电磁转矩之间的关系，即 $n = f(T_e)$，是电机的一个重要特性。图9-8所示给出了不同励磁方式的机械特性曲线。若直流电机转速随负载转矩变化不大，则称其机械特性为硬特性，反之称为软特性。

从机械特性曲线可知，他励直流电机具有良好的线性特征和稳定的输出特性，是直流调速领域内应用最广泛的一种电机，也是电动汽车在直流电机中的首选电机。并励直流电机的机械特性曲线与永磁直流电机的机械特性相似。串励直流电机具有起动转距大及较宽的恒

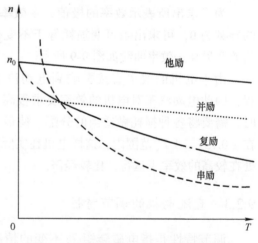

图9-8 不同励磁方式的机械特性比较

功率调速范围，由于良好的起动特性，较适于电动汽车的起步要求，但由于机械特性很软，使得加速性能较差。为此有人提出采用与他励直流电机相结合的方法，即在汽车起步时电机采用串励接线方式起动，其他运行工况下均采用他励直流电机方式驱动。

5. 效率特性

直流电机的效率特性是当转速和电压均为额定时，电机效率与负载的关系曲线（实际上电压 U 随负载变化而变化，因变化不大，近似认为 $U = U_N$）。

他励直流电机的功率关系得效率为

$$\eta = \frac{P_2}{P_1} = \frac{P_2}{P_2 + \sum P} = \frac{P_2}{P_2 + P_{Fe} + P_{mec} + P_{Cua} + P_{Cuf} + P_{ad}} \tag{9-4}$$

式中 P_2——输出功率（kW）；

$\quad\quad P_1$——输入功率（kW）；

$\quad\quad \sum P$——全部损耗，其中有一部分是不随负载变化的，称为不变损耗，如 P_{Fe}、P_{mec}；有一部分是随负载变化而变化的，称为可变损耗，如 P_{Cua}、P_{Cuf}，一般与负载电流的二次方成正比；P_{ad} 中有一部分是不变损耗，一部分是可变损耗。各损耗的具体解释如下：

$\quad\quad P_{Fe}$——铁耗，电枢铁心中磁场交变产生的磁滞损耗和涡流损耗之和；

$\quad\quad P_{mec}$——机械损耗，包括轴承、摩擦损耗，空气摩擦损耗以及通风损耗等；

$\quad\quad P_{Cua}$——电枢回路的总铜耗；

$\quad\quad P_{Cuf}$——励磁铜耗；

$\quad\quad P_{ad}$——杂散损耗，又称附加损耗，包括主磁场脉动和畸变引起铁耗、漏磁场在金属紧固件中产生的铁耗和换向元件内的附加损耗等。附加损耗产生的原因很复杂，也很难精确计算，通常采用估算的方法确定。国家标准规定直流电机的附加损耗为额定功率的 0.5% ~ 1%。

为了求出所表示效率的极值，令效率 η 对电流 I 的导数为 0，可求出当可变损耗等于不变损耗时电机的效率最高。效率曲线如图 9-9 所示。

由于电机的效率直接影响到电动汽车的续驶里程，因此电动汽车对电机的效率要求很高。设计电机时，需要将各种损耗做适当的分配，使最大效率出现在 $(0.75 ~ 1)T_N$ 范围内，这样电机在实际使用时能够处在较高的效率下运行，比较经济。

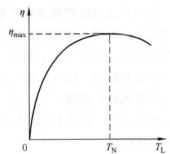

图 9-9 效率特性曲线

9.2.3 直流电机的调节特性

调节特性是指电磁转矩 T_a 不变的情况下，转速 n 和 U 之间的变化关系。不计功率器件损耗。图 9-10 所示为不同电磁转矩下直流无刷电机转速 n 随 U 变化的曲线，图中 $T_{a1} < T_{a2} < T_{a3} < T_{a4}$。调节特性存在死区，当 U 在死区范围内变化时，电磁转矩不足以克服负载转矩使电机起动时，转速始终为零。当 U 高于门限电压，超出死区范围时，电机才能起转并达到稳态，U 越高，稳态转速也越大。由于存在静摩擦力，调节特性曲线组不过原点。

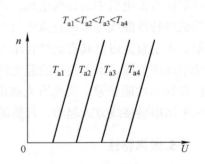

图 9-10 直流电机的调节特性

直流电机具有良好的调速性能，能够很好地满足调速范围宽广、转速连续可调、经济性好等要求，非常适合低速电动汽车使用。传统的直流电机的调速方法有 3 种：调节气隙磁通、电枢回路串联电阻、调节电枢电压。

1. 调节气隙磁通调速

这种方法又称为弱磁法。当电枢端电压和电枢回路电阻都保持不变时，改变气隙磁通也能调节他励直流电机的转速。由于在额定励磁电流时磁路已经较饱和，再增大气隙磁通就比较困难，所以通常是减小气隙磁通。气隙磁通减小，将导致理想空载转速和机械特性斜率的增大，机械特性变软。这种调速方法是通过在励磁回路中串联电阻实现的，控制功率小，设备简单，比电枢回路串联电阻调速要方便得多。调速时，磁通减小，为保证转距恒定，电枢电流增大，励磁电流减小得少，输入功率增大，但电磁功率及输出机械功率因转速增高也增大。受换向器及机械强度的限制，调速比不能太大，约为 1 : 2。

减小气隙磁通的调速方法的局限是转速只能升高，即调速后的转速要超过额定转速，因为电机不允许超速太多，所以限制了它的调速范围。在实际工作中这种方法常作为电压调速的一种补充手段。

由于串电阻会增加励磁损耗，而且电励磁直流电机功率密度低，总体效率也低，因此电励磁直流电机在电动汽车中应用不如永磁直流电机多。而永磁直流电机不能实现减小气隙磁通来调节转速，因此这种方法在电动汽车上应用极少。

2. 电枢回路串联电阻调速

电枢回路串联电阻调速是在外加电压和每极磁通不变的条件下，在电枢回路中串联电阻。电枢回路串联电阻调速方法最主要的缺点是调速时电机的效率低。调速时由于转速降低，电磁功率成正比降低，能量大多消耗在所串联的电阻上，因此效率降低了。而且，要求电阻箱能长时间运行，其体积是巨大的，也不可能做到连续调节。另外，调速范围小，且只能进行有级调速，故在电动汽车直流电机中一般不采用这种方法。

3. 调节电枢电压调速

他励直流电机与交流异步电机相比，虽然功率密度低，维修也不方便，其体积比异步电机和永磁同步电机大且价格比它们高，但是直流电机调速控制比较简单，控制系统成本低，这使得整个电驱动系统成本比永磁同步电机低很多，因此在低速电动汽车上应用较为广泛。另外，由于直流电机能无级调速，这是它调速性能上的独特的优点，因此，对调速要求高的设备，很多还会采用直流电机。

改变电枢端电压调速时，输入功率 P_1 与电压成正比，电磁功率与转速成正比，而电枢感应电动势差不多等于端电压，并且正比于转速 n，所以调速时的效率基本不变。

9.3 永磁同步电机的特性

永磁同步电机的工作原理与电励磁交流同步电机相似，直流电源通过逆变器调制为电压可变的交流电压，输入到永磁同步电机三相对称绕组后，产生三相对称电流，在正弦波电流的作用下，产生旋转磁场，带动转子跟随旋转磁场以相同的旋转速度旋转。

永磁同步电机带载运行时，定子绕组电流会产生电枢磁动势，它与永磁磁动势共同作

用，产生合成气隙磁场，因此存在电枢反应。电枢磁场与永磁磁场以相同的速度旋转，彼此相对静止。电枢磁场不仅会使永磁磁场波形发生畸变，还会产生去磁或增磁作用，直接影响永磁同步电机的运行性能。

9.3.1 永磁同步电机的稳态工作特性

永磁同步电机与电励磁同步电机有着相似的内部电磁关系，故可采用双反应理论来分析，即将电枢磁动势分解为直轴分量和交轴分量，称转子磁动势矢量所指向的位置为直轴（d 轴），与直轴正交的轴线称为交轴（q 轴）。分别求出直轴和交轴磁动势的电枢反应，然后再进行叠加。双反应理论是在电枢磁动势下，作用于交、直轴间的任意位置时，将之分解成直轴分量 F_{ad} 和交轴分量 F_{aq}，先分别求出直、交轴电枢反应，最后再把它们的效果叠加起来分析。

永磁同步电机的电压方程为

$$\dot{U} = \dot{E}_0 + \dot{I}R_1 + j\dot{I}_d X_d + j\dot{I}_q X_q = \dot{E}_0 + \dot{I}R_1 + j\dot{I}_1 X_1 + j\dot{I}_d X_{ad} + j\dot{I}_q X_{aq} \tag{9-5}$$

其中

$$\dot{I}_1 = \dot{I}_d + \dot{I}_q$$

式中　$\dot{U}$ ——外施相电压有效值（V）；

$\quad\quad\dot{E}_0$ ——永磁基波磁场产生的空载相感应电动势有效值（V）；

$\quad\quad\dot{I}_1$ ——定子相电流有效值（A）；

$\quad\dot{I}_d$、$\dot{I}_q$ ——分别为直、交轴电枢电流（A）；

$\quad\quad R_1$ ——定子绕组相电阻（Ω）；

$\quad\quad X_1$ ——定子漏抗（Ω）；

X_{ad}、X_{aq} ——直、交轴电枢反应电抗（Ω）；

$\quad\quad X_d$ ——直轴同步电抗（Ω），$X_d = X_{ad} + X_1$；

$\quad\quad X_q$ ——交轴同步电抗（Ω），$X_q = X_{aq} + X_1$。

永磁同步电机的输入功率为

$$P_1 = mUI_a\cos\varphi = mU(I_d\sin\theta + I_q\cos\theta) \tag{9-6}$$

永磁同步电机的工作特性是指当电源电压恒定时，电机的输入功率 P_1、电枢电流 I_a、效率 η、功率因数 $\cos\varphi$ 等随输出功率 P_2 变化的关系，如图 9-11 所示。

从图 9-11 中可以看出，在正常工作范围内，永磁同步电机的功率因数比较平稳，效率也保持较高水平。电机的输入功率和电枢电流近似与输出功率成正比。

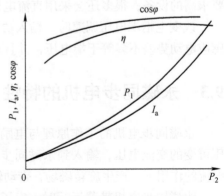

图 9-11　永磁同步电机工作特性

9.3.2　永磁同步电机的拖动特性

1. 机械特性

永磁同步电机稳态正常运行时，转速始终保持同步不变。因此，其机械特性为平行于转矩轴的直线，调节电源频率来调节电机转速时，转速将严格地与频率成正比例变化，如图 9-12 所示。

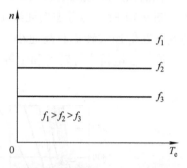

图 9-12　永磁同步电机机械特性

2. 起动特性

同步电机自身没有起动转矩，无法自己起动。目前，采用下面 3 种起动方法：

1）拖动起动法，用一台极数与同步电机相同的小容量异步电机作为辅助电机，拖动同步发电机，使其转速接近于同步转速，然后加上励磁电流，接通电源，靠同步电机产生的电磁转矩拖动转子转速接近于同步转速，然后牵入同步。这时再将辅助电机与电源断开。

2）异步起动法，是在同步电机转子上添加起动绕组。异步起动法直接起动时，起动电流比较大，在起动过程中，励磁绕组应串接一个电阻后短路起来，在转速达到接近异步转速额定值时，投入励磁电流并去掉串联的电阻。随后转子会很快拉入同步转速并正常运行。

3）变频起动法，同步电机起动时，转子加入励磁电流，定子由变频电源供电，其电压由零缓慢增加，旋转磁场牵引转子缓慢地同步加速，直到达到额定同步转速后，将定子投入电网，切除变频电源。这种起动方法起动电流小，是一种性能很好的起动方法。但需要独立的变频电源。有两种方案，一种是作为起动和调速共用的变频电源，另一种是专供起动用的变频电源。

3. 制动特性

同步电机只能采用能耗制动。能耗制动电路原理图如图 9-13 所示。运行时，开关 Q 在"运行"位置，制动时，将开关 Q 置于"制动"位置。同步电机与电源断开与三相制动电阻 R_b 相连。这时，电机在机械惯性作用下继续转动，定子绕组切割励磁磁通而产生感应电动势 E_0，电机处于发电状态，向 R_b 供电，产生制动转矩，使拖动系统迅速停机。在制动过程中，系统的动能转换成电能消耗在电阻 R_b 上。

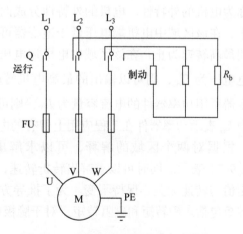

图 9-13　同步电机能耗制动电路原理图

9.3.3 永磁同步电机的效率特性

在前文所述直流电机效率计算时已经分析了电机的各项损耗，式（9-4）在这里同样适用。图 9-14 所示为考虑损耗给出的一个非常典型的效率分布图。通过观察可以发现，电机的效率在低速大转矩和高速小转矩处最低，分别表示了铜损耗最大和铁损耗最大的两种极端情形。在电机中等转速和中等转矩处效率达到最大值。

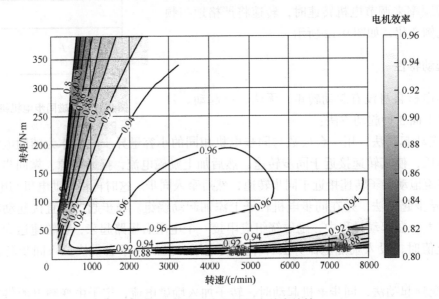

图 9-14 永磁同步电机综合效率特性

9.3.4 永磁同步电机的外特性

永磁同步电机只有在使用逆变器变频供电时才能进行连续调速，应用于车用驱动。在逆变器供电电压和功率管电流容量双重限制下，电机输出转矩（功率）最大值与转速的关系称为电机的外特性。电机的外特性分成两个区域：第一个区域从零转速开始到转折转速为止，在该区域中电机端电压低于逆变器可以输出的最大电压；第二个区域从转折转速开始到最高转速为止，在该区域中电机端电压等于逆变器可以输出的最高电压。设逆变器的供电电压为 U_{dc}，则可以输出的最高电机端电压（相有效值）约为 $U_{dc}/\sqrt{6}$，记作 U_{max}。设逆变器所用功率器件的电流容量为 I_{CE}，则可以输出的最大相电流为 $I_{CE}/(\sqrt{2}k_{sa})$，记作 I_{max}，其中 k_{sa} 表示功率器件在工程应用上留有的电流安全余量，一般取 $1.5 \sim 2$。

根据对两个区域的解释，可以求解出在第一个区域的电机输出转矩最大值，用式（9-7）表示。同时可以求解出转折转速，见式（9-8）。在转折转速内，外特性曲线上的转矩值与转速无关，保持不变。为了推导方便，这里用隐极电机表示（凸极式永磁同步电机转矩包括永磁转矩和磁阻转矩，对于隐极电机，由于直交轴电感相同，只有永磁转矩）。

$$T_{max} = \frac{3}{2}p \wedge_{pm} I_{max} \qquad\qquad (9\text{-}7)$$

$$n_{\text{corner}} = \frac{U_{\text{max}}}{\frac{p}{2}\sqrt{(\wedge_{\text{pm}})^2 + (L_s I_{\text{max}})^2}} \tag{9-8}$$

式中　p——极对数；

$\wedge_{\text{pm}}$——永磁磁链幅值；

L_s——电感。

在第二个区域内，特性曲线上的最大转矩值不再像区域一中的一样，随着转速保持不变，而是随转速变化。这一函数关系式可以用方程式组即式（9-9）求解得到，写作式（9-10），为了避免求得的关系式过于复杂，式（9-10）表示为转速的显示表达式，这是因为在转折转速以上时，电机端电压达到逆变器可以提供的最大值，要想进一步提升转速，必须削弱电机的磁场，而 d 轴电流可以通过控制，使之产生的 d 轴电枢反应磁链与永磁磁链反相，从而降低电机的 d 轴总磁链，达到升速的目的，这一过程称作弱磁，因此 d 轴电流经常被称作弱磁电流，将第一区域称作非弱磁区，第二区域称为弱磁区。

$$\begin{cases} T_{\text{max}} = \frac{3}{2} p \wedge_{\text{pm}} I_{\text{max}} \\ n = \dfrac{U_{\text{max}}}{\frac{p}{2}\sqrt{(\wedge_{\text{pm}} - L_s I_{\text{max}})^2 + (L_s I_{\text{max}})^2}} \\ I_{\text{qmax}}^2 + I_{\text{dmax}}^2 = I_{\text{max}}^2 \end{cases} \tag{9-9}$$

$$n = \frac{U_{\text{max}}}{\frac{p}{2}\sqrt{\left(\wedge_{\text{pm}} - L_s \sqrt{I_{\text{max}}^2 - \dfrac{T_{\text{max}}}{\frac{3}{2} p \wedge_{\text{pm}}} I_{\text{max}}}\right)^2 + \left(\dfrac{L_s I_{\text{max}}}{\frac{3}{2} p \wedge_{\text{pm}}}\right)^2}} \tag{9-10}$$

表 9-1 给出了一个电机外特性计算案例，前一部分是电机参数和逆变器相关的参数表，后一部分按照式（9-7）和式（9-8）计算出的第一区域内的最大输出转矩以及转折转速。使用软件，按照式（9-10）可以计算出第二区域内的外特性曲线。整条外特性曲线如图 9-15 所示。

表 9-1　电机外特性计算案例

项目	参数	项目	参数
永磁磁链	0.2Wb	安全系数	1.5
母线电压	DC 320V	逆变器输出最高电压（rms）	131V
电感	0.7mH	区域一输出最大转矩	381.9N·m
电流容量	450A	逆变器输出最大电流（rms）	212A
极对数	3	转折转速	175rad/s（1669r/min）

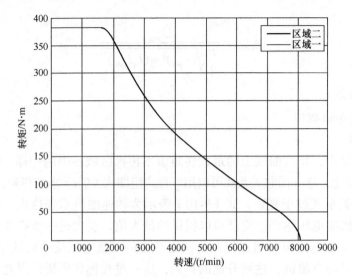

图 9-15　永磁同步电机外特性曲线

9.3.5　永磁同步电机的变频调速特性

由于逆变器本身的元器件和输入电压的限制，所以为交流电机提供可变电压以及可变频率电源的逆变器电压以及电流等级是有限的。另外，即使逆变器有足够大的电压和电流等级，交流电机本身由于绝缘材料、磁路饱和以及温度的限制，在电流和电压等级方面也有限制。因为交流电机的热时间常数通常远大于逆变器的热时间常数，所以在短时间内电机可通过几倍于额定幅值的电流。在恒转矩区域，由于此时交流电机的最大转矩只受电流限制，通过短时间的过载电流可以使电机输出转矩达到几倍额定转矩，因此，对于车辆驱动来说，通常会设定几倍于额定电流的负载电流，以获得更高的转矩加速性能。

变频调速是永磁同步电机的基本调速方式。永磁同步电机具有同步的特点，即交流电机旋转磁场的同步转速与定子电源频率有确定的关系 [见式（8-7）]。

同步电机的稳态转速等于同步转速，同步电机在起动后，转差为 0r/min 时，转差率等于 0，此时旋转磁场的转速与转子的转速完全一致，转子轴线上的磁场就能完全同步旋转。

因此，我们只需要调整永磁同步电机的输入电压，就可以对永磁同步电机的转速进行合适的调整。

9.4　异步驱动电机稳态工作特性及变频特性

异步电机是由气隙旋转磁场与转子绕组感应电流相互作用产生电磁转矩，从而实现机电能量转换为机械能量的一种交流电机。

1. 转矩平衡方程

异步电机带动负载以转速 n 稳定运行时，作用在轴上的转矩有 3 个：

1）转子电流和气隙磁场相互作用产生的电磁转矩 T。

2）电机的机械损耗以及附加损耗引起的阻止转子转动的转矩，称为空载制动转矩 T_0。

3）机械负载反作用于转子上的负载制动转矩 T_2。

当转速恒定时作用在轴上的驱动转矩应与其总制动转矩相平衡，由此可得异步电机稳定运行的转矩平衡方程为

$$T = T_0 + T_2 \tag{9-11}$$

2. 电磁转矩公式

异步电机的电磁转矩是由旋转磁场 ϕ_m 与转子绕组中的电流 I_2 相互作用而产生的。因为转子电路具有电感性，故而转子电流滞后于定子电动势 E_2 一个角度 φ_2，又因输出转矩 T_2 与输出功率 P_2 成正比关系，即

$$T_2 = \frac{P_2}{\Omega_1} = \frac{P_2}{\frac{2\pi n}{60}} = 9.55 \frac{P_2}{n} \tag{9-12}$$

式中　Ω_1——电机转子角速度（rad/s）；

　　　n——电机转子转速（r/min）；

　　　P_2——电机轴上输出的机械功率（W），若电机轴输出功率为额定功率 P_N，转速是额定转速 n_N，这时电机输出的转矩为额定转矩 T_N。这也是求电机输出额定转矩经常使用的公式。

在引入功率因数 $\cos\varphi_2$ 后，有

$$T_2 = C_T \phi_m I_2 \cos\varphi_2 \tag{9-13}$$

式中　C_T——与电机本身结构有关的比例常数；

　　　ϕ_m——电机旋转磁场磁通量；

　　　I_2——转子绕组中的电流。

9.4.1　异步驱动电机的工作特性

异步电机运行特性是指在额定电压和额定频率下电机的转速 n、输出转矩 T_2、定子电流 I_1、功率因数 $\cos\varphi$ 及效率 η 等物理量随输出功率变化的关系曲线。一般通过负载试验测取，如图 9-16 所示。

1. 转速特性

电机转速 n 与输出功率 P_2 之间的关系曲线 $n = f(P_2)$，

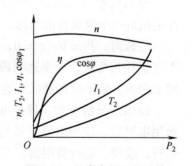

图 9-16　异步电机工作特性

称为转速特性曲线，如图 9-16 所示。空载时，输出功率 $P_2 = 0$，转子转速接近于同步转速，$s \approx 0$。当负载增加时，随负载转矩增加，转速 n 下降。额定运行时，转差率较小，一般为 $0.01 \sim 0.06$，相应的转速 n 随负载变化不大，与同步转速接近，故曲线 $n = f(P_2)$ 是一条微微向下倾斜的曲线。

2. 转矩特性

输出转矩 T_2 与输出功率 P_2 之间的关系曲线称为转矩特性曲线，即 $T_2 = f(P_2)$。空载时，$T_2 = 0$，$P_2 = 0$。随着输出功率 P_2 的增加，转速 n 略有下降。由于异步电机转差率与电机转子电磁效率有关，为限制铜损，随着输出功率的增大，须将转差率限定在一定范围内，考虑到电机从空载到额定负载这一正常范围内运行时，转速 n 变化很小，故转矩特性曲线近似为一稍微上翘的直线。

3. 定子电流特性

异步电机定子电流 I_1 与输出功率 P_2 之间的关系曲线称为定子电流特性曲线，即 $I_1 = f(P_2)$。空载时，转子电流 $I_2 \approx 0$，空载电流 I_0 较小，约为额定电流的 $1/4 \sim 1/2$（数值比）。当负载增加时，转子转速下降，转子电流增大，转子磁势增加。定子电流 I_1 及定子磁势也相应增加，以补偿转子电流的去磁作用，因此定子电流 I_1 随输出功率 P_2 增加而增加，定子电流特性曲线是上翘的。

4. 功率因数特性

异步电机功率因数 $\cos\varphi$ 与输出功率 P_2 之间的关系曲线称为功率因数特性曲线，即 $\cos\varphi = f(P_2)$。功率因数特性是异步电机的一个重要性能指标。空载时，定子电流基本为无功励磁电流，故功率因数很低，约为 $0.1 \sim 0.2$。负载运行时，随着负载增加，转子电流增加，定子电流有功分量增加，功率因数逐渐上升。在额定负载附近，功率因数达到最高值，一般为 $0.8 \sim 0.9$。负载超过额定值后，由于转速下降，转差率 s 增大较多，转子频率增加，转子功率因数下降，转子电流无功分量增大，与之相平衡的定子电流无功分量增大，致使电机功率因数下降。

5. 效率特性

电机效率 η 与输出功率 P_2 之间的关系曲线 $\eta = f(P_2)$ 称为效率特性。效率特性也是异步电机的一个重要性能指标。

空载时，$P_2 = 0$，$\eta = 0$，随负载 P_2 的增加，效率随之提高，当负载增加到可变损耗与不变损耗相等时，效率达到最大值。此后负载增加，由于定子、转子电流增加，可变损耗增加很快，效率反而降低。通常异步电机最高效率发生在 $(0.75 \sim 1.0)P_N$ 范围内。

由以上分析可知，异步电机的功率因数和效率都是在额定负载附近达到最大值。因此选用电机时，应使电机容量与负载容量相匹配。电机容量选择得过大，电机长期处于轻载运行，投资、运行费用高，不经济；若电机容量选择过小，将使电机过载而造成严重发热，影响其寿命，甚至损坏。

9.4.2 三相异步电机的机械特性

异步电机的机械特性是指电机在恒定电压和恒定频率的情况下，转速 n 与输出转矩 T_2 之间的关系，即 $n = f(T_2)$。机械特性曲线一般包括异步电机的起动转矩、起动过程的最小转矩、最大转矩、额定转矩、额定转速、同步转速等重要技术数据，以及电机转速随转矩变化的情况。异步电机的机械特性分为固有机械特性和人为机械特性。

固有机械特性：指电机在额定电压和额定频率下，按规定的接线方式接线，定子和转子电路不外接电阻或电抗时的机械特性。转矩与转差率的曲线 $T_2 = f(s)$ 和 $n = f(T_2)$，如图 9-17 所示。若 $T_2 = f(s)$ 曲线随坐标顺时针旋转 90°，并将横轴 T_2 向下平移至转差率为 1 时所对应的点，则得到了转子转速与转矩之间的关系曲线 $n = f(T_2)$。这一关系曲线被称为电机的机械特性。固有特性上 N、M、A 3 个点代表了异步电机的 3 个重要工作状态。

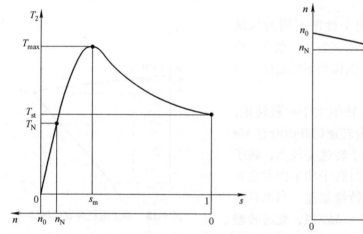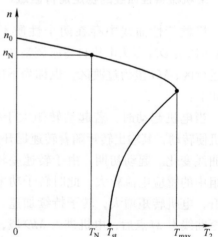

图 9-17 三相异步电机 $T_2 = f(s)$ 和 $n = f(T_2)$ 曲线

1. 额定状态

这是电机的电压、电流、功率和转速都等于额定值时的状态，工作点在特性曲线上的 N 点，额定运行时，转差率很小，一般 $s_N = 0.01 \sim 0.06$，所以异步电机额定转速 n_N 略小于同步转速 n_1。这表明固有机械的线性段为硬特性。额定状态反映了电机的长期运行能力，因为 $T_2 > T_N$，则电流和功率都会超过额定值。若电机温度超过允许值，将会降低电机使用寿命。

此状态对应的转矩为额定转矩 T_N。额定转矩是电机在额定状态运行下的电磁转矩，如某台电机的铭牌给出的额定功率 P_N 为 2.2kW，额定转速 n_N 为 1430r/min，则额定转矩根据式（9-12）为

$$T_{\mathrm{N}} = 9.55\frac{P_{\mathrm{N}}}{n_{\mathrm{N}}} = 9.55 \times \frac{2.2 \times 10^3}{1430}\mathrm{N \cdot m} = 14.69\mathrm{N \cdot m}$$

2. 临界状态

这是电机的输出转矩等于最大转矩的状态，工作点在特性曲线上的 M 点。通常情况下，电动机在线性段 DM 上工作是稳定的，因此 M 点也是稳定运行的临界点。

3. 起动状态（堵转状态）

这是电机刚接通电源，转子尚未转动的工作状态。工作点在特性曲线上的 A 点，对应转矩为 T_{st}。堵转时，定子电流 $I_1 = I_{\mathrm{st}} = (4 \sim 7)I_{\mathrm{N}}$。堵转的状态说明电机直接起动能力。

4. 理想空载状态

理想空载状态是一种假想的状态。电机工作在理想空载点 D，转子电流 $I_2 = 0$。

5. 机械特性曲线的稳定运行区域

机械特性曲线中存在两个性质不同的区域（图 9-18）：DM 段为电机自适应调整区，也称为稳定运行区；MA 段为过渡区，也称为不稳定区。分析如下：

当电机起动时，若起动转矩大于负载转矩，电机便转动，其输出转矩随着转速提升而沿着 MA 段曲线变化。起动初期，由于转速差较大，转子绕组中的感应电流较大，此时转子功率因数也在上升，电机转矩增大，转子持续加速。当电机运行至曲线上 M 点后，电机进入 MD 段，此时转差率逐渐减小，转子功率因数虽然增大，但感生电流明显减小。随着转速上升，当电机输出转矩同负载转矩相等时，电机稳定运行下来。假设此时负载转矩为额定负载转矩，电机电压幅值、频率皆为额定值，则此时 N 点对应的转速、转矩分别为额定转速和额定转矩。

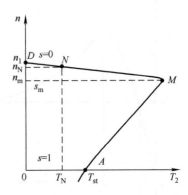

图 9-18　异步电机固有机械特性

当负载转矩发生变化时，电机在 DM 段及 MA 段的运行状态分析如下：

假设在一定负载转矩下，电机稳定工作于 DM 段 N 点，此时若增大负载转矩，则转子转速减小，功率因数有所下降。但转子中感应电流增加，电机转矩增大，当电机输出转矩增至同负载转矩相等时，电机稳定运行于 DM 段上 N' 点。

假设增加负载转矩过程中，电机转子减速至 MA 段。此时虽然转子中的感应电流进一步增大，但转子功率因数较低，转子输出转矩会进一步下降，转子加剧减速直至 $n = 0$，此时旋转磁场与转子之间的相对运动达到最大，转子中感应电流可达额定电流的 $4 \sim 7$ 倍。若不及时切断电源而使电机长时间通电，则会导致电机过热直至烧毁。

由以上也可知,当电机运行于稳定工作区间内,电机输出转矩由负载转矩所决定。负载转矩增大,电机的输出转矩随之增大、转子转速减小、电流增大,输入电功率也增大。

9.4.3 三相异步电机的制动特性

三相异步电机可以工作于两种运动状态,即电动运转状态和制动运转状态。

1)电动运转状态。在三相异步电机处于电动运转状态时,供电系统向电机供给电能,产生正向旋转的驱动转矩。三相电源中任何两相接线交换,都产生反相旋转的驱动转矩。通过简单的换相接线,即可实现电动汽车电动逆向行驶(倒车)。

2)制动运转状态。三相异步电机有 3 种制动运转状态:反馈制动、反接制动和能耗制动。一般情况下,电动汽车利用反馈制动回收的能量可以达到车辆所消耗能量的 10% ~ 15%,这对于电动汽车的节能有重要意义。

由于制动时车辆的惯性作用,带动电机运转,此时电机转速大于它的同步转速,即 $n > n_0$、$s < 0$,转换为发电状态,转子导线切割旋转磁场的方向与电动状态时相反,电流 I_2' 也改变了方向,电磁转矩 T' 也随之改变方向,T' 与 n 的方向相反,起制动作用。

在反馈制动状态,电机被汽车带动,其中一部分惯性能量转换为转子铜耗,而大部分通过气隙进入定子。除去定子铜耗与铁耗后,电能反馈到电流变换器被转换并储存到动力电池组,因此又称为发电制动。因为 T 为负、$s < 0$,所以反馈制动状态的机械特性是电动状态机械特性向第二象限的延伸,如图 9-19 所示。

当异步电机进行四象限工作时,其中一、三象限与二、四象限的区别仅在于电机转子转速方向的不同,有关调速控制以及再生制动模式的切换原理均无差别。因此一般仅需了解电机在一、二象限的机械特性即可。

当电机工作于第一象限时,电机处于电动工作状态,三相电源任何两相接线交换时,即由第一象限正向驱动模式转为第三象限中的反向驱动模式。

当电机工作于第二象限时,电机处于再生制动状态。不同于产生反向驱动转矩的再生制动以及串接电阻的能耗制动,这种制动方法可以在路面制动力的牵引下使电机工作于发电模式并产生制动回收能量。

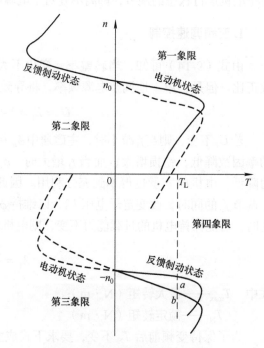

图 9-19　三相异步电机运转状态和反馈制动状态的机械特性

9.4.4 异步驱动电机的调速特性

在某一确定负载下，改变电机转速的过程被称为调速。依据电机的转速表达式

$$n = (1-s)n_0 = \frac{60 f_1}{p}(1-s) \tag{9-14}$$

可见，改变电机转速的方法有：改变磁极对数 p、改变转差率 s、改变电源频率 f_1。此外，异步电机转矩大小同电源电压值二次方成正比，因此改变电源电压值 U 也是一种调节电机转速的方法。

改变定子绕组布置以改变磁极对数以及改变电源频率的方法适用于笼型异步电机，通过改变磁场同步转速 n_0 的大小来进行调速。改变转差率的方法只适用于绕线转子异步电机，此方法不改变同步转速 n_0，而是通过在转子绕组电路中串联电阻，改变转差率来实现对电机的调速控制。

概括起来说，异步电机的调速控制方法主要包括恒压变频控制（CVVF）、变压变频控制（VVVF）以及磁场定向矢量控制（FOC）。其中前两种方法出现较早，属于开环控制，通用型电机变频器基本上都是采用这两种控制方式，电机控制精度和鲁棒性一般。而 FOC 是基于矢量坐标变换理论而提出的闭环控制思路，使异步电机机械特性的调节过程实现了类似于直流电机磁场/转矩解耦控制的效果，但是逆变器及控制设计复杂。具体来说，无论是对于异步电机还是永磁同步电机，其实际输入量均为具有一定频率及幅值的定子电流。本质上对于电机运行状态的调节，都离不开对于电源电压频率和幅值的控制，即变频/变压。

1. 变频调速控制

由式（9-14）可知，当转差率 s 变化不大时，异步电机的转速 n 基本上与电源频率 f_1 成正比。但是，单一地调节电源频率，将导致电机运行性能的恶化，其原因分析如下：

$$U_1 \approx E_1 = 4.44 f_1 W_1 k \omega_1 \phi_m \tag{9-15}$$

若 U_1 不变，则当 f_1 减小时，主磁通中 ϕ_m 将增加，这将导致磁路过饱和，励磁电流增大，功率因数降低，铁损增大；而当 f_1 增大时，ϕ_m 将减少，输出转矩及最大转矩下降，过载能力降低，电机的容量也得不到充分利用。因此，为了使电机能保持较好的运行性能，要求在调节 f_1 的同时，改变定子电压 U_1，以维持 ϕ_m 不变。一般认为，在任何类型负载下变频调速时，若能保持电机的过载能力不变，则电机的运行性能就较为理想。电机的过载能力为

$$\lambda_T = \frac{T_{max}}{T_N} \tag{9-16}$$

式中 T_{max}——最大转矩（N·m）；

T_N——额定转矩（N·m）。

为了保持变频前后 T_N 不变，要求下式成立：

$$\frac{U_1'}{U_1} = \frac{f_1'}{f_1} \sqrt{\frac{T_N'}{T_N}} \tag{9-17}$$

式中加 "'" 的表示变频后的量。

式（9-17）表示变频调速时，U_1 随 f_1 的变化规律，此时电机的过载能力 λ_T 将保持不变。

变频调速时，U_1 与 f_1 的调节规律是和负载性质有关的，通常分为恒转矩变频调速和恒功率变频调速两种情况。

（1）恒转矩变频调速　对于恒转矩负载，$T_N = T'_N$，由式（9-17）可得

$$\frac{U'_1}{f'_1} = \frac{U_1}{f_1} = 常数 \tag{9-18}$$

这种调速方式是保持 U_1/f_1 比值恒定的变压变频调速，也称恒转矩变频调速方式，将频率 f_1 从额定值往下调节（同时降低 U_1），由于频率减小，电机转子转速随同步磁场转速而减小。

依据异步电机的机械特性，当电机运行于自适应稳定区间时，如果保持负载转矩不变，同步调节电源电压 U_1 以及电源频率 f_1 以保持 U_1/f_1 比值恒定，则气隙磁通 ϕ_m 保持不变。由式（9-13）可得，当电机重新进入稳态运行时，转子电流不变，即电机输出转矩保持不变，因此上述调节过程称为恒转矩调速。这种保持磁通恒定而输出转矩不变的变频调速机械特性如图 9-20、图 9-21 所示。

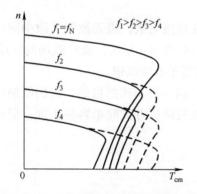
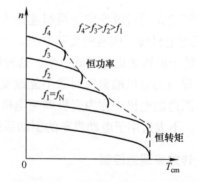

图 9-20　U/f 为常数是变频调速的特性　　图 9-21　恒转矩和恒功率调速的机械特性

恒转矩变频调速方式的机械特性较硬，原因在于调节电源频率的同时调节电源电压，使得电机的主磁通变化不大，电机转矩变化的幅值较小，因而转速降较小。这种方法调速范围较宽，但低速时由于转矩提升不明显，低速性能较差。如果在逆变器允许的情况下，电源频率 f_1 能够实现连续调节，就能实现无级变频调速。

（2）恒功率变频调速　对于恒功率负载，要求在变频调速时电机的输出功率保持不变，即

$$P_N = \frac{T_N n_N}{9.55} = \frac{T'_N n'_N}{9.55} = 常数 \tag{9-19}$$

即

$$\frac{T'_N}{T_N} = \frac{n'_N}{n_N} = \frac{f'_1}{f_1} \tag{9-20}$$

将式（9-20）代入式（9-17），可得

$$\frac{U_1'}{\sqrt{f_1'}} = \frac{U_1}{\sqrt{f_1}} = 常数 \qquad (9-21)$$

即在恒功率负载下，如能保持式（9-21）的调节规律，则电机的过载能力 λ_T 不变。当提高电源频率 f_1 时，由于电源电压会受到额定电压 U_N 的限制，往往在电源电压 U_1 不变的情况下，只调节电源频率 f_1 进行调速。当增大 f_1 时，磁通 ϕ_m 相应减小，输出转矩随之减小，电机将在稳定运行区域减速直至输出转矩增大至同负载转矩相同时，重新进入稳定状态。当减小 f_1 时，感应电机转差率减小，转子漏感抗也减小，但由于定子铁心中主磁通 ϕ_m 增大，因此，此时转子输出转矩增大。当电机转子的转速升高直至转子输出转矩减小至与负载转矩相同时，重新进入稳定运行状态。但当电源频率增加过多时，可能使定子铁心出现过饱和，从而引起定子电流增大，铁心发热。对于恒功率负载，由于转速升高，其输出转矩需求将减小，因此在这种调节方式下，异步电机的电磁功率将基本不变。这种调速方式也称为恒压弱磁变频调速。这种调速方法机械特性偏软，调节电源频率时引起的转速降较大。

2. 变极调速控制

变极调速是通过改变定子绕组连接方式以改变磁极对数，进而改变气隙中同步磁场转速 n_0 以实现电机转子调速的变速方法。每当磁极对数增加 1 倍时，旋转磁场的转速 n_0 就降低一半，转子的转速也将降低一半，这种调速方法属于有级调速。

通常普通的电机的磁极对数不能改变，为了达到变极调速的目的，人们研制出了可改变磁极数调速的电机，称为变极调速电机。这种电机调速方式简单容易实现，但由于属于有级调速，不太适用于电动汽车的驱动系统。

3. 变转差率调速控制

异步电机的转差率同转子绕组中的铜损效率有关，如式（9-22）所示。

$$s = \frac{P_{Cu2}}{P_N} \qquad (9-22)$$

当增大转子绕组中的电阻时，转子绕组等效电路中的铜损效率必然增大，此时 s 增大。在电源频率保持不变的情况下，转子转速减小。这一过程也可以理解成：当转子绕组中的电阻增大时，转子的感应电流减小，输出转矩下降，使得转子的转速减小。随后，由于转差率上升，转子绕组中的感应电动势增大，转矩随转速下降逐渐回升，当转矩恢复至与负载转矩相同时，重新进入稳定运行状态。

这种调速方法的特点是无须对电源属性进行调节，旋转磁场转速不变，但是在调节转子绕组电阻的过程中也改变了电机机械特性，运行斜率随转子中串入电阻的增大而增大，机械特性也随之变软，随着负载的增加，转速下降很快。此外，这种调速方法对设备要求不高，也可实现连续调速；缺点是效率不高，由于电机转子绕组中铜损增大，使效率降低。

4. 交流电机的调速特性

在交流电机调速控制过程中，随着定子绕组电源频率的升高，为保证电机气隙中磁通保持不变，须同步提高电机定子电压，保持定子电压同电源频率比值为定值以维持气隙磁通恒定。由于电机供电电压幅值有限，当电机转速达到额定转速时，定子电压也达到额定值，电压不能再随频率成正比例增加，由式（9-15）可知，气隙磁通将随电源频率的上升而下降，电磁转矩也随之减小，转矩与转子电流频率近似为一常数，使得感应电机在近似恒功率的方式下运行。

当频率发生变化时，电机的运行特点如下：

1）电机控制器输出的电压除了有基波分量外，还有谐波分量，这些谐波分量会对电极的性能产生影响。

2）在调速过程中，随着频率的上升，电机电压也不断上升，但由于直流母线电压的限制，到一定频率后，电压进入满电压。

在整个工作范围内有如下两个典型的区域：

1）恒磁通区：驱动电机内部磁通保持不变，电压随频率的升高而升高。

2）恒电压区：电机电压保持不变，磁通随频率的升高而降低即处于弱磁区。

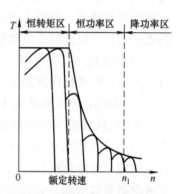

图 9-22 异步电机驱动系统调速特性变化示意图

图 9-22 中的异步电机驱动系统调速特性，实现了电机驱动系统的低速恒转矩、高速恒功率控制。以电机的额定频率 f_{N1} 为基准频率，变频调速时电压随频率的调节规律以基准频率为分界线，会有以下两种情况，对应上述两个典型区域。

（1）在基准线以下调速（恒磁通区） 保持 $\dfrac{U_1'}{f_1'} = \dfrac{U_1}{f_1} = $ 常数，即恒转矩调速。假设异步电机在控制作用下从静止起动，当电机运行在额定转速以下时，保持定子电压随定子电源频率恒比例变化，此时气隙中的磁通保持不变，且由于电源频率及转子转速同时增加，转差率短时间内变化也不大，故转子中感应电流大小也保持恒定，在合适的转差率及恒定磁通的作用下，转子输出的转矩最大且为额定转矩。具体分析如下：

当 f_1 减小时，最大转矩 T_{max} 不变，起动转矩 T_{st} 增大，临界点转速降 Δn_m 不变。因此，机械特性随频率的减小而向下平移，如图 9-20 中虚线所示。实际上，由于定子电阻的存在，随着 f_1 的降低，最大转矩 T_{max} 将减小，如图 9-20 中实线所示。

为保证电机在低速时有足够大的 T_{max} 值，U_1 应当比 f_1 降低的比例小一些，使得 $\dfrac{U_1}{f_1}$ 的值随着 f_1 的降低而增加，这样才能得到图 9-20 中虚线所示的机械特性。

总结上述运行区域特点如下：

1）电机的定子电流、转子电流和励磁电流保持不变。

2）电机的转差率保持恒定。

3）最大转矩保持恒定。

4）电机电压与频率近似成正比。

（2）在基准线以上调速（恒电压区） 随着转子转速的提升，当电机转子转速达到额定转速时，电机达到额定功率，此时定子电压也达到额定值。即频率从 f_{1N} 往上升高，但是电压 U_1 却不能超过额定电压 U_{1N}，最高只能达到 $U_1 = U_{1N}$。此时保持额定电压不变，继续提高电源电压频率。随着电压频率升高，由式（9-15）可以知道，这将迫使磁通量与频率成反比降低，转矩输出减小、转子提速放缓、转差率开始升高。转子中的感应电流在电压频率升高和转差率上升的共同作用下依旧近似保持恒定。

当转差率继续增大到限值时，如计划进一步提升电机转速，须采取弱磁控制。通过调节电源电压频率，以进一步降低磁场磁通。在保持转速差不变的情况下，转子中的感应电流开始下降，受感应电流及气隙磁通同时下降的影响，转子的输出转矩也会明显下降，电机输出功率降低，但随之转子会获得更高转速。由此可见，在输入功率限值恒定的情况下，弱磁升速往往也伴随着电机输出转矩的下降。

当电机电压保持不变时，随着频率的升高，电机的磁通将会下降，电机处于弱磁运行，主要参数变化规律如下：

1）电感：当电机磁通下降时，定、转子和励磁电感会增加。

2）趋肤效应（交变电流通过导线时，电流在导线横截面上的分布是不均匀的，导体表面的电流密度大于中心的密度，且交变电流的频率越高，这种趋势越明显，该现象称为趋肤效应，也称集肤效应）：随着电机运行频率的升高，电机的趋肤效应加大，定、转子的交流电阻系数增加，交流漏抗系数降低。

3）最大转矩：当电机的电压保持不变时，电机处于恒电压运行，电机的最大转矩与定子频率成反比。当驱动电机系统直流母线电压和驱动电机转矩–转速特性保持一定时，为了保证在最高恒功率点的最大转矩，只能减小驱动电机的漏抗。

这种特性是异步电机与永磁同步电机的一大区别，也是永磁同步电机相比异步电机具有更高功率密度的原因之一。对于永磁同步电机来说，当电机电压和功率保持不变时，其最大转矩在整个区域内保持不变。

5. 逆变器

逆变器是一种将直流电源调制成定频 / 定压或变频 / 变压交流电的电气装置，它由滤波电容、可控型半导体开关元件以及控制逻辑组成，在一系列开关脉冲信号的驱动下驱动各逆变桥中半导体元件导通或截止，从而在输出端得到期望的三相交流电。近 10 余年来，以 MOSFET、IGBT 等为代表的全控型功率开关器件，以及以 SPWM、SVPWM 为代表的逆变调制技术有了长足的进步，极大地促进了交流电机调速的应用和普及。

9.5 开关磁阻电机的工作特性

开关磁阻电机的转矩方向不受电流方向的影响，仅取决于电感随转角的变化。若 $dL/d\theta > 0$，则该相绕组有电流流过，产生电动转矩；若 $dL/d\theta < 0$，则流过电流方向不变而产

生制动转矩，每相只在半极距内产生整转矩，易产生转矩波动。因此，通过控制加到电机绕组中电流脉冲的幅值、宽度及其与转子的相对位置，即可控制电机转矩的大小和方向。在转矩方向不变的情况下，平均转矩的调节可通过对电流的调节来实现。电流调节通常有两种方法：电流斩波控制和提前角控制。这两种控制方案的转速边界称为基速 ω_{fc}，该转速下的反电动势等于直流母线电压。开关磁阻电动机工作特性如图 9-23 所示，可分为 3 个区域：恒转矩区、恒功率区、自然特性区。与之对应的分别是电动汽车在城区低速驾驶、郊区中速驾驶和高速公路巡航时所需的行驶模式。

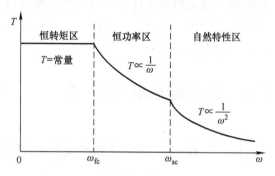

图 9-23　开关磁阻电动机工作特性曲线

1. 恒转矩区

当电机运行于基速以下时，反电动势低于直流电源电压。当功率变换器特定相的开关器件导通或关断时，相电流相应地上升或下降。使用滞环电流控制器来控制开关器件，即电流斩波控制，相电流可以被控制在额定值附近，因此能够实现恒转矩运行。

开关磁阻电机实际运行时动力电池组供电电压 U 一般保持恒定，对几何尺寸一定的开关磁阻电机，在功率器件最大允许电流 I_{max} 的限制下，有一个临界转速 ω_{fc}，此转速是开关磁阻电机能得到最大转矩的最高转速，此工作点称之为"第一临界运行点"，对应的转速称之为"第一临界转速"或基速。

电机转速低于第一临界转速时，绕组电流将大于 I_{max}，必须将绕组电流控制在等于 I_{max}，此时电机具有恒转矩特性。在恒转矩区，电机转速较低，电机反电动势较小，因此需采用电流斩波控制方式。

2. 恒功率区

开关磁阻电机转速高于 ω_{fc} 时，反电动势高于直流电源电压，使得相电流受到反电动势的限制。在一定的条件下，随着电机转速的增加，电磁转矩将随电机转速的二次方下降，为了将电流馈送至相绕组中，需要对特定相的开关在非对齐位置之前接通，即提前角控制。由于反电动势随转速身高而增加，相电流减小，因此转矩必然下降。转速越高，开通角需要越提前。通过优化开通角和关断角，可减缓电磁转矩随电机转速的下降速度，使电磁转矩将随电机转速的一次方下降，实现恒功率特性。转速超过电机的临界转速 ω_{sc} 时，导通角和关断角均达到其极限值，若进一步提前其相位，输出转矩迅速降低，开关磁阻电机不能再保持恒功率运行，进入自然工作模式。对应的转速为恒功率特性的速度上限，称之为"第二临界转速"。

3. 自然特性区

在自然特性区，电源电压、开关角和关断角均固定，由于自然特性与串励直流电机的

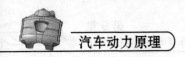

特性相似，也称为串励特性区。

开关磁阻电机一般运行在恒转矩区和恒功率区。在这两个区域内，电机的实际运行特性可控。通过控制条件，可以实现在实线以下的任意实际运行特性。在串励特性区，开关磁阻电机的可控条件都已达极限，运行特性不再可控，呈现自然串励运行特性，因此电机一般不运行在此区域。

9.6 驱动电机特性测试

9.6.1 电动汽车对驱动电机系统的技术要求

电机作为电驱动系统的核心部件，其性能优良直接影响车辆的经济性和动力性。目前对于目前广泛应用与电动汽车的驱动电机的测试，主要是考虑以下 3 个性能指标：

1）最大续驶里程：电动汽车在电池充满电后的最大续驶里程。

2）加速能力：电动汽车从静止加速到一定的速度所需要的最少时间。

3）最高车速：电动汽车所能达到的最高车速。

针对于电动汽车的驱动特点所设计的电机，相比于工业用电机有着特殊的性能要求，要求能实现车辆频繁的起动/停车、加速/减速，低速或爬坡时要求高转矩，高速运行时要求恒功率，同时还要求高速超车时的峰值功率输出，如图 9-24 所示。

电动汽车对电机驱动系统在负载、性能可靠性等方面有特殊要求，具体要求如下：

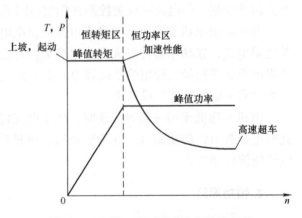

图 9-24　车用工况对驱动电机性能要求

1）电动汽车驱动电机通常要求可以频繁的起动/停车、加速/减速、转矩控制的动态性能要求较高。

2）为了减小整车的质量，通常取消多级变速器，这就要求在低速或爬坡时，电机可以提供较高的转矩，通常来说要能够承受 4~5 倍的过载。

3）要求调速范围尽量大，同时在整个调速范围内还需要保持较高的运行效率。

4）电机设计时，尽量设计为高额定转速，同时尽量采用铝合金外壳。高速电机体积小，有利于减少整车的总质量。

5）电动汽车应具有最优化的能量利用，具有制动能量回收功能，再生制动回收的能量一般要达到总能量的 10%~20%。

6）电动汽车所使用的电机工作环境更加复杂、恶劣，要求电机具有高的可靠性和环境适应性，同时还要保证电机生产的成本不能过高。

9.6.2 驱动电机的标准

测试方法类标准是技术条件落地的基础，我国电动汽车用驱动电机主要标准见表 9-2。

表 9-2　电动汽车用驱动电机系统标准

序号	标准编号	标准名称
1	GB/T 18488—2024	电动汽车用驱动电机系统
2	GB/T 29307—2022	电动汽车用驱动电机系统可靠性试验方法
3	GB/T 36282—2018	电动汽车用驱动电机系统电磁兼容性要求和试验方法
4	QC/T 893—2011	电动汽车用驱动电机系统故障分类及判断
5	QC/T 896—2011	电动汽车用驱动电机系统接口
6	QC/T 926—2013	轻型混合动力电动汽车（ISG 型）用动力单元可靠性试验方法
7	QC/T 1022—2015	纯电动乘用车用减速器总成技术条件
8	QC/T 1068—2017	电动汽车用异步驱动电机系统
9	QC/T 1069—2017	电动汽车用永磁同步驱动电机系统
10	QC/T 1086—2017	电动汽车用增程器技术条件
11	QC/T 1088—2017	电动汽车用充放电式电机控制器技术条件

9.6.3 电机测试台架的基本组成

电机测试台架的基本结构如图 9-25 所示，即设置所需的负载特性，与被试电机共同作用，实现被试电机功率的输出。为了保证电机功率输出的可控，电机测试最常见的两种方式为：①设定被试电机转矩控制而负载进行转速控制；②设定被试电机为转速控制而负载进行转矩控制。负载的输出转矩也可以设置为电机转速的函数，向被试电机施加近似于阻力特性的负载。

电机测试台架的基本组成部分包括试验电源、被试电机及控制器、负载电机及上位机和台架测控系统。其中，负载电机是电机测试台架的核心，用于模拟负载的转矩/转速特性，所以一般会采用与被试电机同类型的电机。负载电机一般可四象限工作，所以能满足被试电机各工况下工作特性的测试，同时也可以用于被试电机一些参数的测试。

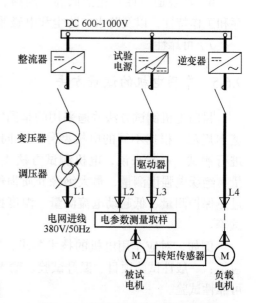

图 9-25　驱动电机测试台架结构图

负载电机一般可以设置转矩模式或转速模式，这两种模式即为前文讨论的两种负载控制模式。负载电机和被试电机可以由同一个试验电源供电，也可以分别供电。由于电机具有发电和电动两种模式，一般要求试验电源可以对电网回馈能量。电机性能测试的最

主要物理量即为电压、电流、转矩和转速，它们表征了电机工作中电功率和机械功率的变化。

9.6.4 车用电机的技术要求

目前车用电机的技术要求普遍是由国家标准、国际标准、厂家标准和用户质量要求4类基本规范综合构成的，根据不同的电机型号和不同的使用要求，设定不同的技术要求。

一般来说，对车用电机的技术要求主要分为以下7个部分。

1）一般要求：包括旋转时无定转子相擦及异响，电机控制器满足整车要求的通信、故障诊断功能等。

2）一般性项目：包括外观、外形和安装尺寸、质量、控制器壳体机械强度、液冷系统冷却回路密封性能、电机定子绕组冷态直流电阻、绝缘电阻、耐电压、超速等。

3）温升：在规定的工作制下，驱动电机的温升应符合 GB/T 755—2019 中 8.10 规定的温升限值。

4）输入输出特性：包括工作电压范围、转矩 – 转速特性、持续转矩、持续功率、峰值转矩、峰值功率、堵转转矩、最高工作转速、驱动电机系统效率、控制精度、响应时间、电机控制器工作电流、馈电特性等。

5）安全性：包括安全接地检查、电机控制器的保护功能和电机控制器支撑电容放电时间等。

6）环境适应性：包括低温、高温、湿热、振动、盐雾等条件下电机及其控制器的储存和工作特性，以及防水、防尘和电磁兼容性要求等。

7）可靠性。

9.6.5 车用电机的试验方法

目前电机测试方法普遍采用的是国家标准、国际标准、厂家标准和用户质量要求4类基本规范，根据不同的电机型号和不同的使用要求，设定不同的测试项目和测试方法来进行测试。一般来说，电机测试方法主要包括外观检查、静态参数测量、绝缘电阻的测量、绝缘电强度测量、最大绝缘介质损耗测量、动态功率测量、动态功率因数测量、动态过热保护测量、低起动电流测量、温度控制测量、频率快速诊断、断相保护和转子循环测试等。

例如，对应车用电机的技术要求，在 GB/T 18488—2024 中规定的电机系统试验主要包括：一般性试验项目、温升试验、输入 – 输出特性试验、安全性试验、环境适应性试验、可靠性试验。

下面选取输入 – 输出特性试验中的转矩转速特性及效率试验进行简要介绍。

（1）试验设备　转矩 – 转速特性及效率的测定设备配置图如图 9-26 所示。控制器和驱动电机系统由直流电源或电池提供电源，驱动电机通过转矩 – 转速传感器与负载连接。调节负载使被试驱动电机系统工作在不同的工作状态下，使用电参数仪测量控制器的输入功率 P_1 和输出功率 P_2，使用转矩 – 转速传感器来测量并计算驱动电机的输出功率 P_3。

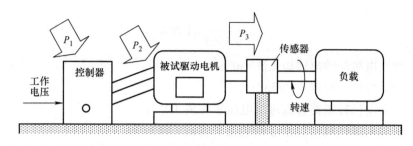

图 9-26 转矩－转速特性及效率的测定设备配置图

试验时跟据试验目的设置试验条件，驱动电机系统在冷态或热态下执行，驱动电机控制器的直流母线电压可设置在最高工作电压、最低工作电压、额定工作电压或其他工作电压，一般为额定电压。试验的转速和转矩可以是一个工作点，也可以是一条特性曲线或全部工作区。

（2）测试点及测量参数的选取原则

1）转速测试点的选取原则：在电机工作转速范围内，一般取不少于 10 个转速点，最低转速点不大于最高工作转速的 10%、相邻转速点间的间隔不大于最高工作转速的 10%；典型的转速点包括额定工作转速点、最高工作转速点和持续功率对应的最低工作转速点等。

2）转矩测试点的选取原则：在驱动电机系统电动或馈电状态，在每一个转速点一般取不少于 10 个转矩点；对高速工作状态，转矩点可适当减少（不小于 5 个）；典型的转矩点包括持续转矩数值处的点、峰值转矩或最大转矩数值处的点、持续功率曲线上的点和峰值功率或最大功率曲线上的点等。

3）试验过程测量参数的选取原则：根据试验目的在相关的测试点处选取下列参数，即驱动电机控制器直流母线电压和电流，驱动电机的输入电压、电流、频率及电功率，驱动电机的输出转矩、转速及机械功率，驱动电机效率、驱动电机控制器效率、驱动电机系统效率，驱动电机绕组的直电阻及温度，冷却介质的流量及温度等。

（3）效率测量　驱动电机系统处于电动状态运行时，驱动电机控制器的效率 η 按式（9-23）计算，即

$$\eta_{c} = \frac{P_{co}}{P_{ci}} \times 100\% \qquad (9\text{-}23)$$

式中　P_{co}——驱动电机控制器输出功率（W）；

　　　P_{ci}——驱动电机控制器输入功率（W）。

驱动电机系统处于电动状态运行时，驱动电机的效率 η_{m} 按式（9-24）计算，即

$$\eta_{m} = \frac{P_{mo}}{P_{mi}} \times 100\% \qquad (9\text{-}24)$$

式中　P_{mo}——驱动电机输出功率（W）；

　　　P_{mi}——驱动电机输入功率（W）。

驱动电机系统处于电动状态运行时，驱动电机系统的效率 η 按式（9-25）计算，即

$$\eta = \frac{Tn}{9.55UI} \times 100\% \tag{9-25}$$

式中 T——驱动电机的输出转矩（N·m）；

n——驱动电机的转速（r/min）；

U——驱动电机控制器直流母线电压平均值（V）；

I——驱动电机控制器直流母线电流平均值（A）。

驱动电机系统处于馈电工作状态时，其能量传递过程与驱动电机系统处于电动状态运行时的过程正好相反。驱动电机、驱动电机控制器和驱动电机系统这3个效率也按式（9-23）、式（9-24）和式（9-25）计算，此时输入功率和输出功率进行对照转换调整即可。

（4）关键特征参数的测量　驱动电机系统的关键特征参数包括持续转矩、持续功率、峰值转矩、峰值功率、堵转转矩、最高工作转速、高效工作区和最高效率等。关键特征参数一般由产品的技术规范来确定，通过试验来验证参数数值的符合性。

持续转矩是指驱动电机系统在额定电压、额定转速条件下，规定的S1工作制下最大长期工作的转矩；峰值转矩是指驱动电机系统在额定电压、额定转速条件下，在一定的持续时间内能输出的最大功率；最高工作转速是指相应于电动汽车最高行驶车速时的电机转速，驱动电机系统在额定电压下、在该转速时应能以额定功率运行。

关键特征参数的测定试验方法见表9-3。

表 9-3　关键特征参数的测定试验方法

序号	关键特征参数	控制器直流母线电压	驱动电机系统工作状态	测定方法
1	持续转矩	额定电压	电动/馈电	在规定的转矩和转速状态下运行，电机系统长期正常运行且不超过温升限值，确定相应工作点时的持续转矩值
2	持续功率	额定电压	电动/馈电	将项目1确定的持续转矩和转速按 $Tn/9550$ 计算相应工作点时的持续功率
3	峰值转矩	额定电压	电动/馈电	在规定的峰值转矩、转速和持续时间状态下运行，电机系统短期正常运行且不会引起电机损坏或性能不可恢复，确定相应工作点时的峰值转矩值
4	峰值功率	额定电压	电动/馈电	将项目3确定的峰值转矩和转速按 $Tn/9550$ 计算相应工作点时的峰值功率
5	堵转转矩	额定电压	电动	在冷态下，驱动电机堵转，施加规定频率和电压，测量、记录堵转转矩及堵转时间，改变驱动电机定转子相对位置，沿圆周方向等分5个堵转点，测量此5个点的堵转转矩，取最小值即为驱动电机系统的堵转转矩
6	最高工作转速	额定电压	电动	使用验证法确定：在热态下，施加规定的负载，转速调整至最高工作转速，持续工作时间不少于3min
7	高效工作区	额定电压	电动/馈电	在热态下，在不同的转矩和转速点进行试验，记录驱动电机轴端的输出转矩和转速、驱动控制器的直流母线电压和电流，计算各试验点的效率；对比技术条件对高效工作区的定义，统计符合条件的测试点数量，其值与试验测点总数之比即为高效工作区的比例
8	最高效率	额定电压	电动/馈电	在项目7的高效工作区中，选择所有测试点效率最高值即为最高效率

（5）工作电压范围的测定　试验时将驱动电机系统的直流母排电压分别设定在最高工作电压处和最低工作电压处，测量驱动电机转速范围内在不同工作转速下的最大工作转矩，记录稳定的转速和转矩值。测量的点数不少于10个，绘制转矩－转速特性曲线。

复习思考题

一、填空题

1.直流电机的运行特性主要包括直流电机的工作特性和_____。

2.同步电机只能采用_____制动。

3.在逆变器供电电压和功率管电流容量双重限制下，电机输出转矩（功率）最大值与转速的关系称为电机的_____。

4.永磁同步电机的基本调速方式是_____。

5.异步电机因其转子绕组电流是感应产生的，又称_____。

6.异步电机在恒定电压和恒定频率的情况下，转速n与转矩T之间的关系称为_____特性。

7.三相异步电机可以工作于两种运动状态，即电动运转状态和_____运转状态。

8.异步电机变频调速时通常分为_____变频调速和恒功率变频调速两种情况。

二、选择题

1.异步电机转差率大于1时，电机运行状态为（　　　）。

A.制动状态　　　　　B.堵转状态　　　　　C.电动机状态　　　　　D.理想空载状态

2.在直流电机中，电流方向控制是通过（　　　）实现的。

A.变压器　　　　　B.换向器　　　　　C.位置传感器　　　　　D.逆变器

3.下列关于永磁同步电机的外特性叙述正确的是（　　　）。

A.其外特性分成3个区域

B.第一个区域中电机端电压低于逆变器可以输出的最高电压

C.第二个区域中电机端电压低于逆变器可以输出的最高电压

D.第三个区域中电机端电压等于逆变器可以输出的最高电压

三、简答题

1.电机的工作特性是后续为电动汽车选择电机的重要依据，永磁同步电机以永磁体提供励磁，使电机结构较为简单，提高了电机运行的可靠性，在电动汽车上得到应用，请根据永磁同步电机的运行特性分析：①该电机的工作特性及其定义；②该电机的机械特性。

2.如何选择驱动电机？

3.直流电机的励磁方式有哪些？

4.分析他励直流电机的运行特性。

5.分析异步驱动电机的工作特性。

第 10 章　汽车动力系统与整车性能的匹配

> **【内容及要点】**
>
> 　　本章主要内容包括汽车行驶的基本原理及特性，发动机与汽车传动装置的匹配，电机在纯电动汽车和混合动力电动汽车中传动系统参数的匹配及选取。
>
> 　　教学目的要求掌握发动机、电机与汽车动力传动系统参数匹配的计算方法，能够根据汽车基本参数进行发动机、电机、电池等参数的选取。

10.1　汽车行驶的基本原理及特性

10.1.1　牵引力

在平坦路面上行驶的汽车，其运动规律符合牛顿第二定律，即

$$F_{\mathrm{K}} = ma \tag{10-1}$$

式中　F_{K}——牵引力（N）；

　　　m——整车质量（kg）；

　　　a——汽车加速度（m/s²）。

牵引力实际上就是发动机输出转矩经传动系统传递到轮胎的驱动力。汽车行驶过程中轮胎对地面作用力的反作用力通过车轴向车体传递，而形成推动汽车前进的推动力。如图 10-1 所示，设轮胎半径为 r，则牵引力和作用于车轴上的驱动转矩之间的关系为

$$T / r = F_{\mathrm{K}} \tag{10-2}$$

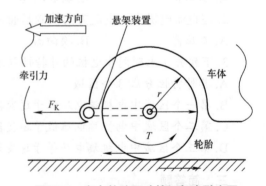

图 10-1　汽车轮胎驱动转矩与牵引力图

如前文所述，气缸数为 i，气缸工作容积为 V_{h}（L），平均有效压力为 p_{me}（MPa）时，τ 冲程发动机的输出转矩 T_{tq}（N·m）为

$$T_{\mathrm{tq}} = \frac{318.3 p_{\mathrm{me}} V_{\mathrm{h}} i}{\tau}$$

发动机转矩取决于平均有效压力 p_{me} 和排量 iV_{h}。当发动机结构一定时，T_{tq} 只取决于平均有效压力 p_{me}。根据发动机的速度特性，输出转矩随发动机转速变化，但其变化范围与汽

车行驶时的路面阻力矩变化量相比较显得很小。因此，在汽车行驶过程中，为了适应复杂的路况，保证稳定运行，将发动机有限的转矩范围通过变速机构进行放大，以适应各种不同的汽车运行状况。图 10-2 所示为通过变速器进行变速时的驱动转矩特性。在一定道路阻力下，汽车行驶速度提高到一定车速时，需要逐渐降低牵引力，为此对变速器进行换档，顺次减小减速比。所以，在动力传动装置中，变速器起着很重要的作用。它将发动机输出的转矩特性，按图 10-2 所示阶段性地进行增减，以变换成驱动汽车所必要的牵引力。此时，牵引力和发动机转矩之间的关系式，可表示为

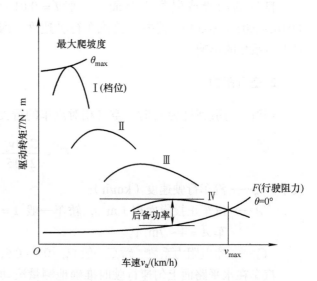

图 10-2   不同档位下驱动转矩与车速的关系

$$F_K = \frac{T_{tq} i_k i_0 \eta_m}{r} \qquad （10-3）$$

式中　T_{tq}——发动机转矩（N·m）；

　　　i_k——变速器的速比；

　　　i_0——主减速比；

　　　η_m——传动系统的机械效率。

一般汽车行驶时对牵引力特性的要求是：当车速增加时，减小牵引力；反之，车速降低时增加牵引力。

10.1.2　汽车行驶特性

汽车行驶特性主要取决于由发动机产生的牵引力和汽车的行驶阻力。行驶阻力包括轮胎的滚动阻力、汽车行驶时的空气阻力、坡道阻力和加速阻力。在某一车速下匀速行驶时，汽车所需要的牵引力 F_K 和行驶阻力相平衡，即

$$F_K = F_f + F_i + F_w + F_j = \frac{T_{tq} i_k i_0 \eta_m}{r} \qquad （10-4）$$

式中　F_f——轮胎滚动阻力（N）；

　　　F_w——空气阻力（N）；

　　　F_i——坡道阻力（N）；

　　　F_j——加速阻力（N）。

1. 轮胎的滚动阻力

在平坦的道路上，轮胎的滚动阻力为

$$F_f = fW \qquad （10-5）$$

式中　W——作用于车轮上的法向载荷（N）；

　　　f——轮胎的滚动阻力系数，主要与路面态、轮胎转速、轮胎结构及材料、轮胎气压及接地负荷等因素有关。

良好的沥青或混凝土路面，一般 $f = 0.01 \sim 0.018$，货车常取 $f = 0.02$，轿车取 $f = 0.0165 + 0.01（v_a - 50）$，其中 v_a 是汽车行驶速度，因轿车平均行驶速度高，所以要考虑车速对阻力系数的影响。

2. 空气阻力

当汽车行驶速度为 v_a 时，空气相对汽车的行驶阻力为

$$F_w = \frac{C_D A v_a^2}{21.15} \tag{10-6}$$

式中　v_a——汽车行驶速度（km/h）；

　　　A——汽车正投影面积（m^2），轿车一般 $A = 1.4 \sim 2.6 m^2$，载货车 $A = 3 \sim 7 m^2$，大客车 $A = 4 \sim 7 m^2$；

　　　C_D——空气阻力系数，轿车一般 $C_D = 0.4 \sim 0.6$，货车 $C_D = 0.8 \sim 0.9$，大客车 $C_D = 0.6 \sim 0.7$。

汽车在水平路面上匀速行驶时准确地测量滚动阻力系数 f 和空气阻力系数 C_D 是确定行驶所需牵引力 F_w 的基础。

3. 坡道阻力

当汽车在坡度角为 θ 的坡道上行驶时，需要克服自身重量引起的爬坡阻力，即

$$F_i = W \sin \theta \tag{10-7}$$

式中　θ——路面坡度角（°）；

　　　W——作用于车轮上的法向载荷（N）。

汽车的爬坡能力是指在良好的路面上克服 F_f、F_w 后的余力，在等速下全部用来克服坡度阻力而能爬上的最大坡度。爬坡行驶时汽车不加速，所以加速度为零，故由式（10-4），有

$$F_i = W \sin \theta = F_k - (F_f + F_w) \tag{10-8a}$$

$$\theta = \arcsin \frac{F_k - (F_f + F_w)}{W} \tag{10-8b}$$

最大爬坡能力，是指变速器最低档（1档）上坡行驶时的爬坡能力。此时，车速比较低，所以在式（10-8a）和式（10-8b）中，可忽略空气阻力项 F_w。

对于汽车往往要求直接档时的爬坡能力足够大，否则汽车常以直接档运行时，遇到较小的坡度也要经常换档，影响行驶的平均速度。爬坡时的牵引力由式（10-9）表示

$$F_K = W \sin \theta + W f \cos \theta + \frac{C_D A}{21.15} v_a^2 \tag{10-9}$$

4. 加速阻力

一般汽车在水平路面加速行驶时不考虑爬坡阻力。设汽车加速度为 a，则加速阻力可表示为

$$F_{\mathrm{j}} = \frac{(W + \Delta W)a}{g} \qquad (10\text{-}10)$$

式中　a——行驶加速度（$\mathrm{m/s^2}$）；

W——作用于车轮上的法向载荷（N）；

g——重力加速度（$\mathrm{m/s^2}$）；

ΔW——汽车旋转部分的等效重量，当计入发动旋转部分时，则

$$\Delta W = \frac{I_{\mathrm{w}} + [I_{\mathrm{F}} + (I_{\mathrm{T}} + I_{\mathrm{E}})i_{\mathrm{k}}^2]i_0^2 g}{r^2} \qquad (10\text{-}11)$$

式中　I_{w}——车轮以及随其旋转部分的转动惯量（前后轮合计）（$\mathrm{kg \cdot m^2}$）；

I_{F}——主减速器输入轴旋转部分的转动惯量（$\mathrm{kg \cdot m^2}$）；

I_{T}——变速器输入转轴部分的转动惯量（$\mathrm{kg \cdot m^2}$）；

I_{E}——发动机输出轴旋转部分的转动惯量（$\mathrm{kg \cdot m^2}$）；

i_{k}——变速器的速比；

i_0——主减速比；

g——重力加速度（$\mathrm{m/s^2}$）；

r——车轮半径（m）。

当不计入发动机各旋转部分时，将各旋转部分转动惯量换算成以驱动轴（后轴）为基准的转动惯量 $I_{\mathrm{E}} = 0$。所以，在 1 档行驶时，以驱动轴为基准的各旋转部分（乘 i^2）的等效重量就变得相当大。

当汽车加速时，由于假设在水平面路上行驶，因而道路的坡度角 $\theta = 0°$。由式（10-4）得

$$F_{\mathrm{j}} = \frac{(W + \Delta W)a}{g} = F_{\mathrm{K}} - (F_{\mathrm{w}} + F_{\mathrm{f}}) \qquad (10\text{-}12)$$

汽车加速度 a 可表示为

$$a = \frac{F_{\mathrm{K}} - (F_{\mathrm{f}} + F_{\mathrm{w}})}{W + \Delta W} g \qquad (10\text{-}13)$$

汽车的最高车速是在良好的水平路面上汽车所能达到的最高速度。此时，加速度和坡度均为零，所以，由

$$F_{\mathrm{K}} = Wf + \frac{C_{\mathrm{D}}A}{21.15} v_{\mathrm{a}}^2$$

得

$$v_{a\max} = \sqrt{\frac{21.15(F_K - Wf)}{C_D A}} = \frac{2\pi rn \times 60}{i \times 100} \qquad (10\text{-}14)$$

式中　F_K——牵引力（N）；

　　　W——作用于车轮上的法向载荷（汽车总重量）（N）；

　　　f——轮胎的滚动阻力系数；

　　　n——发动机转速（r/min）；

　　　r——车轮半径（m）；

　　　i——变速器最高档位。

10.2　发动机与传动装置性能匹配

　　汽车在不同行驶条件下所要求的驱动力不同，所以要求的驱动力变化范围很宽，变速器的应用就是为了增大驱动转矩以满足汽车行驶的需求。但若选择过大的速比，会导致油耗及噪声等增加。往复活塞式发动机低速转矩偏小，需要通过变速多段化提高转矩，以满足理想驱动力曲线的要求。一般汽车加速性好，油耗就高；反之，油耗低的变速性能比其加速性能差。所以缓解这一矛盾的主要措施是变速比的多段化，由此实现发动机性能和变速比的最佳匹配。

10.2.1　发动机性能与汽车性能之间的关系

1. 车速和发动机转速之间的关系

　　设车轮半径为 r（m），角速度为 ω（rad/s），则汽车水平移动的车速 v_a（km/h）为

$$v_a = 3.6\omega r \qquad (10\text{-}15)$$

当发动机转速为 n 时，其角速度 ω_e（rad/s）为

$$\omega_e = \frac{2\pi n}{60}$$

令变速器的速比为 i_k，主减速比为 i_0，则根据传动比（$i_t = i_k i_0$）的定义，有

$$\omega = \frac{\omega_e}{i_k i_0} = \frac{2\pi n}{60 i_k i_0} \qquad (10\text{-}16)$$

将式（10-16）代入式（10-15），得到 v_a（km/h）为

$$v_a = \frac{3.6\pi rn}{30 i_k i_0} = 0.377\frac{rn}{i_k i_0}$$

或者得到 n（r/min）为

$$n = 2.654\frac{i_0}{r} i_k v_a \qquad (10\text{-}17)$$

式（10-17）表示车速与发动机转速的关系。当传动比确定后，车速与发动机转速成正比。

2. 车速、牵引力与所需发动机功率之间的关系

根据发动机转矩与牵引力之间的关系式（10-3）和发动机输出功率与转矩的关系式 $P_e = T_{tq}/9550$，整理得

$$P_e = \frac{F_K n r}{9550 i_k i_0 \eta} \qquad (10\text{-}18)$$

将式（10-17）代入式（10-18）后，得

$$P_e = 2.779 \frac{F_K v_a}{\eta} \times 10^{-4} \qquad (10\text{-}19)$$

3. 百公里油耗与发动机排量、平均有效压力及燃油消耗率之间的关系

汽车的经济性常用百公里油耗，即每 100km 所消耗的燃料量 g_{100}（L/100km）表示，根据此定义，有

$$g_{100} = \frac{100B}{\rho_f v_a} \qquad (10\text{-}20)$$

式中　B——发动机每小时燃油消耗量（kg/h）；

　　　ρ_f——燃油密度（kg/L）；

　　　v_a——车速（km/h）。

因 $B = P_e b_e/1000$，$P_e = p_{me} i V_h n/30\tau$，并由式（10-17），代入式（10-20），得

$$g_{100} = \frac{P_e b_e}{10 \rho_f v_a} = 0.00884 \frac{i V_h}{\rho_f \tau} \frac{i_k i_0 p_{me} b_e}{r} \qquad (10\text{-}21)$$

式（10-21）表明，汽车的百公里油耗与发动机排量（iV_h）、平均有效压力 p_{me} 及燃油消耗率 b_e 有关，而且与传动比和轮胎半径也有关。因此，有效地匹配发动机性能与动力传动系统的参数，是改善整车经济性的主要途径。

4. 传动效率及传动损失与发动机曲轴输出功率、传动系统内部功率损失之间的关系

汽车动力传动系统的传动效率定义如下：

$$\eta = \frac{P_e - P_T}{P_e} \times 100\% \qquad (10\text{-}22)$$

式中　P_e——发动机曲轴输出功率（kW）；

　　　P_T——传动系统内部功率损失（kW）。

齿轮速比越大，转速越高，传动效率就越低。

10.2.2 汽车万有特性及评价

汽车动力传动系统匹配的好坏，常用汽车的万有特性来评价。而汽车的万有特性是在发动机万有特性的基础上，绘制出各档位下的驱动功率平衡曲线、等速百公里油耗线（使用油耗）以及车速与发动机转速的对应关系曲线，从而把发动机的万有特性和汽车的行驶特性相结合，比较全面地反映汽车的各项性能指标。

为了评价动力传动系统匹配的情况，在汽车万有特性曲线上绘出由 $100\%b_{e\,min}$ 和 $110\%b_{e\,min}$ 曲线表示的发动机工作经济区。即在万有特性上，各等功率 P_e 下的最低油耗点的线的连线（即 $\partial P_e/\partial n - \partial b_e/\partial n \approx 0$）作为 $100\%b_{e\,min}$ 曲线，而在各等功率线上，相对最低油耗多 10% 的油耗点的连线作为 $110\%b_{e\,min}$ 曲线，由此构成发动机万有特性上的经济运行区，如图 10-3 所示。

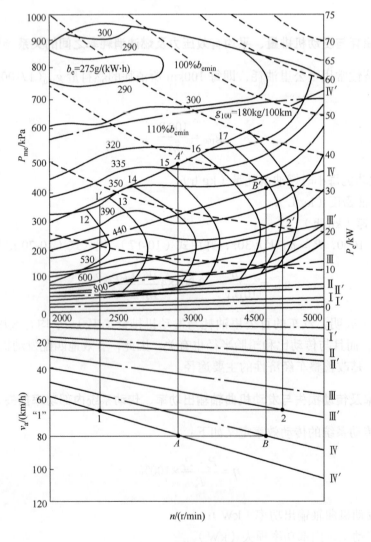

图 10-3 发动机万有特性

牵引功率曲线，即汽车实际运行曲线，是不同档位下根据汽车道路阻力曲线转化而求得的。如前所述当汽车运行状态确定（如轮胎半径 r、变速器速比 i_k、主减速比 i_0 一定）时，车速 v_a 与发动机转速 n 成线性关系。从整车经济型角度看，一般要求超速档或直接档等常用档位下运行时的道路阻力曲线尽可能接近 $100\% b_{e\,min}$ 曲线。

从发动机万有特性上看，根据汽车的行驶条件，可以很方便地确定发动机的工作状态。如当车速为 80km/h，以第 5 档行驶时，从车速和发动机转速的对应关系曲线上，确定发动机的转速点（B 点）。然后从该点引垂直线向上，在发动机万有特性中与该档位对应的牵引功率曲线相交于 B' 点，此交点为此时发动机的工况点，这样，可求得发动机此时的性能参数。当改变某档位的速比（如 5 档速比）时，在同样车速下对应的发动机转速不同（A 点），如图 10-3 所示，发动机的工况点由原来的 A 点转移到 A' 点，更接近经济区，所以可改善整车经济性。适当减小主减速比 i_0，或略加大轮胎半径 r 也可以改善发动机工作经济区。

在汽车万有特性上，一般在高速区 b_e 曲线比较稀疏，这表明随转速变化油耗率变化小，因此车用发动机转速的提高还有一定潜力。油耗率曲线密集的地区，表示随工况变化油耗率变化大，表明燃料系统的调节对这些地区比较敏感，单纯增加供油量，虽能使平均有效指示压力 p_{me} 有所增加，但会造成油耗及排气温度以及排烟增加。

汽车与发动机的匹配情况，可通过常用车速范围 $v_{a1} \sim v_{a2}$ 和常用档位下求得的发动机所对应的转速范围 $n_1 \sim n_2$（功率 $P_{e1} \sim P_{e2}$），并将这些范围标注在万有特性上来判断，从而确定改进节油的途径。降低油耗措施的关键是使汽车常用工况区尽可能接近发动机的经济运行区，如改变发动机性能，改善油耗区或改变传动比等。所以，节油措施与发动机和传动系统的匹配、道路情况及使用条件有着密切的关系。

当发动机转速一定时，高档的百公里油耗低于低档，而百公里油耗随车速而增加。所以汽车行驶时一般使用高档，在高档位不能满足行驶条件时才换入低档。中间各档速比的选定应考虑与发动机性能的匹配，只按照等比数列原则选择各档速比则匹配不佳。

10.2.3　整体性能匹配方法

每一种车型基本上都有各自常用的工况范围，成熟的车辆应该是针对其车型和常用工况具有最佳的底盘，在此基础上选择适合该车辆的发动机，并对底盘参数和发动机性能进行优化匹配。因此，整车性能匹配主要有以下几个步骤。

1. 常用工况的确定

每一种车型都是根据市场的需求而开发制造的。所以，可以根据具体车型的用途和常用工况确定其常用档位，并用常用车速由前文所述发动机性能与汽车性能之间的关系式确定对应的发动机使用工况。

2. 制取汽车的万有特性

在已有发动机万有特性的基础上，根据汽车行驶的原理，对已给定的底盘参数和车型参数，计算各档位下的行驶阻力随发动机转速的变化规律。一般在平坦路面上汽车稳定行驶的条件下，进行整车性能匹配计算，因此在计算阻力或牵引力曲线时，只考虑轮胎的滚动阻力和空气阻力。关于这两种阻力的计算，目前常用的方法有两种：一种方法是根据经验值给定的不同车型的滚动阻力参数和空气阻力系数进行计算；另一种方法是通过整车风洞试验来同时测量滚动阻力和空气阻力，但这种方法需要专门的试验场地。

计算各档位下的牵引力或阻力以后，根据式（10-4）计算该牵引力所对应的发动机转矩 T_{tq}，然后根据转矩与平均有效压力 p_{me} 之间的关系式，求出与该行驶阻力（牵引力）对应的平均有效压力，由此将各档位下的行驶阻力转化为万有特性纵坐标同量纲的物理量并绘制在发动机万有特性上，构成汽车发动机的万有特性，如图10-3所示。图10-4所示为某一车用柴油机与该底盘参数匹配时，在不同档位下行驶时的经济性和排放特性情况。由此可以判断汽车常用工况下的经济性和排放水平，并提出改进的途径。

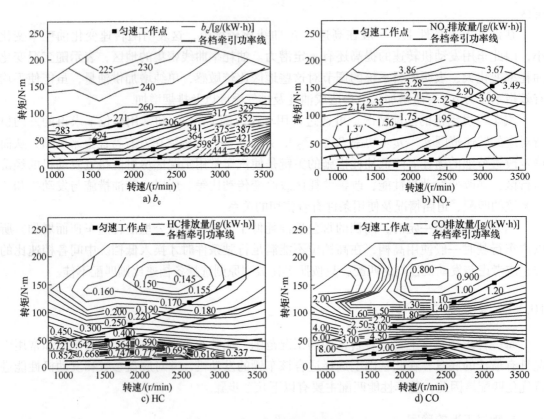

图 10-4　某车用柴油机万有特性

3. 匹配结果评价与改进措施

匹配结果按以下几个方面进行评价。

（1）经济性　由汽车万有特性，当车速一定时尽可能用高档，有利于改善经济性，当高档不能满足行驶条件时，才换入低档。因此，当整车匹配以经济性为主时，要求常用档（超速档或直接档）行驶时的道路阻力曲线尽可能接近 $100\%b_{e\,min}$，或落在（$100\% \sim 110\%$）

$b_{\text{e min}}$ 曲线范围之内。同时，在常用档位下车速（如 $v_{\text{a}} = 100\text{km/h}$）行驶时的百公里油耗尽量小。此百公里油耗是根据汽车万有特性，由车速、档位及发动机转速之间的关系式（10-17），和该档位下的行驶阻力曲线，确定此时的发动机工况点（p_{me}，n），并读取该工况下的发动机燃油消耗率 b_{e} 以后，按式（10-21）进行计算。

通过适当减小主减速比 i_0，或略加大轮胎半径 r 可以改善百公里油耗，但相对一定的发动机输出转矩（$F_{\text{K}} \cdot r$）降低或车轮惯性增加，对汽车的动力性不利。

（2）动力性　整车动力性是各车辆行驶性能中最基本、最重要的性能。这种动力性的评价可按以下三个方面进行：

1）汽车的最高车速。汽车的最高车速是在水平面良好的路面上以最高档行驶时，汽车所能达到的最高速度。如图 10-2 所示，在最高档位下的牵引转矩（功率）曲线与汽车行驶阻力曲线的相交点所对应的车速，就是该汽车所能行驶的最高车速。

2）汽车的加速时间。汽车的加速时间用原地起步加速时间与超车加速时间表示。原地起步加速时间可用车速从 0 加速到 100km/h 时的原地起步连续换档加速时间表示，如图 10-5 所示。根据实际情况也可以分析分别加速到 40km/h、60km/h、80km/h 所需要的时间。而超车加速时间可用以直接档行驶时从 50km/h 加速到 100km/h 所需要的时间来表示，如图 10-6 所示。也可以根据情况分析加速到 60km/h、80km/h 等不同速度段的加速时间。汽车的加速能力与各档位下的后备功率有关。

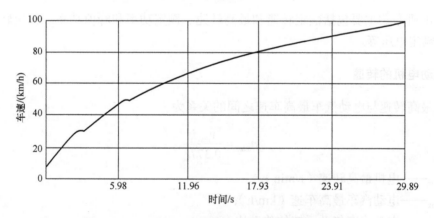

图 10-5　0—100km/h 的原地起步连续换档加速时间

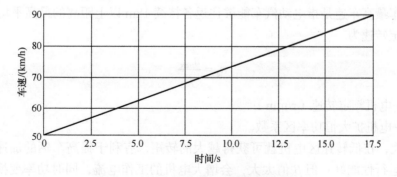

图 10-6　50—100km/h 直接档加速时间

3）最大爬坡能力。最大爬坡能力是汽车满载时在良好的路面上所能达到的最大爬坡度来表示；用直接档最大爬坡度表示汽车的超载能力。

（3）排放特性　如图 10-4 所示，通过 CO、HC 以及 NO_x，排放特性表示的万有特性上，可以判断常用档位和常用工况下的各种排放物的排放水平。同时，根据排放法规规定的试验工况，如 NEDC 循环工况法，可以判断该循环工况法所对应的稳定工况点上的各项排放物的排放水平，由此可预测循环工况法的排放水平。

通过以上的分析，可以判断匹配的结果及存在的问题，并针对实际问题提出改进措施，如寻求进一步改进整车经济性的途径、合理调整各档位的速比或主减速比、在确定传动比的前提下改进发动机的性能等。

10.3　纯电动汽车传动系统参数匹配

传动系统的匹配直接影响电动汽车的动力性和经济性，其匹配方法有多种，本节只介绍最基本的匹配方法。纯电动汽车传动系统匹配主要包括驱动电机参数、传动系统传动比和动力电池参数匹配。

10.3.1　驱动电机参数匹配

驱动电机参数主要包括额定转速和最高转速、额定功率和峰值功率、额定转矩和峰值转矩以及额定电压等。

1. 驱动电机的转速

电机最高转速与电动汽车最高车速之间的关系为

$$n_{max} = \frac{v_{max} i_t}{0.377 r} \tag{10-23}$$

式中　n_{max}——电机最高转速（r/min）；

　　　v_{max}——电动汽车最高车速（km/h）；

　　　i_t——电动汽车传动系统的传动比；

　　　r——车轮半径（m）。

电动汽车最高车速是指电动汽车能够往返各持续 1km 以上距离的最高平均车速。

电机额定转速为

$$n_e = \frac{n_{max}}{\beta} \tag{10-24}$$

式中　n_e——电机额定转速（r/min）；

　　　β——电机扩大恒功率区系数。

β 值越大，在低转速区电机就可获得越大的转矩，有利于提高车辆的加速能力和爬坡性能，稳定运行性能好；但 β 值太大，会增大电机的工作电流，同时功率变换器的功率损失和尺寸也会增大。因此 β 值不宜过高，β 通常取值为 2～4。

2. 驱动电机的功率

驱动电机是纯电动汽车行驶的唯一动力源，对整车的动力性有直接的影响。所选的电机功率越大，整车的动力性也就越好，但是如果功率过大，电机的质量和体积也会增大，且电机的工作效率不高，这样就不能充分利用有限的车载能源，从而使续驶里程减少。

（1）驱动电机的峰值功率　驱动电机的峰值功率由整车的设计目标来确定，峰值功率应该达到最高车速、最大爬坡度及加速时间分别对应的最大功率需求。

1）根据电动汽车最高车速确定驱动电机峰值功率。电动汽车以最高车速在平坦路面行驶时所需要的驱动电机功率为

$$P_{m1} = \frac{v_{max}}{3600\eta_t}\left(mgf + \frac{C_D A v_{max}^2}{21.15}\right) \tag{10-25}$$

式中　P_{m1}——电动汽车以最高车速行驶时所消耗的功率（kW）；

　　　　m——电动汽车试验质量（kg）；

　　　　f——轮胎滚动阻力系数；

　　　　C_D——汽车迎风阻力系数；

　　　　A——电动汽车迎风面积（m²）；

　　　　η_t——电动汽车传动系统效率。

电动汽车试验质量是指电动汽车整备质量与试验所需附加质量的和。对于附加质量，如果最大允许装载质量小于或等于 180kg，该质量为最大允许装载质量；如果最大允许装载质量大于 180kg 但小于 360kg，该质量为 180kg；如果最大允许装载质量大于 360kg，该质量为最大允许装载质量的一半。最大允许质量包括驾驶人质量。

2）根据电动汽车最大爬坡度确定驱动电机峰值功率。电动汽车以爬坡车速爬上最大坡度时所需要的驱动电机功率为

$$P_{m2} = \frac{v_p}{3600\eta_t}\left(mgf\cos\alpha_{max} + mg\sin\alpha_{max} + \frac{C_D A v_p^2}{21.15}\right) \tag{10-26}$$

式中　P_{m2}——电动汽车以爬坡车速爬上最大坡度所消耗的功率（kW）；

　　　　v_p——电动汽车爬坡车速（km/h）；

　　　α_{max}——最大坡度角（°）。

电动汽车爬坡车速是指电动汽车在给定坡度的坡道上能够持续 1km 以上的最高平均车速。对于纯电动汽车，车辆通过 4% 坡度的爬坡速度不低于 60km/h；车辆通过 12% 坡度的爬坡速度不低于 30km/h；车辆最大爬坡度不低于 20%。

3）根据电动汽车加速能力确定驱动电机峰值功率。电动汽车加速能力是指电动汽车从某一速度加速到另一速度所需的最短时间。电动汽车满足加速能力所需要的电机功率为

$$P_{m3} = \frac{1}{1000\eta_t}\left[\frac{2}{3}mgfv_f + \frac{1}{5}\rho_a C_D A v_f^3 + \frac{\delta m}{2t_a}(v_f^2 + v_b^2)\right] \tag{10-27}$$

式中 P_{m3}——电动汽车满足加速能力所需要的功率（kW）；

   v_f——加速结束后的车速（m/s）；

   v_b——驱动电机额定转速对应的车速（m/s）；

   ρ_a——空气密度；

   t_a——预期的加速时间（s）；

   δ——旋转质量转换系数。

式（10-27）中括号内的第一、二项分别代表克服轮胎滚动阻力和空气阻力的平均功率，第三项代表用来加速车辆的能力。对于纯电动汽车，0—50km/h 和 50—80km/h 的加速性能，其加速时间应分别不超过 10s 和 15s。

驱动电机的峰值功率应能同时满足电动汽车对最高车速、最大爬坡度和加速能力的要求，所以电动汽车驱动电机的峰值功率为

$$P_{e\max} \geq \max\{P_{m1}\ P_{m2}\ P_{m3}\} \tag{10-28}$$

式中 $P_{e\max}$——驱动电机的峰值功率（kW）。

（2）驱动电机的额定功率 正确选择驱动电机的额定功率非常重要。如果选择过小，电机经常在过载状态下运行；相反，如果选择太大，电机经常在欠载状态下运行，效率及功率因数降低，不仅浪费电能，而且增加动力电池的容量，综合经济效益下降。电机额定功率应使电机尽可能工作在高效率区。

电机额定功率应满足电动汽车对最高车速的要求，同时考虑电机的过载要求。电动汽车驱动电机的额定功率为

$$P_e \geq \max\left\{P_{m1}\ \frac{P_{e\max}}{\lambda}\right\} \tag{10-29}$$

式中 P_e——驱动电机的额定功率（kW）；

   λ——电机的过载系数。

3. 驱动电机的转矩

驱动电机的额定转矩和峰值转矩分别为

$$T_e = \frac{9550P_e}{n_e} \tag{10-30}$$

$$T_{e\max} = \frac{9550P_{e\max}}{n_e} \tag{10-31}$$

式中 $T_{e\max}$——驱动电机的峰值转矩（N·m）；

   T_e——驱动电机的额定转矩（N·m）。

驱动电机参数初步确定之后，还要验证是否满足一定速度下的最大爬坡度和汽车行驶最高车速的要求，即

$$\frac{mg}{T_{e\max}\eta_t}\left(f\cos\alpha_{\max} + \sin\alpha_{\max} + \frac{C_D A v_p^2}{21.15mg}\right) \leq \frac{i_t}{r} \leq \frac{0.377n_{\max}}{v_{\max}} \tag{10-32}$$

4. 驱动电机的额定电压

驱动电机电压等级的确定和动力电池组电压等级密切相关。在输出功率一样的条件下，电流会随电压变高而减小，这就降低了对开关和导线等元件的要求，如过电压较高，会增加单体电池串联的数量，会使整车质量和成本增加，动力性下降且布置困难。电机额定电压常由电机的参数决定，并正比于电机额定功率，即电机的额定功率越大，电机的额定电压越高。同时，电机额定电压选择要符合标准系列规定的电压。

10.3.2 传动系统的传动比匹配

在电机输出性能一定的前提下，传动比的选择主要取决于汽车的动力性。对于传统燃油汽车，档位数越多，相应地增加了发动机工作在高性能区域的可能性，进而提高了汽车的燃油经济性。相比之下，电动汽车的动力来自驱动电机，电机具有较宽的工作范围。电机特性为低速恒转矩，高速恒功率，适合电动汽车的运行，并不需要过多档位。过多档位会增加变速器的结构复杂性。固定速比的变速器并不能满足电机常工作于高效率区。两档变速器具有结构简单、成本低、控制容易的特点，同时又能满足汽车动力性和经济性的要求。

传动系统传动比的选择应该满足的原则是：最大传动比应该满足汽车的爬坡性能，同时要兼顾电机低速区工作的效率；最小传动比应该满足汽车行驶的最高车速，同时尽量降低电机输入轴的转速，兼顾电机高转速工况下的效率。

在电机输出特性一定时，传动系统的传动比选择依赖于整车的动力性指标，即电动汽车传动比的选择应该满足汽车最高车速、最大爬坡度以及对加速时间的要求。

1. 传动系统的最小传动比

电动汽车传动系统的最小传动比由电机最高转速和汽车最高车速确定。

$$i_{t\,min} \leqslant \frac{0.377 n_{max} r}{v_{max}} \tag{10-33}$$

式中　$i_{t\,min}$——传动系统的最小传动比。

2. 传动系统的最大传动比

电动汽车传动系统的最大传动比由以下两种方法算出的最大值确定。

1）由电机最高转速对应的输出转矩和最高车速对应的行驶阻力确定传动系统的最大传动比。计算公式为

$$i_{t\,max1} \geqslant \frac{r}{\eta_t T_{u\,max}} \left(mgf + \frac{C_D A v_{max}^2}{21.15} \right) \tag{10-34}$$

式中　$T_{u\,max}$——电机最高转速对应的输出转矩（N·m）。

2）由电机峰值转矩和最大爬坡度对应的行驶阻力确定传动系统的最大传动比。计算

公式为

$$i_{t\max 2} \geqslant \frac{r}{\eta_t T_{e\max}}\left(mgf\cos\alpha_{\max} + mg\sin\alpha_{\max} + \frac{C_D A v_p^2}{21.15} \right) \tag{10-35}$$

因此，传动系统的最大传动比为

$$i_{t\max} = \max\{i_{t\max 1} \quad i_{t\max 2}\} \tag{10-36}$$

式中　$i_{t\max}$——传动系统的最大传动比。

10.3.3　动力电池参数匹配

动力电池是整车的能量来源，整车所有的能量消耗都来自动力电池。因此，动力电池的类型、质量和各种技术参数都会影响电动汽车的整车性能，是电动汽车的关键部件之一。动力电池参数匹配主要包括电池容量、电池数目、电池电压等参数的匹配。

1. 动力电池匹配原则

动力电池类型的选择要符合电动汽车的运行要求。电动汽车要求动力电池具有较高的比能量和比功率，以满足电动汽车续驶里程和动力性的要求。同时也希望动力电池具有与汽车使用寿命相当的充放电循环寿命，拥有高效率、良好的性价比以及免维护特性。目前可用于纯电动汽车的动力电池主要有铅酸蓄电池、金属氢化物镍蓄电池和锂离子蓄电池。其中锂离子蓄电池的高能量和充放电速度快等优越性能得到越来越多的应用，是目前市场主流的产品。

动力电池的电压等级要与驱动电机电压等级相一致且满足电机电压变化的要求。同时，由于电动空调、电动真空泵和电动转向助力泵等附件也消耗一定的电能，所以电池组的总电压要大于驱动电机的额定电压。

动力电池一般有能量型与功率型两种，为满足电动汽车的行驶要求，采用能量型电池，匹配时主要考查电池的能量，即电池应具有较大的容量，以增加车辆的续驶里程。电池容量与其功率成正比，容量越大，其输出的功率越大，其输出功率均能满足整车电力系统的要求。因此，主要是根据其续驶里程来确定电池容量，并且确定的电池容量还须符合市场现有产品的标准，并通过对现有产品反复验证进行设计。

2. 动力电池参数匹配设计

动力电池组是由一个或多个电池模块组成的单一机械总成；电池模块是一组相连的单电池的组合；单体电池是构成电池的最小单元，一般由正极、负极和电解质等组成。

（1）动力电池组的容量　电池组的容量取决于电动汽车的续驶里程，电池组的容量越大，电动汽车续驶里程越长，但整车重量和成本会随之增加。因此，合理匹配动力电池组的容量可大大提高整车的性能。

电动汽车在水平路面上巡航行驶所消耗的功率为

$$P_{md} = \frac{v_d}{3600\eta_t}\left(mgf + \frac{C_D A v_d^2}{21.15}\right) \tag{10-37}$$

式中　P_{md}——电动汽车巡航行驶时所消耗的功率（kW）；

　　　v_d——电动汽车巡航行驶速度（m/s）。

电池组能量应满足

$$E_z \geqslant \frac{mgf + \dfrac{C_D A v_0^2}{21.15}}{3600\xi_{soc}\eta_t\eta_e\eta_d(1-\eta_a)}S \tag{10-38}$$

式中　E_z——电池组能量（kW·h）；

　　　ξ_{soc}——蓄电池放电深度；

　　　η_e——电机及控制器整体效率，是指电机转轴输出功率除以控制器输入功率乘以100%；

　　　η_d——蓄电池放电效率；

　　　η_a——汽车附件能量消耗比例系数；

　　　S——电动汽车续驶里程（km）。

电池组能量与容量的关系为

$$E_z = \frac{U_z C_z}{1000} \tag{10-39}$$

式中　U_z——电池组电压（V）；

　　　C_z——电池组容量（A·h）。

电池组容量应满足

$$C_z \geqslant \frac{mgf + \dfrac{C_D A v_0^2}{21.15}}{3.6\xi_{soc}\eta_t\eta_e\eta_d(1-\eta_a)U_z}S \tag{10-40}$$

（2）动力电池模块数目　电池模块数目必须满足驱动电机供电、电动汽车行驶时所需的峰值功率和续驶里程的要求。电池组的最低工作电压应能满足驱动电机系统的最小工作电压，由此需要的电池模块数目为

$$N_1 \geqslant \frac{U_{e\min}}{U_{zd}} \tag{10-41}$$

式中　N_1——满足电机系统最小工作电压所需要的电池模块数目；

　　　$U_{e\min}$——驱动电机的最小工作电压（V）；

　　　U_{zd}——电池组单体模块电压（V）。

满足电动汽车行驶时所需的峰值功率要求的电池模块数目为

$$N_2 = \frac{P_{e\max}}{P_{b\max}\eta_e N_0} \tag{10-42}$$

式中　N_2——满足电机峰值功率要求的电池模块数目；

$P_{b\,max}$——单体电池最大输出功率（kW）；

N_0——电池模块所包含的单体电池的数目。

单体电池最大输出功率为

$$P_{b\,max} = \frac{2U_b^2}{9R_{b0}} \tag{10-43}$$

式中　U_b——单体电池开路电压（V）；

R_{b0}——单体电池等效内阻（Ω）。

满足电动汽车续驶里程要求的电池模块数目为

$$N_3 = \frac{1000SP_{md}}{v_0\eta_e U_{zd}C_z} \tag{10-44}$$

式中　N_3——满足电动汽车续驶里程要求的电池模块数目。

因此，实际电池组模块数量为

$$N_z \geqslant \max\{N_1\ N_2\ N_3\} \tag{10-45}$$

式中　N_z——实际电池组模块数目。

已知电动汽车整车质量为 1350kg，滚动阻力系数为 0.0144，迎风面积为 $1.9m^2$，空气阻力系数为 0.3，轮胎滚动半径为 0.28m，最高车速为 100km/h，最大爬坡度为 20%，续驶里程为 150km。根据纯电动汽车传动系统匹配公式，计算结果如下：

1）电机类型选取异步电机，额定功率 $P_e = 30$kW；峰值功率 $P_{e\,max} = 72$kW；过载系数 $\lambda = 2.4$；最高转速 $n_{max} = 9000$r/min。

2）主减速器传动比为 4.3245。

3）采用三档变速器，1 档传动比为 2.0898，2 档传动比为 1.4456，3 档传动比为 1。

4）电池类型选择金属氢化物镍蓄电池，其容量为 250A·h，比能量为 80W·h/kg，比功率为 230W/kg，电池组模块数目为 22。

电动汽车传动系统主要参数都是从汽车行驶时所消耗的能量出发推导计算得到的，理论上，它的动力性和续驶里程能够满足设计要求。

10.4　混合动力电动汽车传动系统参数匹配

本节以常见的并联式混合动力电动汽车为例，介绍其传动系统参数匹配。

混合动力电动汽车传动系统参数匹配主要包括发动机、驱动电机、传动系统传动比和动力电池参数的匹配。

10.4.1　发动机和驱动电机参数匹配

并联式混合动力电动汽车在行驶过程中，整车的动力主要来源于发动机与驱动电机，因此在对其传动系统进行匹配时，可以将发动机与驱动电机的功率一起考虑，先进行整车总的需求功率的匹配，然后根据确定好的混合度，由混合度计算公式求出驱动电机的功率，然后再求出发动机的功率。

发动机与驱动电机的总功率取决于整车的最高车速、爬坡能力以及加速性能。下面将从最高车速、最大爬坡度以及加速性能 3 个方面进行发动机与驱动电机功率的匹配。

1. 根据汽车的最高车速确定整车的最大总功率

最高车速对应的最大总功率需求为平路面满载运行时所需要的功率，其表达式为

$$P_{\text{max1}} = \frac{v_{\text{max}}}{3600\eta_{\text{t}}}\left(mgf + \frac{C_{\text{D}}Av_{\text{max}}^2}{21.15}\right) \tag{10-46}$$

式中　P_{max1}——最高车速所对应的最大总功率（kW）；

　　　η_{t}——汽车动力传动系统效率。

汽车动力传动系统效率主要取决于离合器效率、动力耦合器效率、变速器效率以及驱动桥效率，可表示为

$$\eta_{\text{t}} = \eta_{\text{cl}}\eta_{\text{tc}}\eta_{\text{gb}}\eta_{\text{fd}} \tag{10-47}$$

式中　η_{cl}——离合器效率；

　　　η_{tc}——动力耦合器效率；

　　　η_{gb}——变速器效率；

　　　η_{fd}——驱动桥效率。

2. 根据最大爬坡度确定整车的最大总功率

最大爬坡度所需要的最大总功率为

$$P_{\text{max2}} = \frac{v_{\text{p}}}{3600\eta_{\text{t}}}\left(mgf\cos\alpha_{\text{max}} + mg\sin\alpha_{\text{max}} + \frac{C_{\text{D}}Av_{\text{p}}^2}{21.15}\right) \tag{10-48}$$

式中　P_{max2}——最大爬坡度所对应的最大总功率（kW）。

3. 根据加速性能确定整车的最大总功率

汽车起步加速过程表达式如下：

$$v_0 = v_{\text{j}}\left(\frac{t}{t_{\text{j}}}\right)^x \tag{10-49}$$

式中　x——拟合系数；

　　　t_{j}——起步加速过程的时间（s）。

假设整车在平坦路面加速，根据整车加速过程动力学方程，其瞬态过程总功率为

$$P_{\text{all}} = P_{\text{j}} + P_{\text{f}} + P_{\text{w}} \tag{10-50}$$

式中　P_{all}——加速过程总功率（kW）；

　　P_j——加速功率（kW）；

　　P_f——滚动阻力功率（kW）；

　　P_w——空气阻力功率（kW）。

整车在加速过程终了时刻，动力源输出最大功率。因此，加速过程最大功率要求为

$$P_{all\_max} = P_{all}(t)|_{t=t_j} \qquad (10\text{-}51)$$

式中　P_{all_max}——加速过程的最大功率（kW）。

即
$$P_{all\_max} = \frac{\delta m v_m}{3600 \eta_t \mathrm{d}t}\left[v_j - v_j\left(\frac{t_j - \mathrm{d}t}{t_j}\right)^x\right] + \frac{mgfv_j}{3600 \eta_t} + \frac{C_D A v_j^3}{76140 \eta_t} \qquad (10\text{-}52)$$

式中　$\mathrm{d}t$——设计过程中的迭代步长。

根据式（10-52），加速终了时刻动力源输出的最大功率与其平均功率接近，这是由加速过程中汽车理想加速特性决定的（通过变速器等机械调节，动力源输出接近等功率加速过程）。

因此，也可对式（10-52）进行积分求平均值来计算，假设整车动力性设计指标中的 $0 \to v_j$ 的加速时间 t_j，通常指起步加速时间，式（10-52）即可表示为

$$P_{max3} = \frac{1}{3600 t_j \eta_t}\left(\delta m \frac{v_j^2}{2} + mgf t_j \frac{v_j}{1.5} + \frac{C_D A T v_j^3}{21.15 \times 2.5}\right) \qquad (10\text{-}53)$$

式中　P_{max3}——汽车加速性能所对应的最大总功率（kW）。

根据式（10-53），可由加速终了车速 v_j 和加速时间 t_j 确定整车的功率需求，为整车总功率设计提供简捷、合理的选择依据。

对于动力性三项指标计算的各自最大功率，动力源总功率 P_{total} 必须满足

$$P_{total} = P_{motor} + P_{engine} \geqslant P_{max} = \max(P_{max1}, P_{max2}, P_{max3}) \qquad (10\text{-}54)$$

式中　P_{total}——动力源总功率（kW）；

　　P_{motor}——驱动电机的功率（kW）；

　　P_{engine}——发动机的功率（kW）。

根据式（10-54）求得的 P_{total}，同时考虑整车的混合度，可确定发动机的功率与电机的功率。

混合动力电动汽车混合度为

$$H = \frac{P_{motor}}{P_{motor} + P_{engine}} \times 100\% \qquad (10\text{-}55)$$

式中　H——混合度。

由式（10-55）可以求得驱动电机的功率 P_{motor}，以及发动机的功率为

$$P_{engine} = P_{total} - P_{motor} \qquad (10\text{-}56)$$

发动机和电机的功率匹配与混合动力电动汽车控制策略有关，控制策略不同，匹配方

法略有差异。

10.4.2 传动系统传动比匹配

传动系统的传动比设计一般需要遵循以下原则：

1）必须符合整车动力性能指标中最大爬坡度的要求。

2）必须符合整车动力性能指标中最高车速的要求。

3）必须满足整车以某一巡航车速行驶时，驱动电机运行在高效率区。

汽车传动系统最大总传动比是根据驱动电机的峰值转矩和设计要求的最大爬坡度进行计算的，即

$$i_{t\,max} \geq \frac{r}{\eta_t T_{e\,max}}(mgf\cos\alpha_{max} + mg\sin\alpha_{max} + \frac{C_D A v_p^2}{21.15}) \tag{10-57}$$

式中　$i_{t\,max}$——传动系统最大总传动比。

此外，为了防止混合动力电动汽车行驶时驱动轮打滑，整车的总传动比还应满足前轮与地面之间的附着力的要求，即

$$F_{t\,max} = \frac{T_{e\,max} i_{t\,max} \eta_t}{r} \leq F_z \varphi \tag{10-58}$$

式中　$F_{t\,max}$——电动汽车行驶时的最大驱动力；

　　　φ——路面附着系数；

　　　F_z——驱动轮垂直载荷。

由式（10-58）可知传动系统总传动比需满足的条件为

$$i_{t\,max} \leq \frac{\varphi F_z r}{T_{e\,max} \eta_t} \tag{10-59}$$

传动系统最小传动比影响混合动力电动汽车的最高车速。在相同的动力系统参数下，传动系统的最小传动比越小，相应的汽车最高车速越快。但传动系统的最小传动比也不宜过小，传动比过小容易造成变速器档位增加、体积增大和重量增加，因此传动系统最小传动比的选择需要满足混合动力电动汽车所应达到的最高车速的目标。最小传动比与最高车速之间的数学关系为

$$i_{t\,max} \leq \frac{0.377 n_{max} r}{v_{max}} \tag{10-60}$$

传动系统中变速器各档传动比和主减速器传动比，要根据具体设计要求确定。

10.4.3 动力电池参数匹配

动力电池的参数匹配主要包括电压等级的选择、功率参数的选择、能量参数的确定以及蓄电池荷电状态（SOC）。

1. 电压等级的选择

动力电池组的电压等级主要取决于电机的电压等级范围,电机的峰值功率越大,电机系统的电压等级就越高,这样对保证整个动力电池组的电流不超过一定的限制是有利的(功率一定),但电压等级不能超过电源系统的最高电压限制值,否则会引起系统的高压安全问题。一般交流感应电机的电压等级有 288V、336V、600V 等。动力电池组的标称电压应与电机基本相匹配,同时要求电机控制器承受电压范围与整个系统的电压范围必须保持一致,以保证系统的运行可靠。

2. 功率参数的选择

动力电池组的充放电功率应与发电机组的功率相匹配,并满足电机的功率要求,即动力电池组的功率应大于电机的最大功率。在混合动力电动汽车的实际应用中,当电机大负荷工作时,电池快速放电,这时需要最大的功率输出,比如加速、上坡就是这样一种工况,此时需要给电机输入大电流来提供驱动所需的最大功率。动力电池的最大需求功率为

$$P_{ess} = \frac{P_{e\,max}}{\eta_e} \tag{10-61}$$

式中 P_{ess}——动力电池的最大需求功率(kW)。

动力电池的功率越大,则汽车的节油率就会升高,但随着其功率的增大,汽车的总整备质量就会增加,超过了一定的限定值反而会使节油率下降,并且动力电池组功率越大,电池成本也会增加。所以应该综合考虑选择动力电池的功率。

3. 能量参数的确定

动力电池总能量需要根据纯电动模式下的续驶里程确定。

$$E_b = \frac{\left(mgf + \frac{C_D A v_a^2}{21.15}\right) S_a}{3.6\eta_t \eta_e \eta_d (SOC_H - SOC_L)} \tag{10-62}$$

式中 E_b——动力电池总能量(W·h);

   v_a——平均车速(km/h);

   S_a——车速 v_a 时的续驶里程(km);

   SOC_H——初始 SOC 值;

   SOC_L——终止 SOC 值。

动力电池容量为总能量与额定电压的比值,即

$$C_e = \frac{E_b}{U_e} \tag{10-63}$$

4. 动力电池荷电状态（SOC）

对于并联式混合动力电动汽车，要求其在长时间的稳定运行前后动力电池的 SOC 基本保持不变或变化很小，这样可以避免动力电池的深度充放电，从而延长动力电池的使用寿命。此外，不同厂家的动力电池其 SOC 最佳工作范围有所不同，常用的镍氢蓄电池和锂离子蓄电池的 SOC 在 0.3 ~ 0.7，动力电池组的内阻最小，能量效率最高。

复习思考题

一、填空题

1. 汽车行驶特性主要取决于由发动机产生的牵引力和_____。

2. 纯电动汽车传动系统匹配主要包括_____、传动系统传动比和动力电池参数匹配。

3. 电机额定功率应满足电动汽车对最高车速的要求，同时考虑电机的_____。

4. 动力电池参数匹配主要包括电池容量、电池数目、_____等参数的匹配。

二、选择题

1. 汽车发动机与传动系统匹配应进行以下（　　　）的评价。

  A. 经济性　　　　　　B. 动力性　　　　　　C. 排放性　　　　　　D. 舒适性

2. 动力电池组的充放电功率应与发电机组的功率相匹配，并满足电机的功率要求，即动力电池组的功率应（　　　）电机的最大功率。

  A. 大于　　　　　　　B. 小于　　　　　　　C. 等于　　　　　　　D. 都可以

三、简答题

1. 纯电动汽车传动系统参数匹配过程中应确定哪些参数？

2. 混合动力电动汽车进行传动系统设计时要进行哪些参数的匹配？

参 考 文 献

[1] 帅石金，王志．汽车动力系统原理 [M]．北京：清华大学出版社，2021.

[2] 杨铁皂，朱镜瑾．发动机原理 [M]．北京：北京理工大学出版社，2021.

[3] 阎春利，李长威．汽车发动机原理 [M]．北京：机械工业出版社，2013.

[4] 孙凤英，阎春利．汽车性能 [M]．哈尔滨：东北林业大学出版社，2008.

[5] 程晓章．汽车发动机原理 [M]．合肥：合肥工业大学出版社，2011.

[6] 崔胜民．新能源汽车技术解析 [M]．北京：化学工业出版社，2016.

[7] 陈家瑞．汽车构造 [M]．5 版．北京：人民交通出版社，2006.

[8] 吴建华，王军．汽车发动机原理（英文）[M]．北京：国防工业出版社，2012.

[9] 吴建华，孙丽．汽车发动机原理 [M]．3 版．北京：机械工业出版社，2020.

[10] 董敬，庄志，常思勤．汽车拖拉机发动机 [M]．3 版．北京：机械工业出版社，2004.

[11] 林学东，杨淼．发动机原理 [M]．北京：机械工业出版社，2024.

[12] 王建昕，帅石金．汽车发动机原理教程 [M]．北京：清华大学出版社，2011.

[13] 韩同群．汽车发动机原理 [M]．北京：北京大学出版社，2012.

[14] 许洪国．汽车运用工程 [M]．6 版．北京：人民交通出版社，2021.

[15] 侯树梅，冯健璋．汽车发动机原理与汽车理论 [M]．3 版．北京：机械工业出版社，2016.

[16] 张志沛，徐小林．汽车发动机原理 [M]．5 版．北京：人民交通出版社，2023.

[17] 严家騄．工程热力学 [M]．6 版．北京：高等教育出版社，2021.

[18] 华自强，张忠进，高青，等．工程热力学 [M]．4 版．北京：高等教育出版社，2024.

[19] 李建伟．新能源汽车驱动电机与控制技术 [M]．北京：化学工业出版社，2022.

[20] 高大威．汽车驱动电机原理与控制 [M]．北京：清华大学出版社，2022.

[21] 瑞佩尔．电动汽车电池、电机与电动控制 [M]．北京：化学工业出版社，2022.

[22] 王秀和．永磁同步电机：基础理论、共性问题与电磁设计 [M]．北京：机械工业出版社，2022.

[23] 史立伟，尹红彬，雷雨龙．汽车电机及驱动技术 [M]．北京：机械工业出版社，2021.

[24] 钟再敏．车用驱动电机原理与控制基础 [M]．北京：机械工业出版社，2021.

[25] 邹国棠．电动汽车电机及驱动：设计、分析和应用 [M]．北京：机械工业出版社，2018.

[26] 宋强等．电动汽车电机系统原理与测试技术 [M]．北京：机械工业出版社，2016.

[27] 严朝勇．电动汽车电机控制与驱动技术 [M]．北京：机械工业出版社，2018.

[28] 杨胜兵，刘星彤，杨程万里等．新能源汽车电控电机与电池系统结构与故障诊断 [M]．北京：化学工业出版社，2024.

[29] 龙志军，王明远．新能源汽车驱动电机技术 [M]．北京：机械工业出版社，2023.

[30] 汽车工程手册编委会．汽车工程手册：设计篇：汽车产品的新发展 [M]．北京：人民交通出版社，2001.

[31] 中国标准出版社编．汽车国家标准汇编发动机卷 [M]．北京：中国标准出版社，1999.

[32] 董敬，庄志，常思勤．汽车拖拉机发动机 [M]．北京：机械工业出版社，2009.

[33] 国家能源局．车用汽油：GB 17930—2016[S]．北京：中国标准出版社，2016.